民国劳资争议研究

(1927—1937 年)

田 彤 著

2013 年·北京

图书在版编目(CIP)数据

民国劳资争议研究:1927～1937年/田彤著.—北京：商务印书馆,2013
ISBN 978-7-100-09579-2

I.①民… II.①田… III.①劳动争议—研究—中国—1927～1937　IV.①D922.591.2

中国版本图书馆CIP数据核字(2012)第246174号

所有权利保留。
未经许可,不得以任何方式使用。

民国劳资争议研究
(1927—1937年)
田彤 著

商务印书馆出版
(北京王府井大街36号　邮政编码 100710)
商务印书馆发行
北京瑞古冠中印刷厂印刷
ISBN 978-7-100-09579-2

2013年12月第1版　开本787×1092　1/16
2013年12月北京第1次印刷　印张 19¼
定价：45.00元

国家社科基金后期资助项目
出版说明

　　后期资助项目是国家社科基金设立的一类重要项目,旨在鼓励广大社科研究者潜心治学,支持基础研究多出优秀成果。它是经过严格评审,从接近完成的科研成果中遴选立项的。为扩大后期资助项目的影响,更好地推动学术发展,促进成果转化,全国哲学社会科学规划办公室按照"统一设计、统一标识、统一版式、形成系列"的总体要求,组织出版国家社科基金后期资助项目成果。

全国哲学社会科学规划办公室

目　　录

绪　论…………………………………………………………… 1
　一、选题与概念界定………………………………………… 1
　二、学术前史与资料准备…………………………………… 3
　三、基本思路与旨趣………………………………………… 6
第一章　劳资争议的总体概况与态势………………………… 9
　一、劳资争议的规模………………………………………… 9
　二、劳资争议的成因………………………………………… 26
　三、劳资争议的结果………………………………………… 37
　四、特点与说明……………………………………………… 46
第二章　劳资争议的调解与仲裁……………………………… 52
　一、劳动立法与实施………………………………………… 52
　二、政治与党治的冲突、合作……………………………… 62
　三、帮会与党政的协作、冲突……………………………… 72
第三章　工会与劳资争议……………………………………… 85
　一、党、政、军各方与工会………………………………… 86
　二、工会的独立性…………………………………………… 105
　三、工会中的派系…………………………………………… 121
第四章　纱厂减工风潮中的劳资争议………………………… 135
　一、华商纱厂减工…………………………………………… 135
　二、豫丰纱厂停工…………………………………………… 142
　三、各方对工潮的态度……………………………………… 155
　四、统税与劳资争议………………………………………… 161
第五章　三八制与劳资争议…………………………………… 170
　一、三八制的实施…………………………………………… 170
　二、各方态度………………………………………………… 174

1

三、改制后的劳资关系⋯⋯⋯⋯⋯⋯⋯⋯⋯⋯⋯⋯⋯⋯⋯⋯⋯ 177
　　四、三八制与《工厂法》⋯⋯⋯⋯⋯⋯⋯⋯⋯⋯⋯⋯⋯⋯⋯⋯ 184
第六章　法律、党权与店东纠纷⋯⋯⋯⋯⋯⋯⋯⋯⋯⋯⋯⋯⋯ 194
　　一、从铁路饭店纠纷到全城风潮⋯⋯⋯⋯⋯⋯⋯⋯⋯⋯⋯⋯ 194
　　二、省府干预⋯⋯⋯⋯⋯⋯⋯⋯⋯⋯⋯⋯⋯⋯⋯⋯⋯⋯⋯⋯ 199
　　三、县整委呈控省党部⋯⋯⋯⋯⋯⋯⋯⋯⋯⋯⋯⋯⋯⋯⋯⋯ 202
　　四、终无结局与问题实质⋯⋯⋯⋯⋯⋯⋯⋯⋯⋯⋯⋯⋯⋯⋯ 206
第七章　南京国民政府与国际劳工组织⋯⋯⋯⋯⋯⋯⋯⋯⋯⋯ 217
　　一、汤玛士来华与国民政府加入国劳组织⋯⋯⋯⋯⋯⋯⋯⋯ 217
　　二、国际劳工大会与中国代表⋯⋯⋯⋯⋯⋯⋯⋯⋯⋯⋯⋯⋯ 227
　　三、中国政府批准的国际公约⋯⋯⋯⋯⋯⋯⋯⋯⋯⋯⋯⋯⋯ 237
　　四、南京政府加入国劳组织与劳资关系⋯⋯⋯⋯⋯⋯⋯⋯⋯ 243
第八章　从劳资合作到阶级斗争⋯⋯⋯⋯⋯⋯⋯⋯⋯⋯⋯⋯⋯ 249
　　一、劳资合作的歧义性与理论缺失⋯⋯⋯⋯⋯⋯⋯⋯⋯⋯⋯ 249
　　二、民众运动与工人基础⋯⋯⋯⋯⋯⋯⋯⋯⋯⋯⋯⋯⋯⋯⋯ 257
　　三、工人群体与意识形态⋯⋯⋯⋯⋯⋯⋯⋯⋯⋯⋯⋯⋯⋯⋯ 267
　　四、比较中寻求本质⋯⋯⋯⋯⋯⋯⋯⋯⋯⋯⋯⋯⋯⋯⋯⋯⋯ 282
结　论⋯⋯⋯⋯⋯⋯⋯⋯⋯⋯⋯⋯⋯⋯⋯⋯⋯⋯⋯⋯⋯⋯⋯⋯ 287
参考文献⋯⋯⋯⋯⋯⋯⋯⋯⋯⋯⋯⋯⋯⋯⋯⋯⋯⋯⋯⋯⋯⋯⋯ 293

附表目录

表1—1	1932年劳资纠纷统计表	11
表1—2	1932年罢工停业统计表	11
表1—3	1933年劳资纠纷统计表	13
表1—4	1933年罢工停业统计表	14
表1—5	1932~1936年劳资争议统计表	17
表1—6	1927~1936年罢工停业案件数、关系厂号数、职工数	18
表1—7	劳资争议关系厂号数	21
表1—8	劳资争议关系职工数	21
表1—9	劳资争议迁延日数	22
表1—10	1927年1月至1929年6月劳资争议案件各期分配表	23
表1—11	1927年上半年至1929年上半年争议案件业务性质分类表	23
表1—12	1928~1931年上海罢工停业案件原因分析	28
表1—13	1929~1931年上海劳资纠纷案件原因分析	29
表1—14	1932年上海市劳资争议原因分析表	29
表1—15	1927~1931年江苏省劳资争议原因统计表	31
表1—16	1927~1931年河北省劳资争议原因统计表	32
表1—17	1929~1931年南京市劳资争议原因统计表	32
表1—18	1932~1934年南京市劳资纠纷原因统计	33
表1—19	1923~1933年广州劳资争议原因统计	33
表1—20	浙江、天津、汉口、北平、青岛、杭州劳资争议的主要原因比较	35
表1—21	1928~1931年上海罢工停业案件结果分析	38
表1—22	1929~1931年上海劳资纠纷结果分析	38
表1—23	1932年上海市劳资争议结果分析表	39

表1—24	1933～1936年上海市劳资纠纷案件的结果 ……………………	40
表1—25	1933～1936年上海市罢工停业案件的结果 ……………………	40
表1—26	江苏、河北、天津、汉口、广州、北平劳资争议结果比较 ………	44
表1—27	1933～1934年各地劳资纠纷结果 ………………………………	45
表1—28	1934～1936年各地劳资纠纷结果 ………………………………	46
表1—29	1934～1936年各地罢工停业结果 ………………………………	46
表2—1	广州市劳资争议案件调处方法数据与百分比 ……………………	66
表2—2	杜月笙调解工潮之成果 ……………………………………………	77
表3—1	1929年7～10月份斗争统计表——领导者与方式 ………………	122
表3—2	1929年7～10月份斗争统计表——领导者与结果 ………………	122
表4—1	豫丰纱厂工潮各方调解方案比较 …………………………………	147
表5—1	《工厂法》与现实情形比较及陈达的建议 …………………………	185
表7—1	第12～23届国际劳工大会中国代表名单与提案 ………………	234
表7—2	1928～1937年国民政府批准的国际劳工大会公约 ……………	238
表7—3	各机关团体对《船舶起卸工人灾害防护公约》的反响 ……………	240
表7—4	机关、团体对有关海员系列公约草案的意见 ……………………	242
表8—1	1930年京沪铁路104户工人家庭盈亏借当比较表 ……………	276
表8—2	1930年沪杭甬铁路74户工人家庭盈亏借当比较表……………	276

绪　论

　　1927～1937年,国民党与南京国民政府至少在表面上完成了政治统一,开始专家治国,紧随先进工业国家的步伐,起草了各个领域、各个部门的发展纲要,并几乎在所有领域都制定了较为完善的法律、法规,开始走上了发展国家资本主义工商业的道路。有学者以为,如果没有日本帝国主义的侵略,国民政府可能将中华民族带入一个簇新的未来。①　不过,笔者以为这恐怕仅仅是一个美好愿景而已。权且不论地方实力派分据、金融体系失衡、经济结构失调②等因素交相作用是否有碍中国近代化的进程,仅从处理劳资争议的层面而论,国民政府已陷入巨大而难以自拔的危机之中,何以完成历史赋予的使命?!

　　本书从各类矛盾最为集中的劳动问题入手,剖析其中纷繁复杂的关系,进而从一个侧面展示国民政府悲哀而又无奈的历史命运。

一、选题与概念界定

　　劳资争议是劳方与资方利益表达的冲突,其背后有一个复杂的问题域。从政治学角度看,劳资争议有意识形态之分;从法学角度看,劳资争议是立法与玩法、理想立法与中国实际的矛盾;从经济学角度看,劳资争议是提高生活待遇与降低生产成本之争;从国际关系来看,劳资争议是国际标准与中国现状的背离;从文化人类学来看,劳资争议表现出行帮文化、地域文化、乡

---

①　详见王卫星《1927～1937年南京国民政府的工业发展策略》(《学海》1998年第6期),朱坚贞《应重新评价1927～1937年的国统区工业经济》(《经济科学》1988年第4期),王方中《1927～1937年间的中国民族工业》(《近代史研究》1990年第6期),朱宝琴《论南京国民政府的工业政策》(《南京大学学报》2000年第1期),张忠民、朱婷《略论南京政府抗战前的国有经济政策》(《社会科学》2005年第8期),朱荫贵《如何评价近代中国国家资本企业》(《学术月刊》2006年第8期)。

②　参见石莹、赵昊鲁:《经济现代化的制度条件——对1927～1937年南京政府经济建设的经济史分析》,《社会科学战线》2005年第5期。

村文化与城市文化的特色；从现代化理论来看，劳资争议是资方体制改革与劳方传统观念的碰撞。因此，研究南京国民政府时期劳资争议，本身即是深化意识形态、工人生活水平、工会机制、企业管理、立法与执法、中外关系、地缘文化、现代与传统等诸方面的研究。

国民政府与国民党通过劳动法规与工人运动两种主要渠道，调处劳资争议，政府与党部矛盾、政府机关间矛盾与党部间矛盾，随之进入劳资争议领域，劳资争议不再主要反映劳资矛盾，而折射出劳、资、党、政四方综合矛盾，成为透视国民政府执政能力与政治智慧、政治权威的绝佳视角，蕴涵着解释中国社会走向的答案。

总之，由于劳资争议背景与过程的复杂性，决定着劳资争议研究具有不可替代的学术价值。这一课题势必深化民国史相关问题的研究。

另外，这一课题所昭示的劳动立法的权威性、政府与社会之间的互适性等，对处理今天的劳资争议，保障职工利益，确立工会权威性等方面均有裨益。在纪念《中华人民共和国劳动法》颁布10周年专题研讨会上，劳动法专家学者和全国律师协会劳动法专业委员会的律师们曾毫不隐讳地指出，现行法律存在10大缺陷："第一，赋予地方过大的权力，造成劳动法适用中的省级冲突；其次，没有对集体合同制度给予足够的重视；第三，对企业经济裁员标准过于苛刻；第四，劳动合同终止情况下的经济补偿规定不合理，特别是对于劳动合同终止情形下用人单位支付经济补偿金的义务没有规定，造成劳动合同短期化现象普遍；第五，劳动争议处理环节过多，劳动法设计的仲裁、诉讼程序对于劳动关系双方当事人是讼累；第六，涉外劳动关系存在法律适用空白；第七，没有对企业兼并收购过程中的劳动关系变化给予规定；第八，对于劳动仲裁和监察制度安排没有涉及；第九，没有考虑劳动者的差别性，从世界劳动历史看，劳动法一般侧重保护产业工人，管理人员和技术人员并不是劳动法的保护重点；第十，没有考虑行业的特点和中小企业的特殊性。"[①]有意思的是，这些问题与南京国民政府时期劳动法所存在的问题几无差异。反观历史，也许会带给我们一些启示。

为了便于展开讨论，有必要对本书的基本用语予以界定。

1.劳工或工人，资方或雇主

"劳工"或"工人"有广义、狭义之分。狭义为凡在工厂从事生产以谋生计者。广义为凡是以劳动换取工银，以维持生计者，均称为劳工。民国时

---

① 《专家指出劳动法十大缺陷》，《楚天都市报》2004年10月14日，第22版。

期,国民政府实业部劳动年鉴编纂委员会将农民也列入劳工范畴。有学者将工业劳动者、农业劳动者与居间工作者,统归于劳工之列。其中,居间工作者包括运输、码头、店员等。① 还有学者将一切"自食其力"者全称为劳工。比如,"所谓劳工不单指在工厂里用力的人说,就是用心的如学校教授、报馆记者无一不是劳动分子"②;"凡执其艺以发挥其本能而为社会劳动服务者,皆谓之劳工。"③本书所谓"劳工"或"工人",是指除农民之外,所有以劳动换取工银者。凡雇用这些劳工者,即是本书所指的资方或雇主。

2. 劳资争议、劳资纠纷、罢工、停业

本书对此类概念的界定,采纳民国劳动问题专家的解释。民国时期的专家对这些概念的解释具有极强的学术价值。一般而论,"凡雇主与工人间因雇用条件的维持或变更而发生的争端",统称为劳资争议。④ 按劳资双方冲突程度不同,劳资争议分为劳资纠纷与罢工、停业。所谓劳资纠纷,是劳资进行交涉而厂号内并未停止工作的劳资争议案件。或谓凡劳资在进行交涉而一方继续工作的劳资冲突便是劳资纠纷。⑤ 罢工、停业,是指劳方或资方使厂号内暂时停止工作,以求达到某项要求或拒绝某项要求的劳资争议案件。⑥ 劳资纠纷的目的在于实现某种要求,罢工、停业为达到目的的方法与手段。罢工与停业之分,则视冲突事件由劳方主动抑或由资方主动而定。前者称为罢工,后者称为停业。⑦

二、学术前史与资料准备

有关南京国民政府时期劳资争议的研究,随着争议的产生便已开始。

---

① 杨放:《实施劳工教育刍议》,《劳工月刊》第 1 卷第 2 期,1932 年 5 月 15 日,第 77 页;《中国劳工之现状——陈宗城在里昂中法大学演讲词》,《劳动季报》第 5 期,1935 年 5 月 10 日,第 117 页。
② 实业部总务司商业司:《全国工商会议汇编(1931)》第 4 编,南京,京华印馆,1931 年,第 19 页。
③ 陈润东:《今年五一节应庆祝政府实施劳工教育》,《中华邮工》第 1 卷第 2、3 期合刊,1935 年 5 月 5 日,第 70 页。
④ 上海市政府社会局:《近五年来上海之劳资纠纷》,上海,中华书局,1934 年,第 1 页。此外,有学者以工人为主动因素,将劳资争议解释为"劳动者因利害冲突而向资本家所表示的一种团体的抗争",见吴半农:《十六年一月至十八年六月河北省及平津两市劳资争议底分析》,《社会科学季刊》第 4 卷第 3、4 期合刊,1930 年 1 月,第 5 页。
⑤ 《上海市社会局工作报告》,上海,上海市社会局,1932 年编印,第 20 页。
⑥ 邢必信等:《第二次中国劳动年鉴》,北平,社会调查所,1932 年,第 2 编,第 84~85 页。
⑦ 上海市政府社会局:《近十五年来上海之罢工停业》,上海,中华书局,1933 年,第 12 页。

近年来,此项研究有渐成热点之势。众所周知,劳工运动史专家陈明銶教授已经对1989年前的研究状况详加评析。① 在此恕不赘述。其后,有代表性的论著包括:杜万启的《国民党政府1929年〈工会法〉评述》(《工运》1992年总第15期)、谢诺的《中国工人阶级的政治经历》(《史林》1993年第3期)、刘晶芳的《土地革命战争时期刘少奇对白区工运策略的探索》(《江汉论坛》2000年第2期)、陈竹君的《国民政府南京时期之劳工政策》(《江汉论坛》2002年第6期)、陶炎武的《南京国民政府的劳工工资改良政策》(《咸宁师专学报》2001年第8期)、顾健娣的《杜月笙和上海工运》(《安庆师范学院学报》第2002年第1期)、高爱娣的《中国近现代各党派工运思想研究综述》(《中国劳动关系学院学报》2005年第1期)与王永玺的《中国工会史》(中共党史出版社1992年版)。这些研究成果各有千秋。

到目前为止,有关劳动问题的研究成果可分为两种类型:一是注重工人阶级形成与斗争的革命史。主要以刘明逵、唐玉良教授的6卷本《中国工人运动史》(广东人民出版社,1998年)与日本学者中村三登志的《中国劳动运动史》(王玉平译,工人出版社,1989年)为代表。刘明逵等人采用第一手资料,在吸收已有研究成果的基础上,系统地阐述了中国工人阶级的产生、发展,工运从"自在"到"自为"的转变,以及工人运动与中国革命的关系。② 二是采用社会学、政治学与新工人史理念与方法的综合研究。此项研究以哈佛大学教授裴宜理《上海罢工——中国工人政治研究》为典型代表。裴宜理教授将英国史学家汤普森研究英国工人群体的方法论推及到中国史研究领域。该书从地缘、党派、产业三大方面,关注工人罢工、工会与政党关系、工人文化、生活状况。其最大特点是:(1)注重工运中的行业差别,以及同一企业内部不同类型工人之间的差异,包括技术工人与非技术工人、男工与女工等。(2)注重工人集团的文化背景,由此开始寻找上海工人的起源及政治倾向。(3)将中国工人、工运与西方进行对比。在此基础上,她令人信服地得出"不同的工人有不同的政治"③的结论。该书对学界有振聋发聩之效应,对本书也有极大的启发。但其中有关1927~1937年的研究,仅占全书的

---

① 详见陈明銶:《中国劳工运动史研究》,台湾"中央研究院"近代史所:《六十年来的中国近代史研究》下册,台北,"中央研究院"近代史所,1989年,第599~639页。
② 相关工运史研究成果详见刘晶芳:《九十年代中国近代工运史研究述评》,《世纪桥》1999年第6期。
③ 〔美〕裴宜理:《上海罢工——中国工人政治研究》,刘平译,南京,江苏人民出版社,2001年,第328页。

1/10强,且仅限上海一地。而且,该书作者曾认为工运史中"最有前景的课题"是有关工人与国家间的关系,①惜作者在该书中对此发挥有限。

这里不能不提及另一部专著,即夏威夷大学社会学教授具海根的《韩国工人——阶级形成的文化与政治》(社会科学文献出版社,2004年)。该书从社会学、文化人类学、政治学的视角,探析1945年以来韩国工人阶级的形成、发展,以及如何掀起声势浩大、影响全国的工人运动。具海根教授虽然谈论的是韩国当代问题,但提出了一个展开讨论的路径,即工人们的相同体验不仅是由生产关系形成的,而且还是由文化和政治权力从外部,以及通过内部劳动关系而形成的,颇具有普适意义。本书从中受益匪浅。

另外,王奇生的《工人、资本家与国民党》(《历史研究》2001年第5期)一文,对本书也有重要借鉴意义。该文以上海三友实业社罢工事件为个案,全面展示工人、资本家与党政之间错综复杂、既联合又斗争的关系。其思路、视野独特,给人以耳目一新的感觉。但毕竟只是一个案例分析,不足以涵盖全局。

尽管现有研究成果不少,但终归有些缺憾,尤其缺乏综合性研究,从宏观到微观都留下探讨的空间。我们不妨选择以下几个方面作为突破口:

1. 从整体上把握南京国民政府时期劳资争议的状况、趋势与特点。

2. 从整体上勾勒出与劳资争议的调解与仲裁相关的法律、法规的具体实施情况。

3. 从整体上阐述工会组织是如何在与各派力量的斡旋中应对劳资争议的。

4. 从整体上刻画工会与党、政、军的关系。

5. 从整体上揭示党、政、军在处理劳资争议中的互动关系。

6. 通过案例分析,对劳动法具体实施的过程与效果加以比对研究。

7. 挖掘劳资争议背后所隐藏的政治、经济体制及相关政策的阙失。

8. 厘清国际劳工组织与国民政府之间的关系。

9. 探讨国民政府劳资合作的理论与其具体实施的过程及后果。

为实现预期设想,笔者先后在南京中国第二历史档案馆与北京、天津、上海、广州等市档案馆查阅数百个卷宗。此外,还在中国社会科学院近代史所和经济研究所、南京市图书馆、南开大学图书馆、武汉大学图书馆、华中师范大学图书馆与该校近代史所资料室,查阅1927～1937年间的《劳工月刊》、《纺织时报》、《纺织周刊》及《申报》、天津《大公报》、《中央日报》等几十

---

① 〔美〕裴宜理:《对中国工运史研究的初步认识》,《社会科学》1989年第2期。

种报刊,以及包括劳动年鉴、党政报告等在内的大量资料。另一些文献主要来自《中华民国史档案资料汇编》与《中国近代工人阶级和工人运动》。刘明逵的14卷本、上千万字的《中国近代工人阶级和工人运动》(中共中央党校出版社,2002年),收集有1890~1949年间大量报刊、书籍中有关劳工生活、生产、工人运动等资料,为笔者的最初构思提供了基本的史料。

三、基本思路与旨趣

劳资争议,顾名思义,大抵因劳资双方利益直接冲突而起。此外,工商危机、经济枯荣、季节变化、人文背景、社会阶级意识、政治原因都足以导致劳资争议。

历史归根结底是社会关系的总和之延续。法国社会学家皮埃尔·布迪厄的"场域"理论对此颇有阐释。布迪厄所谓"场域","可以被定义为在各种位置之间存在的客观关系的一个网络","每个场域都规定了各自特有的价值观,拥有各自特有的调控原则。这些原则界定了一个社会构建的空间"。他强调"根据场域概念进行思考就是从关系的角度进行思考"。"场域"的核心价值即是社会关系,而且是"由附着于某种权力(或资本)形式的各种位置间的一系列客观历史关系所构成"。[①]"场域"是特定社会历史关系的总和,同时随着特定社会关系的延展,"场域"亦随之扩展,容纳更多的社会关系。"场域"理论为我们厘清劳资关系提供了理论根基。

劳资争议是劳资关系在生产"场域"中的一种表现形式,但由于党、政部门等势力的介入,劳资争议的"场域"已然由生产的"内部"场域扩大到非生产的"外部"场域。劳、资、党、政四者关系构成"新"的"场域"。这是本书考量劳资争议的基础与核心平台。

本书拟结合工运史与新工人史研究路径,讨论两大问题:一是南京国民政府时期劳资争议的概况、走势与特点;二是劳资争议与政治体制、经济体制、法制、意识形态及社会之间的互动关系。两大问题之间又是互为关联的。为此,笔者拟从下面几方面展开论述:

1. 充分占有资料,从总体上考察南京国民政府时期劳资争议的规模,弄清劳资双方争执的成因与症结所在,以及力量对比。

---

① 〔法〕皮埃尔·布迪厄、〔美〕华康德:《实践与反思:反思社会学导引》,李猛、李康译,北京,中央编译出版社,1998年,第133、17页。

2.探查劳资争议调解与仲裁的法律程序和实际运作情况。

3.工会组织的健全与否,它是助长还是调和劳资间的敌对意识与冲突。

4.理顺混杂的史实,透过真相,呈现劳资争议背后、左右争议走向的经济政策与经济利益之争、劳动法规之争、个人意志之争、社会势力之争、党派矛盾、党政纷争。

5.国民政府作为劳资争议的最高仲裁者与劳动法规的制订者,在国际保工立法运动中所采取的举措。

6.解析国民党、政府调适劳资争议的政治代价与争议的结果、工人群体的自主意识之间的关系。

以上六点即是本书的基本思路或称总体框架。第一章至第三章,分别对应第一至第三点设计的内容。第四、五、六章,则对应第四点设计内容。第七、八章则分别对应第五点与第六点设计内容。

本书将以史学实证方法为主,借助政治学、社会学、文化人类学等理论与分析方法,注重"长时段"考察、史论结合与比较分析,同时将总体研究与个案分析相结合,在尽可能掌握第一手文献的基础上,全面呈现1927~1937年间劳资争议的复杂性及与之相关的"史实"。

劳资争议是一个复杂的过程,内部牵涉因素较多,单一层面的研究无法说明真相,只有统合分析,才能将争议背后的诸多矛盾既单一列出,又可以找出各矛盾体之间的联系。个案分析亦只有在总体争议史中才有解释意义。个案分析法在劳资争议研究中的作用同样不可小觑。史学研究的基本面相即为表述形式。"讲故事"式的个案分析,是史学研究的基本方法。"史实"原本是由许多逻辑与非逻辑性的碎化片断组成,惯于条理化、系统化的研究者,易受目的论的影响而"挑选"历史片断"重构"史实。个案解析通过全盘描述复杂细节,则有助于避让预设前提的目的论,减少"过度诠释"的概率;其中,情节化的描摹又可凸显历史事件的内在矛盾。

不论我们承认与否,史学研究在很大程度上是一种文本推演,研究者追求逻辑推理与资料支撑的"自圆",然而在此"自圆"过程中,往往自觉或不自觉地裁剪、删节也许构成另一重历史表述的核心文献,研究者构建的一种"史实"很可能掩盖另一种"史实",以致产生历史"错位"。为减少此类"误判",笔者有意识地淡化阶级分析法的影响,尽量跳出"国民党为什么在大陆失败"式的"情结史学"的分析思路。

本书力图从以下几个方面有所突破:

第一,从总体上把握1927~1937年间劳资争议的症结与总体趋势,基本弄清争议的一般原因,以及劳资力量对比的变化。

第二,揭示党政双方在处理争议时,既互相冲突、又互相合作的情形,以及党政部门与帮会常常"玩法"的事实。

第三,探析工会在军、政、党三方的压制中,是如何保持工会自身独立性的。

第四,指出一些因劳动法、税制而发生的争议,一般都引起劳资双方对政府的反感。

第五,重构各类、各地劳资争议中工人、各级党部、各级地方政府、资本家之间的既联合又斗争的错综复杂的关系。

第六,通过对南京国民政府的劳动立法、工商政策,以及对若干争议处理中所存在的矛盾与失误的分析,指出其阶级属性的模糊性与暂时性。

第七,分析国民政府参加国际劳工组织的动机与后果。

第八,探寻从劳资合作到阶级斗争的转变根源。指出由于劳资合作理论的错误,以及政府、国民党在处理劳资关系问题上的不明朗态度,不断形成中的工人阶级最终抛弃了国民党,而只认同阶级斗争。

再则,笔者有感而发的是,劳资关系不过是最基本的社会关系之一,劳资争议是社会生产过程中的副产品,有社会生产即有劳资争议。劳资争议本身无利弊之分,如果资方能以此为契机,调整企业内部格局,政府能根据现实需求,修订法律条款,那么,劳资争议势必将社会带到一个更加规范化与法制化的时代。反之,劳资争议有百弊而无一利。

第一章 劳资争议的总体概况与态势

1927～1937年,无论是西方工业社会,还是从前近代社会向工业化社会过渡的中国,劳资争议均是社会矛盾中最为激烈的一种形式。本章将对此一时期劳资争议的规模、成因与症结、结果加以分析,勾勒出劳资争议的大体走势,呈现劳资双方在价值取向上的冲突,以及双方力量的消长,为进一步剖析劳资争议与政治、经济、法制、意识形态及社会诸方面之间的互动关系提供参照系。

一、劳资争议的规模

(一) 全国范围

劳资争议的规模,一般可由争议的案件数、区域、行业、关系厂号数与职工数、争议延续时间等若干统计数据反映出来。民国时期的学者即是以这几项参数衡量劳资争议的烈度。

1932年前,各类公私立机关所经办的劳工调查和统计"尤其稀少"①。仅有1929年出版的陈达《中国劳工问题》、1930年出版的由北平社会调查所编撰的《河北省及平津两市劳资争议分析》、上海特别市社会局编辑的1928年罢工统计报告与1929年罢工停业统计。南京国民政府成立之初,对于劳资争议的调查统计即极为重视。1928年,国民政府工商部统计科,曾编制调查表,下发全国工会,并明令各工会,在所属工友与雇主发生争议或罢工时,须于风潮解决后一星期内将该表一式三份,分别呈报所在地方行政官署、省府或特别区政府、工商部备案。② 但行政命令与实际执行情况并

---

① 林颂河:《民国二十一年之劳动界》,《社会科学杂志》第4卷第2期,1933年6月,第162页。
② 613—1344,1928年度劳资争议情形(1929年3月),工商部劳工司,中国第二历史档案馆藏。

不一致。由于时局纷乱,劳资争议统计多以某一城市为限,而有关全国范围的较为详尽的统计非常罕见。直到1932年后,实业部、中央民运会、国际劳工局中国分局等权威机构,才得以对全国范围的劳资争议加以总体统计。但又因调查地区不同,统计方法各异,或按月统计,或按案件发生时间统计,不同个人与部门的统计数据差距很大。实业部一般采用按月统计法,难免将一次争议重复计算。即使由各地一年两次上报中央民运会的劳资争议调查表,地方党部与行政机关的统计也有差别。① 还有一点不能不提,直到1933年,仍有多数省市的党政当局对于此类社会调查"未能引起注意",即使中央民运会也无法得到全国范围较完整的调查报告。② 为此,我们尽可能援引不同部门所作的统计数据,使我们的相关分析更加客观。以下主要根据不同方面1932～1936年的相关统计数据,从劳资争议发生区域、行业、关系厂号数、涉及职工数与持续时间几方面,展示劳资争议涉及的规模与特征。

1932年:据清华大学教授陈达根据20种中英文报纸统计,1932年全国69处发生劳资争议317次。其中,上海123次,占总数的38.80%;次为天津47次,占总数的14.83%;次为广州18次,占总数的5.68%;北平13次,占总数的4.10%;其余64处,每处均在10次以下,合计只有105次,占总数的33.12%。从行业来看,争议次数10次以上者,为交通运输、纺织、化工、饮食、动力业,其数量与其比例分别为117、36.91%;63、19.87%;27、8.51%;20、6.30%;17、5.36%。平均每次争议涉及人数有2808.8人,争议持续时间15～18日。③

在317次争议中,罢工有104次。计上海42次,天津9次,广州6次,杭州4次。各业中,以交通运输与纺织业罢工为多,分别为41次、22次。④

下面再看实业部的相关统计。在劳资纠纷方面,15省市17种行业共有239件。上海、青岛、天津纠纷最为突出,分别为91件、37件与22件,各占当年纠纷总额的38%、15%、近10%。以行业而论,纺织业有79件,交通

---

① 《二十四年上季全国劳资纠纷事件统计表》,《中央民众训练部公报》第5期,1936年6月,第49～51页。
② 《二十二年劳资纠纷调查报告》,南京,中国国民党中央民众运动指导委员会,1934年9月编印,第3页。
③ 林颂河:《民国二十一年之劳动界》,《社会科学杂志》第4卷第2期,1933年6月,第198、199页。
④ 同上书,第199页。

运输35件。全年570607人参与纠纷。① 从卷入纠纷的人数来看,不计北平、福建,上海最多,浙江最少。详见表1—1:

表1—1　1932年劳资纠纷统计表

地区 纠纷	江苏	上海	湖北	汉口	河北	天津	河南	山东	青岛	浙江	广东	南京	四川	福建	北平
案件数	16	91	7	11	12	22	3	6	37	6	9	5	2	1	1
关系职工数	21 571	438 483	3941	2288	28 185	21 056	25 735	14 583	7950	639	700	2280	3098	—	—
关系厂号数	342	815	7	38	18	32	10	79	60	8	285	22	194	4	1

资料来源:根据实业部劳动年鉴编纂委员会《二十一年中国劳动年鉴》第2编第104、105~108页相关统计表制表。

关于罢工停业,上海等9省市共有84起,其中,上海47件,占总数的56%。从涉案人数而论,安庆一地罢工停业的规模比其他地区小,但1次即涉及千人的案件,其本身规模并不一定比其他地区的某个案件小(详见表1—2)。以行业论,纺织业罢工计35件,接近总数的42%。②

表1—2　1932年罢工停业统计表

地区 罢工停业	上海	青岛	天津	山东	江苏	河北	安庆	北平	福建
案件数	47	8	10	5	7	4	1	1	1
关系职工数	50 639	3090	9212	14 155	20 045	30 650	1000	—	—
关系厂号数	380	8	13	73	43				4

资料来源:根据实业部劳动年鉴编纂委员会《二十一年中国劳动年鉴》第2编第109、111~112页相关统计表制表。

关于劳资纠纷持续时间,中央民运会统计的293件案件中,不满1个月即解决者达191件,半年以上者8件,近1年者1件,1年以上者2件。③

---

① 实业部劳动年鉴编纂委员会:《二十一年中国劳动年鉴》,上海,神州国光社,1933年,第2编,第103页。另:按表1—1所列数据统计,1932年纠纷总数应为229件。但林颂河《民国二十一年之劳动界》一文"上海市劳资争议结果分析表"中统计确实表明当年纠纷总数为239件,且《二十一年中国劳动年鉴》与之相关统计数据均以239件为基准,故本文采纳"239"件之说。

② 实业部劳动年鉴编纂委员会:《二十一年中国劳动年鉴》,第2编,第109页。

③ 中国国民党中央民众运动指导委员会:《二十二年工人运动概观》,出版时间不详,第26页。

本年工潮特点是争议牵涉面扩大：(1)表现在地域上，即是5月间全国邮政职工的护邮大罢工。上海、北平、天津、开封、太原、济南、安庆、福州、郑州、杭州、洛阳、青岛、烟台、苏州、常州、镇江、江都、徐州、宁波、松江等地邮员一致参加。这次全年最大的争议，也为历来工潮所少有。(2)表现在劳资双方势力上，以上海三友实业社工潮最为典型。上海劳资两大集团激烈对抗，劳资关系极度恶化。上海、无锡丝厂纠纷也曾轰动一时。

1933年：据中央民众运动指导委员会对南京、上海等12省市的调查，全年劳资争议计324件。如果按月统计，全年纠纷多达534件。具体到各地，324个案件中，上海161件，青岛36件，天津30件，汉口23件，南京19件，浙江15件，山东7件，河北26件，河南3件，武昌14件，湖南13件，广东12件。参与纠纷的人数，除97件不详外，不及10人者80件，接近总数的25%；10~50人者55件，近17%；50~100人者20件，占6%强；100~500人者44件，不到总数的13%；500~1000人者8件，占3%弱；1000~5000人者15件，占4%强；5000~10000人者5件，占2%弱；不详者97件，约为总数的30%。纠纷时间达1~2个月或2~3个月较少，两者分别为49件、12件，占总数的15%、4%。一般以10日至1个月为多，有116件，占总数36%。次为2~10日84件，占26%。案件发生不到2日即行解决者也仅18件，不到总数的6%。纠纷长达5个月者有6件，约占2%。另有29件不详。①

另据实业部对18省市7类行业调查，1933年纠纷有844件，关系职工数379140人，关系厂号数2326(详见表1—3)。其中，纺织业达171件，占总数的20.26%，贩卖业计63件，占7.46%，交通运输业60件，占7.11%，饮食业40件，占4.74%。②

江苏、浙江、上海等14省罢工停业计有168件。与纠纷一样，纺织业案件最多，共61件，占总数的36.31%。次为交通运输业，凡18件，占10.71%，再次为机器及金属制造业与皮革业，两者皆为13件，各占7.74%。③ 罢工停业关

---

① 《二十二年劳资纠纷调查报告》，南京，中国国民党中央民众运动指导委员会，1934年9月编印，第4、6、7页。

② 百分比系根据实业部劳动年鉴编纂委员会编《二十二年中国劳动年鉴》第2编第79~80页"国内各地劳资纠纷案件依照业务分配表"重新计算。原文为：纠纷总数为849件，纺织业达171件，占总数的32.45%，贩卖业计63件，占11.95%，交通运输业60件，占11.39%，饮食业40件，占7.59%。见该年鉴第77页。

③ 实业部劳动年鉴编纂委员会：《二十二年中国劳动年鉴》，南京，该委员会，1934年，第2编，第84页。

表1—3 1933年劳资纠纷统计表

地区 纠纷	江苏	浙江	江西	福建	广东	广西	湖北	四川	河北	河南	山东	察哈尔	南京	上海	青岛	北平	汉口	天津	总计
案件数	23	20	5	4	13	4	13	9	16	11	8	1	67	525	46	4	46	29	844
关系职工数	48016（不全）	5299（不全）	—	76	3（不全）	193	56753	—	18344	23250	2469	—	7762	163450	1154	70（不全）	7877	44424	379140
关系厂号数	34	49	5	4	31	5	17	11	16	11	8	1	650	1296	46	6	102	29	2326

资料来源：根据实业部劳动年鉴编纂委员会编《二十二年中国劳动年鉴》第2编第78～79、80～84页相关统计表格制表。

系职工数与厂号数分别为187363人、767家(见表1—4)。

表1—4 1933年罢工停业统计表

罢工停业 \ 地区	江苏	浙江	福建	广东	湖北	四川	河南	绥远	山东	南京	上海	青岛	天津	北平	总计
案件数	14	3	1	1	13	1	8	1	1	11	136	5	10	1	206
关系职工数	6683	2827	—	—	49815	—	22500	40	87	1041	82098	548	21824	—	187363
关系厂号数	14	3	1	2	13	1	8	8	1	11	686	5	10	3	767

资料来源：根据实业部劳动年鉴编纂委员会编《二十二年中国劳动年鉴》第2编第86～87、88～89页相关统计表制表。

陈达主要根据报刊统计出54地争议共计296次，该数据远低于中央民运会与实业部的统计。争议仍以工业区为主：上海150次(50.67%)、天津25次(8.44%)、无锡9次(3.04%)，北平、重庆各8次(各占2.70%)，南京、杭州各7次(各占2.36%)，广州、焦作各5次(均为1.68%)，汉口、武昌各4次(各占1.35%)。有参与争议人数统计者84次，涉案119943人。296次争议中有79次罢工，分布于25地，其中有人数统计的37次罢工涉案60605人。217次纠纷所涉行业仍以纺织业为最(24.66%)，次为皮革业(7.43%)、饮食业(6.42%)、服装业(4.05%)、化学工业(3.72%)。罢工仍以纺织业为多(31.6%)。①

当年较严重争议是上海英商太古公司海员罢工。因资方驱逐行驶于长江的吴淞轮中舱工友126人，引起上海、广州、厦门等地的该公司8艘船船员的联合抗议。② 此外，则是申新纺织一厂9000余人罢工、上海英美烟厂

---

① 陈达：《民国二十二年的国内劳资争议》，《国际劳工》第1卷第4号，1934年4月，第1、2、3、4页。
② 水手：《太古吴淞轮之工潮》，《劳动季报》第1期，1934年4月10日，第139页。

14

减工罢工、上海电力工潮、上海闸北各丝厂罢工、石家庄大兴纱厂罢工、天津恒源纱厂停工纠纷、天津裕元纱厂减工纠纷、天津宝成纱厂解雇纠纷、河南豫丰纱厂停工纠纷、南通大生纱厂罢工、天津电车公司工潮、焦作矿工潮等。郑州豫丰纱厂、吴县旅业工潮持续时间最长。

1934年：大部分工厂在外货倾销、外资侵入下相继停闭，未停歇者则减低工资、待遇，从工人身上补偿市场竞争中失去的利润。工人并未屈服于此压力，因此当年纠纷不曾减少。据中央民运会调查，全国15省市劳资纠纷共有401件，其中上海有256件，占总数的64%。纠纷人数以不及10人为多，计有125件，约为总数的30%强。10～50人者102件，占25%强；50～100人者41件，占10%强；100～500人者65件，占16%强；500～1000人者15件，占4%弱；1000～5000人者13件，占3%强；5000～10000人者1件。万人以上者1件，未详者39件，合计40件，占10%弱。以上统计尚不包括铁路、邮务等国营产业工人与主管机关的纠纷。①

据《国际劳工通讯》公布的陈达统计显示，1934年69地共有劳资争议261件，135656人卷入争议。上海92次（35.25%），天津35次（13.41%），无锡13次（4.98%），唐山9次（3.45%），汉口、南京各7次（各占2.68%），镇江5次（1.92%），苏州、扬州、磁县、重庆、广州、马家沟各4次（各占1.53%），北平、杭州各3次（1.15%）。各业中仍以交通运输业、纺织业、饮食业为多，分别为82件、46件、28件，约占总数31.42%、17.62%、10.73%。36个地方罢工案有84件。至于诸次争议具体关系厂号数、人数均无据可查。该年较大劳资争议为开滦矿工罢工等。②

依实业部调查及13个省市政府报告，1934年劳资纠纷案件即达364件，涉案厂号1977家，但其所统计的涉案工人数仅为78175人，远较陈达统计为少。③

1935年：国际劳工局中国分局根据全国各地16种大报与征集得来的材料统计，当年劳资争议共300件，纠纷案计148件（49.3%），怠工案11件（3.7%），罢工案132件（44.0%），停业案9件（3.0%）。罢工主要集中在上海（40件）、无锡（19件）、唐山（7件）、广州（6件）、南通（4件）、汉口（3件）、

---

① 《二十三年劳资纠纷调查报告》，南京，中国国民党中央民众运动指导委员会，1935年10月编印，第90、131、2页。
② 《最近两年中国劳资争议统计》，《国际劳工通讯》第21号，1936年6月，第1、2、3、7页。
③ 《国内各地劳资纠纷案件数各月分配表（民国二十三年）》、《国内各地劳资纠纷案件关系厂号数按月分配表（民国二十三年）》、《国内各地劳资纠纷案件关系职工数按月分配表（民国二十三年）》，均见《实业部月刊》第1卷第3期，1936年6月30日，第190、191、195页。

海门(3件)。已知争议案件数、牵涉厂数共208件485家厂。确知参加争议人数者121件323884人。

争议地点达到64县市及4条铁路。其中以上海最多,计有84件(28.0%),无锡次之,为25件(8.3%),广州、杭州又次之,各22件(7.3%),再次为唐山14件,汉口14件,天津7件,长沙6件。以上各市均发生争议案达5件以上。以各业兴衰而论,除面粉业、丝业似较1934年平稳外,茶业、橡胶、水泥、火柴、煤等业均不如昔,尤以纺织业衰落更甚。据华商纱厂联合会统计,该年上季度全国华商纱厂业平均停工周数,竟破以往历年记录。争议当然仍以纺织业为多,计74件(28.0%),次为饮食业22件(7.3%),矿业18件(6.0%),化工业17件(5.7%),服务、运输、交通业75件(25.0%),商业、金融类15件(5%)。①

1936年:按国际劳工组织中国分局统计,该年发生劳资争议达278件,较上年稍有减少。纠纷133件(47.84%),怠工6件(2.16%),罢工134件(48.20%)。争议涉及693家厂号,较上年为多。参加争议工人总数为258672人。278件争议分布69处。上海97件(34.83%),南京19件(6.83%),广州15件(5.39%),天津14件(5.04%),无锡11件(3.96%),长沙9件(3.24%),杭州7件(2.52%)、常熟与青岛各6件(各占2.16%)。内有铁路2处,公路1处,轮船1处。依行业言之,与1935年相似,纺织业、交通运输业最多,各占20%以上。由于近两年公共工程的兴办,公务、国防业也常有争议。罢工案涉及56县市与1条公路。②

尽管上述统计各不相同,但由此仍可以得到这样几个结论:

第一,劳资争议多集中于新式工业较发达的上海、南京、汉口、青岛、天津、江苏、浙江等市、省经济中心。这些新式工业中心的劳资矛盾有激化的趋势。

第二,罢工不仅遍及工、矿企业及商业、金融等各行各业,而且出现于政府严禁罢工的邮务、铁路、公务、教育、军工等行业。如:1930年教会大学工友因增资未果罢工。③ 1932年陕西省高等法院法官因经费困难罢工;④同年,发生北平教育界总罢工与湖北教育界总辞职风潮;⑤京沪、沪杭甬铁路

---

① 程海峰:《一九三五年之中国劳工界》,《东方杂志》第33卷第17号,1936年9月1日,第162～163页。
② 《民国二十五年中国劳资争议统计》,《国际劳工通讯》第4卷第4期,1937年4月,第1、2、3页。
③ 《齐鲁大学工友大罢工》,天津《大公报》1930年1月6日,第5版。
④ 《西安高等法院罢工潮平息》,天津《大公报》1932年9月23日,第5版。
⑤ 《公务人员与罢工》,《中央日报》1932年5月24日,第1张第2版。

工人因要求提高薪金而与路局发生纠纷。① 1933年北平小学教员因积欠工资怠工。② 1936年上海大中军服厂工人向工头借款未果罢工;③1935年、1937年全国唯一官办纺织企业——湖南第一纺织厂怠工、罢工。政府设立的各类救济失业工人的民生工厂、收留街丐游民的贫民工厂、平民工厂的工人,也曾因要求红利均沾、改善待遇而与厂方冲突。④

第三,劳资矛盾渐显尖锐,罢工停业呈上升趋势。据表1—5、表1—6计算,1932～1936年罢工停业案件与当年劳资争议比例分别约为34.31%、10.37%、27.97%、33.33%与92.09%。

第四,劳资争议时间多在1个月内。1个月可能是劳资双方所能承受的心理、经济与社会干预极限的普遍阈值。

第五,劳资争议案件数远低于关系工厂数(见表1—5),表明单一争议影响多家工厂发生连锁争议,或是某一行业或多种行业职工结成同盟,共同对抗资方。1932年6月上海丝厂工人罢工、1936年上海日纱厂大罢工、1932年10月与1936年7月无锡丝厂工人罢工、1934年1月开滦煤矿大罢工,1937年年初上海400余丝厂工人罢工,均属同盟罢工性质。

表1—5 1932～1936年劳资争议统计表

年 份	劳资争议案件数	关系职工数	关系工厂数
1932	239	570609	2004
1933	844	379100	2326
1934	261	135656	—
1935	300	323884	485
1936	139	258672	693

资料来源:刘明逵、唐玉良主编:《中国近代工人阶级和工人运动》第9卷,北京,中共中央党校出版社,2001年,第507页。

(二) 省市内部

在了解全国劳资争议基本规模后,仍有必要进一步考察上海、华北、广州等地劳资争议详情。其目的有二:一是反映不同地区争议的异同;二是反映1932年前全国劳资争议的大体状况,补充相关统计的不足。

---

① 711(4)—511,中国国民党中央民众运动指导委员会:《二十一年度劳资纠纷参考资料》,第281～282页,中国第二历史档案馆藏。
② 《平小学教员怠工潮解决》,天津《大公报》1933年10月24日,第1张第4版。
③ 《一片罢工声》,《中国社会》第3卷第2期,1936年10月15日,第82页。
④ 《四月份各地工潮消息汇志》,《工商半月刊》第1卷第9号,1929年5月1日,第13页;黄曾樾:《发刊辞》,《南京社会特刊》1931年1月,第3页。

上海：1918年至1924年间，罢工停业甚少发生。自1925年始，工潮渐为活跃。1924年只有16次罢工，1925年罢工增至75次。1926年工潮藉北伐澎湃汹涌。在上海总工会领导下，当年罢工多达257件。稍后因政局稳定，劳资冲突稍有平静。1927年年末劳资冲突重趋紧张，工人重新在待遇、加薪方面与资方抗争，当年共发生117起争议。就罢工停业来看，自1927年、1928年后劳资争端一度略显和缓，1928~1930年的案件数分别为118件、108件与87件。1931年罢工停业则激增至122件。1932年后又降至82件，以后3年，案件无大涨幅。1932年罢工停业数量下降的主要原因是：(1)沪战期间劳资双方尚能互相谅解；(2)政府明令禁止与暂停调解罢工。停战协定签订后，地方复归安宁，罢工停业渐趋常态。1936年罢工停业案突增至136件。

1927年罢工停业波及面最广，关系厂号11698家，职工数881289人，数倍甚至十数倍于以后几年的关系厂号与职工数。不过，牵涉厂号数10000家、职工700000人的两次总罢工，都发生在该年的2月与3月。1929年后，除1934年案件关系人数大减外，各年罢工停业关系厂号数与职工数无太大差距，一般均为1000家厂号与70000人左右。详见表1—6：

表1—6　1927~1936年罢工停业案件数、关系厂号数、职工数

时间 罢工停业	1927	1928	1929	1930	1931	1932	1933	1934	1935	1936	总计
案件数	117	118	108	87	122	82	88	73	94	128	1017
百分比	11.50	11.60	10.62	8.55	11.97	8.06	8.65	7.18	9.24	12.59	100.00
厂号数	11698	5433	1011	672	1825	450	574	454	435	646	23198
百分比	50.43	23.42	4.36	2.90	7.87	1.94	2.47	1.96	1.88	2.78	100.00
职工数	881289	204563	65557	64130	74188	71395	74727	31023	78227	79202	1624301
百分比	54.26	12.59	4.03	3.94	4.57	4.40	4.60	1.90	4.81	4.88	100.00

资料来源：根据上海市政府社会局《近十五年来上海之罢工停业》第7页与刘明逵、唐玉良主编《中国近代工人阶级和工人运动》第9卷第550页统计表改编、计算。

1927~1936年间，影响面较大，关系厂号在100家以上的案件，以1927

年为最多,达到13件,次为1936年有2件,1933年与1934年各1件。1931年至1936年80%以上的案件关系厂号数仅1家。关系厂号数在21~100家的案件以1928年占多数,计有17件,除1931年有7件外,其他年份则或3或4件不等。具体来看罢工停业关系人数,前6年中半数案件为100至1000人,后4年中涉案人数在100~1000人的略降为40%左右。1934年前30%多的案件人数在10~100人之间,1935年后这一数据上升到45%左右。牵涉人数在1001~10000人的案件最多是1927年,达到48件,次为1928年(20件)、1930年(19件)、1933年(16件)、1936年(15件)与1929年(13件)。万人以上案件,除1933年、1934年外,其他各年均又有1到2件。1931年案件多达122件,但是该年90%的案件关系工人不到千人。1932年80%的案件都只关系1家厂号。因此,案件数多,却并不表示该年的罢工停业的局势突然严重。[1] 1928年上海全市丝厂大罢工人数多达100000人以上。[2] 英美烟公司罢工人数也有9300人。[3]

1937年前7个月,工潮汹涌澎湃,与1926年北伐时期相仿,罢工停业激增至210件,其中,丝织业108件,关系厂号545家,涉及工人31600名。棉纺织厂虽然案件数不如丝织厂多,但因规模多大于丝织厂,其罢工停业的事态却更为严重。1937年纱厂案件共22件,涉及职工20411人。英商电车公司3894人参与的3次罢工,也是当年重大案件。当年有45.54%案件关系人数在10~100人之间,42.25%的案件关系人数在百人到千人之间,只有7.04%案件关系人数在千人至万人之间。与前几年相似,该年88.73%的案件关系厂号数为1家。[4]

再论罢工停业迁延时间,1927年至1932年间的案件,大半在2日至10日得以解决。长达50天以上案件则属罕见。仅有1928年英美烟公司工潮持续109日。此6年中,罢工停业达10日以上者以1927年为多,1931年与1932年80%案件在10日内结束。[5] 1932年发生的三友实业社罢工则持续到1934年年初。1937年,80%案件也在10日内解决。[6]

---

[1] 上海市政府社会局:《近十五年来上海之罢工停业》,第7页;刘明逵、唐玉良主编:《中国近代工人阶级和工人运动》第9卷,第550页。
[2] 力言:《上海工人运动的回顾和意义》,《劳动学报》第1期,1934年4月10日,第217页。
[3] 蔡正雅:《本市社会局举办劳工统计之经过及其计划》,《商业月报》第8卷第12号,1928年12月,第4页。
[4] 《民国二十六年上海的罢工停业》,《上海劳工统计(民国二十六至二十七年)》,国际劳工局中国分局,1939年,第1、3、4、14页。
[5] 上海市政府社会局:《近十五年来上海之罢工停业》,第7、8页。
[6] 《民国二十六年上海的罢工停业》,《上海劳工统计(民国二十六至二十七年)》,国际劳工局中国分局,1939年,第14页。

该市劳资纠纷也较多,1928~1932年间该市劳资纠纷计1491件,据称是同时期罢工停业案件数的3倍。纠纷与罢工停业均多发生于纺织业。不同之处在于:(1)纠纷极少发生于外籍厂号。(2)在牵涉的厂号数、职工数方面,纠纷少于罢工停业。(3)纠纷迁延时期往往较罢工停业为长。① 引起纠纷的因素不外下列几点:第一,劳资双方各自援引有利于己的法律条文,变更原有的雇佣条件。第二,厂店工友职员中不乏利用帮别等因素各立山头排挤异己者,工友职员间矛盾演化成劳资冲突。第三,红色工会的发动。第四,职业工运者策动工潮,从中渔利。第五,资资纠纷转变为劳资纠纷。② 1937年共发生纠纷136件,这是1928年以来纠纷最少的年份。但从关系职工数与厂号数来看,1937年纠纷的严重性却较胜于前几年。该年关系职工与厂号数分别为81983人、1147家,这是1933年以来较高的数字。③

1927~1937年重大事件主要有:1928年全市丝厂大罢工、英美烟公司罢工、邮务工人大罢工、法商水电大罢工;1929年新新公司罢工;1930年法商水电罢工;1932年的三友实业社罢工、邮务罢工和报界罢工;1933年的英美烟公司罢工、上海电力公司罢工;1934年美亚10个绸厂4000人举行近50日的大罢工;④1936年上海26家日商纱厂45000工人大罢工、泰兴等53家时装店700余工人罢工。⑤ 更有甚者,1929年上海大丰布厂工人占领工厂后自行开工。

广州:作为国民革命的发源地与政治中心,该地劳工运动的发展受政治影响最大。1921年孙中山组织临时大总统府,广东总工会奉准成立,劳资争议也渐启端绪。1922年广州工人援助香港海员罢工及茶、油、轮渡工会等要求加薪运动接踵而起。劳方在此系列争议中俱获胜利。1924~1927年间,劳资争议逐年增加,1927年争议最多。劳工运动进入鼎盛时期。"清党"后,劳工运动渐形消沉,劳资争议也不如此前活跃。1927~1933年共有劳资争议246件,各年分别为103件、18件、32件、16件、23件、35件、19件。其中,历年罢工停业为58件。各年罢工停业数分别为37件、4件、1件、5件、2件、5件、4件。⑥ 这几年中,劳资争议影响面最大的是1931年,关系厂号在21~100家

---

① 上海市政府社会局:《近五年来上海之劳资纠纷》,第16页。
② 同上书,第16、5页。
③ 《民国二十六年上海的劳资纠纷》,《上海劳工统计(民国二十六年至二十七年)》,国际劳工局中国分局,1939年,第1页。
④ 《丝业不振中之美亚绸厂罢工》,《劳动季报》第2期,1934年7月10日,第157页。
⑤ 《上海时装店工人全体罢工》,天津《大公报》1936年11月7日,第3张第10版。
⑥ 余启中:《广州劳资争议底分析:民国十二年~民国二十二年》,广州,国立中山大学经济调查处丛刊,1934年,第23、38页。

与 100 家以上的案件占 18.19%、9.09%。1932 年与 1933 年案件基本涉及 1 家厂号,其他案件关系厂号数均在 20 家以内。1927 年的 103 件争议大多关系 1 家厂号。仅从关系厂号来看,1927 年的争议规模略逊于 1931 年(见表 1—7)。在争议关系职工数方面,仅 1930 年有一案件达到万人以上,即茶居工会工人要求新年休息 6 天案。关系人数达到千人至万人的以 1927 年案件为多。其余各年争议人数大都在百人以内(见表 1—8)。

表 1—7 劳资争议关系厂号数

关系厂号数与比例	1927 年	1928 年	1929 年	1930 年	1931 年	1932 年	1933 年
1 家	34	7	10	8	6	21	12
百分比	64.16	77.78	45.45	66.67	54.54	80.77	92.31
2~10 家	9	2	10	4	1	4	
百分比	16.98	22.22	45.45	33.33	9.09	15.38	
11~20 家	2				1	1	1
百分比	3.77				9.09	3.85	7.69
21~100 家	6		2		2		
百分比	11.32		9.10		18.19		
100 家以上	2				1		
百分比	3.77				9.09		

资料来源:根据余启中《广州劳资争议底分析:民国十二年～民国二十二年》(国立中山大学经济调查处丛刊,1934 年)第 33 页第 16 表改编。

表 1—8 劳资争议关系职工数

关系职工数与比例	1927 年	1928 年	1929 年	1930 年	1931 年	1932 年	1933 年
不及 10 人	13	3	7	2	6	7	2
百分比	23.64	43.86	53.85	33.33	50.00	53.85	28.57
10~100 人	7		2	1	3	1	4
百分比	12.73		15.38	16.67	25.00	7.69	57.15
101~1000 人	17	3	3	2	2	4	1
百分比	30.90	43.86	23.08	33.33	16.67	20.77	14.28
1001~10000 人	18	1	1		1		
百分比	32.73	14.28	7.69		8.33	7.69	
10000 人以上				1			
百分比				16.67			

资料来源:根据余启中《广州劳资争议底分析:民国十二年～民国二十二年》(国立中山大学经济调查处丛刊,1934 年)第 31 页第 15 表改编。

在劳资争议持续时间方面,达到百日以上的案件以 1931 年为首,旅业工人通讯社要求广州同业工会交加一小账拨 1/3 为工会经费案计 380 日。

其他各年争议案件基本在 11~50 日内结束(详见表 1—9)。

表 1—9 劳资争议迁延日数

案件数	1927 年	1928 年	1929 年	1930 年	1931 年	1932 年	1933 年
不及 2 日	1		1		2		
百分比	1.59		12.50		20.00		
2~10 日	6	2		3		3	1
百分比	9.53	40.00		21.43		17.65	9.09
11~50 日	28	1	5	6	4	8	7
百分比	44.44	20.00	62.50	42.86	40.00	47.06	63.64
51~100 日	13	1	1	2	1	4	2
百分比	20.64	20.00	12.50	14.28	10.00	23.53	18.18
100 日以上	15	1	1	3	3	2	1
百分比	23.80	20.00	12.50	21.43	30.00	11.76	9.09

资料来源：根据余启中《广州劳资争议底分析：民国十二年~民国二十二年》(国立中山大学经济调查处丛刊,1934 年)第 36 页第 18 表改编。

1927 年赤色工会解散后,一般工人对罢工有所顾忌,而熟练技术工人则仍以罢工与资方相抗衡。1928 年广州发生过自来水、兵工厂、电灯厂、铁路等部门的劳资争议。但从该年起广州的劳资争议数件却骤然降低。内中原因应该与马超俊有关。他强烈反对所谓无理罢工,以为"此风断不可长"。当年 6 月出任广东农工厅长后,他便建议省务会议,奉准通令全省公私工厂、公用机关、水陆运输机构的所有工人,如有劳资争议不能解决时,必须呈请农工厅调解,"非至调解无法解决时,不得罢工,违者以妨碍公安罪,从严惩处"。马超俊作为广东势力最大的工会——广东机器工会的组织者,以其威信训诫该工会干部"万勿以身试法,破坏团体名誉",机工与资方争议因之减少。因政府的干预与机器工会的低调立场,其他各业工人很快收敛起 1927 年前后的锋芒。[①]

河北与平津：吴半农根据报纸、北平市社会局、河北省工商厅、天津社会局提供的资料统计,1927 年 1 月至 1929 年 6 月劳资争议计有 134 件(详见表 1—10),其中罢工停业 44 件,占总数的 32.8%。1928 年下半年劳资争议案件数激增。其原因是 1928 年下半年北伐军占据平津后,工人从奉系军阀以"赤化"压制工人对抗资方的高压下解脱出来,纷纷与资方抗争。1928 年下半年争议人数由原来的 5000~6000 人,腾增至 22000 人,1929 年上半年,争议关系工人数达到 160000 人。两年半来,劳资争议关系工人数在

---

① 中国劳工运动史续编编纂委员会：《中国劳工运动史》第 4 编,台北,中国文化大学劳工研究所理事会,1984 年,第 7~8 页。

101~1000人为最多,计56件,占总报告人数的52.4%,1001~10000人亦达24件,占总数的22%;10~100人者19件,占17.8%,万人以上者仅有1件,即1929年4月开滦五矿工人要求增加工资改良生活案。1928年下半年与1929年上半年,发生争议厂号各达400余家,且争议时间也由1927年下半年的13天,分别增至662天与1142天。两年半以来,争议最多当推北平,计57起,占总数的43%,次为天津,47起,占35%强。再次为唐山,13起,10%弱。其他各县则寥寥无几。

表1—10　1927年1月至1929年6月劳资争议案件各期分配表

	1927年上	1927年下	1928年上	1928年下	1929年上	总计
各期发生案件数	11	4	6	45	68	134
百分比	8.2	3.0	4.5	33.6	50.7	100.0

资料来源:吴半农:《十六年一月至十八年六月河北省及平津两市劳资争议底分析》,《社会科学季刊》第4卷第3、4期合刊,1930年1月,第6页。

至于关系厂号数,以1家为多。两年半总计82件,占报告案件总数的75.9%。关系百家以上案件有4起,即1928年3月保定鞋匠要求加薪案,同年4月北平鞋匠齐行加价,同年12月磁县彭城磁业工会要求加薪案,1929年3月北平各澡堂理发工人要求三七分配所得工资案。劳资争议时间,1927年与1928年的案件大多持续2至10日。两年半中以迁延11至50日的案件占多数,共有35件,占总数的40.2%;持续2至10日有31件,占总数的35.6%。[①]

在1927年上半年至1929年上半年中,近代性质的产业工人争议案件最多,4倍于瓦木、泥、油漆等旧式手艺人,5倍于洋车夫、搬运夫、茶役等夫役,11倍于绸布纱、药店、金银等业下级雇员(见表1—11)。

表1—11　1927年上半年至1929年上半年争议案件业务性质分类表

工人类别	1927年上 争议次数	1927年上 百分比	1927年下 争议次数	1927年下 百分比	1928年上 争议次数	1928年上 百分比	1928年下 争议次数	1928年下 百分比	1929年上 争议次数	1929年上 百分比	1927年1月至1929年6月 争议次数	1927年1月至1929年6月 百分比
近世工业工人	4	36.4	2	50.0	3	50.0	31	69.1	48	70.6	88	65.7

[①] 资料来源:吴半农:《十六年一月至十八年六月河北省及平津两市劳资争议底分析》,《社会科学季刊》第4卷第3、4期合刊,1930年1月,第10、11、12、16、27、28、29、30、31、32页。

续表

旧式手艺工人	6	54.6	—	—	3	33.3	5	2.1	8	2.7	21	15.7
夫役	1	9.0	1	50.0	1	16.7	6	13.3	7	10.3	17	12.7
店员	—	—	—	—	—	—	3	6.5	5	7.4	8	5.9
总计	2	100.0	4	100.0	6	100.0	45	100.0	68	100.0	134	100.0

资料来源：吴半农：《十六年一月至十八年六月河北省及平津两市劳资争议底分析》，《社会科学季刊》第4卷第3、4期合刊,1930年1月,第27～28页。

1932年河北省劳资争议锐减，其中纠纷与罢工停业各计仅12次、4次。至于关系厂号数，纠纷虽多于罢工停业，但罢工总人数要高于纠纷。纠纷与罢工停业的关系厂号数与职工数分别为18家、28185人及8家30650人。纠纷中以非金属采矿业最为激烈，占总纠纷的75%。① 1933年劳资争议持续减少，纠纷人数只有18344人。

1927～1931年，天津市劳资争议案件共为104件，其中以1929年的40件最多，1930年只有20件，1931年则升至25件。②

1927～1931年5年中，北平劳资纠纷与罢工共有90件，以1929年33件最多，次为1928年的31件。1930年争议只有3件。各案关系厂号数多在2～3家，但也有3件涉及人数在70以上。③ 1932年劳资纠纷、罢工停业计34次与13次。关系厂号数、职工数分别为34家、20756人与13家、9212人。纺织业与化学工业的纠纷数列为首位，占当年纠纷总数的36.36%和22.73%。④

这一时期的重大争议包括：1928年天津英美烟厂罢工，1929年开滦五矿大罢工、北平人力车夫暴动，1932年天津北洋火柴公司纠纷与裕元纱厂罢工。

青岛：1929年4月南京国民政府派员接收青岛，8月社会局始编制劳资纠纷调解月报表。1929～1931年劳资争议分别为29件、98件与64件。争议一般多是零星的劳资冲突，争议关系厂号数以1家为主，3年合计约占总数的96.4%，关系1家以上者为数极少。1929年关系厂号数在20家之内

---

① 实业部劳动年鉴编纂委员会：《二十一年中国劳动年鉴》，第2编，第143、144、145、147页。
② 邢必信等：《第二次中国劳动年鉴》，北平，社会调查所，1932年，第2编，第117页。
③ 同上书，第132页。
④ 实业部劳动年鉴编纂委员会：《二十一年中国劳动年鉴》，第2编，第124、125、126、128、129页。

仅有 2 个案件,1930 年则 1 件在百人之内,3 件在 20 人以内。至于关系职工数,1929 年 29 件争议关系职工 21139 人,1930 年 98 件关系职工数仅 23881 人,1930 年 64 件争议关系工人数锐减至 4944 人。① 1932 年该市劳资纠纷与罢工分别为 51 次、4 次,关系厂号与职工人数分别为 160 家、72925 人和 2 家、3090 人。② 1933 年共有纠纷 47 件,关系人数只有 1154 人,各案基本均只关系 1 家厂号。③ 青岛工人的力量如此之弱可见一斑。该地影响最大的工潮是 1929 年 7 月中旬到 12 月下旬纱厂、火柴等业全市工潮,1936 年青岛日商纱厂反日大罢工。

南京:南京市社会局编制的劳资纠纷统计显示,1929~1931 年的争议数与关系职工数分别为 13 件、3267 人;4 件、2500 人;18 件、1829 人。1930 年劳资争议较少的原因,是该市民众团体停止活动,由市党部派员整顿,从而挫伤了工人与资方的对抗意志。纠纷时间,1929 年以 46~60 日者为多,1931 年以 16~30 日者为多。持续时间达 120 日以上者,1931 年也有 3 件。④ 此外,据该市社会局处理的劳资纠纷,1932 年有 26 件,1933 年 27 件,1934 年 18 件。持续时间最长案件是 1934 年东南城水陆码头运送业工会会员 83 人与大同面粉公司的纠纷,持续 209 天。1932 年、1933 年时间最长案件分别是 162 天的运输业工会会员 1070 人与 37 家报关业商店因"力金"而起的纠纷、166 天的宝庆等 6 家银楼扣发"一·二八"期间劳方回籍以资的纠纷。⑤

另据实业部统计,1933 年南京共 24 件劳资纠纷案,仅 3 月贩卖业有 1 次纠纷关系厂号数 176 家,关系职工数 1108 人,余者绝大多数仅关系 1 家厂号,参与纠纷人数以 80 左右为主。⑥ 1935 年,社会局报告的劳资纠纷有 24 件,参加工人人数为 2618 人。⑦

汉口:1929 年 7 月至 1930 年底,计有纠纷 116 件,罢工 10 件。各案关系厂号数多在 1~2 家。⑧ 1932 年纠纷计有 11 次,关系厂号数与职工数为

---

① 邢必信等:《第二次中国劳动年鉴》,第 2 编,第 119、120 页。
② 实业部劳动年鉴编纂委员会:《二十一年中国劳动年鉴》,第 2 编,第 119、120、121、123 页。
③ 国民政府主计处统计局:《中华民国统计提要》,上海,商务印书馆,1936 年,第 285 页。
④ 邢必信等:《第二次中国劳动年鉴》,第 2 编,第 104 页;《劳动行政》,《南京社会特刊》第 3 册,南京,文心印刷社,1932 年 4 月 8 日,第 86 页。
⑤ 《南京市之劳资纠纷统计》,《劳工月刊》第 4 卷第 9 期,1935 年 9 月 1 日,第 1~7 页。
⑥ 国民政府主计处统计局:《中华民国统计提要》,第 281 页。
⑦ 《民国二十四年南京市劳资纠纷统计》,《劳工月刊》第 5 卷第 4 期,1936 年 4 月 1 日,第 9 页。
⑧ 邢必信等:《第二次中国劳动年鉴》,第 2 编,第 124、125 页。

38家、2288人。运输交通业、饮食业纠纷最多,两者占当年纠纷总数的27.27%和18.18%。① 1933年案件数、关系职工数、关系厂号数均大幅提高(详见表1—3)。

杭州:据杭州市政府统计,1928~1931年共发生争议66件,1928年争议次数最多,计30件,1929年24件,1930年9件,1931年减至3件。66件争议中仅1929年发生1次罢工,其余案件均为劳资纠纷。②

江苏:1927年1月至1931年12月止,除上海、南京外,江苏劳资争议计124件,其中,1930年达82件,1929年有67件,最少则为1931年的16件。1927年5月至1928年6月,适值"清党"与停止民运之时,争议大为减少,据不完全统计,仅4件。124件劳资争议中,罢工有98件。争议地区以无锡、苏州两地最多,镇江次之。5年间,纠纷与罢工关系职工数均以1928年为最少。两者分别为610人与650人。纠纷与罢工关系人数则以1930年为最多。前后两者各为20429人与3854人。江苏以无锡、苏州、南通等地的纺织业较为发达,该业争议次数自然最多,占争议总数的36.5%。③

由上可知,虽然从总体上来看,新式工业中心的劳资矛盾呈现趋于激化的态势,但具体到某处,则并不尽然。如:广州在1927~1933年间,劳资矛盾未曾激化。南京在1929年到1934年、杭州与江苏在1928年到1931年,各地劳资争议出现走低趋势。

二、劳资争议的成因

1927~1937年间劳资争议的统计一般均按国际劳工局所要求的标准进行分类。该统计方法将争议原因分为与团体交涉有关、与团体要求无关两大类。凡关于团体(劳动)协约与雇用状况的案件属于前者,凡因同情、政治原因等而产生之案件则属于后者。10年间,后者数目远不如前者之多。所谓雇用状况则包括工资、雇用与解雇、待遇、工作制度等方面。

上海:据该市社会局调查,从1917~1932年,罢工停业起因大多集中于工资方面,占争议总数的43.53%。此外,雇用与解雇、团体协约两项较多。

---

① 实业部劳动年鉴编纂委员会:《二十一年中国劳动年鉴》,第2编,第130页。
② 邢必信等:《第二次中国劳动年鉴》,第2编,第135、136页。
③ 同上书,第85、86、87、89页。

最初七八年的案件多因工资而起,几占案件数的70%。由于工商业凋敝,厂号中停工倒闭者难以胜数,勉力维持者则减少产量,解雇职工,因此,1926年起雇用与解雇案件渐趋频繁,其酿成的冲突之多,几与因工资而起的对抗数相等。1928年罢工计120件,内除3件原因及结果不明外,罢工原因以工资一项为最多,雇用及解雇次之。① 到1929年,雇用解雇案件仍超过工资案件,占案件数的30%,超过后者14个百分点。1930年此类案件虽稍见减少。但1931年与1932年解雇与雇用案件成为罢工停业的首要原因,分别占案件数的15%、25%左右。1937年,罢工停业主要原因仍是工资、雇用解雇,其占案件的比例为18.79%与18.78%,其最重要的原因是待遇,其比例为23.47%。据统计,1918～1936年中,因待遇发生的案件共92件,而1937年便有50件。该年罢工停业原因尚有二点与以往不同:第一,因工人要求释放被拘工人而产生的案件达30件,而在1918～1936年间仅有18件。这一点可表明,工潮趋于恶化,劳资争议多与暴力相伴。第二,同情事件有12件之多。②

团体协约是工人利益的确认与保障。由团体协约引起的罢工停业,1925年前仅有1922年金银工人与资方达成团体契约的案件。自1925年起此类案件时有发生。当年关于协约签订、修改与履行的案件占10.67%,仅次于工资案件。1927年、1928年因团体协约而起的工潮最多。这是因为此时劳资双方普遍未以书面形式订定契约,劳方对此不满,纷纷要求签订协约,保障自身利益。为消除因劳动契约引起冲突,上海社会局1929年底规定,凡工会所提出的协约,必须经会员大会议决,提请党部审查,经党部认可,始准向资方协商,以此制约劳方"过分"要求。1930年10月《团体协约法》颁行后,各业重要厂号普遍订有协约,有关争端遂形减少。1930～1932年,此类案件每年不过四五件。1932年,此类案件虽仍为第3位,但比例已由1927年的25%降至10%。③ 1933年后,未有此类案件发生。但到1937年,因此而起案件骤增至22件。其原因在于,工业渐形景气,工人要求久未

---

① 蔡正雅:《本市社会局举办劳工统计之经过及其计划》,《商业月报》第8卷第12号,1928年12月,第5页。
② 《民国二十六年上海的罢工停业》,《上海劳工统计(民国二十六年至二十七年)》,国际劳工局中国分局,1939年,第2、8页。
③ 上海市政府社会局:《近十五年来上海之罢工停业》,第11页;《近五年来上海之劳资纠纷》,第6页。

兑现或久已搁置的成约,引起资方反感。①

以上情形在上海市社会局编订的另一统计中也有相似反映。详见表1—12:

表1—12　1928~1931年上海罢工停业案件原因分析

		与团体交涉有关者								与团体交涉无关者			
		工会与劳动协约		关于雇用状况						同情	政治	其他	总计
		工会	劳动协约	工资	工作时间	雇用解雇	待遇	厂规	工作制度	其他				
1928年	案件数		17	27	8	24	13	3	6	3	7	6	6	120
	百分比		14.17	22.50	6.66	20.00	10.83	2.50	5.00	2.50	5.83	5.00	5.00	100.00
1929年	案件数	3	16	26	1	36	2		6	3	3	4	2	102
	百分比	2.70	14.42	23.42	0.90	32.43	9.91		5.41	2.70	2.70	3.61	1.80	100.00
1930年	案件数		12	36	2	13	9	2	3	1		2	7	87
	百分比		13.79	41.38	2.30	14.94	10.34	2.30	1.45	1.15		2.30	8.05	100.00
1931年	案件数	1	2	26	7	35	16	5	7	6		2	8	125
	百分比	0.81	8.87	20.97	5.65	28.22	12.90	4.03	5.65	4.84		1.61	6.45	100.00

资料来源:《上海市社会局工作报告》,上海市社会局,1932年编印,第18页。

1929~1931年劳资纠纷起因也与上述罢工停业相仿,但略有不同。由雇用解雇引起的纠纷,1929年时近60%,1931年则超过60%。因团体协约引发的案件、纠纷要少于罢工停业(见表1—13)。到1937年,雇用解雇仍居引发纠纷的各种原因之冠,但其比例锐减至48.53%。其原因大抵是,该年正值工商业复兴之时,厂家营业颇见起色,解雇事件当然不常发生。正是由于营业状况好转,要求改善待遇的案件增多,占案件数的19.12%,成为当年纠纷产生的第二位原因。工资案件与往年相比,无甚变化,占18.38%。②

---

① 《民国二十六年上海的罢工停业》,《上海劳工统计(民国二十六年至二十七年)》,国际劳工局中国分局,1939年,第3页。
② 同上书,第2、4页。

28

表 1—13　1929~1931 年上海劳资纠纷案件原因分析

		与团体交涉有关者								与团体交涉无关者			
		工会与劳动协约		关于雇用状况									总计
		工会	劳动协约	工资	工作时间	雇用解雇	待遇	厂规	工作制度	歇业或停业	其他	同情	政治	其他	
1929年	案件数	1	50	20	5	223	17		5	46	2			3	372
	百分比	0.27	13.44	5.38	1.34	59.95	4.57		1.34	12.36	0.54			0.81	100.00
1930年	案件数	6	26	43	4	225	25		3	42	1			1	376
	百分比	1.59	6.92	11.43	1.06	59.84	6.65		0.80	11.17	0.27			0.27	100.00
1931年	案件数	3	15	52	2	211	17	1	9	29	5			1	345
	百分比	0.87	4.36	15.13	0.58	61.33	4.65	0.29	2.62	8.43	1.45			0.29	100.00

资料来源:《上海市社会局工作报告》,上海市社会局,1932 年编印,第 21 页。

就劳资争议总体而言,1932 年纠纷与罢工的原因以雇用解雇占绝对多数,次为歇业或停业,再次为工资(见表 1—14)。从纠纷来看,其原因仍以雇用解雇居首位,次为工资、待遇。它们所占比例分别为 26.37%、24.18%、16.48%。[①]

表 1—14　1932 年上海市劳资争议原因分析表

原　因	劳资纠纷		罢工停业	
	次数	百分比	次数	百分比
雇用或解雇	143	56.08	25	30.49
歇业或停业	43	16.86	—	—
工资	39	15.29	26	31.71
劳动协约	12	4.71	9	10.98
工作制度	7	2.75		
待遇	6	2.35	7	8.54
厂规	3	1.18		
工会	1	0.39		
工作时间	1	0.39		
其他与团体交涉有关者	—	—	6	7.32
与团体交涉无关者	—	—	9	10.98
总计	255	100.00	82	100.00

资料来源:林颂河:《民国二十一年之劳动界》,《社会科学杂志》第 4 卷第 2 期,1933 年 6 月,第 200 页。

---

① 实业部劳动年鉴编纂委员会:《二十一年中国劳动年鉴》,第 2 编,第 116 页"上海市劳资纠纷案件原因分析表"。

如果从1928年至1932年的5年总体而论,罢工停业首要原因为工资,占5年来罢工停业总数的32.50%,其次为雇用解雇,占26.69%,再次为劳动协约,占14.31%。纠纷案件则以雇用解雇为最重要原因,占纠纷总数的1/3,工资次之,占1/10强,劳资协约再次之,近占总数的1/10。①

以上统计虽非完全相同,但毕竟反映一个事实,即1927~1932年的争议多由工资、雇用解雇等因素诱发。厥后几年情形与此相仿。如1935年上半年劳资纠纷原因,最多者为雇用解雇,计99件,次为工资,20件,再次为待遇,12件,劳动协约仅有3件。②另外,从表1—12、表1—13来看,以政治为诱因的争议逐年减少,并且均引起罢工。一般来说,工人只因经济压迫才易起而反抗。如,有研究表明,1929年与团体交涉有关案件共471件,占当年案件数的97.52%。③

江苏:1927~1931年间,劳资争议主因为团体协约者,历年以1927年为多。1928年后,因雇用引起的争议远超过因团体协约者,其中尤以工资、待遇与雇用解雇为多。工人要求偏重于切身利益,而对于政治似乎漠不关心(详见表1—15)。1932年纠纷原因仍以工资为最(31.25%),次为雇用解雇(18.75%)、劳动协约(18.75%),再次为待遇(12.50%)。1932年罢工停业原因则以待遇(28.57%)、解雇雇用(28.57%)居首,次为工资(14.29%)与劳动协约(14.29%)。④

河北:1927~1931年劳资争议主因以工资为最,因工人提出条件要求资方承认者次之。由政治因素爆发的案件极少(详见表1—16)。1932年劳资争议原因与此前相同,仍以工资、待遇为主,50%的纠纷与50%的罢工停业均由此而起,33.34%的纠纷与25%的罢工停业由待遇而生。⑤

南京:1929~1931年劳资争议的原因,以雇用与解雇因素最多,且因此而起的争议有增长的趋势。同上海情形一样,因团体协约发生的案件呈递减状态(详见表1—17)。

1932年至1934年经市社会局处理的61件纠纷中,有明确原因者,依然

---

① 上海市政府社会局:《近五年来上海之劳资纠纷》,第15页。
② 11(2)—767,上海市劳资纠纷统计,中国第二历史档案馆藏。
③ 顾炳元:《上海市劳资纠纷问题的研究》,《女青年月刊》第10卷第4期,1931年4月,第14页。
④ 实业部劳动年鉴编纂委员会:《二十一年中国劳动年鉴》,第2编,第140页"江苏省劳资纠纷案件原因分析表"、第142页"江苏省罢工停业案件原因分析表"。
⑤ 同上书,第145页"河北省劳资纠纷案件原因分析表"、第147~148页"河北省罢工停业案件原因分析表"。

以雇用解雇最多,次为工资、厂规、协约、待遇等(详见表1—18)。1935年纠纷原因,首为解雇,计有8件,余则为工资(5件)、要求改善待遇(2件)等。①

表1—15 1927~1931年江苏省劳资争议原因统计表

争议原因		劳资纠纷							罢工停业						
		1927	1928	1929	1930	1931	总计次数	百分比	1927	1928	1929	1930	1931	总计次数	百分比
与团体要求有关者	关于团体协约	提出条件要求承认	10	1	3	1	—	15	12.1	5	2	2	—	1	10	10.2
		反对资方不履行条件	—	1	1	4	—	6	4.8	—	2	—	2	—	4	4.1
		要求资方重订条件	—	—	1	1	—	2	1.6	—	—	—	1	—	1	1.0
	关于雇用状况	工资	11	1	6	13	2	33	26.3	3	3	11	13	1	31	31.6
		工时	—	—	—	—	1	1	0.8	—	1	1	—	1	3	3.1
		雇用解雇	—	1	4	15	—	20	16.1	—	—	3	2	3	8	8.2
		待遇	—	—	5	4	—	9	3.7	—	5	8	4	1	18	18.4
		厂规	—	—	1	—	—	1	0.8	—	1	—	1	—	2	2.0
		工作制度	—	—	—	1	—	1	0.8	—	1	3	—	—	4	4.1
		歇业	—	2	2	4	—	8	6.5	—	—	—	—	—	—	—
		要求开工与复业	—	1	2	2	1	6	4.8	—	—	—	—	—	—	—
		解散费	—	—	1	4	—	5	4.0	—	—	—	1	—	2	2.0
		其他	1	1	3	6	1	12	9.7	1	1	2	—	3	7	7.1
与团体要求无关者	同情争议		—	—	—	—	—			—	—	—	—	—		
	政治原因		—	—	—	—	—			—	—	—	—	—		
	因工会而起		—	—	3	—	—	3	2.4	—	—	1	—	1	3	3.1
	其他		—	—	—	2	—	2	1.6	—	1	4	—	—	5	5.1
总 计			22	8	29	60	5	124	100.0	12	15	38	22	11	98	100.0

资料来源:邢必信等:《第二次中国劳动年鉴》,第2编,第89~90页。

---

① 《民国二十四年南京市劳资纠纷统计》,《劳工月刊》第5卷第4期,1936年4月1日,第9页。

31

表 1—16　1927~1931 年河北省劳资争议原因统计表

争议原因			劳资纠纷							罢工停业						
			1927	1928	1929	1930	1931	总计次数	百分比	1927	1928	1929	1930	1931	总计次数	百分比
与团体要求有关者	关于团体协约	提出条件要求承认	—	—	6	1	—	7	18.9	—	—	2	—	1	3	14.3
		反对资方不履行条件														
		要求资方重订条件														
	关于雇用状况	工资	—	4	4	2	3	13	35.1	—	4	3	—	2	9	42.9
		工时	—	1	—	—	—	1	2.7	—	—	—	—	—	—	—
		雇用解雇	—	1	1	—	—	2	5.4	—	—	1	—	1	2	9.5
		待遇	—	—	2	1	—	3	8.1	—	—	1	1	—	2	9.5
		厂规	—	—	—	—	—	—	—	—	—	—	1	—	1	4.8
		工作制度	—	—	1	—	—	1	2.7	—	—	—	—	—	—	—
		要求开工与复业	—	—	1	—	—	1	2.7	—	—	—	—	—	—	—
		其他	—	—	1	—	—	1	2.7	—	—	—	—	—	—	—
与团体要求无关者	同情争议		—	1	—	—	—	1	2.7	—	—	1	—	1	2	9.5
	政治原因		—	2	—	—	—	2	5.4	1	—	—	—	—	1	4.8
	因工会而起		—	1	—	1	—	2	5.4	—	—	—	—	—	—	—
	其他		—	3	—	—	—	3	8.1	—	—	—	—	1	1	4.8
总计			6	23	4	4	—	37	100.0	1	4	8	1	7	21	100.0

资料来源：邢必信等：《第二次中国劳动年鉴》，第 2 编，第 99 页。

表 1—17　1929~1931 年南京市劳资争议原因统计表

争议原因	1929	1930	1931	共计	百分比
关于团体协约者	10	—	5	15	42.8
工资问题	—	2	1	3	8.6
雇用与解雇	2	1	8	11	31.4
待遇	—	1	2	3	8.6
关于其他雇用问题	—	—	2	2	5.7
无关于劳资关系者	1	—	—	1	2.9
总计	13	4	18	35	100.0

资料来源：邢必信等：《第二次中国劳动年鉴》，第 2 编，第 106 页。

表1—18　1932～1934年南京市劳资纠纷原因统计

原因＼时间	1932	1933	1934	总计
雇用解雇	6	3	5	14
厂规	5	2	2	9
协约	—	5	—	5
工资	—	1	5	11
待遇	3	4	1	8
总　计	26	27	18	61

资料来源:据《南京市之劳资纠纷统计》[《劳工月刊》第4卷第9期(1935年9月1日)第1～7页]计算。

广州:1928～1930年纠纷与罢工停业原因,均以雇用与解雇最多,以工资次之。① 如果以1927～1933年为限,如表1—19所示,工资居引发劳资争议原因之冠。

浙江:1927年与1928年浙江各地劳资争议,多起于雇用解雇与工资的争执。1927年雇用解雇与工资引出的争议分别占案件总数的35.9%与23.9%,1928年两者比值则为23.3%与21.7%。② 此后,引起争议的主因有所变化。1932年50%劳资纠纷的原因是工资,33%纠纷原因为歇业停业。③

天津:1927～1931年争议原因,以雇用解雇最多,因此发生的纠纷与罢工停业分别占其案件总数的23.9%、29.7%,次为工人提出要求改善条件与增加工资,再次为待遇。因政治原因引起的争议3件。④ 1932年纠纷主因为工资(22.73%),次为待遇(18.18%);罢工停业主因为雇用解雇(30%),次为待遇(20%)。⑤

表1—19　1923～1933年广州劳资争议原因统计

原因＼时间	工资	雇用解雇	工会	待遇
1923	4	1	1	
1924	8	1		2
1925	19	7	2	3
1926	33	6	7	12
1927	53	26	8	3
1928	6	9	1	

①　邢必信等:《第二次中国劳动年鉴》,第2编,第130页。
②　同上书,第94页。
③　实业部劳动年鉴编纂委员会:《二十一年中国劳动年鉴》,第2编,第151～152页"浙江省劳资纠纷案件原因分析表"。
④　邢必信等:《第二次中国劳动年鉴》第2编,第118页。
⑤　实业部劳动年鉴编纂委员会:《二十一年中国劳动年鉴》,第2编,第127页"天津市劳资纠纷案件原因分析表"、第129页"天津市罢工停业案件原因分析表"。

续表

1929	9	16	4	2
1930	6	5	3	1
1931	12	7	2	1
1932	14	10	3	5
1933	5	5	2	3
总计	170	92	35	30
百分比	51.99	28.13	10.70	9.17

资料来源：根据余启中《广州劳资争议底分析：民国十二年～民国二十二年》（中山大学经济调查处丛刊，1934年）第17页"劳资争议案件重要原因细类分析"简化与计算。

青岛：1928～1931年争议主要原因，以雇用解雇为最多，计70件，占案件数的36.7％，次为工资，有32件，占案件数的16.8％。[①] 1932年该市54.05％劳资纠纷主因依然是雇用解雇。[②]

汉口：1928年下半年至1930年下半年争议案件，因工资及待遇而起者占大多数，在纠纷中，两项占案件数的41.4％、22.4％，在罢工停业中，则为30％、50％。[③] 1932年纠纷主因仍为工资(27.2％)，次则为雇用解雇(13.2％)。[④]

北平：1927～1931年争议原因，以工资原因为数尤众，因之而起的案件在纠纷与罢工停业中分别为30.2％、40.7％。纠纷中又以工方提出条件要求资方承认为第2位原因，因此发生案件占总纠纷数的17.5％。罢工停业中则以因待遇发生的案件为次要原因，由此产生的罢工停业占其总数的18.5％。[⑤]

杭州：1928～1931年中争议主因，以厂方宣告歇业者为多，共计18件，反对资方不履行条件者次之，计11件，因工资发生的争议再次之，共10件，分别占争议总数的27.3％、16.7％、15.2％。[⑥]

综上而论，以上各城市劳资争议产生的主要原因（见表1—20），多以雇用解雇、工资、待遇为主。

---

① 邢必信等：《中国第二次劳动年鉴》，第2编，第122页。
② 实业部劳动年鉴编纂委员会：《二十一年中国劳动年鉴》，第2编，第121页"青岛市劳资纠纷案件原因分析表"。
③ 邢必信等：《中国第二次劳动年鉴》，第2编，第128页。
④ 实业部劳动年鉴编纂委员会：《二十一年中国劳动年鉴》，第2编，第132页"汉口市劳资纠纷案件原因分析表"。
⑤ 邢必信等：《第二次中国劳动年鉴》，第2编，第134页。
⑥ 同上书，第137、138页。

表1—20　浙江、天津、汉口、北平、青岛、杭州劳资争议的主要原因比较(单位:%)

	浙江 1927—1928	天津 1927—1931		汉口 1928下—1930下		北平 1927—1931		青岛 1928—1931	杭州 1928—1931
	争议	纠纷	罢工停业	纠纷	罢工停业	纠纷	罢工停业	争议	争议
雇用解雇	35.9(1927) 23.3(1928)	23.95	29.7					36.7	
工方提出要求				17.5	18.5				
工资	23.9(1927) 21.75(1928)			41.4	30	30.2	40.7	16.8	15.2
待遇协约歇业				22.4	50				16.7 27.3

资料来源:据邢必信等《中国第二次劳动年鉴》第2编第94、118、122、128、134、137、138页有关数据制表。

从全国范围来看,劳资争议的主要原因仍以工资、待遇、工作制度与雇用或解雇四类为主。1932年,以上四类争议次数合计209次,占争议总数的62.92%。其中,各类争议次数分别为68次(21.45%)、54次(17.03%)、48次(15.14%)、39次(12.30%)。在各类罢工中,因工资、工作制度、待遇问题所致者居前列,各有32次、27次、14次。[1] 也有统计表明该年罢工原因以解雇雇用为主,占案件数的23.57%。[2]

1933年全国重要省区劳资纠纷,据中央民运会调查,除5件性质不详外,属于雇佣关系者有106件,占总数的33%弱;属于工资者71件,占22%弱;属于劳动协约者34件,占10%强;属于歇业停业者31件,占10%弱;属于待遇者30件,占9%强;属于工会者16件,占5%弱;余者属于工时、厂规、工作制度等共36件,合占11%强。无因政治关系与同情而发生纠纷者。[3] 另有统计表明,在罢工停业方面,属于雇用解雇者略高于工资者,前后两者各占罢工停业总数的35.71%、32.14%。[4] 陈达统计显示,纠纷原因以工资为多(24.66%),次为雇佣(24.32%)、待遇(14.19%)、歇业闭厂(10.14%)、团

---

[1] 林颂河:《民国二十一年之劳动界》,《社会科学杂志》第4卷第2期,1933年6月,第198、199页。
[2] 实业部劳动年鉴编纂委员会:《二十一年中国劳动年鉴》,第2编,第112页。
[3] 《二十二年劳资纠纷调查报告》,南京,中国国民党中央民众运动指导委员会,1934年9月编印,第5页。
[4] 实业部劳动年鉴编纂委员会:《二十二年中国劳动年鉴》,南京,该委员会,1934年,第2编,第87~88页"国内各地罢工停业案件原因分析表"。

体协约(6.08%)、工会(5.07%)。罢工原因以工资、待遇并列为首(各占27.8%),受雇或解雇占10.1%,工作制度与政治各占6.3%,工会与劳动协约及厂规各占5.1%。①

1934年各主要省区劳资纠纷,据中央民运会统计共有401件,属于雇佣关系者181件(45%强),属于工资者82件(20%强),属于歇业者50件(25%强),属于待遇者38件(10%弱)。此外,属于工会者9件,劳动协约者9件,工作时间者9件,工作制度者6件,厂规者3件,其他14件,共50件,合占13%弱。② 按陈达统计,劳资争议原因依次为工资54件(20.69%)、雇佣或解雇53件(20.31%)、待遇50件(19.16%)、歇业或暂停营业22件(8.43%)、工作制度16件(6.13%)。③

1935年劳资争议的首要原因,仍是工资问题,计有117件(39%),次为雇用解雇者52件(17.3%)、歇业或停工22件(7.3%)。④ 江浙地区丝业开工之初,即将工资由最高时的0.60元/日降为0.38元/日,接着又降至0.32元/日。纱业也减工、削减工资。上海南市各纱厂在减工期内只给工人3元津贴/月。苏州烛业不仅工资8折,且取消月规。平津地毯业将工人月入由11元降为8元。个别厂家将成品发给工人销售以抵偿工资。由此引起的严重劳资争议可想而知。⑤

1936年争议主因,据国际劳工局中国分局统计,仍以工资、雇用或解雇、待遇为主。三者分别为91件(32.73%)、53件(19.06%)、39件(14.03%)。⑥ 同年罢工停业,同样据该分局统计,因工资而起者几达半数,计56件,因雇用解雇者25件,因工时者9件,因待遇者7件。该年内未发生政治性质的罢工,同情罢工仅有1件。⑦

通观南京国民政府时期劳资争议,虽然均以工资、待遇、雇用为主要诱因,但前后相比却有着本质的区别。前半期的争议,一如1928年前那种劳方要求增加工资、改良待遇而引起;后半期争议则主要为资方压低工资、降低待遇而引起。以资方主导的减资为工资问题的重心。同样,解雇为雇用问题的重心。这种情形于1934年表现得尤为明显。在劳资争议的对垒中,劳方明显处于弱势,备尝失业的痛苦,"已放弃积极的生活改善运动,而变为消极的保持

---

① 陈达:《民国二十二年的国内劳资争议》,《国际劳工》第1卷第4号,1934年4月,第3、4页。
② 《二十三年劳资纠纷调查报告》,南京,中国国民党中央民众运动指导委员会,1935年10月编印,第97页。
③ 《最近两年中国劳资争议统计》,《国际劳工通讯》第21号,1936年6月,第4页。
④ 程海峰:《一九三五年之中国劳工界》,《东方杂志》第33卷第17号,1936年9月1日,第162页。
⑤ 同上书,第158页。
⑥ 《民国二十五年中国劳资争议统计》,《国际劳工通讯》第4卷第4期,1937年4月,第5页。
⑦ 朱通九:《失业与罢工》,《中国社会》第3卷第3期,1937年1月15日,第54、55页。

原有待遇运动"①。导致这种前后转变的一个重要原因,是在中国产业,特别是传统产业的衰退中,资方将危机转嫁于劳方,劳方处于被解雇的失业危机之中,遑论向资方叫板。据国际劳工局估计,1936年失业人数达5893196人。纺织业失业人数达1057000人,而旧式工业如江西的夏布、南京的缎业、广东的土布等业失业人数,合计已几占其70%。饮食业失业总数140余万人中,约90%为旧式制盐者。土石制造业的29万失业者中,除唐山启新洋灰公司千余新式工人外,其余尽是旧式的陶瓷业等手工工人。火柴业1500万失业者中,土制火柴工人占90%以上。②据上海国际劳工分局分析,在1935年因工资而起的117件争议中,反对减低工资者计51件(44.4%),亏欠工资或保证金者36件(31.3%),要求增加工资则仅有9件(7.8%),反对取消加班加资或要求分红等更少。在因雇用而起的52件案件中,反对解雇者31件(60.8%),要求将开除工人复工者5件(9.8%),反对雇用制度者4件(7.8%)。程海峰有言:"盖在经济凋疲之环境中,改良待遇已属难能,而劳资争斗之焦点,不能不集中于原有待遇之保持也。"③工方已无力提出争取新的待遇要求,仅能消极地要求保持固有的待遇与职位。资方因此气势逼人,此后更是强硬否决工方提高工资、待遇的要求。1937年8月前,虽然产业繁盛,资方获利,但雇主仍不愿增加工资,多数工人反因物价上扬、生活窘迫,致使工潮甚为严重。④

三、劳资争议的结果

劳资争议的结果可以劳方、资方目的实现与否为标准。具体而论,南京国民政府时期有关统计分两类。一是按照清华大学教授陈达所定标准,分为胜利、部分胜利、失败、无形停顿或结果不明四组。凡工人要求达到60%以上谓之胜利;工人要求增加工资的争议,其结果达到要求的25%即为胜利。工人要求得到部分承认,却又少于上述比例,则谓之部分胜利。凡工人要求完全未得到应允,或工人被开除或受到压制,自然作失败论。⑤如果这种划分可称为相对标准,那么第二类可称为绝对标准。其以劳方(资方)要

---

① 程海峰:《一年来的中国劳工》,《劳工月刊》第4卷第1期,1935年1月1日,第12页。
② 朱通九:《失业与罢工》,《中国社会》第3卷第3期,1937年1月15日,第54页。
③ 程海峰:《一九三五年之中国劳工界》,《东方杂志》第33卷第17号,1936年9月1日,第162、163~164页。
④ 程海峰:《一九三七年之中国劳工界》,出版时间不详,第26~27页。
⑤ 吴半农:《十六年一月至十八年六月河北省及平津两市劳资争议底分析》,《社会科学季刊》第4卷第3、4期合刊,1930年1月,第23页。

求完全接受、劳方(资方)要求部分接受、劳方(资方)要求未经无形停顿或结果不明接受4类,分组统计劳资争议结果。

从劳资争议的总体趋势来看,劳方由强势逐渐转为弱势,反之,资方由弱势转为强势。以上海为例,1927年4～12月罢工96次,工人完全胜利49次,①占罢工总数的51.04%。1928～1932年,劳方完全胜利的案件逐年减少,1928年获全胜比为41.35%,1929年减至20.12%,1930年为18.58%,1931年为19.45%,1932年为17.00%。相反,劳方失败的案件渐有增长,1928年失败比为10.55%,1929年为11.24%,1930年为14.16%,1931年为19.59%,1932年为10.67%。② 类似统计也为此提供证据。见表1—21、表1—22:

表1—21　1928～1931年上海罢工停业案件结果分析

		劳方要求			资方要求			无形停顿或结果不明	总计
		完全接受	部分接受	未经承认	完全接受	部分接受	示威未经承认		
1928	案件数	45	39	12				21	117
	百分比	38.47	33.33	10.25				17.95	100.00
1929	案件数	32	41	32	1	2	3	111
	百分比	28.83	36.94	28.83	0.90	1.80	2.70	100.00
1930	案件数	21	38	22	4	1	1	87
	百分比	24.14	43.38	25.29	4.59	1.15	1.15	100.00
1931	案件数	22	32	50	1	2	17	124
	百分比	17.74	25.81	40.32	0.81	1.61	13.71	100.00

资料来源:《上海市社会局工作报告》,上海市社会局,1932年编印,第19页。

表1—22　1929～1931年上海劳资纠纷结果分析

		劳方要求			资方要求			无形停顿或结果不明	总计
		完全接受	部分接受	未经承认	完全接受	部分接受	示威未经承认		
1929	案件数	73	199	28	3	24	1	7	335
	百分比	21.79	59.40	8.36	0.90	7.16	0.30	2.09	100.00
1930	案件数	60	226	49	2	7	6	4	355
	百分比	16.90	63.99	13.80	0.57	1.97	1.69	1.41	100.00
1931	案件数	83	173	56	1	3	3	18	342
	百分比	24.27	50.59	16.37	0.29	0.88	0.88	5.26	100.00

资料来源:《上海市社会局工作报告》,上海市社会局,1932年编印,第21～22页。

1929年是劳资力量对比的转折点,劳方虽然在纠纷中常位居胜利一

---

① 《上海工人运动史》,中国国民党中央民众运动指导委员会,1935年印行,第201页。
② 上海市政府社会局:《近五年来上海之劳资纠纷》,第7页。

方,但"资方也渐渐敢于提出条件要求劳方承认,或对于劳方所提出的条件不予接受"①。不过,这5年中,无论是纠纷,还是罢工停业,均以劳方部分胜利比例为大。在罢工中,劳方部分胜利者占61.10%,失败者29.01%,完全胜利者23.41%。在纠纷中,劳方部分获胜者43.71%,失败者13.08%,完全胜利者22.47%。②与纠纷相比,在罢工停业中劳方失败率更高。这表明资方除掌有停业的主动权外,其对劳方罢工的态度更为强硬。

另有统计显示,1917~1932年的1121起案件中,950件(84.75%)是劳方提出要求未遂引发罢工,171件(15.25%)为资方提出要求未果导致的停业。最初8年的案件大半为劳方胜利。劳方要求为资方完全接受与部分接受者各30%,未被接受者仅15%,余为结果不明或无形停顿。资方从未以停业对付劳方。1926年后,劳方要求得到部分实现的案件在历年中仍占为半数以上,但失败的罢工比例却渐超过劳方完全胜利的比例。1926~1932年,劳资冲突的形势已由劳方占据优势的状态转变为劳资相持不下的状态。③ 1932年劳方在纠纷与罢工中部分胜利者达到57.74%、47.50%(见表1—23)。1935年上半年结束的117件纠纷中,除结果不详者3件外,劳方完全胜利者24件(20.51%),部分胜利者高达76件(64.96%),失败者14件(11.97%)。④ 1933~1936年,劳方部分胜利案件比例只有1936年为49.73%外,其他各年比例均在60%以上。劳方完全胜利与失败的案件比例稍有变化(见表1—24)。

表1—23 1932年上海市劳资争议结果分析表

结　果		劳资纠纷		罢工停业	
		次数	百分比	次数	百分比
劳方要求	完全接受者	51	21.34	15	18.75
	部分接受者	138	57.74	38	47.50
	未经接受者	29	12.13	18	22.50
资方要求	完全接受者	2	0.84	—	—
	部分接受者	1	0.42	2	2.50
	未经接受者	1	0.42	—	—
无形停顿或结果不明者		17	7.11	7	8.75
共　计		239	100.00	80	100.00

资料来源:林颂河:《民国二十一年之劳动界》,《社会科学杂志》第4卷第2期,1933年6月,第200页。

---

① 上海特别市政府社会局:《上海特别市劳资纠纷统计(1929年)》,上海,商务印书馆,1931年,第10页。
② 上海市政府社会局:《近五年来上海之劳资纠纷》,第15页。
③ 上海市政府社会局:《近十五年来上海之罢工停业》,第12页。
④ 根据中国第二历史档案馆藏11(2)—767上海市1935年1~6月劳资纠纷统计计算。

表 1—24　1933～1936 年上海市劳资纠纷案件的结果

	1933		1934		1935		1936	
	案件数	百分比	案件数	百分比	案件数	百分比	案件数	百分比
劳方完全胜利者	59	19.60	45	19.31	39	17.65	45	24.07
劳方部分胜利者	188	62.46	143	60.95	138	62.44	93	49.73
劳方失败者	39	12.96	33	14.16	30	13.57	28	14.97
无形停顿或结果不明者	15	4.98	13	5.58	14	6.34	14	7.49
未解决							7	3.74
总　　计	301	100.00	233	100.00	221	100.00	187	100.00

资料来源：刘明逵、唐玉良主编：《中国近代工人阶级和工人运动》第 9 卷，第 549 页。

在 1933～1936 年罢工停业中，劳方要求完全为资方接受者的比例，在 1936 年突然增长到 42.97％。这增加的十几个百分点，表明劳资双方力量对比，已由相持转回到劳方占主导地位的局面。劳方要求部分接受者稍许减少，劳方失败者于 1934 年、1935 年出现一个小涨幅（见表 1—25）。1936 年下半年，劳方声势正盛，资方鉴于营业方呈转机，不欲扩大争端，对劳方要求多隐忍接受。但到 1937 年，劳资声势发生转换。中央一再密令速制工潮，各市府三令五申禁止罢工，劳方焉能不失其强势。劳方要求未被承认的案件有 92 件，占案件数的 43.19％，居历年来劳方失败案件之首。劳方要求完全为资方接受的案件减少至 44 件，占案件数的 20.66％。[1] 与之相应，1937 年劳资纠纷中，劳方完全胜利者 28 件，占 20.59％；劳方部分胜利者 67 件，占 49.26％；劳方失败者 21 件，占 15.44％。与历年相比，劳方失败者增长，而胜利者略减。[2]

表 1—25　1933～1936 年上海市罢工停业案件的结果

		1933		1934		1935		1936	
		案件数	百分比	案件数	百分比	案件数	百分比	案件数	百分比
劳方要求	完全接受	26	29.55	21	28.76	24	25.53	55	42.97
	部分接受	36	40.91	24	32.88	33	35.11	47	36.72
	完全失败	24	27.27	25	34.25	34	36.18	24	25.87
资方要求	完全接受					1	1.06		
	部分接受			3	4.11	1	1.06	1	0.78
	完全失败					1	1.06		
无形停顿或结果不明		2	2.27					1	0.78
总　　计		88	100.00	73	100.00	94	100	128	100.00

资料来源：刘明逵、唐玉良主编：《中国近代工人阶级和工人运动》第 9 卷，第 553 页。

---

[1] 《民国二十六年上海的罢工停业》，《上海劳工统计（民国二十六年至二十七年）》，国际劳工局中国分局，1939 年，第 4 页。

[2] 同上书，第 2 页。

上述数字不过是对劳资冲突结果的总体概括,实际上,因不同原因引起的案件,其结果不尽相同。劳方在工资案件中常操胜券。15年来劳方完全胜利为27％,部分胜利为39％,失败者仅占15％。可是在1931年与1932年间,因工商业极度衰敝,资方无力提高工资。因此,在1931年因工资而起的冲突中,48.72％的案件以劳方失败告终,胜利者仅占12.82％。1932年,劳方失败案占23.07％,胜利者为19.23％。在雇用解雇案件中,劳方要求未能实现者达36％,部分实现者35％,而完全实现者仅19％。由此可知,资方强力把持着人事雇用权,不容劳方分享。因开除工人引发的冲突,结果多是劳方被无条件解雇,劳方能使资方将解雇者复职的案件极为罕见。在有关团体协约的案件中,劳资各方均难以绝对获胜。半数以上的案件,都以资方部分接受劳方要求,或称双方互有让步而结束。其实,协约的修订须经劳资双方精审的考虑与洽商,才能达成共识。①

究竟有哪些因素制约着劳资力量的消长?

第一,民众运动方针的更改。"清党"后,国民党劳工政策由单纯保护农工,向既拟扶助农工又注重实业转变。1928年10月,国民党颁布《中央常会告诫全国工会工人书》,强调以增加生产为今后救国之要图。1929年国民党第三次全国代表大会决议案指出,训政时期的民众运动应由破坏而为建设,民众运动方针,在于促进生产力与生产额,从而达到改善人民生活之目的。"促进生产力与生产额"当然是要保护企业主利益,甚至将企业主利益置于工人之上。国民会议与第四次全国代表大会继续循此方针。各类机关在处理劳资争议时,自然秉承中央旨意办理,争议结果因此受到影响。

第二,资方渐趋强硬。工商业衰颓,资方维持企业现状实属不易,为了企业生存,不愿如此前那样息事宁人,屈服于劳方提出的诸种条件。劳方的要求遂难一一如愿。

第三,雇主组织的逐渐健全、严密与工人组织的日渐涣散。资方团体原本仅有公所与商民协会的某行业分会。统领各资方团体的总组织,如上海总商会、上海商民协会、闸北商会、南市商会等同时并存,势力分散。1929年5月23日,国民党中央执委会为谋划商人组织上的统一,于第15

---

① 上海市政府社会局:《近十五年来上海之罢工停业》,第12页。

次常会通过《上海特别市商人团体整理委员会组织大纲》16条,规定该整委会最重要的任务为开展商人团体的登记及整理非法组织。同年8月15日与18日,国民政府先后颁布《商会法》、《工商同业公会法》。上海市商会、同业公会遂于1930年6月21日依法组建。雇主同盟的建立,一改以前雇主组织内部分歧的局面,在劳资冲突时,雇主间能互为声援。此外,尚有各厂号联合组织的团体,如中华工业总会、上海机制国货工厂联合会、上海中华国货维持会等,常在劳资争议中为资方营造声势、出谋划策。相反,工人组织混乱,工会统一运动形同瓦解。1929年11月1日《工会法》施行后,原有工会大都因不合法而改组。特别是《工会法》明令不准成立工会联合组织,总工会筹备委员会被迫于1930年7月解散。自此,劳工组织只有等同于资方同业公会的组织,而没有与资方商会相对等的劳工团体的统一组织。相形之下,资方当然处于优势。

第四,资方借助政治、经济手段,操纵劳资冲突。如英美烟青岛厂曾利用经济压力逼迫政府就范。青岛大英烟公司南、北二厂向来对于工人待遇欠佳,工人早怀芥蒂。1930年3月28日,该厂工整会提出"每人每日增加工资二角"、"公休例假,照发工资"等7项条件要求厂方答复,厂方拒不协商,且于30日宣布停工,开除60余名工人。烟厂停工意味着财政部每月将损失数十万元的卷烟统税。青岛市政府与市党部为保证税收,在厂商的威逼利诱下,解散两厂工整会,不顾工人正当要求,劝导工人于4月12日复工。①

另一方面,资方或行贿、挑拨离间,或混淆事实,左右舆论,或雇用无赖殴辱工会委员,或拖延时日,以摧垮劳方。种种计谋分化了劳方的力量。

第五,《劳资争议处理法释疑》规定,所谓工人团体,系专指产业工人、职业工人而言,商店职员并不包括在内,所以不能适用此法。店员因此不能加入工人团体与之结成联合阵线,共同对抗雇主的联合阵线。

上海市社会局即持此类观点解释劳资力量对比的变化。②

从其他省市劳资争议结果来看,双方力量对比也出现与上海相类似的转

---

① 上海社会科学院经济研究所:《英美烟公司在华企业资料汇编》第3册,北京,中华书局,1983年,第1218～1227页。
② 上海市政府社会局:《近五年来上海之劳资纠纷》,第7~8页;《近十五年来上海之罢工停业》,第11页。

化。浙江1927年到1928年,劳方要求完全实现者比例降低。1927年劳方要求完全被接受者43.4%(40件),1928年减为30.0%。劳方要求部分接受与未经承认者,前后两年比例基本未变。1927年与1928年劳方部分要求接受者分别为41.3%、41.7%,要求未被接受者分别为2.2%、1.7%。①

有些省市劳方完全胜利或部分胜利比例持续上扬。南京即是如此。1929~1931年,劳方完全胜利与部分胜利案件不断攀升。两类比例变化分别为30.77%(4件)、50%(2件)、44.44%(8件)、38.46%(5件)、50%(2件)、55.56%(10件)。②

广州1927~1931年劳资争议,劳方要求完全为资方接受者呈马鞍形走势,各年所占比例分别为65.05%、44.44%、43.75%、68.75%、65.22%。劳方要求部分被接受者、失败者的变化也呈马鞍形,前者历年比例分别为5.83%、5.56%、3.13%、12.50%、8.70%,后者在1927年至1930年的比例为4.85%、11.11%、6.25%、6.25%。1932年、1933年,劳方要求完全接受者有所降低,前后分别为57.17%、49.48%。至于资方要求为劳方所接受者,略有升高。1929年、1930年此种案件的比例,占各年劳资争议总数的3.13%、6.25%。③

概括而论,在1932年前的劳资争议中,江苏、河北、天津、汉口、广州、北平的劳方多有获益,失败案件的比例一般较低。各城市比较而言,劳资纠纷中,汉口劳方胜利案件数最多,达到案件数的49.1%,而其失败率基本最低。广州劳方的失败几率最大,占案件数18.6%。劳方部分胜利者以广州为多,达到案件数的32.2%。在罢工停业中,广州劳方胜利与失败比例均最大,分别为77.7%、22.2%。汉口劳方在60%的案件中获胜,但20%的失败案件数则位居这几个城市之首。与上海相同的是,除北平外,上述省市劳方的罢工失败率都高于纠纷失败率(详见表1—26)。杭州、青岛劳方在此时期的争议中也处强势。杭州工人胜利者达66.7%,部分胜利者22.7%,失败者9.1%。青岛劳方胜利者50.3%,部分胜利者25.7%,失败者15.2%。④ 1928~1930年东三省南部情形较为特殊,劳资争议结果以妥协为多,次为劳方失败者,劳方要求胜利者甚少。劳方胜利

---

① 邢必信等:《第二次中国劳动年鉴》,第2编,第95页。
② 根据邢必信等《第二次中国劳动年鉴》第2编第106页统计结果计算。
③ 余启中:《广州劳资争议底分析:民国十二年~民国二十二年》,广州,中山大学经济调查处丛刊,1934年,第19页"劳资争议案件的结果"表。
④ 邢必信等:《第二次中国劳动年鉴》,第2编,第138、123页。

者依次为 11.11%、21.95%、11.43%。劳方失败者分别为 33.33%、39.82%、31.43%。劳资双方妥协者分别为 44.44%、36.59%、45.71%。①

表1—26　江苏、河北、天津、汉口、广州、北平劳资争议结果比较

		江苏 1927~1931	河北 1927~1931	天津 1927~1931	汉口 1929~1930	广州 1928~1930	北平 1927~1931
劳资纠纷	胜利	54	14	30	57	24	19
	百分比	43.6	37.8	44.8	49.1	40.7	30.2
	部分胜利	27	5	10	23	19	3
	百分比	21.8	13.5	14.8	19.8	32.2	4.8
	失败	2	—	5	2	11	7
	百分比	1.6	—	7.5	1.7	18.6	11.1
	无形停顿或不详	41	18	22	34	5	34
	百分比	33.0	48.7	32.8	29.3	8.5	54.0
罢工停业	胜利	48	10	23	6	7	13
	百分比	49.0	47.6	62.1	60.0	77.7	48.2
	部分胜利	13	2	6	2	—	3
	百分比	13.2	9.5	16.2	20.0	—	11.1
	失败	5	1	4	—	2	2
	百分比	5.1	4.8	10.8	—	22.2	7.4
	无形停顿或不详	32	8	4	2	—	9
	百分比	32.7	38.1	10.8	20.0	—	33.3

资料来源：据邢必信等《第二次中国劳动年鉴》第2编第 90、100、119、127、131、135 页所提供数据制表。

又一与上海相同之处，是江苏、河北、天津、汉口、北平在 1931 年前后，劳方增加工资的要求得到资方接受的案件在劳方胜利的案件中比例最大。各地比例分别为 35.19%、50%、20%、47.37%、31.58%。青岛劳方胜利案件以雇用解雇案最多，达胜利案件数的 37.5%；次为工资案 26.04%。广州劳方胜利案以解散费案为多，计占胜利案件数的 25%，次为雇用解雇案 20.83%，再次为工资案 16.67%。②

下面再来从全国总体统计情况考察劳资争议的结果。

1926年、1927年间工人气势正旺，资方每遇劳资争议，多迁就劳方，容忍工人要求。1926年前，工人罢工成功率高达 50.27%。③ 1928年后，工人气势遇挫，资方乘机反扑。恰逢各地工商业凋敝，厂号倒闭停歇者甚多，资方以此为借口，不仅不再轻易承认工人所提要求，而且常常延长工时，降低工人

---

① 据邢必信等《第二次中国劳动年鉴》第2编第104页统计结果计算。
② 据邢必信等《第二次中国劳动年鉴》第2编第123、131页统计结果计算。
③ 陈达：《近八年来国内罢工的分析》，《清华学报》第3卷第1期，1926年6月，第861页。

待遇。工人迫于失业危机,每每甘于就范。即使工人反对资方压迫起而罢工,资方也绝不轻易改变强硬的态度。1932 年有明确结果的 151 次劳资争议中,劳方要求完全接受者 53 次,占全数的 16.72％,部分接受者 62 次,占全数的 19.56％,未接受者 29 次,占全数的 9.15％。罢工仍以劳方部分要求接受者为多,计 33 次,完全接受者 19 次,未接受者 5 次。① 按陈达统计,1933 年纠纷中劳方要求完成与部分为资方接受者分别为 16.22％、18.24％。罢工中劳方要求完成与部分为资方接受者分别为 22.78％、29.11％。不过,因陈氏有关纠纷与罢工统计中"结果不明者"高达 56.75％与 39.24％,②其"劳资争议结果"统计的可靠性并不强。

依照中央民运会的统计,1934 年劳资力量在纠纷中出现强烈逆转,资方胜利多于工方。劳方胜利比例降幅达 10 几个百分点,资方部分胜利比例上涨 25 个百分点(见表 1—27)。

表 1—27 1933～1934 年各地劳资纠纷结果

		1933 件数	1933 百分比	1934 件数	1934 百分比
劳方要求	完全胜利	100	30.86	74	18.50
劳方要求	部分胜利	104	32.10	64	16
劳方要求	完全失败	23	7.10	21	5.25
资方要求	完全胜利	5	1.54	25	6.25
资方要求	部分胜利	14	4.32	118	29.5
资方要求	完全失败	8	2.47	36	9
无形停顿或结果不明		70	21.60	63	15.75
共　计		324	100.00	400	100.00

资料来源:1.《二十二年劳资纠纷调查报告》,中国国民党中央民众运动指导委员会 1934 年 9 月印,第 5～6 页;2.《二十三年劳资纠纷调查报告》,中国国民党中央民众运动指导委员会 1935 年 10 月印,第 114 页。

就 1934～1936 年全国劳资纠纷而论,由于"为环境事实所限,且劳方组织力量之今不如昔,自更非可以五六年前劳方常操胜券者所可比拟"③,劳方完全胜利、局部胜利的比例在 1935 年略有下滑外,失败比例则稍有升高。劳方胜利百分比于 1936 年再次上升,且完全失败案件数略有下降。至于资方要求胜利百分比,1936 年的数值要比 1935 年略微降低。这一时期劳资

---

① 林颂河:《民国二十一年之劳动界》,《社会科学杂志》第 4 卷第 2 期,1933 年 6 月,第 200 页。
② 陈达:《民国二十二年的国内劳资争议》,《国际劳工》第 1 卷第 4 号,1934 年 4 月,第 4,5 页。
③ 程海峰:《一九三五年之中国劳工界》,《东方杂志》第 33 卷第 17 号,1936 年 9 月 1 日,第 163～164 页。

双方力量的变化,在罢工停业案中同样有类似的反映。劳方1936年再次执掌胜旗。详见表1—28、表1—29:

表1—28 1934～1936年各地劳资纠纷结果

		1934		1935		1936	
		件数	百分比	件数	百分比	件数	百分比
劳方要求	完全胜利	38	14.56	45	15.0	41	14.74
	局部胜利	54	20.69	36	12.0	59	21.22
	完全失败	19	7.28	26	8.7	18	6.84
资方要求	完全胜利	1	0.38	5	1.6	2	0.72
	局部胜利	9	3.45	2	0.7	1	0.36
	完全失败			2	0.7	1	0.36
结果不明		140	53.64	184	61.3	156	56.11
共　　计		261	100.00	300	100.00	278	100.00

资料来源:刘明逵、唐玉良主编:《中国近代工人阶级和工人运动》第9卷,第508页。

表1—29 1934～1936年各地罢工停业结果

		1934		1935		1936	
		件数	百分比	件数	百分比	件数	百分比
劳方要求	完全胜利	15	17.86	26	18.44	23	16.55
	局部胜利	16	19.05	18	12.77	35	25.18
	完全失败	7	8.33	18	12.77	11	7.91
资方要求	完全胜利			5	3.55	2	1.44
	局部胜利	3	3.57	2	1.42	1	0.72
	完全失败			1	0.71	1	0.72
结果不明		43	51.19	71	50.35	66	47.48
共　　计		84	100.00	141	100.00	139	100.00

资料来源:刘明逵、唐玉良主编:《中国近代工人阶级和工人运动》第9卷,第509页。

劳方在与资方的较量中稍占上风,如果不考虑历次致胜原因,仅从总体而论,应与当时的保工政治氛围有关。1936年5月5日,国民政府公布《中华民国宪法草案》,明文规定:"国家为改良劳工生活,增进其生产技能,及救济劳工失业,应实施保护劳工政策。"[①]为劳方提供了法律与道义上的支持。

四、特点与说明

劳资争议是南京国民政府时期极为普遍的社会现象。不论是近代产

---

① 《中华民国宪法草案》,《国民政府公报》第2039号,1936年5月5日,第11页。

业、还是传统产业,也不论是工业基地、还是政治中心,劳资争议在1932年前呈现下降或持平态势,此后,争议不仅未见缓和,反而日益激化。引起争议的原因虽然仍以雇用解雇、工资、待遇、工作制度为主,但劳方在此类问题上渐渐失去与资方讨价还价的主动权,被动应对资方的苛严条件。争议由劳方提出令资方反感的要求而引起,转变为由资方提出令劳方无法接受的苛刻条件所诱发。同样的争议形式,不同的挑起人,工人益加处于被动地位。总体而论,在劳方与资方的较量中,1936年是双方力量对比的分水岭。1936年前,劳方势力逐渐转弱;1936年时,劳方势力则压倒资方。

以上论述只是劳资争议的一个基本概况,下面有必要进一步说明几个问题:

第一,有关劳资争议原因的统计,只是以争议中第一次出现的诱因为统计对象。其实,争议一般均是多重因素相互作用的结果。比如,1934年上海电力工潮,先是6月25日周某因抚恤金额度对资方不满,800余人怠工为之声援。而后又因厂方停发工头杨某退职金引起纠纷。继之又因该公司开除援助以上两事件的工会理事4人,新厂全体工人千余人怠工。公司同样以开除方式惩戒工人。到10月老厂800多人加入怠工。11月时公司职员与工人联合罢工。①

第二,一些劳资争议常由工人之间利益争斗转变而来。例如:1935年,南京东南城水陆码头运送业工会与米船业工会会员585人为争夺工作互相殴斗,资方借此以双方恶行妨害业务为由,压低工金价目及待遇,导致劳资纠纷。②

第三,管理层的分歧也曾引起劳资争议。1932年9月,无锡乾甡新聘由日本学成归来的程文若实行管理制度的改革,解雇女管车,与工务主任在人事权上发生冲突。该主任不甘大权旁落,暗中派人破坏生产,挑动工人怠工。③ 当年无锡丝业同盟罢工即是以此次怠工为导火线。1935年6月,汉口第一纺织公司股东不满厂长蓄意侵夺厂产,厂长以整顿为由停工相要挟,殃及工人生计,引发工人与厂警等冲突。④

第四,劳资争议不仅与政治运动、政府导向相联,而且与政府某些政策密切相关。比如,政府法币改革刺激工潮的产生。自新货币政策1934年11月4日开始实行,市面通货仅限钞票,现金不再流通,于是物价上涨

---

① 《上海电力工潮》,《劳动季报》第1期,1934年4月10日,第125~132页。
② 《南京市之劳资纠纷统计》,《劳工月刊》第4卷第9期,1935年9月1日,第2页。
③ 高景嶽、严学熙:《近代无锡蚕丝业资料选辑》,南京,江苏人民、江苏古籍出版社,1987年,第529页。
④ 《第一纱厂之内幕》,《大光报》1935年6月9日,第2张第5版。

10%～20%不等,钞票与铜元的兑换比率暴缩。上海10月前的比率为350左右,禁止使用现金后,每元仅能换铜元290余至300。前后相差20%。如果不考虑物价上涨的因素,以铜元为工资的劳工如人力车夫等,固不受银元与铜元兑换率的影响。但一般工人的工资均以银元结算,而其日常支出则概用铜元。购买同一商品,因受到通货贬值的影响,要比实行法币前多付出20%的货币,换言之,工人购买力下降,实际收入减少20%。即使工人直接以钞票进行交易,虽不受铜元兑换率的影响,但却受物价增长的影响。1937年年初的上海生活指数便比1936年年底上涨3%以上。所以,凡以银元为实际收入的劳工,不论其以钞票购物,还是兑换铜元后使用,其维持原有生活水平的费用,要比以前高10%～20%。因此,以银元为工资的劳工,较之以铜元为工资的劳工,益难维持生计,其实际生活水准更低。① 其结果势必导致新一轮的工潮。纺织业、染织业、丝织业、针织业、缫丝业、电车业、汽车业、造船业、航运业,甚而木炭、洋烛业、古玩业,为改良待遇而发生纠纷。时人有言"近日来国内工潮澎湃,皆由于此"②,并非空穴来风。1933年的减工风潮更与政府统税、税制有关。

第五,罢工、怠工并不总是反映劳资对立,有时则表明劳方不甘屈服于某一社会集团成员的凌辱,争取社会地位的决心。实际上此类行为也是劳动者对自身社会价值体认的表达。1928年1月、1933年6月爆发的北平电车工人罢工,即不是以资方为对象。两次罢工起因都是由于兵痞或街痞不买票、强行乘车,并殴打售票员。③ 1931年上海法电机务部全体工人怠工,是由于工人为法捕所伤。④ 1931年法租界公董局职工第一次大罢工,起因于公共工程部两个工头侮辱、殴伤清洁工人。⑤

第六,参与争议的工人对民族、主权认同的差异较大。工人中绝大部分是坚定的爱国者,但也有只重自身利益者。他们无视工潮背后的有损国权的政治企图。反对外国侵犯中国主权,是一些罢工的直接目的。1928年汉口"水案"对日大罢工即是一例。当年12月,日本海军陆战队炮车在日租界

---

① 程海峰:《一九三五年之中国劳工界》,《东方杂志》第33卷第17号,1936年9月1日,第161页。
② 彭家礼:《币制物价与工潮》,《中国社会》第3卷第4期,1937年4月15日,第84页。
③ 《北平电车工潮》,天津《大公报》1928年1月24日,第3版;《北平电车工潮》,《劳动季报》第1期1934年4月10日,第191～194页。
④ 朱邦兴等:《上海产业与上海职工》,上海,上海人民出版社,1984年,第354页。
⑤ 姚肇第:《法租界公董局职工的一次大罢工》,《上海文史资料存稿汇编》11辑,上海,上海古籍出版社,2001年,第375页。

撞死车夫水杏林,武汉各业工人与各业举行对日总罢工,并以赔偿、道歉、惩凶、撤退汉口日本水兵为解决"水案"的最低限度要求。① 1932年2月沪战期间,有两汽车公司工人为反对资方向日本使馆提供运输车辆、反对公司修理日军运输车而罢工。② 另有一些罢工也牵涉到维护主权问题。1929年上海英美烟厂工潮的一个原因,是工会与厂方争夺该厂子弟小学的管理权。工人子弟小学,为该厂所办。工会以为在中国领土,国人有管理国人教育的天赋职责,岂容外人擅代,与厂方据理力争。③ 工人将学校管理权与国格存废相联系。1936年11月上海日商纱厂4万余工人的反日同盟大罢工取得胜利,将上海抗日救亡运动推向新的高潮。青岛日商各工厂约3万工人亦在"停止内战,一致抗日"形势下举行反日大罢工。

同时,也有工人只顾自身利益而受汉奸蒙蔽,在工潮中为虎傅翼。最突出的案例是1934年的开滦煤矿工潮。1934年年初,马家沟矿被裁矿工要求复工引起罢工。日本遂利用此机会,派汉奸赵大中渗入矿工中挑起更大的风潮,制造滦东一带的不安,为进一步军事挑衅寻找借口。赵大中以改善待遇为诱饵,循环鼓动其他各矿、启新洋灰公司、唐山华新纱厂的罢工,组织河北战区矿工自治联合总工会、劳资合作总社、唐山人力车夫工会、大车夫工会、战区工人自治联合总工会启新洋灰公司分会。煤矿、启新洋灰公司、华新纱厂几千名不明真相的工人加入上述组织。这次开滦工潮因此持续近3个半月才由河北省府平息。④

第七,劳资争议发生的几率与资方的国籍无关,工人更关心的是经济利益。上海日商纱厂待遇略高于中资纱厂,其劳资争议比中资厂家略低。工人并未受到民族主义的强烈震撼。裴宜理在《上海罢工》中即指出,工人"对资本家获取过多利润的抱怨比对外国资本的抱怨更多",高家龙也十分赞同这一观点。⑤

第八,停业、罢工也不一定都是劳资利益冲突的产物,而是企业、群体对抗、威胁政府,保护自身利益的工具。1932年,天津税局强迫汽水贴花,中

---

① 邢必信等:《第二次中国劳动年鉴》,第2编,第141~143页。
② 上海市政府社会局:《近十五年来上海之罢工停业》,第7页。
③ 项英:《中华全国总工会工作报告》(原载《劳动》周刊第16、17期),《第五次劳动大会特刊》,1929年11月。
④ 《开滦煤矿工潮详记》,《劳动季报》第2期,1934年7月10日,第139~155页。
⑤ 〔美〕高家龙:《大公司与关系网:中国境内的西方、日本和华商大企业(1880~1937)》,程麟荪译,上海,上海社会科学院出版社,2002年,第162页。

资厂家以抵制洋货、保护国货、体恤商艰为由竭力相抗。汽水销售商则以价格过高,多退掉订单。各厂家还相继停工,向政府施压。① 再比如,1933年底,中央明令增加火柴税率后,产品原本不敌洋货与鲁产火柴的天津各华商火柴厂,也以停工抗拒中央。②

地方当局或有关管理机关政策的失慎也曾引起某一社会群体的工潮。比如:1936年镇江地方当局命令车夫进行登记,引起车夫2000余人的反对而游行请愿。③ 1931年4月,铁道部颁令规定煤运加价2成,淄川、博山两县煤商反对部令,从中操纵装卸工人、工头,酿成罢工,经各方疏通,历22日之久始行复运。④

第九,区域与行业间的工资高低与劳资争议不一定有正比例关系。美亚绸厂工人工资虽然高于纱厂,但仍发生过几次大罢工。⑤

第十,在有关公共利益的案件中,政府与党部出于维护社会正常运转的目的,一般均站在资方立场上,对劳方采取打压政策。1932年11月18日,上海华商电车工人要求该厂经理陆费逵答复加薪,该经理以个人无权答复为由加以拒绝,工人因此不满,劳资双方遂相交恶。同日下午市社会局拟召见陆费逵谈话,工人则以电车挡在厂门阻止陆氏汽车通行,并与保安队发生冲突。20日上午,市党部、市政府会衔布告,限令工人于当日12时前复工,否则,准予公司解雇全体工人。⑥ 诸如此类案件,不胜枚举。

第十一,劳资关系不仅表现为劳资争议,而且也表现为劳资协商与合作。某些厂家在追求最大利润的同时,在一定时期也会顾及工人生计。1932年年初,北洋纱厂便曾自动提高工人工资。⑦ 当然,也有工人愿意体念厂艰,降低自身待遇。1933年减工风潮中,包括大生一厂在内的全国主要纺织企业工潮起伏。但海门大生三厂3000名工人,却鉴于花贵纱贱、捐税苛重之害与厂局危迫之情,自愿节衣缩食,核减薪资,减轻厂方负担。工会大会提出的减资议案规定:月薪者减2成,钟点工及计件工减成半。此举可为厂方全年节省五六万元。⑧ 劳资双方合作当然以共同利益为基础。1935

---

① 《汽水贴花国货厂停工》,天津《大公报》1932年5月11日,第7版。
② 《增税与停工声中之火柴工人的生活》,天津《大公报》1934年1月9日,第4张第13版。
③ 《一片罢工声》,《中国社会》第3卷第2期,1936年10月15日,第83页。
④ 《行政院关于防止淄博煤矿工人罢工问题》,中国第二历史档案馆:《中华民国史档案资料汇编》第5辑第1编政治(3),南京,江苏古籍出版社,1994年,第401页。
⑤ 朱邦兴等:《上海产业与上海职工》,第167页。
⑥ 722(4)—225,上海市英美烟厂劳资纠纷和华商电车工人大罢工案,中国第二历史档案馆藏。
⑦ 《北洋纱厂自动增加工人工资》,天津《大公报》1932年2月25日,第2张第7版。
⑧ 《大生三厂工人自动减资》,《纺织时报》第1012号,1933年8月14日,第2559页。

年3月,汉口市府配合新生活运动,明令废除烟、赌、娼恶习,以烟、赌、娼招徕生意的旅栈业门可罗雀。旅栈业公会与旅栈业职工会,联袂向中央民众运动指导委员会、实业部、省府、市府、党部、武汉警备司令部、公安局请愿,要求政府变通训令。①

劳资合作还表现为劳资双方直接磋商解决劳资争议。1928~1932年,上海罢工停业经双方协商解决者占案件数的15.86%,纠纷由双方协商解决者占案件的8.92%。其中,1928年占2.95%,1929年占0.59%,1930年增至5.31%,1931年、1932年达到18%以上。②据公共租界工部局调查,1933年上海租界劳资纠纷多数以劳资双方谈判而解决。③1935年1月至6月,上海共有纠纷156件,其中由劳资双方自行解决者30件。④1932年,上海、天津、汉口、江苏、浙江、湖北、山东劳资纠纷由双方解决的案件数与比例分别为:11件,13.58%;1件,4.54%;1件,9.10%;1件,6.67%;1件,16.67%;1件,14.29%;1件,16.67%。⑤1934年全国罢工由劳资自行解决者10件,11.90%。1935年全国劳资争议由双方协商者24件,占比例为8.0%。当年罢工由双方解决者15件,占比例为10.6%。⑥虽然双方直接磋商解决者占少数,但这却是不容忽视的事实。

在另一些案件中,工人也曾无条件复工。1932年9月太原山西妇女职业工厂工人反对资方减资的罢工,即在该市商会的劝导下平稳解决。⑦

---

① 《汉口旅栈业昨会议请愿办法》,《大光报》1935年3月27日,第2张第5版。
② 上海市政府社会局:《近五年来上海之劳资纠纷》,第15、11页。
③ 《上海租界之报告》(一九三三年上海公共租界工部局年报),《劳动季刊》第2期,1934年7月10日。
④ 11(2)—767,上海市劳资纠纷统计,中国第二历史档案馆藏。
⑤ 实业部劳动年鉴编纂委员会:《二十一年中国劳动年鉴》,第2编,第115、126、132、139、150、154、158页。
⑥ 刘明逵、唐玉良主编:《中国近代工人阶级和工人运动》第9册,第528、532、537页。
⑦ 实业部劳动年鉴编纂委员会:《二十一年中国劳动年鉴》,第3编,第23页。

第二章 劳资争议的调解与仲裁

　　调解与仲裁是南京国民政府时期平息劳资争议的重要手段。法律是其基本原则,党政机关是实施法律的主体。当然,法律并不可能渗透到社会的各个层面,况且,法律的有效性也受到来自不同方面的挑战;因此,劳资争议的调解与仲裁也常在体制外解决,某类组织与强人从中扮演着重要的角色。

一、劳动立法与实施

　　自1926年6月国民革命军北伐后,各地劳资争议层出不穷,中央及地方政府为平息争议,曾先后颁布多种法令。国民政府定都南京后,即设立劳动法起草委员会,着手制定劳动法规。1927年9月,劳工局成立,劳动法起草委员会遂并入该局。1928年3月,劳工局并入新设立的工商部,劳动法起草委员会则归并法制局。当年6月9日,国民政府颁布《劳资争议处理法》。10月立法院成立。此后,重要法律皆由中央政治会议议定原则,立法院制定条文,呈请国民政府公布施行。1929年10月、1929年12月、1930年10月、1931年2月,国民政府先后公布《工会法》、《工厂法》、《团体协约法》、《工厂检查法》,各地混乱的处理劳资争议的暂行办法遂告废止。

(一)《劳资争议处理法》、《工会法》、《工厂法》

　　国民政府于1928年6月9日公布《劳资争议处理法》,该法共计6章、47条,以1年为试行期。该法规定了处理劳资争议的程序、机关、当事者的行为。其主要特点为:(1)适用于处理团体争议,如职业工会、产业工会作为主体与资方的争议,或30人以上劳工维持、变更雇佣条件而发生的争议。至于30人以下争议,则视为普通个人争议,而非劳资争议,由普通法院处理。(2)劳资争议处理机关为临时性质。第3条规定行政官署于劳资争议发生时,经当事人申请,或认为必要,召集调解委员会调解。(3)调解与仲裁机关不同。第9条、11条、13条规定调解委员会置委员5人或7人,由行政官署或工商部派代表1人或3人,争议当事双方各派代表2人。第15条、18条、20条规定仲裁委员会设委员5人,其中,省政府或特别市政府或工商部派代表1人,省党部或特别市党部或中央党部派代表1人,地方法院院长或其代表1人,与争议无直接利害关系的劳方、资方代表各1人。(4)强制仲裁。第4条规定公益事业发生劳资争议经调解无效,当然交付仲裁。第5条、第6条规定,一般劳资争议经调解无结果,或未经调解,依当事双方声请交付仲裁。如争议情势重大,延长至1月以上尚未解决的案件,必须交付仲裁。第7条特别规定,争议当事人对于仲裁委员会的裁决,不得声明不服。此裁决视同争议当事者间的劳动契约。第38条还规定争议当事人可依民事法规向法庭请求强制执行裁决。同条还规定对不履行裁决者处以200元以下的罚金或40日以下的拘役。(5)对争议当事人的限制。规定雇主或工人在调解或仲裁期内,不得停业、开除工人或罢工、封闭商店工厂、擅取资方货物。对违反规定且不听行政官署或调解、仲裁委员会者,予以与违反仲裁相同的制裁。凡行为涉及刑事者,则依刑法处置。

《劳资争议处理法》出台后,部分省、市政府要求工商部对某些条款予以解释。其中,宁波市政府认为强制调解、仲裁可能将使劳资双方不予合作,调解、仲裁委员会"尽是行政官署代表",与相关规定不符,由该委员会所做的调解、仲裁应无法律效力。浙江省政府建设厅厅长程振钧认同宁波市政府意见,代为向工商部呈报。①

1929年6月9日,该法试行期满,中央政治会议184次会议决议展期6个月。同年12月24日,又展期3个月。1930年2月,立法院劳工法起草委员会,参照旧法,斟酌时情,拟具草案40条,经立法院讨论通过,由国民政府于1930年3月17日公布实施。此次《劳资争议处理法》主要修改了两个方面:(1)适用范围扩大。原法除适用于"以劳工团体为争议主体之争议"外,仅适用于雇主与30人以上的劳人之间的争议,新法则将工人数目减为15人。(2)改为任意仲裁(或称自愿仲裁),取消前法中有关强制仲裁的条款,规定当事人不申请仲裁,政府即不实施仲裁。仲裁委员会的裁决,劳资任何一方,皆可声明异议,一经声明异议,即无拘束当事人的效力,工人可以罢工。法院依当事人的声诉,可以推翻原裁决,重新判决。取消对不履行决定或仲裁的当事人制裁的规定。

因取消强制仲裁,劳资争执往往各走极端。沪战停止后,上海市面萧

---

① J1—2—2,工商部解释《劳资争议处理法》第十六条的训令(1928年),北京市档案馆藏。

条,产业衰败,达丰染织厂、中华工业厂、安禄棉织厂、虹口丝厂、华商电气公司、国药业劳资双方因工资、工时、解雇等冲突此起彼伏。资方多有意延长争议的时间,使劳方疲于应付,以求最后胜利。上海三友实业社停业纠纷最为激烈。这一地方案件竟引起中央修改《劳资争议处理法》的动议。1932年7月23日,上海市长吴铁城以"政府并非受理劳资争议之最后机关,且无处决劳资争议之实际权能"为由,向中央政治会议提议恢复强制仲裁。① 8月16日,上海机制国货工厂联合会支持市长动议,分呈中政会、立法院、行政院、实业部,并函市商会请予赞助。② 中央政治会议讨论吴铁城提议,决议恢复强制仲裁办法,交立法院审议。立法院劳工法起草委员会拟具修正案,完全恢复第一次《劳资争议处理法》中有关强制仲裁的条文。对于恢复强制仲裁,立法委员态度不一。反对者以为,"改采任意仲裁制度,施行以来,效果较优","且强制仲裁,非劳资双方满意,及使其恶感日深,并有时仲裁裁决亦难实行,更不足以防止罢工",况且"强制仲裁在上海只能拘束少数华人工厂,而租界内之工厂,则为政治力所不及,亦难使制度之普遍推行"。赞成者则说,1928年《劳资争议处理法》不能奏效,是因为"乘十六年共产党煽动之余,非强制仲裁之不当",依1930年的《劳资争议处理法》,"法院得依当事人的起诉,推翻原裁决而另为判决,是一事再理,徒生纠纷,且案经三审,方可确定,效力迂缓,亦非处理情势严重之劳资争议之良法"③。虽然反对者各执己见,但因中央政治会议已议决恢复强制仲裁制度,立法院只能照办。国民政府于1932年9月27日公布施行。增订的条文大多恢复1928年的原规定,明确指出争议当事人不得不服从仲裁裁决。只有军事机关、直接经营的军需制造业,不再适用本法。

实业部鉴于各地劳资纠纷迭起,以为仲裁委员的推定至为重要,制定《推定仲裁委员暂行办法》6条,呈奉行政院核准,于1933年10月9日以部令公布施行。部长陈公博并于当月通咨各省市政府推定1934年、1935年仲裁委员,转部备案。④ 暂行办法主要内容为:省政府每2年应令所辖各县市中工商业较为发达者推定仲裁委员1~5人;各县市政府与不属于省的市政府,应于奉令后10日内转令所属之工人团体及雇主团体各选派代表1~

---

① 谢扶民:《中华民国立法史》,上海,正中书局,1948年,第1408页。
② 上海机制国货工厂联合会:《十年来之机联会》,上海,上海机制国货工厂联合会,1937年,第39页。
③ 谢扶民:《中华民国立法史》,第1409、1410页。
④ J1—2—17,行政院关于公布《劳资争议处理法》训令及北平市政府令所属工人、债主各团体推选仲裁委员会训令,北京市档案馆藏。

3人。依此法推定的仲裁委员的数量远低于1932年《修正劳资处理法》第16条相规定的24~48人。① 很明显,实业部拟通过减少仲裁委员数量而选出最具威望的委员,以利用其声望尽快解决争议;同时,以此免除人浮于事、人多意见难于统一之弊。

《工会法》是关于劳动组织的法规,其中也有相关条文对劳资争议的调解、仲裁作出说明。国民党南方政权1924年11月曾应广州各工会要求,由汪精卫、廖仲恺草拟,经中央执行、政治委员会通过,由孙中山公布实施《工会条例》。该条例一个重要精神,是承认工会在与雇主发生争执时,拥有要求雇主召开联席会议加以仲裁的权力,并有权请求主管行政官厅派员调查及仲裁。行政官厅对于非公用事业的工会与雇主间的冲突,只任调查及仲裁,不执行强制裁决。其后,国民政府法制局以《工会条例》与现时政情、法令殊多轩轾,制定《工会法》,交由国民政府于1929年10月21日公布,并定于同年11月1日实行。《工会法》给予工会调处劳资纠纷的职权,将此视为工会必须承担的任务;同时规定,劳资间的纠纷,非经过调解仲裁程序后,于会员大会以无记名投票,得全体会员2/3以上同意,不得宣布罢工。实际给予工会罢工权。为配合《劳资争议处理法》恢复强制仲裁制,国民政府1932年9月27日公布《修正工会法》。第23条规定劳资间的纠纷,其已交付仲裁或依法应仲裁者,不得宣布罢工。

《工厂法》于1929年12月30日由国民政府公布。1930年12月16日国民政府公布《工厂法施行条例》,并定于1931年2月1日起同时施行。但1931年1月30日政府却明令将其延至1931年8月1日起施行。《工厂法施行条例》作为生产法,在工厂停工或歇业条款中,对处理劳资争议也有相应规定。

自《劳资争议处理法》颁行,一些地方性法规宣告废止。但也有地方政府在实行全国性法律的同时,颁布新的地方性法规与通告,进一步将处理劳资争议的原则具体化。上海市政府废除此前公布实行的《上海劳资仲裁委员会暂行条例》、《上海解决工商纠纷条例》、《上海劳资调节委员会组织大纲》、《上海特别市劳资调节暂行条例》后,1928年6月28日公布实施《劳资争议处理法施行细则》13条,1929年5月23日与11月14日,又先后颁布《上海特别市划一处理劳资争议事件办法》、《上海特别市劳资争议重要事项处理标准》两种辅助性法规。其试行的《上海特别市劳资争议重要事项处理标准》主要内容包括:工会不得要求资方津贴经常费;契

---

① 实业部劳动年鉴编纂委员会:《二十二年中国劳动年鉴》,第3编,第1、3页;第5编,第57~58页。

约中不准规定工资定期普加办法,不准规定旧历节日及年终、年初给假;增加工资,应依物价指数及资方最近3年内营业状况为根据。① 1930年3月17日新修订的《劳资争议处理法》公布后,上海市社会局为便利处理劳资争议,还制定了《处理劳资争议规则》11条。该规则第2条规定:"凡声请事由显不合法,或因对方有显不合法之行动请求纠正,或其事显属司法范围者,用行政处分批令行之";其争议不能适用《劳资争议处理法》组织调解委员会者,派员处理之;其争议可适用《劳资争议处理法》者,召集调解委员会调解。社会局因此在和解外,可以用行政处分干预劳资争议。② 此举旨在减少纠纷的调解与仲裁的程序,以补新修订法缺少强制性的短处。在若干时期,上海市多以行政手段结束劳资纠纷。如:1928年至1932年间,罢工停业以社会局行政处分者最多,占案件总数的34.43%。③ 1935年1~3月91件劳资纠纷中,经社会局行政处分者69件;4~6月65件纠纷中,经社会局处分者51件。④

汉口、青岛、天津社会局也曾拟定《劳资争议处理法实行细则》,呈由市政府转呈行政院核准实施。天津市政府1930年11月公布施行《天津市劳资争议处理委员会暂行规程》。浙江省在1929年除奉行中央法令外,还令行各县劝告工人不许罢工、怠工或提出过分要求;同时取消资方旧历年关开除工人的恶例;禁止资方无故开除工友、停厂。⑤ 另有地方政府在《劳资争议处理法》颁布之初,并未严格按照条文执行。如河北省工商厅1929年9月公布《河北省暂行工厂规则》,规定厂方与工人发生纠纷时,由工厂监察员召集双方代表调解,如不能解决时,才按《劳资争议处理法》办理。河北省在中央《工厂法》颁布后,继续实行其于1929年8月公布施行的《河北省暂行工厂法规则》24条与《监察工厂规则》21条。⑥ 国民党政治会议广州分会1928年6月27日修改地方法规,强调工会绝对不得宣告或实行罢工,雇主方面绝对不得封锁厂店。⑦

(二) 法规实施中的问题

河北工商厅厅长吕咸曾公开表示,解决劳工问题,"本不成重大问题",

---

① 《行政院关于试行〈劳资争议重要事项处理标准〉致上海特别市政府指令》,中国第二历史档案馆:《中华民国史档案资料汇编》第5辑第1编政治(3),南京,江苏古籍出版社,1994年,第132~134页。
② 邢必信等:《第二次中国劳动年鉴》,第3编,第89、90页。
③ 上海市政府社会局:《近五年来上海之劳资纠纷》,第15页。
④ 11(2)—767,上海市劳资纠纷统计,中国第二历史档案馆藏。
⑤ 邢必信等:《第二次中国劳动年鉴》,第3编,第85页。
⑥ 同上书,第81页。
⑦ 《粤政分会公布修正工会法》,《中央日报》1928年7月4日,第2张第4面。

其关键是有"适合潮流的劳动法规"①。实际情形却远非如此简单。各项法规先后出台后，劳资争议似可依法调解或仲裁，但实际上各种法规的作用极为有限。典型例子是，《劳资争议处理法》恢复强制仲裁，依然对解决三友实业社停业纠纷毫无法律效应。三友实业社引翔港工厂是上海著名棉织工厂之一，沪战中厂址为日军所占。1300多工人各领存工、川资离厂。另有工友140余人，逗留沪上。1932年3月淞沪停战后，七区棉织业工会呈请厂方救济留沪工人，厂方始终坚拒，且准备将厂内机件运往杭厂。此事为工会所知，组织工人请愿团，回厂守护机器。此时，陆续回沪工人达700多名。上海社会局6月9日召集劳资调解。劳方提出厂方应尽快开工，并供给膳宿。资方以资金不足、厂房机器损坏为由，拒绝劳方要求；并称沪变之初即发清存工、川资，业经登报通告工友，劝勿来沪，依照《工厂法》，双方雇佣关系已经解除。迭经社会局与市府共同劝导，厂方才允暂发伙食费。本案调解不成，社会局决定交付仲裁。仲裁之前，工友在南京路该厂门市部请愿，与租界探捕冲突，工友受伤被拘。公司又以工友盘踞厂房，损失堪忧，停付伙食费。工人群情激奋，自8月18日起有31人绝食明志。中央民运会于22日致电上海市党政机关，"恳以非常手段，强迫资方克日开工"。上海产业界对此极为反感。永安纺织公司等47家企业首先宣言反对，指出"强迫开工，违反约法精神"。中华工业总联合会、中华国货维持会等各团体也通电响应，呈请中央收回成命。总工会、工会联合会、报界工会等，先后发表宣言，"应奋起拥护中央，执行强制命令"。8月31日仲裁，裁决资方在3个月内，应至少恢复原有工人1/5的工作，其余工人照原约解雇。资方则以仲裁裁决依法无强制执行的规定，向地方法院提起诉讼。上海地方法院判决资方败诉后，资方不服，提起上诉。高等法院和最高法院根据修正《劳资争议处理法》维持原判。资方在法律上已然完全败北，可是仍旧延不开工。1933年5月起上海地方法院也曾几次庭审，强制资方执行判决，早日开工。资方却仍旧不予理睬。直到1933年12月29日，还是由棉业统制会调停，资方给予工人解雇金5000元，工潮才最终解决。②

法律在解决劳资争议中丧失尊严，国家权力受到挑战，社会舆论不免悲叹：劳资两方"各为其本身利益而极力相争时，各据其自己认定之理由与根

---

① 《振兴河北工商计划》，天津《大公报》1928年9月13日，第3版。
② 上海市政府社会局：《近五年来上海之劳资纠纷》，第8~9页。

据,不肯稍为逊让。解决纠纷之责,乃落于国家法令所明定之官吏肩上。至官方调解仲裁而不能有效,则解决之路绝,其纠纷将永远为纠纷矣"①。国家权威性遭到置疑。

更有甚者,各种法规常常捆住劳方手脚,却难以限制一些资方恶意压制工人,扩大争议规模,延长争议时间,迫使工人陷于生活的绝境。诸般情景全国比比皆是。1934年,全国民众运动工作讨论会上,一些代表对此极为忧虑,称劳资争议不能依法解决,必将引起工人对国民党与政府的信任发生动摇,呼吁中央民运会参酌各地实际情形拟定办法,切实有效地处理劳资争议。②

名义上有法律保护的工人尚且如此,不能以怠工、罢工表达自己意愿的国营工厂的工人,在争议中更是投诉无门。法律中的矛盾之处,为国营企业劳资争议的处理制造了障碍。按《工会法》规定,国营企业工人无权罢工。但是,《劳资争议处理法》却规定,主管劳资争议处理的行政官署,"在国营事业为其主管机关";国营事业的工人有推选劳资争议仲裁委员的资格。③ 两相矛盾的结果,是国营企业工人在争议中得不到法律的保护。国民党也希望能有相应办法调处国营单位的劳资争议。1931年1月,国民党中央民训部制定《工人训练暂行纲领》,一方面强调国营工厂工人"不得有怠工、罢工之行动",另一方面要求"工人遇有发生劳资纠纷时,应以合理方式,求得正当之解决,不得以阶级斗争相号召"。④ 但何为"合理方式"？国民党中央从未对此加以说明,也未采取过切实可行的办法。职是之故,国营单位劳资争议,往往不经任何调解与仲裁而以遭受粗暴对待而终结。

湖南第一纺织厂是1930年代国内最大、唯一完全官办纺织企业,也是极少数实行《工厂法》的企业。该厂规模较大,男女工人3000余人,日出纱200多包,曾发生三次较大工潮。每次工潮,工人均无处申诉,而遭受政府打击。1933年7月,该厂在减纱风潮中决定停工40天。停工期间,厂方仅付工人每人6元遣散费。工人以区区6元不能维持40天假期,且认为厂方此举与政府颁布的工资条例不符,推派代表40余人向政府请愿,要求增加津贴。省府主席何键则下手谕,严厉制止纱厂工人结队请愿,如敢故违政

---

① 《劳资纠纷的社会舆论》,《纺织周刊》第2卷第35期,1932年9月9日,第961页。
② 中国国民党中央民众运动指导委员会:《中国国民党全民众运动工作讨论会报告书》,南京,该会1934年印,第49页。
③ 《修正劳资争议处理法》,中国第二历史档案馆:《中华民国史档案资料汇编》第5辑第1编政治(3),第147、149页。
④ 《工会法》,中国第二历史档案馆:《中华民国史档案资料汇编》第5辑第1编政治(3),第105页。

令,即予从严究办。工人只能忍气吞声。①

  1935年9月,湖南第一纺纱厂仍陷困境,经湘省最高党政联席会议决定,该厂实施紧缩方案,全厂减薪加工,以维持该厂运营。职员与工人对此极力反对,连日怠工。省府则发布公告禁止故意违反紧缩方案,否则,惩处不贷。②

  1937年5月,湖南第一纺织厂厂长范新度重订工人待遇条例,并任意延长工作时间,减少工资与裁减工人,内中与《工厂法》抵触之处颇多,工人因此颇有怨言,工人代表向厂方提出要求7条,恳请厂方遵照中央《工厂法》改善待遇,以维持工人最低生活。工人要求大意为:日夜班以10小时为原则;工资由0.60元/日恢复到0.70元/日;特别休假照给工资;工方派代表出席工厂会议。6月2日,因厂方态度强硬,激起全体工人罢工。厂长呈请长沙警备司令部,封闭该厂纺织工会,拘捕理事5人、工人7名,且殴伤工人多名,武力驱逐工人出厂。工人无奈只有电呈蒋介石委员长,请求声援,并派代表与湖南工界代表同赴南京,向国民党中央、国府各院部请愿。同时,罢工工人先后露宿湘省府、市党部、中山堂门前请愿。17日,经《民国日报》社长陈介石、国货陈列馆馆长缪崑田及各业工会理事易绶卿、甘子宪等调停,厂方答应工人即日入厂,重新登记,休息2日后复工,并请政府释放被捕工人。调停人以人格担保向政府疏通,以满足工人发放红利、改良待遇的要求。当晚,工人回厂。后因蒋介石电令严厉镇压工潮,工人无条件复工,罢工始告平息。③

  最不可思议者,党政机关以执法者自居,却不按相关法律条款处理劳资争议,其行为看是执法,实则违法,不仅未能化解劳资争议,反而适得其反,激化劳资矛盾。江苏常熟丰润米厂是个不到10人的小厂。1935年9月间,机器地轴断裂,资方迁怒当班工人,解雇邵桂皋、张银昌、周小弟3名工人,引起劳资纠纷。案件发生后,该县机器职业工会呈请该县党部调解。县党部随即会同县政府分别派员调查,并依照劳资争议处理程序,函请县政府召开调解委员会。调解未果,复由县政府根据《劳资争议处理法》召集仲裁会议。仲裁委员会认为周、邵两人一为值班,一为领班,机器损坏,虽免失察

---

① 《湘省两大建设事业一蹶不振》,《中央日报》1933年7月11日,第2张第2版。
② 《湖南第一纺纱厂发生怠工风潮》,《中央日报》1935年9月25日,第2张第2版。
③ 《湘纺织厂实行罢工》,《中央日报》1937年6月3日,第1张第4版;《湖南第一纱厂潮未已劳方代表来京请愿》,《中央日报》1937年6月13日,第2张第3版;《湘第一纱厂工人代表请愿》,《中央日报》1937年6月15日,第2张第3版;《湘纺厂工潮扩大中央将派员处理》,《中央日报》1937年6月17日,第1张第4版;《湘工潮解决》,天津《大公报》1937年6月24日,第3张第10版;《国民党中央民众训练部工作报告》,中国第二历史档案馆:《中华民国史档案资料汇编》第5辑第1编政治(3),第76页。

之咎,自应停职,以维护劳资协约的规定;张银昌确无过失,应予复工。厂方代表虽然在仲裁决议书上签字同意,但拒不遵行仲裁,一面向法院起诉,一面以同业工会名义呈请实业部解释该仲裁是否有效。实业部批复称:"该厂解雇工人不适用《劳资争议处理法》,应依照《工厂法》由工会议决处理之。"米厂资方得到此答复,呈请县政府撤销仲裁委员会的决议。劳资纠纷再起。此事闹到中央民训部后,中央民训部函请实业部核复此案。实业部"以该厂所雇工人不满十人,前批自属不能适用,仍维持仲裁"。中央民训部将实业部回复转江苏省党部转知地方政府维持原判。①

在此裁决中,地方党政机关、实业部均违法。按照《劳资争议处理法》、《工厂法》,米厂工人少于法定人数,无权组织工会,即非法人团体,与其相关的劳资争议的处理,当不在《劳资争议处理法》、《工厂法》的规定之内。地方党政机关组织仲裁委员会裁决该劳资纠纷实属非法。实业部则是两次违法。一次是要求地方政府按《工会法》由工会议决处理;一次是维持地方政府的仲裁。而中央民训会仍是有法不依,将违法行为坚持到底。相反,米厂资方则有法律意识,曾呈请实业部解释该县仲裁结果的有效性。本案虽然最终平息,但不难猜测,资方绝不是屈服于法律,而是臣服于政治权威。

纵观南京国民政府时期的劳资调解与仲裁,可以发现,任何法规、调解与仲裁都要受制、服从于党政的根本利益。党政机关在法律的实施中,发现法律中也有某些过失助长劳资争议,因此便通过政令对此重新加以限定。如《工会法》第3节第23条规定:劳资间之纠纷非经过调解仲裁程序后,于会员大会以无记名投票得全体会员 2/3 以上之同意,不得宣布罢工。这一条款实际上承认工人拥有自由罢工权,刺激劳资关系日趋紧张,罢工即使在调解、仲裁间仍未可停止。《工会法》出台前,党政压制罢工司空见惯。1928年8月,因惧怕共产党发动工潮,上海市政府、淞沪警备司令部会衔布告,"非经许可,一概不得罢工"②。1928年,上海邮务工人因要求加薪不成罢工后,交通部无法调处。10月,国民党中央发布禁止工人罢工的"告诫书",命令工人"不可再以怠工、罢工及其它阶级斗争之手段,破坏本国人民之产业与秩序"。③《工会法》实施后,党政一如既往打压工潮。1930年,上海市各业工人,常以向资方要求未达,不依法申请调解即罢工,或于调解仲裁期内

---

① 《中国国民党第五届中央执行委员会第二次全体会议中央民众训练部工作概况报告》,1936年7月编印,第70页。
② 《党政军当局会衔禁止罢工》,《中央日报》1928年8月17日,第3张第2版。
③ 《国民党中央委员会禁止工人罢工的"告诫书"》,中国第二历史档案馆:《中华民国史档案资料汇编》第5辑第1编政治(3),第172页。

以罢工相要挟。国民党上海特别市执行委员会民众训练委员会,为杜绝工人"私擅"行为,通令各业工友:"嗣后如有劳资争议事件,务必依法呈候政府机关核办,其经过调解仲裁程序后,如须罢工者,应于会员大会决定,并呈报本会及政府机关核准。倘再有私自罢工或怠工,定予严惩,决不宽贷。"①天津市党部为了平息该市各厂工人长达数月的罢工,也曾于1931年7月初通令各工厂不得擅自罢工。②国民党中央民众训练部亦将"工人非经合法程序,不得罢工"列入其所订定的《工人运动实施纲要》中。③其目的是要剥夺工人的罢工权。

1934年初,国民党正在围剿工农红军,为了稳定后方,保证军费开支,国民政府军事委员长蒋介石于4月6日由南昌通电各省市政府,要求举国一致努力生产,制止劳资纠纷:"现值国难期间,应谋举国一致努力生产,充实国力。而生产事业中,各项工业实居重要地位。""设厂主不知爱护工人或工人任意怠工罢工,要挟厂主,其影响所及,不惟劳资双方陷于不利之一状态,而危害社会秩序,消灭国家应有之生产能力,在国家全部利害上,尤所不许。嗣后各处工厂,倘有擅自罢工怠工情事,应由当地主管官署,严加制止。若发生上项风潮之工人,组有工会者,并得由该管官署查照《工会法》第三十七条第三款之规定,先将该工会勒令解散,使风潮得以迅速解决。此为困难期间之创例。至各厂厂主,尤不准有虐待工人之事发生,各该管官署应即特别注意,随时纠正,以期消患无形。"④此通电将工人罢工怠工以"破坏安宁秩序或妨害公益"论处,而对资方压制工人的情形无所限定。该通电对上海产生影响,淞沪警备司令部、市长吴铁城曾据此电通告严厉制止工潮。当年美亚工潮的解决,与此高压通电直接有关。

美亚绸厂因舶来品冲击,产品销路不畅,利润减低,乃谋降低工人薪资以为补偿,于1933年7月1日,将所有工价一律按9折发放。其时,工人隐忍不言。不料,1934年2月底,上海丝织业同业公会议决自3月2日起各厂一律按8.5折实行减薪。2日,美亚有工人罢工,5日,罢工蔓延到美亚10个厂4000余人。17日,公安局二分局拘捕1名工人。上海党政当局曾多次调查工潮,并拟调解,因厂方态度强硬,拒不合作,未有下文。厂方还于31日呈报当局宣告停工,停止供给膳宿及薪给。工人只有向社会局请愿,要求照常开伙、制止减低工资。4月上旬,吴铁城以不服党政机关劝告,扰

---

① 《罢工应经法定手续》,《纺织时报》第737号,1930年10月6日,第293页。
② 《工人不得擅自罢工》,天津《大公报》1931年7月8日,第2张第7版。
③ 中国第二历史档案馆:《中华民国史档案资料汇编》第5辑第1编政治(3),第112页。
④ 松节:《应如何处理劳资纠纷》,《劳动季报》第2期,1934年7月10日,第45页。

乱地方治安罪名,派军警逮捕 10 余名工人。工人请愿失败后,资方大为活跃,声明并未停止伙食,指责工人为无理请愿。4 月 12 日,厂方按社会局命令重新开工,对于已停伙食的七厂、十厂照常供给。工人则以请愿无结果,调解渺茫,不肯复工。美亚工人罢工后,上海百余家绸厂万余工人同情美亚工人,也举行罢工。上海机制国货工厂联合会、电机丝织业同业公会,以美亚工潮迁延,该厂营业将趋绝境为由,16 日分呈市党部、市政府,请予勒令工人复工。党部负责人声称,将对此工潮加以仲裁,限令工人复工,不愿复工者,则由厂方解雇,藉此早日解决工潮。工人自知形势不利,罢工不易持久,于 22 日复工。此次工潮得以解决的最大推力为蒋介石 4 月 6 日通电。① 可以说,正是有该通电,上海党政当局才不顾一贯所宣称的劳资利益调和论,放手压制工人,放任资方,对如此严重的工潮迟迟不按《劳资争议处理法》进行仲裁,在工人要求制止减薪问题尚未解决前,即命令工人复工。法律所规定的调解与仲裁不过一纸空文,完全为强硬政令所替代。全市绸厂罢工失败后,资本家以减资、增加定额大胆地向工人进攻。② 时人公认美亚工潮"责任全在资方"③,但工人却成为牺牲品。

不过,需要承认的是,法律在保护工人利益方面还是有可圈点之处。比如,给予工人罢工权,工人有资格参加劳资仲裁机构。此前,一些省市的工人无权参加仲裁委员会。如浙江劳资仲裁条例曾规定,仲裁会仅以各级党、政、总商会、商民协会各 1 人组成,全无工人代表。④

二、政治与党治的冲突、合作

1927 年前,劳资争议多由争议双方及与双方有直接关系的个人与团体自行处理,或由警厅、县署,或由各业公会会长、工团领袖、工商界名流加以调处。1927 年后,劳资争议除由劳资双方磋商外,主要由政府机关与党部依法处理。两者在解决劳资争议中,既有矛盾,又有协作。

在中央政府体制内,劳动行政分为实业部、铁道部、交通部三大系统。

北京政府时期,中国始设劳动行政机关。农商部、内务部、交通部各设

---

① 《丝业不振中之美亚绸厂罢工》,《劳动季报》第 2 期,1934 年 7 月 10 日,第 157~164 页。
② 朱邦兴等:《上海产业与上海职工》,第 168 页。
③ 松节:《应如何处理劳资纠纷》,《劳动季报》第 2 期,1934 年 7 月 10 日,第 45 页。
④ 《新订浙江各级劳资仲裁会条例》,《浙江民报》1927 年 9 月 2 日,转引自《中国工会运动史料全书·浙江卷》上册,北京,中华书局,2000 年,第 181 页。

劳工一科,处理劳动事宜。"其组织极为简单,且只有纵的关系,而无横的联络,各自为政,敷敷衍衍,谈不上有若何成绩。"①北伐后,汉口国民政府一度组织劳工部。

南京国民政府成立伊始,1927年9月,正式设立劳工局,办理全国劳动事宜。该局下设总务、行政、统计三处。半年后,国民政府撤销劳工局,此后,再未设置统一的专管全国劳动行政的独立机构。1928年3月,工商部设立劳工司,主持劳动行政,掌管劳动立法。当年10月,国民政府实行五院制,行政院组织法中列有劳工委员会,但该委员会并未成立,同时,凡涉及其他各部职权范围的劳动行政,归各部门自行管理。如农矿部负责矿工事务,铁道部执掌铁路工人事务,电务、邮务、航运工人的一切事务由交通部办理。1931年1月,工商部与农矿部合并为实业部,下辖劳工司,综理全国劳工行政。劳工司内分保工、监理、益工三科,1932年2月,又改为指导、保工、调查、国际四科,12月,复将这四科易为一、二、三、四科。举凡劳动团体之登记与监督、劳资纠纷的调解与仲裁、工人或工会间纠纷的处理、劳资协约的指导与改善、工人生活的改善及保障、工人失业及伤害的救济、工人保险与养老恤金的管理、工人卫生与教育的推进、工人合作社的促进、工人的移动与职业介绍、工厂矿场安全或卫生设备的指导与检查、工厂矿场劳工待遇的考核与监督、工人工作效率与服务状况的考查、侨工调查与保护、国际劳工会议的参加、各国劳工刊物的编译、各国劳工事务的调查、侨华各国工人的调查等,均由劳工司管理。

另外,铁道部劳工科专司考核路工,举办路工调查统计,拟定路工各项规章,办理工人教育与铁道医院,监督路工团体组织活动等。交通部1928年设立职工事务委员会,中经职工事务处,1932年年底又改名为职工事务委员会,负责指导工会与职工会,审议职工的各种规章,调查职工生活与工作状况,筹办职工消费合作、储蓄与保险,调解职工与管理方面的纠纷,办理职工补习教育,训练职工心理与习惯,管理职工福利与娱乐事项。

工会对各自独立的三套体制极为不满,指出:欧美各国均有劳工行政的专设机关,而中国"向由工商部或实业部兼管,事务既未能专一,设施又多所牵制","各地方政府对于劳工行政,其缺点亦大致相同",要求国民政府"特设劳工行政机关以专责任而惠劳工"。② 中央机构虽然有诸般缺陷,但实

---

① 李平衡:《劳工行政之经过及今后设施》,《劳工月刊》第1卷第1期,1932年4月15日,第8页。
② 国民会议实录编辑委员会:《国民会议实录》,正编,提案(上),该会1931年编印,第205页。

业部在调解各地工潮中并非无所作为。其 1932 年出任调解者的工潮即有：上海三友实业社工潮、码头工潮、邮务工潮、《申新》报馆工潮、商务印书馆工潮。①

与中央政府机构相对应，推行劳动管理的省市地方机关，初为农工厅、农工商局，继为建设厅或实业厅、工商局或社会局。如江苏劳工行政原属建设厅兼理，自 1932 年 1 月改归实业厅掌理。与江苏相同者，还有山西等省。② 浙江、河南劳动行政由建设厅掌理。广西 1933 年设立工商局，管理劳动团体注册与劳资纠纷的调解；县为建设科或建设局。湖南省劳资纠纷的处理以县为单位。从全国来看，各地劳动事宜进行较为缓慢。到 1931 年年底，"除一二厅局有连续而完整的工作报告"外，"其余或无报告，或于成立后一二年内偶有报告"③。较有成绩的省市包括河北、山东、南京、上海、青岛、汉口、天津、杭州等地。

河北省原只有建设厅，1928 年 8 月，增设工商、农矿厅。1931 年 5 月，两厅合并为实业厅。在处理劳资纠纷方面，1929 年经工商厅会同其他党政机关处理的重要纠纷有，石门大兴纱厂、磁县怡立煤矿公司、唐山开滦矿务局、塘沽久大盐厂、永利碱厂的劳资纠纷。④ 1932 年，经县政府或党部调解的纠纷 6 件，占案件数的 50％；经省政府或各厅机关调解的纠纷 3 件，占案件数 25％。⑤

山东先设工商厅，1931 年 7 月，该厅与农矿厅合并改组为实业厅，该厅第四科劳工股掌理全省劳工行政事宜。1929 年 9 月 3 日，工商厅拟具劳资两方仲裁委员产生办法，经省政府修正通过。主管官厅直接参加调解的重大纠纷有：1929 年秋同丰等 6 丝厂工人罢工案；1930 年 11 月济南电汽公司工人及济南鲁丰纺织公司失业工人与资方纠纷；1931 年 2 月济宁振业火柴分公司工人怠工、7 月恒兴德缫丝厂与同丰公司工潮、惠丰煤矿公司工人罢工；⑥ 1932 年南定矿业公司因违反协议解雇工人及减少工资的纠纷、旭华矿业公司工潮；1933 年济南振业司事不满厂方改订工资办法占据工厂工潮。以上各次争议均经多次调查、调解予以平息。而 1932 年中兴煤矿罢工则以武力强制工人无条件复工。1932 年经县政府或党部调解的纠纷 1 件，占案件数

---

① 实业部劳动年鉴编纂委员会：《二十一年中国劳动年鉴》，第 3 编，第 6 页。
② 同上书，第 17 页。
③ 邢必信等：《第二次中国劳动年鉴》，第 3 编，第 79 页。
④ 同上书，第 81 页。
⑤ 实业部劳动年鉴编纂委员会：《二十一年中国劳动年鉴》，第 2 编，第 145 页。
⑥ 邢必信等：《第二次中国劳动年鉴》，第 3 编，第 83 页。

的 16.67%;经省政府调解者 2 件,占案件数的 33.33%。①

南京市 1929 年 1 月改社会调查处为社会局。该市劳资纠纷多由社会局出任调解,便可平定,鲜有交付仲裁者。到 1931 年年底,按照《劳资争议处理法》调解成立的案件计 28 件。1931 年 5 月,该局依法推定工会 16 人、商会 20 人为仲裁委员。② 1932 年纠纷共 15 件,均由社会局调解解决。③ 1933 年的新凤祥银楼违约开除工人案便由调解委员会处理。1933 年社会局又按实业部要求,推定 1934 年 1 月至 1935 年 12 月底的仲裁委员,并报实业部备案。④

上海 1928 年 8 月 1 日成立社会局。当年下半年,经社会局调处案件共 154 件,另有 3 件交由仲裁委员会裁决。1929 年,经劳资调解委员会调解的罢工停业案 65 件,其经仲裁委员会仲裁者 4 件,调解的劳资纠纷案 339 件,经仲裁者 28 起。1930 年年中,经调解的罢工停业案 15 件,经仲裁者 1 件,经社会局和解或行政处分者 42 件;调解的劳资纠纷 37 件,经社会局处分者 184 件。⑤ 实行强制性批令解决者,1931 年达 350 件,1932 年 245 件,分别占两年争议总数 515 件、365 件的 67.96% 与 67.12%。1932 年的劳资纠纷,经社会局调解委员会调解者 57 件,占案件总数的 70.37%;经市政府仲裁委员会仲裁者 3 件,占 3.70%。⑥

青岛特别市于 1929 年 7 月正式组织社会局。自《劳资争议处理法》颁布即着手组织调解与仲裁委员会。因工人与雇主代表名单延未呈报的干扰,直到 1931 年调解会、仲裁会才成立。1930 年,社会局单独调处劳资纠纷 93 件,会同其他机关调处者 23 件。1931 年,社会局单独调解纠纷 62 件,会同调解者 12 件。⑦ 1932 年由调解委员会调处案件 37 件,占案件数的 72.54%。⑧ 1933 年劳资纠纷 41 件,其中,经调解解决者 39 件。⑨

汉口市社会局成立于 1928 年,到 1929 年 1 月止,经调处纠纷 11 件。1929 年下半年调处纠纷 21 件、罢工停业 6 件。1930 年该局调处纠纷 95

---

① 实业部劳动年鉴编纂委员会:《二十一年中国劳动年鉴》,第 3 编,第 20、21 页;第 2 编,第 158 页。
② 邢必信等:《第二次中国劳动年鉴》,第 3 编,第 87 页;实业部劳动年鉴编纂委员会:《二十一年中国劳动年鉴》,第 3 编,第 26 页。
③ 实业部劳动年鉴编纂委员会:《二十一年中国劳动年鉴》,第 2 编,第 135 页。
④ 实业部劳动年鉴编纂委员会:《二十二年中国劳动年鉴》,第 3 编,第 25 页。
⑤ 邢必信等:《第二次中国劳动年鉴》,第 3 编,第 90 页。
⑥ 实业部劳动年鉴编纂委员会:《二十一年中国劳动年鉴》,第 3 编,第 33 页;第 2 编,第 115 页。
⑦ 邢必信等:《第二次中国劳动年鉴》,第 3 编,第 94 页。
⑧ 实业部劳动年鉴编纂委员会:《二十一年中国劳动年鉴》,第 2 编,第 121 页。
⑨ 实业部劳动年鉴编纂委员会:《二十二年中国劳动年鉴》,第 3 编,第 36 页。

件,罢工停业4件。① 1932年,社会局调解纠纷3件,占案件数的27.27%;经市政府仲裁委员会仲裁者7件,占案件数的63.63%。②

天津社会局1928年8月组建,1931年1月成立劳资争议处理委员会。后因市政府改组,该会工作停顿。1928年9月至12月,经社会局调解者4件,社会局协同其他机关调解者2件,经调解委员会调解者1件。1929年,社会局单独调解者35件,协同其他机关调解者9件,经调委会调解者8件。1930年,社会局单独调解者23件,协同调解者8件。③ 1932年社会局裁并教育局后,4月3日,天津设立劳资纠纷视察处,设处长1人,成员5人。④ 当年由社会局调解会调处纠纷13件,占案件数的59.10%。⑤ 1933年纱厂减工风潮中,天津各纱厂工潮起伏无常,社会局才开始准备向实业部备案成立劳资仲裁委员会。⑥

杭州劳动行政由社会科负责,该科成立于1928年9月,曾组织劳资调解委员会。从1928～1931年,该会历年分别处理30件、24件、9件、3件劳资纠纷案。⑦

广州自1926年农工厅成立起,至1928年6月被撤废,农工厅是处理劳资争议的唯一机关。农工厅裁撤后,争议多归民政厅办理(见表2—1)。而建设厅所辖工厂、铁路工人发生劳资争议,则多由建设厅调处。省党部、市党部、社会局也常办理劳资争议案件。不过,这些机关调处案件相对较少,且常会同民政厅(前为农工厅)办理。⑧

表2—1 广州市劳资争议案件调处方法数据与百分比

调处方法\年份	1927		1928		1929		1930		1931		1932		1933	
1.经农工厅或民政厅调解者	34	33.01	1	5.56	4	12.50	7	43.75	9	39.14	13	37.14	3	15.79
2.经农工厅或民政厅仲裁者	33	32.04	8	44.44	8	25.00	7	43.75	2	8.69	5	14.29	7	36.85

资料来源:据余启中《广州劳资争议底分析:民国十二年～民国二十二年》第27页"劳资争议案件调处方法"表改编。

---

① 邢必信等:《第二次中国劳动年鉴》,第3编,第96页。
② 实业部劳动年鉴编纂委员会:《二十一年中国劳动年鉴》,第2编,第132页。
③ 邢必信等:《第二次中国劳动年鉴》,第3编,第97页。
④ 《消息》,《劳工月刊》第1卷第2期,1932年5月15日,"消息",第3～4页。
⑤ 实业部劳动年鉴编纂委员会:《二十一年中国劳动年鉴》,第2编,第126页。
⑥ 《工潮起伏无已劳资仲裁会尚未成立》,天津《大公报》1933年8月12日,第9版。
⑦ 邢必信等:《第二次中国劳动年鉴》,第3编,第100页;第2编,第135页。
⑧ 余启中:《广州劳资争议底分析:民国十二年～民国二十二年》,广州,国立中山大学经济调查处丛刊,1934年,"序",第3页。

因各省每有劳资争议动辄积年累月不能解决,实业部遂迭次咨催各省市政府,依法推定仲裁委员,开列名单转报备案。然依法备案者为数寥寥,除上海、北平、南京、青岛、江苏、湖北、察哈尔、绥远外,多数省市未能成立仲裁机关。①

真正能开展劳动管理的省市虽为少数,但毕竟有其成效。惜好景不长,各地劳动设施的功能日渐萎缩。林颂河曾这样评论1932年的劳动管理:劳工司因经费支绌,"妨害了一切事业的进展";"近两年来,劳动问题,业已不为人所重视,劳动设施,遂也因之日就停顿。本年国难期间,财政异常困难。行政经费,无论中央或地方,均采紧缩政策。原来已有的机关和工作,每每缩小范围,甚或完全取消,新计划新工作更是无从说起。素来被人视为不急之务的劳动设施,于是大受打击。各省市主管劳工行政的机关,或江苏省实业厅,成都市社会局,已于本年内裁撤;或如南京北平天津各市社会局,本年内先后与各该市教育局合并。前者名实俱亡,后者名虽存而实亦亡。各省市政府,在裁并机关时,未尝不说是原有事业,仍继续办理,实则办公经费业已缩减到只足以养官而不足以办理的程度。上述各机关的职掌,原不仅劳动设施一项,然而几乎毫无例外的,这一项工作,最受影响。上海市社会局在'一·二八'战后,很努力于复兴战区,可是该局最有成绩的劳工调查统计工作,反受到不少的阻碍。"②以天津为例,1932年社会局裁并教育局后,原社会局被裁人员达300余人,各科处仅保留秘书3人、科员5人,每月经费仅500元。③可怜的经费、过少的人员,根本不可能维持局务,也不可能调处劳资纠纷。1933年后,上海仲裁制度"只是备而不用",仲裁委员会形同虚设。1937年,上海丝织业的罢工旷日持久,依法仲裁当可减少劳资损失,却终不见政府出面干预。劳资调解委员会调解者也仅3件,较往年更形减少。④总之,"政局变化无常,人员来去靡定,所以人亡政息",中央与地方的劳动行政主管机关负责的劳动调查统计,"也都陷于停顿或中止"。⑤

南京国民政府时期,除政府机关负责劳动管理外,国民党党部、民运系统同样管理劳动事务。国民党"一大"以来,国民党中央即设立工人部,专门负责工人运动的组织与指导。1928年2月,国民党二届四中全会根据陈果

---

① 实业部劳动年鉴编纂委员会:《二十一年中国劳动年鉴》,第3编,第5~6页;王莹:《劳资争议处理法之制定及实施经过》,《劳工月刊》第5卷第2、3期合刊,1936年3月1日,第78~85页。
② 林颂河:《民国二十一年之劳动界》,《社会科学杂志》第4卷第2期,第213、212页。
③ 《市政府实行减政》,天津《大公报》1932年2月2日,第2张第7版。
④ 《民国二十六年上海劳资纠纷》,《上海劳工统计(民国二十六年至二十七年)》,国际劳工局中国分局,1939年,第4、2页。
⑤ 邢必信等:《第二次中国劳动年鉴》,序,第6页。

夫、丁惟汾、蒋介石的提议,决定取消工人、商人、农民等部,改设民众训练委员会,主管民运事宜。中央民众训练委员会指挥各省市县民众训练机关,掌管工会的组织、活动,参与劳动立法,干预劳资纠纷。国民党第三次全国代表大会撤销民众训练委员会,于训练部下增设民众训练处。1931年年底四全大会,国民党中央决议改训练处为民众训练委员会,作为全国民众运动的最高指导机关。张知本为主任委员,马超俊为副主任委员。中央第11次常务会议,改推陈公博为该会主任委员,王陆一为副主任委员,又于12次常务会议,决定该会组织条例,该会的组织始正式确定。1932年4月4日,该会开始办公。1935年11月,五全大会恢复部长制,民众训练委员会改为民众训练部,周佛海为部长,王陆一为副部长。1935年12月17日,民众训练部成立并开始办工。在开展的多项工作中,较为重视劳资争议的处理,为此曾特定两项办法:第一,各省市党部对于劳资纠纷,应事先设法消弭,争议既起,应指示合法途径,以求迅速解决;第二,各省市党部应令饬各工商团体对于劳资争议事件,非经调解无效,不得动辄以停工罢工相要挟,致使劳资双方同受其害。① 同时,各地党部对于劳资争议,"大都殚尽精力,从事调解"②。

在许多劳资争议的案例中,工人首先便找党部与民运机关申诉。党部与民运机关也确实独立解决了一些争议。1929年年初,天津利顺兴、兴记、振记、义兴成4厂同时减薪0.20元。市总工会得到提花工会报告后即刻转告市民训会。经该会常委王佩文召集劳资双方代表会议调解,到会永泰等12家提花工厂主答应恢复工资。③ 一场风波无形消减。1929年2月,北平市政委员在美使馆开会,以华捕"遽尔罢岗任意放弃职务"为由罢免华捕。华捕58人组成罢工团请求党部援助。市党部派员组织罢工委员会,为华捕伸张权益。④ 市党部甚至调解铁路劳资纠纷。1932年,北宁路800余工人抗议局方扣发抚恤金与资金向局方请愿。几经波折,最后在天津市党部调停下,局方出慰劳费6000元,工潮始平息。⑤

国民党民运系统介入劳动行政,体现党部指导、政府监督的立法原则,

---

① 《国民党中央民众训练部工作报告(战前部分,1938年3月)》,中国第二历史档案馆:《中华民国史档案资料汇编》第5辑第1编政治(3),第77页。
② 中央民众运动指导委员会:《中国国民党最近指导全国民众运动工作概要》,该会,1934年,第31页。
③ 《提花厂减低工资》,天津《大公报》1929年4月14日,第3张第12版。
④ 《东交民巷巡捕罢工事件》,天津《大公报》1929年2月21日,第3版。
⑤ 711(4)—511,中央民众运动指导委员会:《二十一年度劳资纠纷参考资料》,中国第二历史档案馆藏,第284~285页。

但"工运与劳工行政的关系,党部与官厅的权限,都未明白规定。这便是工作常常发生冲突及怠职的大原因"。① 党、政双方在处理劳资争议上时有分歧。1929年6月,天津比商电车电灯公司工人向公司提出改善待遇条件10项,因资方未予答复而罢工。市政府当饬公安局妥为制止,市党部则援助罢工,并电函天津特别市市长崔廷献,希严令公司3日内解决工潮,过期即以妨害治安,违反合同为由,强行接收该公司;否则强迫公司履行10项要求。市政府却强调劳资争议与收回电车公司毫不相干。②

党、政双方在处理青岛市人力车夫与河北省石门大兴纱厂罢工案中所发生的冲突较有代表性:

1930年,青岛有60余家车行、2000多辆人力车、5000余名车夫。车夫每月人均最低消费约需18元至20元,每日所需至少六七角。扣除车租,车夫每日所得约四五角,无力维持日常生活。车业公会呈文公安局,要求将车租0.30~0.35元/日增至0.40~0.45元/日。公安局同意车租按3角至4角征收,各车行一律按4角收租。7月21日,5000余人力车夫全体罢工。工整会集合1000余人向市政府、市党部请愿。因交涉无果,车夫打砸汽车、马车与人力车,公安局派保安队拘捕车夫百余人,强迫出车,规定车租按3.8角缴纳。25日,百余车夫续向市党部请愿。保安队、巡警下午直奔市党部再捕车夫百余人,并将市党部捣毁。市政府强迫车夫复工,凡继续罢工者均予逮捕。到30、31日,车夫迫于生计陆续复工。细究此次市党部与市政府对立诱因,竟为市党部获悉车业公会贿赂市政府2万余元,而己方却分文未得,便利用罢工要挟市政府。③

如果说青岛市党政对立不免"情绪化",那么河北党政对立则出于"理性"。

1933年1月18日,石门大兴纱厂停发劳资协约规定的旧历年关双薪,工人迫于生计由绝食请愿转向罢工。国民党河北省执行委员会于17日电请河北省实业厅电饬厂方从速酌发工人奖金,设法消弭纠纷,以免风潮扩大。21日,厂方借口整顿厂务,提出苛刻条件令调停人签字,并称工人如不接受此项条件,拟缩减生产,解雇工人。省执行委员会以该厂举动显系越出《劳资争议处理法》的规定,迭函实业厅转令该厂迅速开工,另电该厂在纠纷未解决前不得解雇工人,并派干事前往调查。2月9日,石门公安局在未邀请工会代表、县党部代表与省党部特派员情况下,召集调解会议,议决开除

---

① 米寅宾:《工运之回顾与前瞻》,上海,南华图书局,1929年,第34页。
② 《天津市市长崔廷献报告该市比商电车电灯公司工人罢工要求改善待遇经过的文电》,中国第二历史档案馆:《中华民国史档案资料汇编》第5辑第1编政治(3),第407、409页。
③ C5369,建国前档案,社会,青岛7月间三次斗争情形,1930年8月9日,青岛市档案馆藏。

69

170余名工人,且电请省政府准以施行。省执委会依照《劳资争议处理法》规定,声称调解不成,应组织仲裁机关处理,在此调解、仲裁条件均不完备时,开除工人于法不合,除电请中央迅令国府转电河北省政府制止厂方无理压迫,先行开工,听候党政双方公平调处外,电达河北省政府请依法慎重处理。然而,河北省政府却不顾一切,批准开除170余名工人的决议。国民党河北省执委会对此既不满又无奈:"调解纠纷自有法律可循,今省政府偏听厂方一面之词,徒以武力为能事,专事压迫,不顾法令,本会有心调解无力防维。"只有向中央民运会请示处理意见。直到4月中旬,国民党中央执行委员会才提出解决办法,即凡因此次纠纷而被开除的工人,一律复工,并转国民政府迅饬河北省政府照办。① 此次党政态度两歧的根本原因是双方考虑问题的出发点不同。省政府主要考虑的是如何维持地方治安与稳定,特别是在厂内发现《中国共产党、共产青年团直中特委告大兴纱厂全体工友书》后,惟恐工潮扩大,因此极力打压工人。党部则是从保障工人的基本生活、法律条款的落实的角度,而反对省政府对资方的纵容与保护。

《劳资争议处理法》规定党部只有仲裁权而无调解权,牵制党部插手劳资争议的调处。尽管党部实际参与调解劳资争议,但法律毕竟未赋予其这种权力。1931年,河北省党务整理委员会提议在《劳资争议处理法》有关调解委员会的条款中,增加这样一项内容,即当地县市党部或省党部派代表1人出席,呈请中央执委训练部转函中央政治会议交立法院修订,中央执委训练部对此极为赞同。② 1934年,国民党全国民众运动工作讨论会通过修正《劳资争议处理法》议案,呈请中央核定。其内容为拟修正《劳资争议处理法》第9条,减少调解委员会中主管行政机关代表1人,将"主管行政官署派代表一人或三人",改为"主管行政官署派代表一人或二人",并增派当地高级党部代表1人。其理由冠冕堂皇,也合乎情理:"各级高级党部负责指导工人运动,日与工人相处,对于劳资间之情感如何,其发纠纷之原因又如何,均较了解,若使派有代表参加劳资争议事件之处理,自易觅得适当解决之途径,而使工潮蔓延性为之收缩,今以修正劳资争议处理法第九条第一项之拘束,而使高级党部无权参与各地劳资争议事件之调解,实于劳资纠纷事件之处理,未尽有利。"③其动议表面上出于充实、健全调解机关,利于处理劳资

---

① 《河北省石门大兴纱厂工人罢工经过情形有关文件》,中国第二历史档案馆:《中华民国史档案资料汇编》第5辑第1编政治(3),第421~423、441页。
② 722(4)—477,河北省各县工人团体和劳资纠纷及矿区工人生活状况调查表与劳资争议办法,中国第二历史档案馆藏。
③ 中国国民党中央民众运动指导委员会:《中国国民党全国民众运动工作讨论会报告书》,1934年编印,第46页。

争议的目的,但不能掩盖民运系统争夺劳资争议处理主导权的意图。不过仅以上海为例,由市党部调处的劳资纠纷尚属少数。1935年1月至3月的91件案件中,市党部调解者仅2件。①

当然,不同时期,许多地方党政部门能够相互配合共同处理劳资争议。1928年,上海邮务总局及13分局职工2000余人,因提出要求改良条件,呈请总办转请交通部核准,尚未得到当局指导,于10月2日罢工。经上海市党部、市政府调解,工人很快复工。② 1929年,吴淞华丰纱厂资金周转不济,有意闭厂。③ 在党部与社会局调解下,该厂停工半月即重新开工。1930年南京和记工厂劳资纠纷,是该市当年最大工潮,在市党部与社会局联合调解与弹压下化解。④ 此类例子,不胜枚举。

历观南京国民政府时期劳资争议的处理情形,由调解、仲裁而解决的争议因时、因地而异。除上述资料外,还有数据可说明这一点。1932年劳资纠纷,江苏省经县政府与党部调解者3件,占案件数的20.00%。浙江省由县政府或省政府调解者3件,占50.00%;经省政府仲裁委员会仲裁者1件,占16.67%。湖北由省政府或县政府及党部调解者3件,占42.85%;经省政府仲裁委员会仲裁者1件,占14.29%。河南省经县政府或省厅机关调解者1件,占33.33%。⑤ 1934年全国劳资争议由调解委员会调处者60件,占案件数的22.99%;由仲裁委员会调处者4件,占案件数的1.53%。当年罢工由调解委员会解决者11件,占案件数的13.10%,仲裁委员会解决者2件,占案件数的2.38%。1935年全国劳资争议经调解委员会解决者35件,占案件数的11.7%;仲裁委员会解决者5件,占案件数的1.7%。罢工由调解委员会处理者21件,占案件数的14.9%;仲裁委员会处理者1件,占案件数的0.7%。⑥ 然而,在劳资争议的处理中,究竟是政府、还是党部系统占主导地位则难以一概而论,也是因时、因地而异。1928~1932年,上海罢工停业以社会局与行政处分为最多,占案件数的34.43%,纠纷也以社会局和解或行政处分为多数。由市府与社会局调处者在罢工停业中占52.81%,在纠纷案件中占87.46%。⑦ 1935年,经市党部调处的纠纷仅2件,而由社会局行政处分的案件达69件。⑧ 这与市党部在1932年"一·二

---

① 11(2)—767,上海市劳资纠纷统计,中国第二历史档案馆藏。
② 《上海邮务工友罢工》,《中央周报》第19期,1928年10月15日,第2页。
③ 《四月份各地工潮消息汇志》,《工商半月报》第1卷第9号,1929年5月1日。
④ 王阶平:《南京市过去劳资纠纷述略》,《南京社会特刊》,1931年1月,第113页。
⑤ 实业部劳动年鉴编纂委员会:《二十一年中国劳动年鉴》,第2编,第139、150、154、162页。
⑥ 刘明逵、唐玉良主编:《中国近代工人阶级和工人运动》第9册,第525、528、532、537页。
⑦ 上海市政府社会局:《近五年来上海之劳资纠纷》,第15页。
⑧ 11(2)—767,上海市劳资纠纷统计,中国第二历史档案馆藏。

八"后"无力与市政府抗衡,活动领域也受到了限制"①是相一致的。从全国范围来看,虽然有研究表明,1932~1935年陈公博出任实业部长时期,劳工司"只是名义上的,CC系真正掌控劳工的权力"②,但对震动中央的劳资争议的处理并非由中央党部所能独断裁决。

不容否认的是,各省市地方政府部门对不适用于《劳资争议处理法》的劳资争议,也未完全任其迁延。此类案件经上海社会局或行政处分者,1928年占案件数的36.71%,1929年占43.79%,1931年占65.19%,1932年更增至73.12%。③

三、帮会与党政的协作、冲突

帮会作为一支特殊的社会力量,曾渗透到劳资双方之中,在某种程度上影响着或操纵着劳资关系。青帮首领杜月笙,藉其各种势力,别开生面,在党政机关之外,自辟劳资争议的调解与仲裁的渠道。该渠道既独立又依附于党政机关。

依据裴宜理的推测,在上海爆发的每一次大罢工中,杜月笙"都被请去协调"④。杜月笙能在上海操纵劳资关系大有背景。

上海大部分工厂均设在租界内。1933年,公共租界内工厂占全市工厂总数的2/3。⑤清末以来,上海的公共租界与法租界几经扩张,所辖面积远远超过华界的南市和闸北,其最高行政机关分别为工部局(又称行政委员会、市政会议)与公董局。两局下辖市政、警务、卫生、法律、情报、火政、房产、捐税、交运、公共事业、电影检查等各方面的机构和委员会,有独立的警察与武装,形成行政、立法、司法俱全的市政管理机构。租界基本是一个自治的、独立于中国政府的"国中之国"。不但中国主权无从施于租界,而且租界当局与北京公使团意见相左时,工部局也以"对租界纳税

---

① 〔日〕小浜正子著:《近代上海的公共性与国家》,葛涛译,上海,上海古籍出版社,2003年,第218页。
② Nym Wales, *The Chinese Labor Movement*, New York, The John Company, 1945, p.66.
③ 上海市政府社会局:《近五年来上海之劳资纠纷》,第11页。
④ 〔美〕高家龙著:《大公司与关系网:中国境内的西方、日本和华商大企业(1880~1937)》,程麟苏译,上海,上海社会科学院出版社,2002年,第172页。
⑤ 徐雪筠等:《上海近代社会经济发展概况(1882~1931)——〈海关十年报告〉译编》,上海,上海社会科学院出版社,1985年,第242页。

人负责"为名,对北京公使团不予理睬。租界内的外商企业多蔑视中国法令,尤以日商工厂为甚。① 此类企业对中国党政军机关也多有隔阂。费唐法官也承认上海市社会局"在公共租界内之权力,未经工商局承认。且外人雇主之对于该局干涉,亦常予拒绝"。② 如,在处理1928年年底法商水电公司吴同根被害案中,法电资方对上海社会局、交涉署、司令部的公函置之不理。③ 在1933年美商电力工潮中,资方强硬对待上海市政府、党部的调解。④ 党政机关对租界内工厂的劳资争议调处不易,不得不将此种工作让渡于某些中间人,特别是帮会头子来承担,这就为杜月笙出面干预劳资争议提供了机会。

杜月笙有着令时人尊敬和信赖的多重头衔与身份。作为官员,因帮助蒋介石镇压工人有功,1927年4月,被蒋任命为海陆空总司令部顾问、国民政府军事委员会少将参议与行政院参议。作为租界华人领袖,1925年,被法租界当局任命为法租界商会总联合会主席兼纳税华人会监察。1927年,又被法租界公董局任命为公董局临时华董顾问。作为实业家,1929年,与徐懋棠开设中汇银行,出任董事长。1931年,担任华丰面粉厂董事长。1933年,与戴笠组建大运公司。同年出任大达轮船公司理事长。1935年4月,就任中国通商银行董事长。作为社会贤达,1932年起进入商会,任监察委员、常务委员、常务理监事。1934年11月,被选为上海地方协会会长、中国红十字会副会长。同时,其帮会势力渗透到上海党部、政府之中。市长吴铁城手下掌管地方政治问题的王绍斋,社会局的张秉辉、许也夫与股主任王刚等,市党部执委陈君毅、林美衍,候补委员汪曼云、黄造雄及市党部执委与警备司令部军法处长陆京士曾投靠杜月笙门下。⑤ 加之与蒋介石的关系,"他的政治影响可以超出上海范围而上达国民党中央"⑥。杜月笙善于交际,曾与江苏省财政厅长张寿镛、省主席叶楚伧、中央财政部长宋子文、实业部长孔祥熙均有交情。诸种身份及其与各方关系,使他能左右逢源,成为工

---

① 722(4)—265,云南、贵州、四川、河南、湖南、湖北、广东、广西、浙江、安徽、河北、山西、察哈尔、宁夏、甘肃省政府、南京、天津、北平、青岛市政府劳资纠纷调查表(1933年),中国第二历史档案馆。
② 《费唐法官研究上海公共租界情形报告》第2卷,工商局华文处1931年译述,第52页。
③ 《工人宝鉴》第2期,1929年2月7日,第20页。
④ 《中国国民党第五次全国代表大会中央民众运动指导委员会工作总报告》,该会1935年11月编印,第168页。
⑤ 参见朱学范《上海工人运动与帮会二三事》、姜豪《漫谈旧上海的帮会》,陆坚心等:《20世纪上海文史资料文库》第10卷,上海,上海书店出版社,1999年,第186、205页。
⑥ 姜豪:《"和谈密使"回想录》,上海,上海书店出版社,1998年,第126页。

人、政府、租界当局、民众团体各方争相依靠的对象。当然,杜月笙的社会地位也随着其一次一次成功调处工潮而提高、巩固。

杜月笙能够利用帮会操纵租界工人,是他能平息工潮的重要基础。在这一点上,其他人无与比肩。帮会在中国历史久远,是传统社会中一种原始形态的民间秘密团体,"在家长制统领下,结合成种种名目不同的组织",其成员"用这种组织求得社会生活中的互相援助"。到近代以后,帮会成员从破产农民、失业手工业者、流氓无产者,扩大到产业工人,以至于知识分子。"这些组织的社会地位也从秘密存在状态逐步转到公开合法"。帮会以社团形式发展组织。杜月笙的恒社、其徒弟李麟书为首的联益社、朱学范的毅社均在上海市政府社会局、党部注册。据估计,20%的上海邮局职工加入过帮会。上海邮局职工加入帮会的一个重要原因,是寻求靠山、保住饭碗,而外勤差工因出入各帮口所把持的地盘,也需有帮口势力撑腰、保障人身安全。1931年,交通部杨克天、邮政总局视察员缪鸿俊、上海邮局邮务佐刘心权、于松乔等人拜杜月笙为先生后,职工入帮则希望藉此捞到轻松职位或打通快速晋级的渠道。英商电车公司工人也从帮会中"寻求团结互助的力量来保护自己"。电车公司的职业虽不及海关、邮局,却也是令人羡慕的职业。电车公司规定,凡服务满15年者,55岁退职时,可领1/24的养老金,即满一年给半个月;服务满20年者,满一年给一个月养老金。但职工要想拿到这笔养老金,殊非易事。资方往往借故开革工人,剥夺工人的养老金。工人不得不入帮会,借势与资方相抗。① 该公司有100名左右工人加入青帮,各业职工因此纷纷加入帮会。上海法商电车电灯自来水公司1800余职工中,便有170余人投靠杜月笙徒弟李麟书的联益社。1930年代,上海纱厂男工十分之七八加入青、红帮。人力车夫九成加入青帮。② 上海码头工人加入青帮比例高达70%~80%。③

1932年前,杜月笙出面调解工潮相对较少,且主要在法租界。自从朱学范出任上海市总工会主席后,通过朱学范等人的关系,杜月笙调解工潮次数增多,将势力延伸到公共租界,调解范围遍及上海。朱学范1931年拜杜月笙为先生。1934年年初,在上海市总工会内开始收学生,而后在租界的英商电车公司、公共汽车公司、电力公司、自来水公司、云飞和祥生汽车公

---

① 朱学范:《上海工人运动与帮会二三事》,陆坚心等,《20世纪上海文史资料文库》第10卷,第176、177页。
② 朱邦兴等:《上海产业与上海职工》,第263、362、112、677页。
③ 胡训珉、贺建:《上海帮会简史》,上海,上海人民出版社,1991年,第134页。

司、纱厂、橡胶厂、机器厂与轮船拖驳业,都收有学生。租界以外,他还在华商电气公司、闸北水电厂广收学生。① 杜月笙及青帮还通过向中、日、英商纱厂提供包身工,从中牟利,钳制工人。譬如,1920 年代后与 1930 年代,日商内外棉厂面对青帮势力,"决定性地改变了战略,第一次将招聘工人的长期责任交给了中国的关系网"。公司不再如 1920 年代初期那样,派员到乡下直接招募女孩为徒。内外棉成了上海棉纺织业中最大的雇用包身工的公司之一。当时上海的棉纺织厂中 2/3 工人是包身工。杜月笙"将工头结合进他自己的包括从罪犯和包工头直到技术工人和非技术工人在内的社会关系网中。为保持对工头和工人们的监督,他在每家纱厂的门口派他的青帮成员作警卫"。杜月笙对工头与工人的控制强效有力,企业管理层已经失去对工人的控制权。申新六厂职员曾无奈地感叹:"论工人,老实说,他们大多数还是旧时代的遗民。宗法思想,特别浓厚。有的是江北帮,有的是山东帮,有的是湖北帮,有的是常州帮,有的是本地帮。倘若是他们内中男女,拜了或者作了一个老头子,甚至于结识了一个巡捕房的包打听,他立刻便即威武起来,像煞有恃而无恐的神气。假使你恼怒了他,他便立刻给你一个颜色。若是单身出迍,不幸狭路相逢,当真的要捶你一个老死。象如此凶恶可怕的群众组织,上海各厂,大抵皆然,申六当然不能除外。因此我们不愿意自欺欺人的说我们的工人如何安分,如何守己。"② 至 1936 年 5 月,公共租界内仍有 21 家外资工厂(33000 人)采用包工制。③ 英美烟公司经过 10 年的努力,直到 1937 年抗日战争前,仍无法控制"拿摩温"或取消其对工人的控制权,荣宗敬也曾引入"学生制"打击工头势力,但到 1937 年,棉纺系统中最大的企业申新一厂与九厂依旧保留了某些工头,没能像无锡那样将工头赶出工厂,建立自己绝对的权威。申新九厂 4680 名工人中,仍有 1200 名包身工为 20 名工头所掌管。间接的证据表明,他可能是败在杜月笙之手。④ 甚至可以这样说,企业属于资方,工人却效忠于帮会。

由于杜月笙能对工人施加影响,于是有些资本家也投拜到杜的门下,以其为保护伞。即便是拥有 10 余家企业的千万富豪、宁波同乡会会长、公共

---

① 朱学范:《上海工人运动与帮会二三事》,陆坚心等:《20 世纪上海文史资料文库》第 10 卷,第 185,181 页。
② 彦之:《我们办理申新六厂的工务上两个根本观念》,《纺织周刊》第 2 卷第 18 期,1932 年 5 月 13 日,第 444~445 页。
③ 《上海公共租界工厂包工制调查》,《国际劳工通讯》第 21 号,1936 年 6 月,第 70 页。
④ 〔美〕高家龙著:《大公司与关系网:中国境内的西方、日本和华商大企业(1880~1937)》,程麟荪译,第 142、143、172、80、168、171 页。

租界工部局华董、国营轮船招商局总经理、上海资本家中"数一数二的闻人"刘鸿生,"在十里洋场中,还得让杜月笙称王称霸",1936年,让其子拜杜月笙为老头子,承认杜氏的权威。① 许多工厂主不得不向帮会进贡寻求保护。这样杜月笙与劳资双方都有密切关系,"劳动界在很大程度上成为黑社会的地盘"②,他在调解工潮上自然能起作用。"有些工潮国民党政府机关难于解决,可是一到他手上,采用对劳方小让大压的办法,往往迎刃而解。"③ 有研究表明,1928~1937年间,杜月笙及青帮成员"作为劳资关系的协调者发挥了重要的作用"。"从内外棉的立场来看,通过青帮调节与劳工关系立即带来的好处是3年来几乎是连绵不断的罢工突然结束了。在经历了1925~1927年的44次罢工后,内外棉在以后的10年里仅发生过3次罢工;1928年7月有2036人参加的为时18天的罢工;1929年一二月间1709人参加的为时9天的罢工,1936年反对所有在上海的日本棉纺织厂的总罢工。"④ 英美烟公司从1928~1937年间仅有3次罢工,大概也与杜月笙从中协调劳资关系有关。

杜月笙在调解工潮中,有时确实在某种程度上维护劳方的利益。国民党加紧围剿苏区后,屡次通令严禁罢工,动辄以武装相威胁。工人在与资方的斗争中,能够取得一定的成果,当然首先归功于工人的斗争精神与行动。然而,杜月笙出面调解的作用也应当承认。"一·二八"后,上海总工会在处理工潮问题上,往往与当局意见相左。市党部与社会局为维护社会治安、防止共产党人活动,多站在资方立场,压制工潮,派军警逮捕罢工工人。市工会则主张当局应采取切实办法,解决工人实际生活困难,反对以高压手段镇压工人。遇此情形,朱学范常向杜月笙求助。杜月笙利用在党部与政府中的各种关系,在满足劳方一定要求的前提下化解工潮(见表2—2)。黑帮大佬为拉拢工人,维护自我形象,对会众的必要恩赐合于情理。当然,杜氏集团亦会利用工潮以图坐大。1933年美商上海电力公司工潮中,毅社推波助澜,胁迫该公司职工罢工。陈达当时尖锐指出:"此次罢工的最大目的,并不在反对该工厂本身,而是只因为其他各厂以电为原动力而仰给于该厂者,不下有十几万工人。因此该厂的激烈分子如能控制该厂,则激进派的势力,立刻可以扩张于全上海用电力之工厂之百分之九十以上。"⑤

---

① 刘念智:《实业家刘鸿生传略——回忆我的父亲》,北京,文史资料出版社,1982年,第58页。
② Nym Wales, *The Chinese Labor Movement*, The John Company, New York. 1945, pp. 75,74.
③ 姜豪:《"和谈密使"回想录》,第126页。
④ 〔美〕高家龙:《大公司与关系网:中国境内的西方、日本和华商大企业(1880~1937)》,程麟荪译,第141页。
⑤ 陈达:《民国二十二年的国内劳资争议(续)》,《国际劳工》第1卷第4期,1934年5月,第13页。

表2—2 杜月笙调解工潮之成果

时间	对象	原因	经过	调解结果
1932.1.7—12	招商局局方—全体船员	要求与招商局机关职工同等待遇，发给年终双薪，为局方所拒绝。	8日起全体船员罢工，17艘船停运。局方以"国难期间不得擅自停船"威胁船员。	1.发给船员年终双薪；2.不得无故开除船员；3.如局方承认局员职工会，则对船员联合会也须同样承认。各轮从1月12日起先后复航。
1932.4.2—6	《时事新报》资方—报业工人	资方利用"一·二八"战后失业工人激增的机会，强迫工人兼印《大晚报》，工人不允。资方借口将80多名工人开除，招雇失业工人顶替。	资方以政府要人为后台，劳资纠纷拖延1个多月不能解决。6月1日，《申报》、《新闻报》和《时报》1000多工人实行同盟罢工，要求《时事新报》资方恢复被迫离馆工人的工作，照发其离馆期间工资。资方指使警察局逮捕《时事新报》工人20多名。	释放被捕工人。资方口头应允发给被开除工人解雇费。
1932.5.25—5.27	邮政总局—全国邮务总工会、职工会	巩固邮基	邮务工职两会联合罢工。	1.每人每月增加津贴2元；2.改善年终奖金的核发标准。
1933.8月底—9月下旬	英商会德丰公司—该公司工人	资方借口生意清淡，开除100多工人。	国民党上海市党部、社会局调解无效。全体工人500多人于9月19日罢工，102艘货船全部停运，各客商纷纷向该公司责问及要求赔偿损失。	1.发给解雇工友20人退职金；2.其余80多名工人全部复工；3.罢工期内，工资照发。
1933.9.27—11.22	美商上海电力公司资方—新老两厂工人	反对资方大批解雇工人而罢工。提出要求：(1)不准无故开除工人，临时工满半年者以长工论；(2)收回开除工人代表的命令；(3)承认工会，每月津贴费用300元；(4)罢工期内工资照发。	美商态度顽固，拒绝工会提出的要求，并勾结巡捕房强迫老工人回厂，雇用360名白俄为临时工，以此来威胁罢工工人。在帮会组织毅社社员挟持下，公司职员参加罢工。罢工僵持54天。	经公共租界工部局西人总办费信惇、华董袁履登、市府参事杜月笙等从中调解达成协议：罢工期间工资由资方借给1个月，以后扣还。杜的调解仅给工人挽回一点面子，罢工实际失败。

77

续表

时间	劳资双方	起因	过程	结果
1934.1.19—3.19	银楼业资方—该业全体外作器皿工人	反对资方将工资八折发给,要求恢复三六拆账(工人得工价的36%),发清欠薪。资方代借口营业清淡,拒绝工人要求。党政机关调解无效。	3月3日怠工工人17人齐赴大东门花园街银楼公所绝食,市总会挽请杜氏调解。	商定工资实行二七拆账(工人得每件工价的27%),上年中秋节到年底期间积欠的工资按23%付清。
1935.7.4—8月中旬	法租界公董局—人力车夫	限令4万多人力车夫于7月底前登记,每人收费5角,遭到人力车工人反对。	8月1日晨,公董局命令巡捕在街头强迫登记,被扣人力车数百辆。当天下午,工人在南码头开会,推派代表向市党部、社会局、市政府请愿。经党政机关调解无结果,全体工人于6日罢工,推派代表1500多人,从大南门出发游行,到市党部、法租界纳税华人会、公董局请愿。在斜桥附近,与法租界巡捕发生冲突,当场有工人12人被打伤,3人被捕,1人失踪。	发还被巡捕扣留的车辆,人力车登记一律免费,登记日期延长两个月。
1936.11	全市日纱厂主——工人	日华、内外棉、丰田、喜和等全市日纱厂4万多工人举行反日同盟罢工,提出5项条件:1.增加工资10%;2.吃饭时停车1小时;3.不许开除工人;4.不许拷打工人;5.反对礼拜日加班。	日本资本家调动大批陆战队、侦探与巡捕逮捕工人。由于工人坚持斗争和全市人民的支持,日商纺织业公会会长船津辰一郎不得不请杜调解。11月25日,邀朱学范和罢工代表20多人与国民党上海市党部、社会局、警察局的代表共同商定解决办法。27日晨所有工人复工。	1.工资增加5%;2.每月赏工制改为奖励制,成绩优良者酌量升级加工资;3.不准无故开除工人;4.不得打骂工人;5.每日工作12小时,礼拜日工作14小时,其多做的2小时另给工资;6.吃饭时停车30分钟。

资料来源:1.朱学范:《上海工人运动与帮会二三事》,陆坚心等:《20世纪上海文史资料文库》第10卷,第183~185页。2.722(4)—228,耿安吉呈中央执行委员会民众训练部(1936.11.19)的附件,中国第二历史档案馆藏。3.711(4)—511,中央民众运动指导委员会:《二十一年度劳资纠纷参考资料》,第280~281页,中国第二历史档案馆藏。4.朱学范:《去冬上海日纱厂工潮之回顾》,《申报每周增刊》第2卷第2期,第41页,1937年1月10日。5.《上海电力工潮》,《劳动季报》第1期,第126~132页,1934年4月10日。6.《中国国民党第五次全国代表大会中央民众运动指导委员会工作总报告》,1935年11月编印,第168页。7.《申报》1932年5月26日。8.《银楼工潮》,《国际劳工》第1卷第4号,1934年4月,第62页。9.陈达:《民国二十二年的国内劳资争议(续)》,《国际劳工》第1卷第4期,1934年5月,第12~14页。10.《资方承认七项条件》,《申报》1936年11月26日,第3张第10版。11.《全体工人昨晚复工》,《申报》1936年11月28日,第4张第14版。

另一方面,资方也常利用帮会中各帮口间的矛盾,拉拢一帮打压另一帮,威胁、殴打罢工工人。此时,朱学范一般求助杜月笙压制资方和别的帮口,并利用杜的关系,到巡捕房、警备司令部、警察局中保释被捕工人。朱学范通过掌控的大公通讯社发布的工潮消息,极力突出杜月笙的调解作用。每次工潮结束后,工人总会在各大报鸣谢杜月笙的调解之功。杜月笙从中感到"颇有面子",每当朱学范请他出马调解工潮时,他基本是有求必应。

杜月笙调解工潮,以江湖义气为道,与党政机关、租界当局异趣。"他讲究面子,自以为主持公道,要大家买他的账,听他的话。所以朱往往要工人先作出一些让步,给杜一点面子,打动他去压资方,强制资方作出更大的让步。"①例如:1931年6月,法租界公董局公共工程部法国工头将清洁工人打成重伤,激起风潮。工人要求:(1)组织职工联谊会,拨给房屋一处为会所,按月津贴规银300两为办公费;(2)惩戒肇事的法国工头;(3)年终发给1个月工资为赏金;(4)例假日由公董局与联谊会协商规定;例假日加班满1天者,给予加班工资2天;(5)实行工人8小时工作制;(6)从7月1日起加薪20%;(7)职工及其家属应享受免费医疗。租界当局对此不予承认。工人罢工延续2个多月,法租界垃圾堆积如山。总领事甘格霖(Koechlin)本与帮会头子黄金荣、张啸林、杜月笙等人包揽烟赌,利害相系,交谊颇深,便请杜月笙从中斡旋。杜月笙采取惯用手段,约部分职工到杜公馆训话。除以酒食鸦片款待外,表示工人提出的改善待遇的要求由他负责与法国人商洽,保证有结果,同时,劝导清洁工人马上复工。在杜氏的利诱与命令下,工人代表不免泄气,清洁工首先复工,而后其他部门工人也放弃罢工。经杜氏的努力,工人提出的要求为租界当局采纳。②

杜月笙在调解劳资纷争中也常出资担保。"有时他干脆越俎代庖代表资方答允工人的要求。他有一句口头禅,说某老板不拿出钱来,我出钱,我说话算数。在一般情况下,这句话是有效的。"为结束1933年上海美商电力工潮,杜月笙与工部局华董即与资方协商,由公司支付工人怠工期1个月的工资,并应允"如该项工资,公司不允发给时,由杜氏及工部局华董负责给付"。以此换取工人尽快复工。③"可是杜也有力不从心的时候,有一次他调解法商电车公司的劳资纠纷,工人依了他的条件,但资方不依,他只好拿

---

① 朱学范:《上海工人运动与帮会二三事》,陆坚心等:《20世纪上海文史资料文库》第10卷,第186页。
② 姚肇第:《法租界公董局职工的一次大罢工》,《上海文史资料存稿汇编》11辑,上海,上海古籍出版社,2001年,第376~378页。
③ 《上海电力工潮》,《劳动季报》第1期,1934年4月10日,第132页。

出几千元来敷衍工人。"①

　　这种江湖义气性,决定了杜月笙的社会属性。他不可能为某种政治信仰所捕获,而只能为自己利益而生存,其行为主旨以"自利"为中心。杜月笙虽然帮助蒋介石的国民政府镇压共产党与劳工领袖,成为国民党控制工会和工人运动的工具,②构成"国民党反动统治支柱"与"政权本身行使国家权力的基础"③,仅在1933年秋至1934年9月,即协助国民党逮捕720名共产党员;④但不一定完全出于反共的目的,而是以此作为换取政治地位以及随之而至的地盘与经济利益的筹码。一旦其自身利益受到威胁,哪怕是蒋介石的威胁,杜月笙便不惜忤逆龙麟。裴宜理所谓的帮会头子与国民政府之间是一种"保护与被保护的关系"⑤的论断,仅注意到了两者间的协作,却忽略了它们间的矛盾纠葛。杜月笙与中枢的矛盾,集中体现在对于包工制的态度上。

　　所谓包工制,即是包工头与企业订立合同,承办某种业务。直接与企业订立合同者为总包工头。总包工头还可将所承包业务细分为若干部分转包给小工头。包工头下有挡手、领班管理工人。包工头除从企业领取资费外,还在工人工资中抽取若干作为自己的报酬。藉此种工作制度,包工头可以减低工资支出,企业、资方可节省给付工人的医药、抚恤等费用。较之直接为企业雇用的工人,包工制下的工人的待遇更为低劣。上海的造船厂、翻砂厂、木作等制造业与手工业及码头运输业都采用包工制。⑥据时人调查,上海、天津、汉口等市码头包工制工人,所得不过原工资的十分之二三,而十分之七八均为包工头所侵吞。⑦工人除受此直接剥削外,还需为工头、挡手、领班的祝寿、嫁娶送礼。

　　自从工会成立后,工人时常呼吁取消包工制。国民党第二次全国代表大会曾通过废除包工制的议案。1926年10月15日,国民党中央委员各省

---

① 朱学范:《上海工人运动与帮会二三事》,陆坚心等:《20世纪上海文史资料文库》第10卷,第187页。
② 饶景英:《三十年代上海的帮会与工会》,《史林》1993年第3期,第42页;〔澳〕Brian G. Martin:《青帮和国民党政权:杜月笙对上海政治的作用(1927~1937)》,《历史研究》1992年第5期,第60页。
③ 陈卫民:《解放前的帮会与上海工人运动》,《史林》1993年第2期,第64页;〔澳〕布赖恩·马丁:《上海青帮》,周育民等译,上海,上海三联书店,2002年,第161页。
④ 周育民、邵雍:《中国帮会史》,上海,上海人民出版社1993年版,第529页。
⑤ 〔美〕裴宜理:《上海罢工——中国工人政治研究》,刘平译,南京:江苏人民出版社,2001年,第126页。
⑥ 顾炳元:《上海市劳资纠纷问题的研究》,《女青年月刊》第10卷第4期,第17页,1931年4月。
⑦ 吴至信:《中国包工制之现有形态》,《劳工月刊》第5卷第8期,1936年8月1日,第2页。

各特别区特别市海外总支部代表联席会议,议定国民党政纲,在有关农工问题上,要求废除包工制。① 工商部次长郑洪年曾在1931年全国工商会议闭会词中表明铲除帮会的决心。② 1933年,国民党中央曾严令包工头上交包工合同。社会人士呼吁:改良劳工的生活状况,必须首先取消包工制。③

青岛方面废除包工制的举措较早。1929年7月下旬至8月中旬,青岛港3000名码头工人反对承包商中间盘剥,罢工2周,迫使港务局取消包工制。经中央与地方机关的不懈干预,以及某些企业的配合,有些地方某类行业的包工制终于1935年受到重大打击,出现颓弱之征。1934年,山西"黑窑子"获得解放,上海纱厂包身制工人数量锐减。1935年11月,上海市军帽业400余工人,不堪包工压榨,经社会局批准组织上海市军帽生产合作社。④ 1935年,广州茶居工会彻底取消包工制,开滦煤矿摒弃小包制,汉口整顿码头业。⑤ 1936年9月,中央民训部会同地方党政当局,帮助蚌埠码头工人实行"自作自折"制度,完全废除工头制。其办法为:(1)工资按劳动效率支付,但各人须按照一定比例抽取若干工资给付管班人,多者多出,少者少出;(2)每班驳划15只,各设班长1人统领,管班由工人轮流担任;(3)管班工资以本班工资最高者为标准。⑥ 工人通过"自我管理、自我受益"的办法,收入自然有所增加。

上海码头工人待遇一直未变化。废除包工制的根本困难,即如吴至信所说:除"包工头潜势过大,党羽四布,甚或交接地方绅要为之庇护"外,"且与中国工人阶级之秘密组织所谓'帮'者,发生极不可解之关系。在'帮'一问题未解决时,单独废除包工制,自然障碍滋多。换言之,即使形式上此制可废,而实际上工人仍受工头之操纵与剥削"⑦。既然包工头难以废除,上海码头工人只好力倡实行"二八制",但终未能摆脱包工头的剥削。

"二八制"即二八分成,包工头所扣包工银至多不得超过全额的2/10,工人可得包工银的8/10。1928年,上海市码头工会与轮船码头业务公会发生纠纷,经中央民训会派员调查,并传集双方代表及上海市党部委员,议决暂行维持包工制,并会签解决纠纷原则6条。为保障工人利益,该原则特别

---

① 邢必信等:《第二次中国劳动年鉴》,第2编,第4页。
② 实业部总务司商业司:《全国工商会议汇编(1931年)》,南京,京华印书馆,1931年,第4编,第14页。
③ 张廷灏:《中国国民党劳工政策的研究》,上海,大东书局,1930年,第63页。
④ 《军帽业》,《国际劳工通讯》第17号,1936年2月,第101页。
⑤ 程海峰:《一九三五年之中国劳工界》,《东方杂志》第33卷第17号,1936年9月1日,第159页。
⑥ 《蚌埠驳运工潮解决》,天津《大公报》1936年9月7日,第10版。
⑦ 吴至信:《中国包工制之现有形态》,《劳工月刊》第5卷第8期,1936年8月1日,第5页。

规定:"包工头所扣包工银额至多不得超过全额十分之二,工人应得十分之八,出入口贴水暂照二八制比例分摊";"包工头或挡手领班一切陋规,如做寿、生子嫁娶,张罗工人送礼等事须完全革除";"工人因工作受伤或致残死亡时,所有资方给予之医药费或抚恤费,包工头须按数发放,不得扣取分文。"为保障按此原则签订新的用工合同,还特别规定:"包工头对资方订立契约在工会未成立时,须由上海市民训会派员到场监督,在工会成立后,则由该工会选派代表到场参加面订。"但包工头口惠实不至,直到1933年该项原则与"二八制"仍未实行。工人所得仅占公司支出的十分之三四。

1928年以来,上海全市码头工人组织"二八制实施委员会",持续向包工头抗议。1932年7月,实业部会同中央民运会派员赴沪,与市党部、市政府协商,决定先从确定包银额数目入手,随后限令包工头将与各公司、行栈签订的合同呈缴,以备政府核查。岂料众包工头抗命不遵,实业部转饬市政府、党部予以强制执行,但包工头仍然拒不合作。工人因此与包工头积怨日深。8月间,码头工人与包工头"誓死力争"震动中央。上海55个码头工人代表262人,上书实业部为工人主持正义,责令包方履行"二八制",维持中央威信。1500余码头工人同时向党政机关请愿。实业部为"二八制"早日实行与平息工人愤怒,呈请行政院令行上海市政府严令各包工头呈缴包工合同,并拘押少数作梗工头。与帮会关系密切的市党部,为维持包工头利益,以"健全"码头工会整理委员会为由,将原码整会委员全部撤换。新任委员全无工人,却有银行行长、包工头。[①] 市党部此举已然预示工人必将受制于包工头的命运。上海市党部在中央的高压下,于9月委任11人组织协调会:贾栢馨(大来、中华、煤业、和兴四码头包工头)、张上珍(开平局、华通码头包工头及浦东商业储蓄银行行长)、吴安香(招商局华栈总挡手直接买办及场子栈包工头)、朱学范(前届邮务工会常委,现任大公通信社社长)、吴荫椿(敬业中学、清心中学两校教员)、刘德富(前码头工整会委员,后因办事不力被工人反对自动解职)、王步楼(菱华中栈折账头)、徐建业(新三井码头折账头)、柏晓岚(泰同栈折账头)、马老侠与崔从灏(两人皆背景不详)。[②] 包工头一方在此组织中占绝对优势,这样的组织构成已经昭明劳方要求必然流产的结局。国民党从中央到地方,均无力击溃上海码头的包工制。时

---

① 《王陆一氏码头工会纠纷之谈话》,《申报》1932年8月28日,第5张第19版。
② 2(2)—1060,上海市码头工人要求包工头实施工资二八制及改组工会经过情形(1932年),中国第二历史档案馆藏。

人面对帮会势力的嚣张,对取消包工制难免持较消极的态度。①

作为食利阶层,帮会极力维持包工制实属必然。工人除争取"二八制"外,亦往往拟以合作社这种民主管理的生产形式与包工头较量,但包工头依其实力仍然称霸合作社,在新形式下继续盘剥工人。京沪、沪杭甬铁路上海麦根路货栈装卸工人 700 名,1929 年以不堪包工剥削,废除包工制,组织装卸合作社,推举总领班 4 人,向京沪、沪杭甬两路管理局订立合同承运货物。该栈劳工以鄂籍、苏北籍为多,鄂籍者为红帮,苏北籍者为青帮,总领班 4 人均为帮中头目。按合同规定,劳工每吨运费大洋 0.18 元,扣除合作社办公与领班费用后,劳工每吨运价仅 0.12 元。劳工实际收入仅为原工价的十之六七。②

其实,上海市政府十分憎恶帮会给社会带来的恶劣影响,也曾拟采取若干方法,辖制帮会势力。比如,1932 年 5 月,上海市社会局鉴于包身制工人的痛苦,为革除帮会以包身工制控制工人的恶习,曾邀集各关系团体讨论解决办法七条:"一、通知各收容所报告该种工人数目,并不准由包饭作具领或保领,另候处置。二、由社会局办清包饭作与该种工人之关系,以绝纠纷,并通令各收容所照下列两项办法处理。甲、由保养团体发给证明书与包饭作,以备原有家属对包饭作询查时,有凭可据。乙、由保养团体函与该种工人之家属。三、由各收容所通知该种工人之家属认领,并叙明包身制之黑幕,如愿慈善团体保养或介绍作工,听其自便。四、凡于该种工人家属未认领前,应由各慈善团体分担收容,予以教养,并凡至法定童工年龄十四岁以上时,应由保养团体设法介绍入厂工作。五、对于介绍该种工人作工时须与厂方订明工资,应归工人所有,或暂保存保养团体,移交该工人家属。六、(与厂方交涉)不得歧视或虐待。七、凡介绍该种工人作工之团体,应按期调查该工人入厂后生活情形,以尽保护之责。"③政府试图从外围突破,消减帮会势力的扩展,其办法只能是无济于事;相反,暴露出不敢直接触怒帮会的破绽,帮会势力不免更为猖狂,在劳资争议中,常常玩弄政府、党部于股掌之间。

地方政府出于消解纠纷目的,有时亦会助包工头压制工方。1933 年 8 月 1 日,中兴煤矿公司租用上海浦东和兴码头堆栈,新包工头张德华怂恿该公司压价承揽,以排挤其他包工头与之相竞。众工友借机推代表 13 人出面立约"自揽自做,废除包工制",并推选代表分赴党政机关与中兴公司请愿相

---

① 林颂河:《民国二十一年之劳动界》,《社会科学杂志》第 4 卷第 2 期,1933 年 6 月,第 181 页。
② 《中国国民党年鉴(民国二十三年)》,沈阳,辽海出版社,2008 年,第(戊)92 页。
③ 《包身制工人问题》,《纺织时报》第 870 号,1932 年 5 月 26 日,第 1536 页。

援,张德华岂甘坐失余利,纠纷因之而起。3日,社会局维护张德华包工头地位,明令工友继由其雇用。①

包工头为把持码头,利用地方政府既打击又"支持"帮会的矛盾举动,常常挑战党政机关的权威。1933年5月间,浦东招商华栈码头工人冯行才等,发起组织工人储蓄互助会,实行"自做自拆",奉党政机关及码头业务所令核准备案。岂料该会管理委员彭道坤及监委王傅烟,侵吞该会公款,勾结旧有包工头吴立运、拆账头吴立田等,于1934年3月1日"不准工人做工",恢复包工头制,该栈职员吴某忽乘纠纷之际,利用湖北帮驱逐客帮工人。②外埠帮会对党政机关的态度亦与沪上相仿。1930年,大港码头包工头曾联合起来捣毁主张取消包工制的国民党系的工会整理委员会,解雇员工中的工整会委员,国民党机关于此无可奈何。③

正是由于党政机关与帮会间复杂的关系,党政部门只好将牵涉帮会势力的租界与华界的劳资争议的调解与仲裁之权均"托付"帮会。

---

① 《包工制》,《国际劳工消息》第5卷第2号,1933年8月,第73页。
② 《劳工争端》,《国际劳工》第1卷第4号,1934年4月,第71页。
③ C5369,建国前档案,社会,风起云涌的青岛工人斗争,1930年6月14日,青岛市档案馆藏。

第三章　工会与劳资争议

　　工会即是指工资工人以维持、改善劳动条件及保全经济利益为目的所组成的团体。① 工会是工运的领导核心、"工人阶级的力量之唯一寄托"②，亦是"工人抵抗资本的据点"③、"工人抵御雇主的一种自卫手段"④。上述对"工会"的理解，均表明工会组织的健全与否，是反映劳工运动兴衰最为重要的一个指数，同时是关系到工人政治与经济权益能否得到保障的一个重要因素。按照当时相关法律，只有工会才能作为独立法人，具有同资方协定团体契约、联合议价，以及参与劳资交涉、仲裁、劳资联席会议的资格。⑤ 无怪乎时人视"工人之于工会，等于人们之与家庭"⑥。

　　目前有关工会研究，既有王永玺等人条贯历史认识论，对工会发展历程所做的宏观考察⑦，亦有注重对工会性质及其应对劳资冲突的个案分析与描述⑧；然而，却鲜有对工会内部形态与工会外部生存环境的详述。因此，"详人所略"是本章的着力点。

　　工会作为劳资争议的一方代表，在1927~1937年间特定而复杂的社会

---

　　① 史太璞：《我国工会法研究》，上海，正中书局，1945年，第1页。
　　② 国劳中国分局：《最近四年之中国工会调查》，《劳工月刊》第5卷第11、12期合刊，1936年12月1日，第1页。
　　③ 马克思：《工会——工人抵抗资本的据点》，《马克思恩格斯论工会》，北京，工人出版社，1950年，第101页。
　　④ 李汉俊：《工会的意义与工会法的目的》，出版地点不详，1923年，第2页。
　　⑤ 1930年10月，国民政府立法院公布《团体协约法》，规定"团体协约者，谓雇主或有法人资格之雇主团体与有法人资格之工人团体，以规定劳动关系为目的，所缔结之书面契约"。该法律于1932年11月生效。见《中华民国史档案资料汇编》第5辑第1编政治(3)，第142页。
　　⑥ 绿藤：《对于开滦煤矿最近罢工之感想》，《劳工月刊》第3卷第3期，1934年3月1日，第52页。
　　⑦ 详见王永玺《中国工会史》（中共党史资料出版社，1992年），王永玺、何布峰等《简明中国工会史》（中国工人出版社，2005年），颜辉、王永玺主编《中国工会纵横谈》（中共党史出版社，2008年）。
　　⑧ 详见郑庆声《评1928年上海的"七大工会"》（《史林》1991年第4期）、饶景英《关于"上海邮务工会"——中国黄色工会的一个剖析》（《史林》1988年第2期）、王奇生《工人、资本家与国民党》（《历史研究》2001年第5期）。其中，前两篇论文从具体史实出发，推倒所谓黄色工会的定论，肯定其与工人集团的亲和性。

与政治关系中,其自身状况如何?能否担负得起自身应负的责任呢?

一、党、政、军各方与工会

国民政府表面上有着明确的工运方针与工会目标,但实际上党、政、军各方对工会的干预,名为改组工会,实为争夺对工会的控制权,将此消解殆尽。

1922~1923年间,中国各地工人运动澎湃汹涌,工会组织遍及各地。国民党1924年改组后,极为重视工人运动,鼓动与帮助工人参加革命运动,工人运动一度持续兴盛。特别是上海纱厂大罢工、京汉全线总罢工、香港海员大罢工、对英国的经济绝交、对日本经济绝交、沙面的封锁运动震动全国。工人组织在运动中不断壮大,全国总工会适时成立,工人组织愈加健全。工人运动高涨的一个重要原因是中国共产党人的发动、参与。国民党不甘坐视中共对国民党的渗透以及对工运的掌握,1927年4月12日开始"清党",对工会"清共"改组。两湖地区工会几乎全被解散,平津工会遭大肆摧残,广东工会多被封闭。国民党试图以此夺回对工运的领导权,将工运纳入三民主义的轨道。

为了从组织上控制民众,1928年2月后,国民党中央党部和政府采取一系列措施调整民众运动方针。其要点为,从国共合作时期的"唤起民众"转为"训练"与控制民众,阻止民众斗争,反对民众参加革命。国民党二届四中全会根据蒋介石等人提议,决议在中央未确定整理办法前,所有一切民众运动暂行停止,将原有的农民、工人、青年、商人等部的组织取消,并决议于各级党部添设民众训练部。此后,农工团体的提倡与训练,皆由党部直接指挥,所有"容共"时代的标语、口号,均加以审订、取缔,而农工出版物的内容,皆严格限定在教育、经济方面。1929年3月,国民党三届一中全会又撤销各级民训会,改由各级党部的训练部设立民众训练处(科)来主管相关事务。1932年,国民党第四次全国代表大会以后,为了加强对民众团体的监督控制,在各级党部建立民众运动指导委员会。

1928年夏,国民党对各地工会加以整理。6月7日,国民党中央公布《各级人民团体整理委员会组织条例》,开始在部分省市建立工会整理委员会。铁路、海员、矿业各特种工会,由中央民训委直接派员整理。从1928年8月15日至8月18日,中华海员工业联合总会、枣庄矿区工会、陇海铁路工会、京沪杭甬铁路工会、津浦铁路工会、平汉铁路工会、平绥铁路工会、北宁铁路工会先后开始整理。① 7月9日,国民政府公布《劳资争议处理暂行条例》,以期防止、消弭工潮。1928年8月,国民党二届五中全会宣布结束"军政时期",开始所谓"训政时期",制定一系列法律条款限制结社、罢工、示威等一切权利。1929年6月,国民党三届二中全会通过了《人民团体组织方案》,规定"凡人民团体应在党部指导、政府监督之下组织之"。1931年1月7日,中央执行委员会训练部训令各级党部,"要指导工人运用工会,使成为发展社会生产、改善工人生活之团体"。②

与之相应,国民政府从法律上整缩工运。1929年10月21日,国民政府公布《工会法》,并定于同年11月1日开始实施。1930年6月6日《工会法实行法》公布实行。《工会法》规定工会的筹建、章程、职员选举、召开会议等方面须经当地党政机关批准和监督。依其条款,金融、财贸职工、16岁以下的童工与学徒,"国家行政、交通企业、军事工业、教育事业、公用事业各机关之职员及雇用员役",以及有所谓反动言论与行为者,均不得建立和加入工会。《工会法》还取消了全国和省市县各级地方总工会和产业总工会的建制。该法要求工会"以增进知识技能,发展生产,维护改善劳动条件及生活为目的";规定工会的主要事务为:(1)与资方订立劳动协约;(2)向政府陈述有关劳动法规的意见;(3)调处劳资纠纷;(4)举办劳工教育、消费合作社和俱乐部等互助事业;(5)调查研究劳动问题等。《工会法》严格限制罢工、怠工,特别规定交通、军工企业、国营产业、教育事业、公用事业中工人所组织的工会,在任何情况下都不能罢工。从此全国各种工会均依此法改组或重新组织。③

工运自此由高潮转向低潮,工会数量锐减。1927年6月,第四次全国劳动大会时,中华全国总工会下属会员达290余万人。到1928年年底,据12省和5个特别市的统计,工会计有1117个,会员有177万。经过两年半的整理,到1929年12月25日为止,据8省5市行政机关调查的结果显示,工会共有738个,会员数1224855人。④ 1930年开始按《工会法》整理后,9省27个城市工会降至741个,会员锐减至57万余人。1931年,会员人数下滑至36万余人。⑤ 以上海为例,1928年,经党部整理可公开活动的工会

---

① 马超俊:《中国劳工运动史》上册,重庆,商务印书馆,1942年,第152页。
② 《工人训练暂行纲领》,《中央党务月刊》第30期,1931年1月,第110页。
③ 中华全国总工会:《中华全国总工会七十年》,北京,中国工人出版社,1995年,第124页。
④ 李平衡:《中国工会运动之过去及现在》,《劳工月刊》第1卷第2期,1932年5月15日,第51页。
⑤ 邢必信等:《第二次中国劳动年鉴》,第2编,第14~18页。

计429个,1928年9月至1930年7月间,在社会局注册工会下降至249个。《工会法》施行后,上海各工会遵照新法令合并改组后仅有90所工会。① 到1937年5月,全市工会总数仍无明显增长(产业工会39个、职业工会59个)。② 据中央民运会调查,浙江工人团体自1927~1932年,团体数与会员数咸锐减十分之九,仅存工会309个,会员34294人。③ 按实业部统计长办公处统计,1932年全国14省82个城市计有600个工会。④ 据国际劳工局中国分局调查,华北工会最不发达,华中与华南仅限于沿江、沿海的工业城市,尤以上海为全国工运中心。从1932~1935年,华北、华中、华南三区产业工会与职业工会总数分别为647、695、759、823个,会员数亦由1932年的421329人,略升至1935年的469240人;不过"除特种工会较能稳健发展外,普通工会均似衰沉,至民国二十四年为尤甚"。⑤ 另有研究指出,到1935年年底,合法工会增加到836个,会员回升到57万人,但仍不足"清党"、"清共"前的1/5。⑥

从工、商团体力量对比来看,据中央民运指委会于1935年所做的"全国人民团体统计"显示,工人团体的数量及在全国团体总额中所占比例低于商人团体。两者数量与比值分别为:3647个,7.630%;7028个,14.703%。南京、上海、汉口、广州、天津、北平、青岛等7大城市中,商人团体同样多于工人团体。在全国20个省中,除江苏、安徽、湖南、福建、贵州、河南工人团体略多于商团体外,其余浙江、江西、湖北、四川、河北、山东、陕西、甘肃、青海、广东、广西、云南、察哈尔、绥远14省的工人团体均少于商人团体。⑦ 团体数量大致从一个侧面反映出工会组织有欠健全,无力与商会、同业公会等抗衡。迄至抗日战争全面爆发前,国民党对工会组织与工人运动深怀戒心,既想发展工运,为我所用,又怕将工人发动起来后难以驾驭,因此未能明确工运的路线,工运日渐消沉,各地工会都无振作的征兆。

国民党中央常务委员会1928年8月曾提出《民众运动方案草案》,对"过去民众运动之错误"的总结中有一点为"包办垄断,故为运动民众而非民

---

① 上海市政府社会局:《近五年来上海之劳资纠纷》,第3页。
② 《国内劳工消息·劳工组织及活动》,《国际劳工通讯》第4卷第6期,1937年6月,第78页。
③ 实业部劳动年鉴编纂委员会:《二十一年中国劳动年鉴》第2编,第5、10页。
④ 《民国二十一年国内工会按业统计》,《实业统计》第1卷第1号,1933年2月,第148~152页。
⑤ 程海峰:《一九三六年之中国劳工界》,《国际劳工通讯》第4卷第5期,1937年5月,第11、33页。
⑥ 中华全国总工会:《中华全国总工会七十年》,第126页。
⑦ 中央民众运动指导委员会:《全国人民团体统计》,出版地点不详,1935年6月,第3、4~6页。

众运动"①。其矛头直指中共,但真正将民众运动异化为"运动民众"的正是国民党集团。

上海工会统一组织的组建,始于1924年的上海工团联合会。至1925年春,加入该会的工会达40个,会员5万余人。该会隶属于国民党右派。"五卅"运动后,在共产党的宣传下,工团联合会失其控制力。1926年6月,工人激进派组织上海总工会取而代之。国共分裂之后,总工会的左倾行动遂不容于当局。1927年4月,稳健派工人组织上海工界联合会,与总工会相对抗。国民革命军东路军攻占上海后,东路军前敌总指挥部政治部主任陈群指派专员组织上海工会统一委员会,以此作为上海各工会最高机关,担负改造指导统管各工会的责任,并命令上海各工会在工会整理完善、各工会合组上海工友总机关前,均由工统会指导、重新登记,肃清藏匿于工会中的共产党人。工统会主席为董福开。该会内部机构分为组织、总务、统计、宣传、交际、保卫部,保卫部有兵员600人,全由正规军划拨而来。② 4月13日,工统会取消总工会、工界联合总会名称,上海总工会与上海工界联合总会改组就绪。③ 工统会宣称自己是"真实之工会",但是工统会委员并非工人,仅以党员身份指挥工人,缺乏群众基础,正如工统会组织部长李子峰所言:"现在之统一工会非比从前之总工会,威权毫无,全凭劝化。"④直到8月份,才有上海轮船码头第一二业务工会、浦东与浦西30个分会表示拥护工统会。⑤

1927年11月17日,上海300余工会不满工统会的设置,在国民党上海市党部的支持下,借市党部召开援助英美烟厂罢工会议之时,乃自行组织上海工人总会。市党部派潘宣之、周致远、李石曾、潘公展等15人为指导员。上海工人总会自称是"由工人本身组织工人领导机关",是"纯粹工人之团体"。工人总会以"打倒欺骗工人的工统会"、"拥护蒋总司令"为口号。⑥工人总会临时执委包括商务印书馆、南洋烟厂、报界、兵工厂、英美烟、海员、邮务、沪宁铁路、码头、内外棉纱厂、华商电车自来水、先施公司、永安公司、怡和纱厂、新新公司、丝厂、药业、东方纱厂、船务栈房、医业、同兴纱厂等21

---

① 《民众运动方案草案》,《中央日报》1928年8月9日,第2张第1版。
② 《上海工会统委会之内部组织》,《申报》1927年4月20日,第14版。
③ 《上海工会组织统一委员会启事》,《申报》1927年4月16日,第2版;《国民革命军东路前敌总指挥部政治通告》,《申报》1927年4月15日,第1版。
④ 《上海商业联合会与工会组织统一委员会讨论"调解劳资纠纷"问题有关文件》(1927年6月),上海市档案馆:《一九二七年的上海商业联合会》,上海,上海人民出版社,1983年,第257页。
⑤ 《各工会拥护工统会之表示》,《申报》1927年8月27日,第14版。
⑥ 《上海工人运动史》,中国国民党中央民众运动指导委员会,1935年编印,第181页。

个工会;候补执委包括华洋布业、华洋栈业、南货业、荧昌火柴、电力丝织、染织、粤菜等8个工会。众工会合组上海工人总会的缘由,集中体现在工人总会给国民党中央工人部的呈文中:"上海工会组织统一委员会者,名为我全沪工友指导机关。在该会成立之初,我全沪工友,欢欣鼓舞,以为从此能在党的指导之下,得到真正解放,实受真正福利,故一致表示拥护。岂知事有大谬不然,出人意料之外。该会委员系龙裙组合,土豪劣绅、流氓地痞,对于我全沪工友之利益,漠不关心。至于党的认识,更不知主义为何物。派出指导员,名不能自签,我工友欲求其指导,乌乎可得。最可惨者,杀我工友张君毅……被残杀者,何止百数十人者。我工友何辜罹此荼毒,在青天白日旗帜之下,犹有如此情形,能不痛心疾首。现在党国布新,我上海工友,号称百万,共产党乘机图逞,每以该会如何腐败为辞,煽动工友,工人知识薄弱,易于受其煽动。故该会一日不打倒,我全沪工友,一日不能安心,对于本身解放及利益,永不能实现。为此,我全沪工友,推派代表,开联席会议,一致脱离该会,由全沪工友代表大会自行组织上海工人总会临时执行委员会,直接受市党部工农部指导。"① 请求政府准许其脱离上海工会组织统一委员会,"由工人本身组织工人领导机关",组建"纯粹工人之团体"。

  从本质属性来看,上海工统会、上海工人总会,均同市党部、市政府有联系,同样反对共产党,但两者却互相对立。实际上,虽然工统会内部成员政治、文化素质较差,改组工会难免有暴力扩大化之势;虽然"恐共产党徒煽动罢工",通告各工会不得擅自罢工;② 但工统会在保护工人利益方面则毫不懈怠。上海工统会成立之始,即刻声明它是"代表上海工人本身利益之集团,直接保障工人利益,解除工人痛苦,并力谋增进工人经济、政治、社会之地位",警告各厂主不许无故开除工人。③ 当日华纱厂扣除工人停工期内工资时,工统会还曾函告厂方:"工会组织,集会游行,事所常有,劳资两方,因此常起冲突。本会为避免此种纠纷起见,早经规定,凡属本会指导之工会,倘遇公众事件,经本会许可停工者,在停工期间,厂方仍应照给工资,并不得妨害一切应得权利。"④ 当达丰染织厂无故开除工友李贡九及取消其偿工时,工统会数次出面与厂方谈判,厂方只好将该工人安排到夜校任教员,并照给偿工。⑤ 甚至因为工人与法商水电公司资方争取待遇,工统会常委陈

---

① 《上海工运之新发展》,《申报》1927年11月19日,第4张第14版。
② 《工统会通告慎重罢工行动》,《申报》1927年8月29日,第13版。
③ 《警告上海各工厂厂主》,《申报》1927年4月22日,第2版。
④ 《工统会之函件》,《申报》1927年7月29日,第15版。
⑤ 《工统会会务昨讯》,《申报》1927年11月3日,第15版。

邦俊、戴汉森被司令部逮捕、判刑。① 从这些事例看,工统会还是能立场鲜明地站在工人一方的。

工统会对工人的贫困生活状态不乏同情心,为了拯救生活在"世界帝国主义压迫中心点"、"完全处于被压迫壁垒中"的工人,特别召开联席会议,组织"上海工统会工友失业登记委员会",对饱受"社会经济组织之不平等"痛苦的失业工人进行登记,负责为失业人员介绍工作,提供必要的劳动技能的培训,"俾养成为健全之革命劳动者"②。1928年2月,上海市翻砂工会第一分会要求取消包工制。工统会护工部派盛杰、毛和旆会同该厂工头单云生共同讨论,定于从3月1日起取消包工制,并且恢复前被开除的1名工人的工职,补发1927年年终双俸。③ 沪西统益纺织厂自1927年年底停工后,该厂厂长将厂包给洋商接办,该厂第二分会5000余工人闻此消息,或担忧失业,或担心原有待遇能否落实,至为恐慌。1928年年初,工统会护工部长汪晓邨特派员赴该厂调查实情。经与厂方商议,经理答应尽量满足工人的要求。上海利民火柴厂木包间童工李阿三等10余人被解雇,晋丰厂工人要求厂方支付停业津贴无望时,上海市火柴工会第三分会与丝边业工会第四分会,亦报告工统会请求援助。两厂主都很给工统会面子,分别答应让工人全部或部分复工。④ 1928年4月间,上海酱业职工会为元豫酱园经理张鸣华仇视工会,无故开除组长李祝孚,请求工统会速予交涉,以维工运。护工部长汪晓邨派崔振英等人数次前往晤谈,经过与经理、协理的交锋,该经理自知理屈,自愿津贴李祝孚6个月薪水。⑤

工统会确实能为工人争取一些经济权益。隶属上海工人总会的新新公司员工在劳资冲突时也找工统会解难。1928年年初,新新公司酒楼菜部部长林冠刚无故被解职,全部职工深表同情,自动怠工,并呈请工统会交涉援助。工统会护工部长汪晓邨恐工潮扩大,特派方永庚会同法律顾问伍澄宇向该公司经理、协理交涉。最终,林部长复工,全部职员上工,工潮平息。⑥ 上海北区南货业工会第一分会,为虹江路北永源无故开除工友,请工统会前往救济。经工统会调解,该号经理应允给失业工友补偿津贴、花红与伸工。

相比之下,工人总会在维护工人经济利益方面所做的努力不如工统会

---

① 朱邦兴等:《上海产业与上海职工》,第299页。
② 《工统会解放被压迫工友》,《中央日报》1928年2月6日,第2张第4版。
③ 《上海的工人运动》,《中央日报》1928年2月9日,第2张第3版。
④ 《沪工统会护工部工作》,《中央日报》1928年2月4日,第2张第2版。
⑤ 《工统会工作消息》,《中央日报》1928年4月25日,第1张第2版。
⑥ 《上海的民众运动》,《中央日报》1928年3月2日,第2张第2版。

有效。1928年2月,商务印书馆职工会第一分会因要求资方加薪未遂,工人总会指导科仅派周士良出席各组长会议而已,未能与资方直接沟通。① 当丽华公司失业工人周华初状告资方诬陷其有过失行为而剥夺其津贴,面请工统会伸张正义,工统会仅由调查科派人调查而已。② 上海工人总会的工作重点主要是组织工会。上海裘业职工会解散后,资方便任意压迫工友,克扣薪金,无故开除工友,工人总会要求裘业恢复职工会,与资方抗争。③

工统会因缺乏群众基础,试图通过帮助工人向资方争取权益的途径提高自身威信;而工人总会群众基础较好,自然更为注重各业工会的组织建设工作。当然,工统会也开展基层工会的组建工作,同时打击工人总会系统。工统部组织部曾派员任日华纱厂,内外棉东西五厂,内外棉七、八、十二厂的工会筹备员;④也曾指使上海市公安局将南货业职工会乐亚辉等6人逮捕,交地方审判厅审讯,趁机将南货业职工会南北两处合并归入自己的系统,⑤以此削弱工人总会集团的力量。

如果从工统会争取工人权益的成绩而言,工统会应该有一定的群众基础;但它有三个致命伤,是它败于工人总会的症结所在:

第一,工统会委员多为军政机关人员,工统会非工人自组组织。不仅工人总会,而且上海市煤商业同业公会也对工统会有所诟病。事情起因于,上海特别市商民协会煤商业同业公会筹备处于1927年10月中旬成立之初,便接手处理筹备处未成立前煤业工会请求煤业公会增加工资、改良待遇而致纠纷的悬案。筹备处推选魏鸿文等5人为全权代表,在与上海特别市劳资调节委员会磋商后,定于10月25日召集双方谈判。然而,工统会为帮助煤业工会战胜同业公会,竟请淞沪卫戍司令部突于10月22日中午时分将煤商业同业公会筹备员魏、陈2人逮捕。该筹备处就此发表宣言,称工统会利用"恶劣手段"破坏工商合作,藐视同业公会,违背调解原则;特别强调该工会实为"一班人勾结投机份子所组织","煤业同行现有全体工友未尝加入该工会,亦未有人在该工会负何种职责","该工会倚恃在工统会注册为保障,公然以法定团体自居,威云显赫,忘乎其根本组织为非法","敬希全国各界鉴核,赐予援助。党国幸甚"。并呈报上海市特别市商民协会、市劳资调

---

① 《上海的工人运动》,《中央日报》1928年2月9日,第2张第3版。
② 《上海的工人运动》,《中央日报》1928年2月20日,第2张第2版。
③ 《上海的民众运动》,《中央日报》1928年3月2日,第2张第2版。
④ 《区联工会将开联席会议》,《中央日报》1928年2月19日,第2张第2版。
⑤ 《沪市的各区党部》,《中央日报》1928年2月2日,第2张第3版;《上海的工人运动》,《中央日报》1928年2月11日,第2张第3版。

节委员会、市党部商人部,要求:(1)电请政府严惩非法组织煤炭业工会,保障商权;(2)非本业真正工人,不得组织本业工会;(3)工商纠纷应由双方依法解决,不得滥捕,以彰法权。(4)迅予释放魏、陈两人,以洽商情而障民权。《民国日报》、《申报》、《新闻报》3 大传媒于 24 日刊载煤商业同业公会筹备处宣言。① 该筹备处在宣言中看似在质疑煤业工会的属性,实则指桑骂槐、敲山震虎,痛斥工统会为非法组织。工统会社会声誉因此备受影响。

第二,自诩为劳资双方居间人的地位,受到工人与资方双重期许与压力。非工人出身的工统会成员,以国民党员资格组织工会,工人自然与之疏远,多采取观望态度。但也不排除有些工人将提高工作待遇的希望寄托在工统会身上。工统会同时还要拉近与资方的关系,消除中共上海总工会给资方造成的"阴影",重树工统会的形象。但在资方眼中,工统会毕竟是工人的代表。工统会调解部长吴苍生曾向上海商业联合会中人坦承工统会所处的两难境地:"现在之统一工会,乃接受自从前之总工会。前总工会乃一共产党机关,故现在鄙人等着手的有二点:第一点,即是清党问题。……第二点,即为保护真正之工人,以符先总理之维护农工政策。……盖工人前以总工会为护符,所提条件期在必认,而总工会亦惟武力是恃,所提条件非迫业主承认不可。若现在我们统一工会关于工人之要求出而调解,则工人方面非常不满,谓我辈勾结资本压迫工友。否则,使劝业主认受,则商人方面亦谓现在之统一工会,实一总工会之改头换面,故调解之困难可谓至矣极矣。根本问题,工人知识太浅,前受共党之遗毒,至今未能彻底澄清。故往往有要求过甚,至业主停业,而工人来会报告,谓业主将藉停业为要挟,请会中代为交涉。敝会为工人机关,自应有维护之责,然亦有监管之权。故对于此等事,必审慎处之,必使不节不离双方得过去。若工人之故意捣乱破坏,非独业主可以折退其工作,即敝会亦有相当之监管或取缔,以达清党之主旨。鄙人甚愿各业主对于不良之工人,不必加以姑容,如有确实证据可证明其为破坏分子,不妨报告敝会,敝会自当处理。然而工人要求之惟一目的,不过欲加点工资,鄙人亦甚希望各业主,如力之能及者,不妨酌加;待遇方面,凡力之能办者,不妨酌改。庶几使纯良工人得所维护,安心工作,经贯彻维护农工之主旨。如此,则可省却纠纷多多。总之,鄙人等现在处理统一工会所取之准绳,即不能有商而无工,然亦不能有工而无商,务使工商调护,统力合作而后已。"②工统会得不到劳资双方的信任实属必然。

---

① 304—1—142,上海市煤商业同业公会为魏鸿文、陈友锜两委员因处理劳资纠纷遭被拘留,要求有关机关即予释放以及本业工会为资方未履行协议提出交涉等的有关文书,上海市档案馆藏。
② 上海市档案馆:《一九二七年的上海商业联合会》,第 255 页。

第三，工统会为一些党部人员所不容，他们主张在工统会系统外另行组织、改进工会。1928年2月，上海市党部三区党部工农运动委员会在讨论各工会援助南货业职工会张培根案时，除决议呈请市党部工农部设法援助外，还请市党部转呈中央取消工统会。① 其主旨为反对政客裹胁工会。

工统会在告工友书中，曾指斥"以前的上海总工会，因组织不良，为一班流氓工贼及阴险的共产党分子所把持"②，然而，工统会仍老路重走，其内部除剔除共产党人外，依旧为流氓、工贼所操控。工人总会寻找一切机会攻击工统会。国民党中央四次全体会议开幕之顷，忽有停止民众运动的命令，邮务工会、报界工会、华商电气工会、商务工会暨职工会、南洋烟草职工会、英美烟厂工会、沪宁铁路车务工会7大工会代表，发表工运宣言，呈请国民党中央确定民众运动方针，规定上海工人最高机关，保障劳工团体发展。其中"请规定上海工人最高机关"，即希望国民党中央承认工人总会的权威性。工会代表向国民党中央申诉："工会统一委员会成立未久，种种设施，为腐化分子所把持，断不足以资领导"，"且有受资本家贿赂，压迫工人之风"，"以便利计，莫若由上海工人团体，自行组织"③。较之工人切身利益，工统会与工人总会更为关心抢夺各业工会的控制权，不免疏忽工人利益。1928年4月，商务、邮务、报界、南洋烟草、英美烟、华商电气、药业业务、旅栈业招待员、熟货业等工会，商务印书馆、米业、纸业、绸缎业、估衣业、烟兑业职工会，强烈反对各省商联会修订劳资条例宣言，可是工统会与工人总会对此不置一词。

工统会与工人总会相互掣肘时，1928年1月25日，上海县总工会筹备委员会，在江苏省党部麾下的省总工会筹备委员会的扶植下又粉墨登场，声称要成立"真正工人的上海县总工会"。各工会前来登记者，一时"非常非常踊跃"④。淞沪卫戍司令熊式辉及上海市党部代表，迭向国民党中央建议统一上海工运。⑤ 国民党中央党部针对上海工运内部互相倾轧，"各工会组织不统一，以致行动不能一致，力量不能集中，影响工运前途极大"的弊端，决定组织上海工会整理委员会，中央临时会议于1928年4月24日通过《整理委员会组织条例》。⑥ 国民党中央准备加大力度改组上海工会。早在1927

---

① 《上海特别市的党务》，《中央日报》1928年2月14日，第2张第2版。
② 《上海工会组织统一委员会告各工友》，《申报》1927年4月16日，第2版。
③ 《上海七大工会代表呈请》，《中央日报》1928年3月9日，第2张第2版。
④ 《上海县总工会筹备委员会已经开始办公》，《中央日报》1928年2月1日，第2张第3版。
⑤ 《上海的工人运动》，《中央日报》1928年3月17日，第2张第2版。
⑥ 《中央党部着手整理上海的工人运动》，《中央日报》1928年4月26日，第2张第2版。

年年底,白崇禧就曾遵中央特别委员会第十次常会决议,向中央工人部呈请遴员接收上海工统会。① 上海工人总会即刻作出反应,常务委员会于28日在市党部会议厅召集该会全体临时执行委员会议,主席宣布:"本会是为反对官僚政客所包办的工会,谋工人真正的福利,而组织的临时最高机关。现中央对于上海工运,既有具体办法,本会自应其初衷,在党的指导下,遵从中央意旨,自动宣告结束。"该次会议还决议组织工会结束委员会。②

1928年5月6日,工统会与工人总会合组上海工会整理委员会,工整会委员会假总商会举行就职典礼,中央派朱霁青来沪授印监督,计到各工会代表百余人。工整会在就职宣言中明确三点:"第一当严密其组织,使反动分子无隙可乘,并扩大其团体之力量,互济互助,以巩固中国民族之基础;其次当加紧其训练,增高其知识,使其生存上既有较优之生活力,而在三民主义的立场上,又能为全中国利益而奋斗;又其次则对于劳资之纠纷,当以客观的方式,务期合于事实,理得其平。"③上海祥昌、祥大、文记、新记、天成、悦华、美亚、锦华、锦云、美升等电力丝织厂职工会,对于整理委员同样表示愿竭诚拥护,特发电表示欢迎,并希望工整会速予解决"共产党徒之欺骗"与"腐化分子之播弄"的带来的痛苦。④ 9日,工会整理委员会正式接收工会统一委员会。为平定因工会组织更迭带来的动荡,也为获取工人的信任,工整会发表告上海工友书,就"本会宗旨与使命"、"工人与本会之关系"等论题,申明自己的立场。在有关"组织建议"问题中,工整会将工统会置于对立面,称其宗旨与使命就是"站在三民主义立场上,来整理在恶化腐化分子夹攻中的上海的工会,来解决每个工会内部的纠纷","指出每个工会过去的错误,而改为严密的,健全的新的工会"。国民党中央对整理上海工会持乐观态度,将整理期限定为3个月。⑤

人算不如天算。工整会开展工作之初即碰到难题。全沪丝厂90余家俱有工会,独经纶双宫丝厂因受厂主徐可亭的胁迫而无工会。1928年6月间,徐可亭接收纬纶双宫丝厂后,一如其故,迫令职工退出工会,工人未屈服厂主意志。厂主乃勾结警署,殴打职工,惨杀热心工运的姜阿兴。全沪丝厂工人激于义愤,同盟罢工,藉以达到严惩凶手的目的。经卫戍司令部调解,工人先行复工,静候法律解决。警备司令部成立后,丝厂职工业联合会呈请

---

① 《上海工运之新发展》,《申报》1927年11月19日,第14版。
② 《上海工人总会准备结束》,《中央日报》1928年5月1日,第2张第4面。
③ 《上海工会整理委员会今日就职》,《中央日报》1928年5月6日,第2张第2面。
④ 《上海工会整理委员昨日就职》,《中央日报》1928年5月7日,第2张第2面。
⑤ 《工整会的告上海工友书》,《中央日报》1928年5月23日,第2张第3版。

予以依法裁判此案。孰料司法机关淆乱黑白,判决行凶巡官与厂主无罪,反将无辜工人判处 18 个月徒刑。全体工人深感党纲法律不能保障身家性命,唯有罢工抗争。在军政当局的高压之下,工人决定先行开工,再谋解决之道。岂知资方乘势压迫,不准工人到厂做工,拒发停工期间的工资,且发布通告,解除丝厂职工业联合会委员的工职,还与其他丝厂约定,对该委员一律不得聘用。上海邮务、商务、报界等 7 大工会发表宣言,"誓不受任何势力之摧残工运,而使工友无团体之保障",并将此案联呈党政军各机关,要求保障工会委员与工会的合法权益。① 警备司令部却下令整理该职工业联工会,并谕令公安局批捕该会执委多人。工整会翁光辉不敢主持正义,也不敢触怒警备司令部,对外界发表言论,将所有责任全推到丝业职工会:"因该会各委员主持会务办法,未能尽善,故将经会议通过后,派员整理或改组。"② 工整会此举有失民意。

调解劳资争议、发展组织,也是工整会的中心工作。中华厂停工期间,工整会在南区棉织业第一业务工会的请求下,派员就停工期待遇问题与厂方磋商。当新雇工人拒不加入布厂同业职工会一分会时,也不遗余力劝告工人入会。③

工整会为争取人心,上台伊始就分呈市党部、市政府、司令部维持"五卅"纪念日工人的双俸制;通过"设医给药以惠劳工案",在劳工医院未开设前,在浦东、南市、闸北、租界、西区暂设劳工诊疗所 5 处,并由工整会提供部分医药费。④ 这些惠工举措虽然可能在一定程度上增加了工人对工整会的信任度,却难敌工整会委员各种恶习所带来的负面影响。尽管工整会声称有别于工统会,但其重蹈工统会的覆辙,于工运徒添变乱。在处理上海码头工人反对包工头压榨案中,工整会表现较为低调,甚至暗助包工头,其成员丑态毕现。1928 年 8 月 17 日,上海轮船业务工会等 96 个工会电呈中央党部,直击工整会痛处:"上海工会整理委员会一切会务被翁光辉、陈彬、周致远把持。查翁对于工运不甚熟悉,周在解决英美烟公司工潮时曾受贿万余元,利用工会为升官发财机会。陈乃浦西码头著名工棍、资本家走狗。故设会成立三月余毫无成绩,请将该会改组另派干员袁逸波指导,并请确定工运方案俾便适从。"工整会与工统会不过是一丘之貉。码头业务工会同时将此事呈诉国民革命军总司令部,请求主持公道,并转致中央党部陈果夫部长

---

① 《沪七大工会对丝厂业罢工宣言》,《中央日报》1928 年 6 月 22 日,第 2 张第 4 版。
② 《沪丝厂工会将改组》,《中央日报》1928 年 6 月 27 日,第 2 张第 4 版。
③ 《沪工整会工作消息》,《中央日报》1928 年 6 月 13 日,第 2 张第 4 版。
④ 《工整会关心工友的疾病》,《中央日报》1928 年 5 月 28 日,第 2 张第 3 版。

"从速派员彻底改组上海工整会,解除工人痛苦"。国民革命军总司令部以事关党务组织,9月26日将码头业务工会呈文上达中央党部。10月2日,总司令部函件及码头业务工会呈文原件转到中央组织部。① 工整会的设置,不仅未能将上海工会组织澄清合一,反使整个劳工界愈加分化,该会终于1928年10月亦被解散。

不过,工整会在调处劳资争议方面应该发挥了若干作用。在工整会之后,由劳工组织调处的案件始见减少。有统计表明,1928年度,由劳工组织调处的案件占案件总数的15.20%;到1929年,仅占0.30%;1930年后,则为1.54%～1.77%。②

国民党左派的活动对右派来说无疑是重大的政治挑战。因此,蒋介石于1928年1月重获大权后,"立即开始了一个尽管基本上不流血,却的确是变本加厉对左翼的压制行动"。"在2月召开的国民党中央执行委员会二届四中全会上,各省'不值得党信任的党组织被强令解散;党员被要求重新登记;所有党员都被要求用党的领导的"精神"来约束自己的言行。……保证党员对于领导人的支配心悦诚服,而不是仅仅在权力结构中随遇而安。所有的民众运动,不问其意图和目的而一概被停止。此后,民众组织将只作为南京政府实行控制的工具,而不是表达民众意见或首创精神的机构。'"③于是,就出现了蒋介石的心腹张静江主政下的浙江省政府与浙江省党部甚至中央党部"斗法"的一幕,其结果是双方利用各自掌控的工会相互攻击,破坏了工会间应有的团结。

国民党中央指派陈希豪、洪陆东充任浙江省党部改组委员会常务委员后,曾经中央通缉的卢仲英、黄维时、周廉泽、许蟠云等左派人士随之汇集杭州,活动于各工会间。1928年2月1日,杭州市10个各级工会联名具书,请省政府查办"反动分子",省府将此事呈报中央。卢仲英等人则鼓动杭州市印刷工会发起众工会罢工与之拮抗。市公安局长章烈以"工人方面时有蠢动之虞"为由将印刷工会封闭,并向省政府提议停止民众运动、取消各级工农团体。在省政府的授意下,市公安局于6日下午开始封闭杭州市各级工会,缉拿卢仲英等人。④ 2月7日,陈希豪、洪陆东到达杭州,正式接管浙江

---

① 720—33,上海市码头工人反对包工头压榨事件及"二八"纠纷和其他工运工合纠纷事项,中国第二历史档案馆藏。
② 上海市政府社会局:《近五年来上海之劳资纠纷》,第10页。
③ 费正清主编:《剑桥中华民国史》,章建刚等译,上海,上海人民出版社,1992年,第135～136页。
④ 《杭市各工会封闭原因》,《中央日报》1928年2月9日,第2张第3版。

党部改组委员会。此后,两人就接管杭州党报《民国日报》、清党案卷事宜,多次同省政府磋商,省政府则拒之不理,并且停发党费,扣留党部暂托保管的存款,检扣党部邮件。① 同情陈、洪的杭州各工会,此时也连日纷纷向省政府请求启封工会。省政府一方面命农工科科长召集各工会代表谈话,一方面决定在中央未颁布工会改组办法前,对于杭州各级工会,暂归农工科指导。②

面对省政府的强硬态度,省党部于2月17日具呈中央,弹劾浙省政府代理主席蒋伯诚等人"以省政府而兼理党务,实开本党未有之恶例"。其大意为:省政府(1)勾结西山会议派腐化分子,破坏党务;(2)占夺党权,违反党纲;(3)破坏党章,谣言惑众;(4)阻碍党务,力谋反抗;(5)摧残工会,铲除异己;(6)滥用职权,擅捕忠实同志;(7)无视中央,冲破纪律;(8)扣留文件,掩恶饰非;(9)挑拨离间,希图捣乱;(10)散布流言,恫吓同志。同时,省党部通电全国,申诉事实,要求中央依照四中全会决议的整饬党纪案查办。同日,杭州市总工会等143个工会、杭州市学生联合会,电呈中央执行委员会、国民政府及蒋介石、蔡子民、戴季陶、于右任、陈果夫等人,谴责省政府封闭工会、干涉党务,请求明令罢免蒋伯诚、蒋梦麟委员职务。中央执委会了解杭州纷扰后,经117次常务会决议,于18日电令省政府"迅速转交"、陈希豪等"迅速接收保管"党产,并静候中央解决纠纷。党部改委会自接到中央来电后,即派叶肃中、李尹希接收《民国日报》,牟震东、金平森接收清党档案。21日,叶等4人携带省党部公函与中央来电,前往省政府接洽。省政府委员蒋伯诚等人均已赴沪,仅蒋梦麟留守。蒋梦麟搪塞称:《民国日报》与清党卷宗应否移交,须省政府常务会议决定,但常会必须俟主席返杭后始能召开。③ 2月底,国民党中央对于杭州的僵局,不得已而退让,对于省政府封闭民众团体一点,电告省党部"如可为维持治安计,是可以的",并电令陈希豪、洪陆东回京,另由组织部派员与省政府交接党务。④ 此举看似为了减小党政摩擦、掩人口实,实则预示了省党部乃至中央党部在这场争斗必将以败北告终。直到1928年4月下旬,国民党中央才分派王漱芳赴浙省。

从《中央日报》这份国民党机关报登载的新闻来看,浙江省政府握有绝对的话语权。有关浙省纠纷的消息中,屡屡称卢仲英等人为"反动分子",将陈、洪与卢等相提并论,甚至暗指陈希豪、洪陆东两人是国民政府秘密通缉的反党分子。上述文字无疑旨在讥责省党部的合法性。其实,浙省党政纠

---

① 《浙省党部与省政府的纠纷》,《中央日报》1928年2月22日,第2张第2版。
② 《浙江省政府暂定杭市工会归农工科指导》,《中央日报》1928年2月15日,第2张第2版。
③ 《浙省党部与省政府的纠纷》,《中央日报》1928年2月22日,第2张第2版。
④ 《中央解决浙省党政纠纷》,《中央日报》1928年2月27日,第2张第2版。

纷恰是省政府一手导演的:

第一,陈、洪两人2月7日到杭州,省政府2月6日封闭杭城工会,这绝不是巧合。省政府自知在杭州工会中缺乏认同基础,封闭工会的目的就是要剪除工会与省党部的联系,削弱省党部的力量,给陈希豪、洪陆东一个下马威,以便最终夺取党产、党权、工会控制权。

第二,控制舆论,诬陷卢仲英等人是杭州社会秩序混乱的祸根。据报道:"各工厂皆鉴于卢仲英前为清党委员,诈庆成厂百万元,不敢开工,致失业工人达四千余",于是才有市各级工会请省政府查办"反动分子"的举动。① 其潜台词是,只要赶走陈、洪等人,厂主便不会歇业,工人就不会失业。2月7日,蒋伯诚在回答记者提问时,特别指出杭城当下出现数千失业工人的原因,"无非深中主持工人运动者之余毒",卢仲英等人在工人中的活动,引起"全市商人,大起恐慌"②。但实际上,杭州工人失业并不是始于此时。正如杭州市总工会所反诘的:"年来因受战事影响,交通阻滞,丝织工人失业者达万余人。"③况且,各厂主仅因卢仲英曾拖欠钱款而"不敢开工",也不合逻辑。众工厂停业不过是省政府采取行政命令而上演的闹剧。

在蒋伯诚等人看来,陈希豪、洪陆东等人反动至极,支持他们的工会是"反动分子"的帮凶,其领导的工运所带来的威胁丝毫不亚于共产党人。陈、洪两人接收省党部后,即刻开始从主义、工作、纪律和人格方面整理党务,着力消灭国民党内的小派别,提高党员对国民党的认识。④ 洪陆东对于今后民众运动有切实的努力方向。他在答浙江国民通讯社记者提问时指出:"党的领导民运,与政府之设施如调查人口,清丈土地,发展交通,改善警卫诸端,相辅并进,庶几乎训政时期的事业,能够完成。三民主义,亦因党义的具体化,党权的法律化,而一一实现。否则就要变领导民众为抓民众,民众运动变为运动民众;或袭取共匪故智,设立农民自卫军,为阶级斗争的工具,结果不但农村经济,因农运而根本破坏,民族地位随而日益衰落不止。"其言论,既与国民党中央民众运动的精神保持高度一致,又突破国民党人原有的重破坏而轻建设的民运老路。包括杭州市总工会在内的支持省党部的143个各级工会,堪称国民党的忠实组织,在致中央执行委员会、国民政府的电函中,明确表示以"灭共铲腐为职志","本互助原则"处理劳资关系。⑤ 其言论完

---

① 《杭市各工会封闭原因》,《中央日报》1928年2月9日,第2张第3版。
② 《中央解决浙省党政纠纷》,《中央日报》1928年2月27日,第2张第2版。
③ 《杭市各工会封闭原因》,《中央日报》1928年2月9日,第2张第3版。
④ 《一周间的大事》,《中央日报》1928年2月19日,第3张第3版。
⑤ 《杭州一百四十三工会请中央解释浙政府行为》,《中央日报》1928年3月1日,第2张第2版。

全合乎国民党的民运准则。

通过这场党政纠葛,我们可以得出结论:工会,对于浙江省政府只是工具,是实现一己之利的私产;对于浙江省党部来说则是他们心目中国民革命的同路人。

除典型案例外,从全国范围来看,党部领导下的工运均蒙受各方挫折。1928年2月初,各省市党部及海外总支部等团体代表数十人向中央四次会议请愿,呼吁请勿停止民运,制定民运方针和理论。① 江苏省总工会筹备委员风闻中央执行委员有提议停止民运之说,于当月10~13日召集各县市总工会代表在南京召开联席会议。到会15县代表一致议决向中央党部请愿,请求取消停止民众运动,确定苏省各县市工会经费预算,保障工运人员安全,规定最高工作时间。代表们特别强调:有关提议尚未讨论,各省政府参以私意,明令所属停止民运;各县政府主持人员,多半对党义无甚研究,暂停民运之说将助长其横阻民运发展;停止民运有违总理遗教,无异脱离民众;停止三民主义的民运,将无异于替共产党的民运制造机会。他们对工运人员的危险境遇愤而不平:"查地方人士,对本党主义,多没有认识,或封豪劣绅,把持地方政权,对于努力工运人员,常加诬陷。……或用匿名信向军警机关或高级官厅投递,军政机关则以一纸公文,令饬主管行政官厅;地方官厅不加讯察,不问是非,随施拘押,以莫须有之控告,竟使努力人员,忠实同志,饱尝铁窗风味。事后遍查原告,无人负责,往往糊涂了之。闻复拘押多日,既不加审讯,复不准释放,探问亦无相当答复。"强烈要求"地方官厅,对于拘捕工运人员,须得各该上级工会之许可,方得传案讯审。如擅自拘押,即以破坏工运论罪"。

大会还发表宣言,高呼:"我们不能因为防止共产党的捣乱,就停止一切的民众运动。在革命的进程上,民众高涨的热情,只有正当的导引,不能强制的遏制。我们承认国民党是代表被压迫阶级的党,尤其是代表被压迫最深农工的政党。因此不能不希望她站在农工的地位来谋我们利益的增进。"要求"在工会的纪律上,我们必须要严格保持单一系统,无论何种机关不能加以无理的干涉"。② 而后,由省工总、省学联、省女协等团体,联合发起请愿团,于21日齐赴中央请愿,恳请切勿停止民运。3月初,上海邮务工会、报界工会、华商电气工会、沪宁铁路车务工会等7大工会发表宣言:"为革命

---

① 《各党部请勿停民运》,《中央日报》1928年2月6日,第2张第3版。
② 《苏省县市总工代表联席会》,《中央日报》1928年2月15日,第2张第2版。

前途计,所有各地纯正工农团体,因误会致遭封闭者,中央应迅令各该主管机关立予恢复。"①

众团体、党部的正当要求,根本无法阻止国民党二届四中全会暂停民运决议的出台;而该决议却将政、军与党的矛盾推向极致,全国各地工运的发展之路因此变得坎坷不平。江苏省嘉定县总工会原由省总工会派员于1928年3月间筹备成立,岂料成立不到一个月,4月15日,该县政府指其有共产党嫌疑,勒令封闭,并将工作人员一并拘禁。省总工会以事关工运前途,除呈电中央请予保护工会外,并请求省政府电令该县政府速予释放被捕人员,同时电告全国各公团,痛斥该县政府诬陷从事下层工作人员"赤化无遗"的恶行,请求声援。②

即使是首都南京,工会组织仍然不健全。1927年3月,国民党势力深入南京后,该市工人先后自动组织工会,并且产生下关劳工总会和城内总工会两个对立的团体。当年劳工总会以武力推倒总工会。由于各级工会组织松散,市党部改组委员会委派市总工会筹备委员,接收劳工总会,组织筹备委员会。3个月内,南京成立下级工会190余个,会员达10万人以上。1927年7月筹备工作完成,召开第一次全市工人代表大会,组织总工会。同年11月,中央特别委员会产生,市党部与总工会各委员多离职,会务无形停顿。直至1928年6月,市党部指委会再次派员整顿总工会。各级工会也多因经济拮据而解体,仅存89个工会,会员35 996人。1928年7月,市党部再次派员整顿总工会,并于12月召集第二次全市工人代表大会,改选委员会。1929年6月,总工会以委员意见不合,擅自召集临时代表大会,市党部遂停止其活动,派员接管,至8月间明令解散总工会,另又一次派人重新筹备总工会。③当正准备召集第三次全市工人代表大会选举新委员时,中央训练部函饬暂缓举行而停止,市党部便又开始组织工人团体指委会。直到1930年8月间,才接到改组工会的命令。但按照《工会法》、《工会法施行法》、《人民团体组织方案》及《改组办法》改组工会的工作,耽搁到1931年秋始告完成,计改组成立工会44个。④

北平工会的命运,同样由于党、军双方意见不合而变得坎坷。1928年1月,蒋介石、冯玉祥、阎锡山、李宗仁4位总司令在北平时,便对党部组织工

---

① 《上海七大工会发表工运宣言》,《中央日报》1928年3月5日,第2张第2版。
② 《嘉定县工会被县政府封闭》,《中央日报》1928年4月19日,第2张第2版。
③ 邢必信等:《第二次中国劳动年鉴》,第2编,第36～37页。
④ 实业部劳动年鉴编纂委员会:《二十一年中国劳动年鉴》,第2编,第14页。

会极为反感。2月,国民党二届四中全会决议暂停一切民运后,北平各工会却渐有活跃之势。党部人员不遗余力鼓动工人,成立各种工会。白崇禧在何其巩就任北平市长时,曾公开表示,应遵照四中全会停止民众运动案,暂缓组织一切工会。白崇禧深恐共产党利用工会与民众运动向国民党内部渗透,遂一面命令军政机关加以干涉;一面于8月13日以平津卫戍司令部名义致电阎锡山,指责党部人员"煽动阶级斗争",①特别指出有著名共产党员暗中从事工会运动,陈请阎锡山依照四中全会决议,严厉制止发动、组织工会,取缔已成立的所有工会。阎锡山复电称:"五次会议对于民众运动案,并未取消,尽可照办。"②平津卫戍司令部在未正式函咨市党部的情况,于16日正式下令解散北平各工会。北平市党部并不直接与白崇禧、阎锡山沟通,而是借助媒体表达党部的意见。市党部执委对外称:恢复民运是党部服从中央的命令;中央已派员来平督促、调查解散各工会情况;"党部只知服从中央,工作照旧进行,当不受任何影响"。市党部民训会与中央所派人员,还于17日将北平党政摩擦电告中央,并请示处理意见。③ 中央特派员朱化鲁在回答记者提问时指出:"四次会虽停止民众运动,此案后交常务委员负责,今次议决恢复民众运动。本人北来,亦系指导此种工作。恢复民众运动宣言,沪上想已发出,不过此处尚未见及。"此后民众运动"当然继续进行"。至于平津卫戍司令部不经呈请中央、通知党部,越权停止民运,实属错误行为。④据北平警备司令张荫梧所说,军警并未强制封闭工会,包括总工会在内的已成立的34所工会,均完全是自行解散。⑤

相同的命令在不同城市却有迥异的区别。天津当局接到阎锡山解散工会电令后,以北平工会系工界自动组织,天津工会则由党部组织,"并未发现不合举动",主张慎重办理。商震、南桂馨、傅作义等人与省党部一度会商,决定将天津工会情形详细呈报中央,同时希望工会暂时停止活动。实际上,天津工会在此后一时期不仅未曾停止活动,相反却有相当的发展。仅以地毯业为例,在1928年8月至12月间,先后成立地毯分会7处,15%工人加入工会。⑥ 其原因用天津政要的话说即为:"中央前此派员考察北方党务,

---

① 《解散平津各工会的真象》,《中央日报》1928年8月18日,第1张第3版。
② 《阎锡山下令解散平津工会》,天津《大公报》1928年8月17日,第2版。
③ 《北平市党部对解散工会的态度》,《中央日报》1928年8月18日,第1张第3版。
④ 《关于解散平津工会问题》,天津《大公报》1928年8月18日,第2版。
⑤ 《张荫梧谈北平工会》,天津《大公报》1928年8月19日,第2版。
⑥ 南开大学社会经济研究委员会:《天津地毯工业劳资之组织》,天津《大公报》1930年7月13日,第3张第11版。

对于天津方面表示相当满意,于北平党部,则感其过于幼稚。"①换言之,天津工会完全由国民党掌控,毫无中共立足之地。

外国观察者对1927年后国民党对工会的态度曾有精辟评论:"1927年国民党'改组'委员会开始改组各级工会,这一举动给劳工造成的震惊,使劳工运动走向保守。这一政策很快窒息、摧毁了工人所有的主动性。仅有在用工会反对外国厂主的情形下,国民党才比较鼓励建设强健的工会,然而这一政策于1931年后也不执行了。"②国民党利用工会对抗外资业主,有时仅仅是为了自己的经济利益。

1927年9月,英美烟二厂资方为进厂不到两个月的新工人增加工资,而对老工人则未按厂方所拟6个月增加一次工资的规定提薪。30日下午,二厂叶子间工人停工,要求资方改良待遇,并到一厂叶子间串联,一厂工人群起响应,向资方提出一律增加工资、减少工时等19项条件。资方对此加以拒斥,数千工人举行罢工示威。由此开始了长达109天的、史称"除省港罢工之外是中国工运历史上少见的大规模罢工"。10月18日,沪东英美烟三厂全体1000余工人参加罢工,整个英美烟厂均停工。此次罢工时间之所以持续较长,其中一个重要的原因,是国民党政府以罢工为谈判筹码,向英美烟公司施加压力。

罢工方酣之时,正是国民党政府与英美烟公司就缴纳烟税谈判遇挫之时,无计可施中的政府便利用此次工潮,与资方讨价还价。政府乘势组织冠冕堂皇的罢工委员会,抓住罢工领导权,同时由工统会出面将"资本家向政府缴纳烟税"列入结束罢工的条件。资方坚称工人罢工只是要增加工资,其他条件拒不在考虑之列,并以保护公司免受工人洗劫为名,通过英国驻沪总领事巴顿调遣200多名士兵进驻工厂。工会无所畏惧,继续罢工,罢工人数一度达到9000有余。罢工震动整个上海,各界组织罢工后援会,从经济上援助烟厂工人。市党部商人部通令卷烟业公会禁售该厂香烟。1927年11月29日,罢工已达50余天,在国民党当局的提议下,中英双方在英总领事馆召开协商会议。工统会则将"厂方承认烟税"作为复工的先决条件。中共江苏省委批示浦东区委,应切实向9000余罢工工人揭露国民党为400万烟税牺牲工人的行为。工人发现被工统会愚弄后,坚决要求维护自己的正当权益,表示"资方缴不缴烟税,我们不管,但决不能牺牲我们自己的条件","我们誓为工人条件而奋斗"。国民党怕丧失罢工领导权,连夜派出军警,逮捕"反抗最强烈的工人",用强权压制工人的正当要求。1928年1月16日,劳资双方

---

① 《天津工会不致解散》,天津《大公报》1928年8月19日,第2版。
② Nym Wales, *The Chinese Labor Movement*, p. 68.

签订协议,政府的初衷基本实现。英美烟公司同意按更高的税率向国民政府纳税。17日,工人在国民党软硬兼施及军警的严密监视下,被迫进厂复工。①此次罢工给工人带来的最大收获,是厂方承认工人有依法组织工会及代表工人向厂方谈判的权利,并答应改善工人生活条件。以后几年中,厂方对工会的态度非常和缓,并且常同工会合作,与工会商量处理厂中事务。②

任何政党都要寻求、争取和壮大自己的社会基础。国民党中央执委会在民运正遭封杀之时,发表告民众书,郑重表示"本党始终站在民众利益方面代表民众利益而奋斗"③。中央委员朱霁青在致于右任、谭延闿等7委员的长信中,认定无论在军政时期、训政时期,还是在宪政时期,"民众是党国之原素,党是民众之指导者","离开民众即无所谓党,亦无所谓国";反对政府万能说,反对把关乎民众的事业委之政府。④上海执委会民训会强调民众训练的意义是"为民众而革命,不是为革命才要民众"。⑤中央党部素称以"被压迫的民众"作为本党的基础,以"唤起民众"作为"本党重要工作"。党政部门压制、操控民运的行径,对于中央党部来说,不仅无益于国民革命,反而"致令民众离开本党,徒予共产党以煽动机会,影响国民革命前途"。有鉴于此,中央执行委员会第五次全体会议通过《取缔军政机关人员干涉民众运动案》,交由国民政府公决,以通令遵行。该提案主旨有三条:"一、领导民众运动之权,绝对属于本党各级党部,任何军政机关,不得无故干涉。二、行政机关及人员,应遵守中央颁布之法令,尽其监督保护民众之责,如民众团体有越出法律范围情事发生,应商由当地党部根据法律纠正或制止之,绝对不得依个人志趣,凭个人好恶,随意干涉。三、军事机关及人员,应服从中央命令,尽其保护民众之责。"⑥尽管该提案代表国民党中央的立场,但对军、政机关与人员毫无约束力,它们仍我行我素,撇开各级党部,任意操纵工会。

即使陈果夫、丁惟汾、何香凝在接见上海工会请愿代表时,明确表示"停止民运,并非整个地停止其内部工作,仅暂时停止其对外活动"⑦,然而实际上工会均遭到不同程度的冲击。在各方打压之下,工会力量变弱,难以与资方讨价还价。在上海1928年1月至4月的35件罢工案中,主力多为店员、

---

① 中国工运史料全书总编辑委员会:《中国工运史料全书:轻工业卷》,北京,北京图书馆出版社,1998年,第74~75页。
② 骆传华、洪达能:《今日中国劳工问题》,上海,上海青年协会书局,1933年,第102页。
③ 《中央执委会告民众书要旨》,《中央日报》1928年3月10日,第3张第2版。
④ 《朱霁青论党与民众》,《中央日报》1928年5月6日,第2张第2版。
⑤ 《沪指委会民训会颁布暂行方案》,《中央日报》1928年5月17日,第2张第3版。
⑥ 《取缔军政机关人员干涉民众运动案》,《中央日报》1928年8月9日,第2张第1版。
⑦ 《上海的工人运动》,《中央日报》1928年3月15日,第2张第2版。

手工业者,产业工会多半瓦解,即或有工会,又为流氓所把持,很少能与资方相争。① 总的来说,"清党"以后的上海工人运动,走上停滞之路。原有工会解体,工人已得的待遇,又被资本家乘机夺回,②在党部多次干预,以及法律的限制下,南京工会渐至萎缩,在劳资争议中已基本没有发言权。时人对南京市工会曾有这样恰当的评价:"在这短短的变革的历程中,很明显的可以看出以前历次产生的工会,都是陷于僵局而无以自拔,根本没有健全的'运'的机能,当然是谈不到'动'了。"③南京1929年发生的13件劳资纠纷,按其性质而论,"与团体要求有关者极少",多系"三数工会干事私人意旨","或仅关系一二人之工作问题,或因乘私人之意气"而发生。直到1930年才有一次和记工厂的团体行为。④ 由于国民党党政当局对于民运始终犹疑却顾,没有明确主张,中国劳动界的公开活动多有收敛。中国工运在经过1922~1927年间持续高涨并取得惊人成果后,随之而来的是长期的持续低迷期。

二、工会的独立性

如前所述,自国民政府成立以来,各种劳动法规次第颁布施行。这些法规虽然对于工人结社和罢工的权利有所限制,但总体上是承认这类权利。政府的立法宗旨,似不在于禁止结社、罢工和停业,而在于防止越轨的激烈行为,并且要使劳资间的一切争议能在未决裂以前实现平和的解决。《工会法》只是禁止若干公众性的事业部门的职员与雇员组建、加入工会及罢工、停业。1929年,立法院在编制《工会法》前,首先便确定《工会法》原则18条。其中,第一、二条分别为:《工会法》不适用于国家行政、国营产业、教育事业、交通、军事工业、公用事业、各机关之职员或雇员;工会为产业工人或职业工人组织。⑤ 1931年的《修正工会法原则》仍维持原准则。1932年的《修正劳资争议处理法》再次重申"供公众需要的事业之雇主或工人,不得因任何劳资争议停业或罢工"⑥。按照《劳资争议处理法》的规定,凡家行政、国营产业、教育事

---

① 刘明逵、唐玉良主编:《中国近代工人阶级和工人运动》第8册,第700页。
② 力言:《上海工人运动的回顾和意义》,《劳动学报》第1期,1934年4月10日,第217页。
③ 《劳动行政》,《南京社会特刊》第3册,南京文心印刷社,1932年4月8日,第70页。
④ 王阶平:《南京市过去劳资纠纷述略》,《南京社会特刊》,1931年1月,第113页。
⑤ 《立法院订工会法原则》,《纺织时报》第628号,1929年9月5日,第109页。
⑥ 中国第二历史档案馆:《中华民国史档案资料汇编》第5辑第1编政治(3),第151页。

业、军需、交通、运输、公用事业的雇主或劳工,不得因任何劳资争议而罢工或停业。① 法律并未给予这些部门的工人以合法的地位与权限。1931年1月,国民党中央执行委员会训练部下发的《工人训练暂行纲领》中,也特别写明"国营工厂之工人,系服务于国家社会共有之机关,绝无劳资对抗之意义,更不得有怠工罢工之行动"。② 上述各部门工人因此要求政府予以相关法律的保护,从而建立合法的带有本部门特点的工会、总工会,并取得罢工权。

1928年7月26日,国民党中央第159次常会通过《特种工会组织条例》,规定了铁路、海员、矿业、邮务、电务等工会从全国到小组的网络系统。但这类工会其实此前早已成立。比如,津浦路南段职工同志会创立于1912年。平汉铁路工会前身平汉路总工会于1927年3月成立。《工会法》、《工会法施行法》颁布实施后,1931年2月3日,天津邮务工会强烈指责该法第4、5条将职员与工人分别对待,剥夺职员应该享有的同工人一样的成立及加入工会的权利。其理由是低级职员的待遇与工人无异:"吾邮工自旧制邮务生之下致苦力杂役无一而非心力交瘁、薪酬微薄之劳动者,……是以全国低级员工,鉴于工作劳苦感受同情,出而联合谋坚固之团结而组织工会,历经各地省、市党部指导成立,并无不合之处。现行工会法不查此点,意在分化邮工团体而陷低级职员于绝境,置其领导工人参加国民政府之往绩,与夫收回邮权监督邮政之成效于不顾。"③天津邮务工会呈请立法院,并呈请天津市党部转呈中央党部,请速行颁布特种工会法。《工会法》与《工会法施行法》经各地劳工团体遵行以来,各地反对之声鹊起,政府认为有必要将法规中未尽妥善之处,亟应修正以求适用。

同年底,上海工人代表向国民党中央呼吁,所有工人不应受职业或服务机关所限,一律应有组织工会的权利。全国民众运动讨论会上,亦曾有代表就此问题提出提案,要求修正《工会法》第3条(即国家行政、交通、军事、军事工业、国营产业、教育事业、公用事业、各机关之职员及雇用员役,不得援用本法组织工会)。在提案者看来,"铁路事业之员司与工役,殊难有确切之分别。以职务论,例如机务工务之工程司,车务机务材料各处之内外勤员司,无一非具特有之技能,司其有关工业之工作。以职级论,在铁路事服务之员司,除厂长、处长、局长外,无一为委任以上或聘用之职员。以待遇论,

---

① 顾炳元:《上海市劳资纠纷问题的研究》,《女青年月刊》第10卷第4期,1931年4月,第18~19页。
② 《工人训练暂行纲领》,《中央党务月刊》第30期,1931年1月,第109页。
③ 《天津邮务工会为呈请国民政府等速颁特种工会法告全国邮务工友书》(1931年2月3日),天津市档案馆等:《天津商会档案汇编》下册,天津,天津人民出版社,1996年,第1655页。

工人之薪额有高出于底级员司数倍者。例如车务处之收票司事,其薪额在三十元以上者,服务年限均在十五年以上,乃机务处之普通工友,其薪额大都在七十五元以上,而服务年限十及十年者。……再如餐务工友,未尝无一技之长,受路局直接从其司工业上之工作,与其他工友不以业务之不同,而认为待役,又加装卸工友虽不直接当路局之雇用,雇用人而间接仍为路局服务,是与一般码头之运输工人,无稍或异。是底级员司及雇用员役,生活之痛苦,服务之劳瘁,而待遇之不平,非深知铁路事业之内容者,决难得其梗概。如必须依照现行工会法第三条之限制,则是项员役,将永无申诉痛苦及参加革命之机会。"该提案主张:凡服务于铁路之职员、雇员及工人,除代表雇主行使职权的局长、处长、厂长外,余者均一律得加入为铁路工会会员。[①]不过,该提案并未通过中央民训会的核定。

1932年10月5日,国民政府在陆京士等人一再强烈要求下,公布了铁路、邮务、电务、海员4个所谓特种工会组织规则。《海员组织规则》却只准所谓业务主任、理货、中舱入会,而禁止生火、水手、管事入会。[②] 中央民运会在《修正工会法原则》的讨论中,建议删去国营事业职员、雇员不准参加、组织工会的条文。1933年,实业部奉行政院令转奉国民政府明令将《工会法》第3条及《工会法施行法》第5条删除。经修正的两法规于7月27日公布。[③] 至此,劳动法规始将实际存在的由职员参与的各部门的工会合法化,为这类工会的发展提供了必要的生存环境。1933年年底,据中央统计处统计,全国工会共有3101个,会员917515人。仅津浦、平汉、陇海、平绥、正太、胶济、北宁、道清、武长株萍、京沪沪杭等铁路工会,即有会员146600人。[④] 据时人研究成果显示,就组织方面观察,1935年普通工会均陷于空前低潮中,而特种工会却能维持原状或略有新的进展。[⑤] 1936年6月23日,行政院会议通过的《国民大会代表选举法施行细则》,给京沪沪杭甬、平汉、粤汉、北宁、平绥、津浦、正太、陇海铁路工会及中华海员工会各1名国民大会代表的名额。[⑥]

[①] 《中国国民党全国民众运动工作讨论会报告书》,中国国民党中央民众运动指导委员会,1934年编印,第49页。

[②] 邢必信等:《第二次中国劳动年鉴》,第2编,第86页。

[③] 实业部劳动年鉴编纂委员会:《二十二年中国劳动年鉴》,第3编,第2页。

[④] 《中国国民党最近指导全国民众运动工作概要》,中国国民党中央民众运动指导委员会,1934年6月11日编印,第30页。

[⑤] 程海峰:《一九三五年之中国劳工界》,《东方杂志》第33卷第17号,1936年9月1日,第161页。

[⑥] 《国民大会代表选举法施行细则》,《中央民众训练部公报》第5期,1936年6月,第63页。

国民政府通过颁布专门法规保障铁路、邮务、电务、海员工会的合法地位,给予职员加入工会的自由,但对政府机关、军事、教育机构的工会的合法性,以及事实上已加入这些工会的职员的合法权益,则始终未能给予法律保障。比如,虽然《工会法》限制较严,但军事工厂多数成立工会。为了规范已有工会组织,军政部曾制定《军用工厂工会组织规则》,但被国民党中央第33次常会否决。其后又拟具《军用工厂工会组织规则草案及运用方案》,请政府核准公布。① 虽经第60次常会决议,由陈立夫、黄慕松、贺耀组3委员会同民众运动指委会审查,然再无下文。1934年,国民党四届中央第74次常会决议"军用工厂工人,毋庸组织工会;送政治会议,交立法院修正工会法,及工会法施行法"②。

总工会是工会之间与工人之间由县到市、省,以至到全国联系的枢纽。国民政府肇建之初,承认各级总工会,在《工会法修正案》、《工会组织条例》中,除规定各业、各厂区、支部、小组组织系统外,还规定了从县、市、省到全国的各级工会组织系统,并将该文件甚至下发至北平丹华火柴公司这样的企业。③ 1928年前后,各地在各级党政机关的支持下纷纷成立各级总工会。1927年2月,国民革命军挺进浙江,各工人团体在国民党领导下组织工会。杭州总工会唱于前,各县总工会和于后。经过短暂的停止民运后,1928年4月,浙江省党务指导委员会成立,民运恢复。根据中央法令,由各县党部与省党部整理各县总工会与杭州市总工会。1927年夏,国民党势力深入中州,经该地党部多方宣传,是年秋省党部组织省总工会与市总工会。工人且以工会领袖指导有方,除努力发展本身团体之外,对于总工会都信任有加。1928年初,江苏省总工会筹备委员会为统一江苏工运,筹备各县总工会。嘉定县首先成立总工会。因负责调解店东纠纷,该县总工会极受工人信任。④ 1928年3月20日,在省党部工人部的批准下,蚌埠成立市总工会。⑤ 1928年6月底,广州农工厅长根据政治分会议决通过的《工会法》,组织全省工会联合会。⑥ 1928年7、8月间,无锡工界成立县总工会整理委员会。筹组总工会的热潮很快遍布国民政府的统辖区。与此同时,中央决定乘势

---

① 《关于军用工厂应否组织工会及其组织规则草案案》,《中央党务月刊》第56期,1933年3月,第1377页。
② 《中国国民党年鉴(民国二十三年)》第1编,沈阳,辽海出版社,2008年,第(甲)210页。
③ J2—4—3,北平特别市社会局关于中央政治会议通过之"工会法修正案、工会组织条例"给丹华火柴公司的函及附件(1928.10.16～1928.12.8),北京市档案馆藏。
④ 《嘉定总工会筹备会成立》,《中央日报》1928年2月4日,第2张第2版。
⑤ 《蚌埠市总工会成立》,《中央日报》1928年3月24日,第2张第2版。
⑥ 《广州政治会议新颁工会法》,《中央日报》1928年6月27日,第2张第4版。

组织全国总工会。1929年7月1日,国民党上海特别市党部委派陆京士等人建立上海市总工会筹备委员会。中共影响下的上海总工会决定改名为上海市工会联合会,简称上海市工联。1928年7月9日,国民党中央第154次常务会通过《工会组织暂行条例》,其中规定:"全国之省总工会及特别市总工会成立在九处以上时,得召集全国代表大会成立全国总工会,选举执行委员及监察委员。"①

然昙花一现后,各级总工会即形瓦解。1929年10月21日,政府公布的《工会法》及其施行法颁行,取消了建立全国和省、市、县各级总工会及全国产业总工会的有关条款,各地各级总工会均蒙受打击。上海总工会筹备委员会无奈于1930年7月2日依法宣告结束。浙江省党部依照浙江省工人团体改组办法,改组各级工会。喧嚣一时的杭州市总工会于1930年11月奉令撤销。② 无锡总工会因骤失存在依据,无形涣散。1924年成立的重庆总工会,亦于1932年改组为职工俱乐部。③ 总之,自1930年《工会法》颁布后,全国工会已无纵向的组织。④

随着总工会的取缔,下属各工会组织亦受到不同程度的冲击。开封市总工会取消后,各下级工会归开封县党部直接指导,从1927年以来持续3年蓬勃开展的工运自此废弛。此后,更因党部人员腐化等因素,到1932年年底,该地仅存15个"敷衍例行公文与参加必要之会议"的工会。⑤ 上海市劳工组织仅有等同于资方同业公会的组织,而没有与资方的市商会势均力敌的、统率本市各劳工团体的组织。⑥《工会法》因严禁建立工会联合组织,首先就遭到正在筹备建立上海市总工会和邮务等全国性产业总工会的陆京士等国民党人的嗤议与反击。1929年12月2日,由陆京士等人发起,在上海召开了各省市邮务工会代表大会,建立了全国邮务总工会筹备委员会。

国民党劳工政策实行后,各地一致反对用党的力量来操纵工会,屡次要求工会独立。在他们看来,国民党正试图通过法律改组工会,阻止真正工人领袖的产生,以便于操纵全国工会。因此,主张恢复重建各级总工会的呼声持续不绝。上海邮务等70多个工会的代表于1931年12月19日在上海邮

---

① 中国第二历史档案馆:《中国国民党中央执行委员会常务委员会会议录》第5册,桂林,广西师范大学出版社,2000年,第267页。

② 实业部劳动年鉴编纂委员会:《二十一年中国劳动年鉴》,第2编,第5页。

③ 重庆中国银行:《重庆市之棉纺织工业》,中国银行总管理处经济研究室,1935年初版,第116页。

④ 《二十二年工人运动概观》,中国国民党中央民众运动指导委员会编印,出版时间不详,第21页。

⑤ 张义超:《开封各业工会现状》,《民众运动》第1卷第6期,1933年1月1日,第1页。

⑥ 上海市政府社会局:《近五年来上海之劳资纠纷》,第8页。

务工会举行会议,成立北市"上海特别市总工会",通过以下几条议案:(1)组织上海总工会。(2)上海总工会应请求政府取消现行的《工会法》及一切劳动法。根据1924年广州颁布的《工会条例》,另行起草新的《工会法》,明确规定保障一切工人组织。该法的起草须邀请工人代表参加。(3)上海总工会成立后,应立即召集全国总工会代表会议,组织全国总工会。(4)工人正当的罢工行动,应受法律保护。(5)一切工会及工人运动,应恢复到1929年以前的状态。这一系列议案,"确实是深含着工人领袖反对国民党操纵工会的意味"①。这些工会还趁国民党四届一中全会召开之际提交议案,呼吁"工人团体有纵横之组织,并扶助其成立";"工人不得以知识、职业或服务机关而加以区别或歧视,应一律有组织工会之权利"②。同在12月间,③水电业工会与另一部分工会在南市成立"上海市总工会",一样要求修改现行《工会法》,解除劳工痛苦:"现有各种法规,劳资双方均视为不满,则两者距离愈远,殆为事实。若无协调,必非国家社会之福。"④从性质上看,两总工会都由国民党人指挥。12月31日,两会举行联席会议,决定合并建立"上海市总工会",并推选周学湘、朱学范为常务委员。上海至此有公开正式领导机关。

1932年,各业各地工会,几乎每次举行大会,必有修改《工会法》的决议案。铁路工人在极力争取建立合法的特种工会时,已经在为建立总工会而奋斗。1932年5月间,津浦、北宁、平汉、平绥、陇海、胶济、道清各国有铁路工人,曾在津召集代表联席会,议决组织全国铁路工会联合会,并选派代表不顾政府前曾规定各种工会不准有纵的组织的规定,南下向国民党中央陈述。为应付局势,国民党中央政治会议第33次常会8月11日通过邮务、铁路、电务、海员工会组织规则,并规定《工会法》第六节工会联合会之组织,海员、铁路、邮务、电务各工会不得适用之"。⑤ 此规则一出,反对之声四起。上海邮务工会呈请中央复议邮务工会组织规则,除建议"凡服务于中华邮政之员工,均同为工会会员"外,并请明文规定全国邮务总工会或联合会的合法性;命令各地邮务工会受全国邮务总工会的指导,交通部的管理,全国邮务总工会受中央党部的指导,国民政府的管辖。《海员工会组

---

① 骆传华、洪达能:《今日中国劳工问题》,上海,上海青年协会书局,1933年,第119页。
② 邢必信等:《第二次中国劳动年鉴》,第2编,第84页。
③ 另一说为上海特别市总工会与上海市总工会两会同日成立。见林颂河:《九·一八以来之中国劳工运动》,《国际劳工》第1卷第2期,1934年2月,第3页。
④ 《工运复起》,《纺织周刊》第1卷第37期,1931年12月25日,第986页。
⑤ 《函中央政治会议》,《中央党务月刊》第49期,1932年8月,第318页。

织规则》将1921年2月建立、在全国工会中最负盛名的"中华海员工业联合总会"改为"中华海员工会",承认总工会的建制,但却将其所属海员的范围,由江河海三处缩减为海洋一处。所谓海员,仅指与"海"直接有关的海员,不再包括在江、河地区工作的海员。① 此规则将海员团体由整化零,无异于禁止海员结合团体。海员总工会,虽有"海员"总工会之名,却无总工会之实。政府更改海员工会名称,实际上是要割断现有工会与原有革命工会的联系,削弱曾有过的激进历史对现时海员的影响。中华海员各团体联合办事处与中华海员工业联合总会整理委员会,联电呈请国民党中央修改《海员工会组织规则》,其结果当然是政府不予支持。

1932年5月,上海邮政工人认为《工会法》违反孙中山及国民党所号召的保障劳工团体并扶助其发展的政策,举行大罢工。他们由要求政府修改《工会法》,发展到反对《工会法》,并由陆京士等人秘密组织《工会法》所禁止的"全国邮务职工总会"。此次罢工得到平、津、济、徐、晋、皖、苏、闽等各地同行的响应。②

工会指导机关对《工会法》的诸多限制同样有所非议。1931年,上海市五区党部也提出"全国省市县均组织各业工联会以收统一训练集中力量"及"各县市应有县市总工会之组织"案,呈请国民党上海市执委会转咨国府。国民党中央执委会秘书处以《工会法》相关条款搪塞上海方面的提议,将此提案予以严厉否决:"查特种工会法无另定必要,曾经中央决定有案。至关于工人总组织一节,前准贵处准国府文官处函送国民会议常务提案十二件奉批检送有关各案原文函达查照一案中有'全国省市县均组织各业工联会以收统一训练集中力量'案,及'各县市应有县市总工会之组织'案,当以工会联合会之组织,依《工会法》第四十五条及《工会法施行法》第七条之规定,应受同一产业或职业之限制,即在一省内县与县或与市之同一产业或职业工会得呈准组织该省各该业工会联合会;在直隶行政院之市如经核准分区者,其区与区之同一产业或职业工会得呈准联合组织该市各该业工会联合会。至省与省或直隶行政院之市,其各业工会联合会可否再有全国各该业工会联合会之组织,于法无据。且按照实际情形,此种全国之空洞组织无裨于工人之切身利益,在工人未受切实训练以前,易为少数人挟持利用,自无规定设立之必要。再,设立县市总工会一节,本部前曾据广东潮安各业工会电请核示前来,亦以于法无据,不得

---

① 林颂河:《民国二十一年之劳动界》,《社会科学杂志》第4卷第2期,1933年6月,第207页。
② 《一九三三年下季的邮工运动》,《劳动季报》第1期,1934年4月10日,第176页。

设立,令饬遵照在案。盖以各业工人性质既有不同,为谋工人之团结及各个知识技能之增进,自以分别组织为宜。前项提案,所请应毋庸议。"①国民党中央四届三中全会后,中央民运会以现行工会法与此大会所定民运方针相抵触且窒碍难行之处颇多,其中一点即为,"现行工会法对于县市以下之普通工会,并未规定成立总工会",要求增订"普通工会,县市以下得成立"一项。② 全国民众运动工作讨论会,曾通过"恢复工会纵的组织,以集中革命力量"议案。其理由为:《工会法》所规定的工会"横"的组织形式,虽可免去中共"操纵"工会之弊,但也导致工会"精神涣散,力量不能集中"的负面影响,"与本党领导工人参加国民革命之原旨不免大相径庭"。议案要求重新厘定《工会法》,"另行组织工会团体,团体领导工人整齐步伐实行肃清匪共抵御外侮",全面恢复各级总工会。③

在各方毫不妥协且坚持不懈的努力之下,《工会法》的有关条款终于有所变动。1933年6月15日,第四届中央执行委员会第75次常务会议通过《修正工会法原则》,规定"普通工会,县市以下得成立总的组织"。④ 1933年,中央民众运动指委会根据《人民团体组织方案》及《人民团体指导办法》所规定的县、市总工会原则,另行订定县、市总工会组织条例,暨分会支部等组织简则,以为各地成立县市总工会的准备;但仍严禁市、省、全国总工会的建立。1934年年初,中央民指会以上海市总工会"于法抵触"为由,令其改称"各业工会救国联合会"。上海总工会及上海市邮务、轮船木业、沪甬轮茶房、四区卷烟业、七区棉织、九区皂药、民船木业、一区牙刷业、四区水电业等50余工会,具名呈请正在召开的国民党四届四中全会,称民指会此举将断送该会在防共、消弭各业纠纷、促进劳资合作方面所取得的成绩,限制该会今后工作的开展,请大会咨行国民政府转饬立法院,迅速修改《工会法》,"务须明白规定各省市得组织总工会,或颁布工会单行组织法规"⑤。1934年1月下旬,国民党四届四中全会因上海市总工会等团体一再要求,通过了《修正人民团体组织方案》,有条件地准许建立市、县总工会,从而变相地改变了《工会法》的有关规定。尽管有法律保护,市、县总工会的组建仍举步维艰。

---

① 《函上海特别市执行委员会》,《中央党务月刊》第39期,1931年10月,第2236~2237页。
② 《中国国民党第五次全国代表大会中央民众运动指导委员会工作总报告》,1935年11月编印,第7~8页。
③ 《中国国民党全国民众运动工作讨论会报告书》,中国国民党中央民众运动指导委员会,1934年编印,第50页。
④ 《修正工会法原则》,《中央党务月刊》第59期,1933年6月,第1640页。
⑤ 中国劳工运动史续编编纂委员会:《中国劳工运动史》第5编,台北:中国文化大学劳工研究所理事会,1984年,第405页。

1935年6月,常德县染业、缝纫业等20余工会联衔申请当地党政机关许可备案,迨筹备就绪,1936年1月,县府忽明令其停止活动。①

《工会法》严禁各地工会组织全国及省市县总工会,但"九·一八"事变后各地工会利用新的形势,仍相继成立各种总工会或类似组织。1931年10月18日,北平成立工界抗日救国联合会,呈请市党部转呈中央恢复全国总工会,以便统一工人爱国运动。② 1932年,各特种工会多组织有全国总机关,各地工会也从事于组织总工会的活动。1932年7月25日,全国邮务总工会在南京正式成立,陆京士为执行委员。1934年后,在新的政策催生下,华中各地致力于总工会的成立运动。南昌、汉口、武昌、镇江等处,均于1934年下半年或1935年成立总工会。惟因当局有"剿共"区内禁止工会征收工人会费之命令,因此除江苏、浙江等省外,赣、鄂、湘、皖、闽5省内的工会,均因经费枯竭名存实亡。华南诸省劳工组织与活动,则略有进展。1934年,国民党四届中央第33次常会决议"《工会法》第六节,工会联合会之组织;海员,铁路,邮务,电务各工会,不得适用之"。③ 据时人从特种工会活动观察,"全国总组织之存在,似有利于工人者居多",但直到1935年,政府除独特许海员建立全国总组织外,仍未允许成立全省、全国性的总工会。组织严密的全国邮务总工会与全国邮务职工会依然得不到法律承认。④ 1936年12月24日,国民党政训令限制工会联合会,规定"全省同一产业或职业工会联合会,须有全省过半数以上之县市正式成立该产业或职业工会三分之一以上发起,方得依法成立"。再次从法律上限制工会势力发展。

政府虽然不准成立全省、全国性的工会联合组织,但也仅注重其名,而不计其实。1935年,当局并未将由广东五大铁路的工人组成的全省铁路工人联合会取缔,只不过强行改为俱乐部而已。国民党中陆京士等人为掌握全国工运的主导权,在国民党中央的批准下,以"劳动文化团体和学术团体"的名义,于1935年2月24日在上海成立中国劳动协会。陶百川、陆京士、赵树声、朱学范等7人为常务理事,陶百川担任理事长,赵树声任书记长。同年4月15日,陶百川由淞沪警备司令部军法处长升任国民党上海特别市党部书记,辞去理事长一职,陆京士继任理事长。劳协自称会员以团体为

---

① 《常德总工会未果成立》,《国际劳工通讯》第17号,1936年2月,第98~99页。
② 邢必信等:《第二次中国劳动年鉴》,第2编,第144页。
③ 《中国国民党年鉴(民国二十三年)》第1编,"会议",沈阳,辽海出版社,2008年,第(甲)205页。
④ 程海峰:《一九三五年之中国劳工界》,《东方杂志》第33卷第17号,1936年9月1日,第161页。

主,个人会员"须服务于劳动界或从事于劳动运动及研究劳动问题者",团体会员"以劳动团体及劳动学术组织为限"。劳协成立时有个人会员1200人,团体会员150人。团体会员主要是全国邮务总工会、上海市总工会所属的工会组织。它还在长沙、南京、汉口等地筹组分会。[1] 其实,劳协应该算是不折不扣的全国性工会组织的雏形,它借助文化与学术的外壳,以便联络各地工会,发展为真正的全国总工会。1939年,陕甘宁边区总工会加入中国劳协后,劳协成为全国工会的总组织,国际所承认的中国工会的代表。[2] 诚如朱学范所说,"中国劳动协会,为全国性之唯一劳动组织"[3]。

国民党党部所领导或指导的基层工会,为了自身发展的需要,不同程度上冒犯了党、政部门的尊严,表现出独立的特点。其所以如此,不能忽略的一个原因,是主持工会者坚信工人阶级担负着谋求自己经济利益及复兴民族的重任。[4] 只有强有力的工会组织,才能引导工人为之奋斗。只有工会,才能对工人进行严密的组织与严格的训练,使之不辱使命。[5] 然而,在相关法律的辖制下,工会的种种努力无济于改变工人的生计,整个工运无可避免地走向绝望之路。仅以工人组织最为健全的上海为例,其悲凉遭际足以窥一斑而知全豹。工会改组前的1928年,凡参加英美烟、全市丝厂、估衣业、熟货业、药业、华洋印刷工人与闸北装订工人、邮务、法商水电等罢工的工人,待遇都获得不同程度的提高。1929年工会改组后,雇主普遍开始反扑,推翻原有的劳资协定条件,开除工人。当年罢工明显减少,且在资方压迫下,罢工十之八九归于失败。1930年,雇主对工人压迫更为残酷,工人已无反抗能力。沪东、沪西一带的纱厂工人曾有零落的反抗,但因原有工会的解体,不免很快沉寂。1931年到1932年间,同样因工人组织早已崩溃,工人已无向资方要求改良生活的能力,资方却不断压低工资,裁减工人,增加工作量,这两年来的罢工原因大半由是而起。仅有的租界电话、公共汽车、南市华商电汽工人的罢工自然败北。[6] 上海工人领袖朱学范因此说:"上海的劳工运动,也就象西山落日一般暮气沉沉",这"也可说就是全中国工人运动

---

[1] 陆象贤:《中国劳动协会简史》,第1、7页。
[2] 同上。
[3] 朱学范:《国际劳工组织与援华运动》,中央社会部,1940年印发,第6页。
[4] 朱学范:《中国劳工运动之前途》,《中华邮工》第2卷第1、2、3期合刊,1936年3月15日,第13页。
[5] 朱学范:《去冬上海日纱厂工潮之回顾》,《申报每周增刊》第2卷第2期,1937年1月10日,第41页。
[6] 力言:《上海工人运动的回顾和意义》,《劳动学报》第1期,1934年4月10日,第217~221页。

的进展史迹"①。

南京国民政府时期,无视法律禁令而发动罢工的工会层出不穷,难以计数,但真正首先挑战罢工权的则是上海七大"黄色工会"②之一的邮务工会。邮务工会此次罢工发生于1928年10月2日晨,至6日晨复工,包括总局与23个分局在内的上海邮区各邮局都举行了罢工。上海邮务工会邮务生以下各级邮工组织的全体会员2339人都参加了罢工,其中邮务生592人,拣信生262人,信差720人,传事235人,苦力438人,杂役92人。罢工远因是当年年初邮务工会曾派出代表4次赴交通部请求改善工人待遇,交通部虽允诺修改邮政人员薪金条例,但一直口是实非。罢工近因则是邮务工会认为邮政总局即将实施的修改薪金办法有欠公平。邮务工会在忍无可忍之下,举行全体大会议决宣告罢工,组织罢工委员会,并提出16条罢工要求:(1)彻底改革全国邮务工人薪金制度,上下级间最初工资及每次升级加薪数之相差,一律应以4与3为比例,上海应另加津贴。(2)一年内彻底修改邮政纲要。修改时由工会派代表参加。(3)当局准许组织全国邮务总工会,并拨发全国邮务总工会开办费1万元。(4)立即拨发前邮政总办所批准的工会开办费及月常费,并将开办费、月常费分别增加为2千元与200元。(5)以后当局辞退人员须征得工会同意。(6)工会常务委员不办局务,工资照给,升级照常,并保障工会执行委员职位及生命之安全。(7)拨发邮务工人子弟学校开办费2千元,并按月拨常费200元。(8)抚恤条件照部批从速颁行。(9)病假不得扣工资,邮局应供给医药费,扩充医药设备。全数发还6月30日后因病被扣的工资。(10)工作未满3年者每年年底应发给1个月的年赏,满3年者发给2个月年赏。(11)星期日与一切例假应一律休息,否则另加工资。(12)要求一切例假及长假上下应一律平等。(13)取消分别颜色升级制度,上下一律改为每年升级加薪1次。(14)要求另给苦力加津贴洋3元。(15)发还已故会员无故被扣退休金30元,并向本会道歉,惩戒负责人员,保证以后不再发生这类剥削下级人员的行为。(16)照数补发汇票台会员无故被扣逾额保证金津贴,并惩戒负责人员。其中,后两条为附带条件。

上述16条要求的中心要旨,可以简要概括为提高薪金待遇,改善生活条件。这种要求实际上并不过分。邮务工会所属工人职位低下,劳动强度大,工资标准低,工作起薪只有30余元,且自1925年来从未加薪,其收入维

---

① 朱学范:《中国劳动者之使命》,《中华邮工》第1卷第4期,1935年6月5日,第8页。
② 因该类工会具有较强的自主性,笔者更愿以中性词汇"注册工会"代替"黄色工会"之谓。

115

持"简单的衣食住都不够"。职位较高的人员则责轻事少薪金高,进局薪金至少有80余元,邮务长每月工资数千元外,另有住宅津贴、医药费。邮务工会在《罢工宣言》中宣称,有9千多条款的邮政纲要"完全是欺骗,压迫,剥削,虐待下级职工的凶器"。

邮务工会较为理智,罢工委员会宣布的罢工纪律尤为强调"不得擅自移动或毁坏局中公物","不得喧哗骚扰紊乱秩序"。整个罢工过程略有波折,却全无激烈冲突。10月2日上午,工会召集全体会议,由陆京士报告此次罢工的意义,邮政管理局总办刘书藩通知公安局派巡警驻局维持治安,将罢工委员会人员驱出邮局。中西巡捕见有邮差路过,即拘捕之,剥下号衣,随即开释。邮务工会认为此事有关国家威信,推派代表谒见总办刘书藩。交涉无效后,于下午商借闸北七大工会办事处会场,召开紧急会议,指责刘总办有指使探捕以施非礼的嫌疑。邮务工会罢工后,邮务员以上各级邮员所组织的邮务职工会,宣言交通机关有关公众福利,仍继续维持邮务,而工会则认为此举动旨在破坏罢工,翌日发表第二次宣言,痛斥职工会为工贼、走狗。

邮务当局为瓦解罢工,除训令职工会照常工作外,还发布通告接纳自愿复工者入局,但全体邮工无人赴邮局工作。4日,市党部、市政府奉中央命令召集罢工委员会全体委员会议,希望邮工先行复工。工会提出3个先决条件:(1)总办刘书藩勾结帝国主义,压迫工友,应请撤职查办。(2)将由邮务长、邮务官、邮务员300余人所组织职工会,并入邮务工会。(3)党政军机关答应承担上两项条件,务于一星期内圆满解决。但党部、市政府则将责任推到交通部、工整会、中央民训会。经双方讨论,主要决定:(1)定于5日11时工会领导复工;(2)党部负责请当局交涉收回捕房没收的信差号衣。下午4时半许,市党部、市政府将书面通知下达工会时,使用"训令"词句,罢委大为不快。中经民训会委员劝导,并承认下列复工的先决条件:第一,誓争到16个条件有圆满之结果;第二,解散上海邮务职工会,与上海邮务工会合并;第三,提呈中央党部撤惩刘书藩。5日晨,邮工全体大会议决复工,6日晨,照常工作。市党部承兑诺言,训令取消职工会。

复工后,邮务工人为处理罢工期间未分拣的邮件,特于星期日加班1天。罢工委员会并未因复工而解体,它一面通电全国,一面派代表进京接洽。数日后,交通部先后发表《告邮工书》、《邮务工员修正待遇案》,不同意撤办刘总办。《待遇案》主要变化为:邮务官改为邮务员,拣信生改为邮务佐,邮务生实加月薪 5 元,拣信生与信差实加月薪 4 元,各项公役实加月薪 2 元,缩短升级年限,请假规章稍有宽松。工会却对于该待遇案并不满意。①

此次罢工似未起惊澜,但其社会影响却不容低估。罢工开始,工会即通电各地邮局请求援助,各地邮局遂纷纷响应,其最显著者为北平邮务工会与天津邮务工会。北平、天津邮务工会向邮政当局与交通部提出与沪邮工 16 条相似的改良待遇要求,并限时答复,警告当局如无圆满结果即罢工。5 日,北平邮务工会在原要求之上,增加"邮政归中国完全自办,罢免外人职员"等内容。南京邮务工会、开封邮务工会等,均通电对沪罢工表示同情。上海的报界工会、商务工会、英美烟草工会、华商电气工会、丝厂联合会、海员工会、三友总厂工会、泰晤士报职工会、南洋烟草工会、华洋印刷工会、法商电汽电车自来火工会、煤炭业工会、银业器皿工会、人力车机务工会、墨色工会、米业职工会、药业职工会、铁业职工会、布厂第一分会、布厂第二分会、火柴工会、熟货业工会、估衣业职工会、西区绸缎业职工会等,亦借势声援。上海报界工会发表的宣言,不仅反对刘书藩勾结帝国主义压迫工友,要求政府承认邮工合理要求,更主要的是,强烈要求工人应有集会、结社、出版、言论、罢工的自由。《民众日报》、《民国日报》、《中央日报》虽对沪邮工罢工持否定态度,但《民众日报》强调"工会有宣布罢工之自由,乃工会条例上所规定",反对刘书藩视工友为匪徒、蔑视工友人格的行径。《民国日报》虽指出国家机关中劳资关系有别于普通工厂,但未明文否定邮工的罢工权。

当然,报界也不乏对沪邮工罢工的攻击与劝解,或说"纵使邮务职工的薪金真正微薄以致不能维持生活,或邮局内上下级人员的待遇真正不平等,邮政职员也只能以请愿的方法,将实在情形,陈于主管的上级官厅,请求改善。绝对不能以罢工的方法而要挟政府"。或说"无论如何,若有困苦情事应先向政府请愿,候政府解决,不可遽然罢工,以免有和政府立于作战状态的嫌疑"。

党、政部门面对波及各地的工潮,颇多烦言。交通部对外界称经济要求须在国家财政许可的限度内,认定上海、北平邮务工会中存在过激分子,罢工显系受少数人操纵,对此必须坚决予以严办。交通部长王伯群发表《告上海邮务工会书》,告诫邮工"公共事业机关服务人依法不能罢工"。中央党部

---

① 陆国香:《一九二八年上海邮务罢工之研究》,《国立劳动大学周刊》第 2 卷第 7 期,1929 年 4 月 13 日,第 25、26～36、38、45 页。

10月13日发表《告邮工书》，对罢工出于"服务公用事业之邮务工友"，表示"实有深切之遗憾"，责备邮工"专为自己着想"，指出"向政府罢工以示威，岂惟昧于国家现处之地位，忘却总理正确之遗言"，其结果必将自绝生计。①中央党部还发表《中国国民党对于全国工会及工人之告诫书》，宣称国家公用事业"非个人资本主义之事业，"国家公用事业的工人不能以"对付个人资本主义之手段与方法对付之"，否则即是"背弃国民之义务，反抗政治，反叛国家"②。12月，铁道部曾训令沪宁、沪杭甬铁路管理局令各路局翻印该告诫书分发给工人，作为"我国劳工今日急需之良药"③。民国政府主席蒋介石发表演讲，训勉工友服从国民党的指导"为国造产"，以建设自由、平等的国家，严防效法共产党以阶级斗争立场对待政府。南京中央特推定4名国府委员郑重办理此案。④

尽管邮务工会的罢工被中央权力机关视为违法行为，但上海市党部以牺牲邮务职工会为代价换取邮务工会停止罢工的举动，则无异于鼓励罢工。邮务职工会在给国民党中央党部常务委员会的申述中，特别提到过这一点。国民党政府可能意识到了取消职工会的消极后果，10月22日，交通部训令职工会继续发展。⑤需要注意的是，邮务工会是在市党部注册，职工会则是向交通部注册。邮务工会背后实际上有市党部周致远、陈希豪、潘公展等左派人士的暗中支持。这说明国民党内部对于政府、公用事业雇员能否享有罢工权的认识存在分歧。

1928年上海邮务罢工引发了有关罢工权、特别是政府雇员罢工权的讨论。何谓罢工？这是讨论罢工权之前必须要弄清的概念。当时国内外对罢工涵义的理解基本达成共识。比如，上海社会局认为，罢工是工人要求条件结合团体，暂时停止工作，以促对方的承认或觉悟。⑥杨杏佛强调，罢工是"受雇于人者暂时之联合，以全体停止工作为手段，而求达到一共同之目的；大抵为改良或维持受雇之待遇。——同时并采取积极之方法，以抵制他人占据其虚悬之位置"。白德勒迈（H. Berthelemy）说："罢工是被雇人可以用来强迫雇主，使他改善劳工契约的条件的一个强制方法。"华高登（Gordon

---

① 《告邮务工友》，《中央党务月刊》第5期，1928年12月，第6～8页。
② 《本党对于全国工会及工人之告诫书》，《中央周报》第20期，1928年10月22日，第13页。
③ 457—12573，京沪杭甬铁路局工会暨工友纠纷卷，中国第二历史档案馆藏。
④ 陆国香：《一九二八年上海邮务罢工之研究》，《国立劳动大学周刊》第2卷第8期，1929年4月20日，第69～78页。
⑤ 陆国香：《一九二八年上海邮务罢工之研究》，《国立劳动大学周刊》第2卷第9期，1929年4月27日，第67页。
⑥ 《上海市社会局工作报告》，上海，上海市社会局，1932年编印，第17页。

S. Watkins)指出:"罢工为工资劳动者联合停止工作,以要求某种雇用条件之改善,或维持固有条件之存在。"①总之,可以将罢工理解为:雇员因要求改善工作待遇、条件,或抵制雇用条件的变更而联合停止工作。按其规模或形式划分,罢工包括局部罢工与总同盟罢工两大类。1928年人们所认可的总同盟罢工可细分为4种:(1)以产业为武器,通过立法,实现某种政治目的的政治的总同盟罢工;(2)反对战争的反军国主义的总同盟罢工;(3)迫使雇主让步,规模大于局部罢工的经济的总同盟罢工;(4)推翻资本主义社会,代之以新的社会秩序的社会的总同盟罢工。不过,究其实质,无论哪种罢工都是出于改进劳动、生活及经济状况的目的,都是雇员谋求经济地位的重要武器。然而,各国政府每每干涉或以法律禁止雇员罢工,于是"罢工权"一词应势而生。罢工权即罢工不受政府干涉而为法律许可的权利。

在西方,罢工权是劳动者经过几十年甚至一百多年的奋斗才随结社权一起得到法律的承认。工人取得法律上的罢工权,远在罢工发生之后。普通工人的罢工权已由绝对禁止而到承认,但政府、公共事业机关的雇员的罢工权,却因国而异。美、英、加拿大等国限制这类人加入工会,严禁他们罢工。然而,罢工又是法律所无法彻底禁止的。比如,美国1911年1月间的铁路邮工罢工,1915年11月的邮工罢工;1918年加拿大邮工罢工,及英、法国的邮工罢工。法国情况与美国略有不同。法国政府雇员分为有权威的官吏与管理的官吏两种。前者掌握公众权力,可行使职权,后者无行使权力的资格。因此,无公共权力的小学教员的罢工是合法的,但警察罢工则是违法。

至于国外学者对罢工权的讨论,有的主张任何类型的政府雇员绝对不得罢工。有的学者看重社会贡献,却强调罢工权就应该给予对社会有价值之人。中国学者就罢工权的问题曾有过激烈争论,以陆国香等人为代表的赞成政府与公用事业雇员拥有罢工权的观点略占优势。陆国香通过考察西方立法史,指出"屡次发生之事实,不久必致成为法律而为法律所认可。此盖客观条件之要求,法律果不能超乎此客观条件范围之外"。政府与公用事业雇员的罢工权为法律所认可只是时间问题。他还特别指出,任何反对国家机关的罢工,并非直接反对国家,"而是反对国家机关违反国家全部政策的某部分"。其意罢工不会威胁国家安全,影响国家尊严。在他看来,罢工、罢工权是工银制度的必然产物。政府雇员的罢工与普通罢工似属不同,但就其罢工主体而论,两者没有本质差别,都是为工银而劳动。"政府限制其

---

① 《一九二八年上海邮务罢工之研究》,《国立劳动大学周刊》第2卷第11期,1929年5月11日,第28、29页。

雇工罢工,固属政府之权力,但政府决不能抹煞其雇工之经济要求,政府而偏面颁布禁止罢工之法律,试问政府果能保证其某部分管理人员之不官僚化而不任意压迫工人否?"政府应在保障这些雇员罢工权外,更应竭力改良他们的经济与待遇状况,实现政党的奋斗目标。①

其后,上海邮务工人的罢工一直时断时续地开展。有代表性的如1932年护邮大罢工。其起因是,交通部当局为谋邮政储蓄事业的发展,设置邮政储汇局,组建航空公司,因经营不善,官员营私舞弊,导致邮政亏累,不敷航空公司的消耗。交通部采取紧缩开支政策,补偿经营亏耗,以至取消邮工的米贴,停止邮员晋级制度,同时增加邮资,将损失转嫁于社会,这一政策引起邮务人员的极力反对。1932年5月22日,上海邮务人员实行总罢工,并向政府提出6项条件:(1)裁并储汇局;(2)停止津贴航空公司;(3)邮政经济专养邮政,实施特别会计;(4)恢复邮工良好的行政制度;(5)取消邮资加价;(6)保障邮工生活。在政府的高压与各界领袖奔走调停下,不到10天各地邮工先行复工。同时,政府聘请上海市长吴铁城等人组织邮政经济制度研究委员会,研究巩固邮基方案的实施办法。②1928年的邮务工人罢工,其规模似小于1932年由上海邮工发动、影响全国邮工的护邮大罢工,但其所引起的对有关罢工权的重视,则是其后任何一次罢工都远不能及的。

1932年罢工时,社会舆论多主张在日军还未撤出上海的严酷时局中停止一切罢工,从学理上讨论"公仆"罢工权的问题于事无补。③ 不过,主张普遍罢工权的观点最终还是逐渐为学界所认同。刘星晨曾说:"照原则上讲,凡处于被雇的地位的人,总应当有罢工权,无论其雇主为国家,为私人。……国家是我们应当信任的,但是当国家—政府还没有注意到的事情,我们便应当提醒他,提醒他,不能加以改良,也只有走到罢工的一条路上去。所以我们以为罢工权应当普及。"④

其实,不论政府,还是学界对普遍罢工权采取何种态度,不论政府如何严厉镇压工潮,政府或公用事业部门的雇员都从未停止过罢工。以教员为例,就有1933年北平小学教员、1934年上海500名小学教员要求发放积欠薪金的怠工。⑤ 湖南第一纺织厂的罢工也曾震动国民党党政中枢。政府的

---

① 陆国香:《一九二八年上海邮务罢工之研究》,《国立劳动大学周刊》第2卷第11期,1929年5月11日,第30、35、36、37、38、41页。
② 《一九三三年下季的邮工运动》,《劳动季报》第1期,1934年4月10日,第176页。
③ 《公务人员与罢工》,《中央日报》1932年5月24日,第1张第2版。
④ 刘星晨著:《劳工问题》,上海,大东书局1933年版,第48、49页。
⑤ 《平小学教员怠工潮解决》,天津《大公报》1933年10月24日,第1张第4版;《五百小学教员之怠工》,《劳动学报》第1期,1934年4月10日,第185~190页。

法律尊严贻失殆尽。

三、工会中的派系

　　国际工会运动中有共产派、基督教派、中立派、法西斯派、自由派，①南京国民政府时期，中国工会中亦无例外地存在各种派别，以至有议论称：劳动运动"浸假成为政治活动之一种工具，统治者与反对者辄欲利用之，以为民意之表示"②。最有代表性的案例，是1936年上海26家日资纱厂45000人大罢工时，上海各界救国会、中共的赤色工会与青年团、国民党领导的总工会属下的福利会、社会局主管的忠义会、基督教青年会的部分会员、国家主义派都在不同程度上参与和鼓动。③

　　中共的工运工作主要通过两种方式进行，一是通过秘密的赤色工会，一是利用黄色或灰色的工会。

　　"清党"后，革命工会遭到毁灭性的打击，当时的中共中央不顾形势的恶化，依然沿用革命高潮时期的组织形式和斗争策略，在近10个月的时间里，动用一切力量在国统区开展工人运动。1927年8月22日至9月22日，中共江苏省委和上海总工会发动沪西8个纱厂12000余工人先后举行大罢工，提出恢复旧工会、安置被开除工人等条件。9、10月间，动员各区革命工会开展了反对工统会的运动周。11月1日至24日，领导了沪东9个纱厂14000余人的大罢工。12月1日至23日，领导了英商电车公司全体2000余人的大罢工。1928年年初，还号召各业工人开展年关斗争，南货、酱菜、杂货、绸布、米粮等业店员先后举行了全行业的大罢工，大多取得了胜利。然而，胜利是用鲜血换来的。在多次的工运中，中共众多杰出的革命家被捕，秘密基层机关被捣毁。国民党二届四中全会下令暂停一切民运后，共产党、共青团和革命工会的各级秘密组织仅余20余处。四次劳大选出的全总执委和候补执委大部遇害。④中华全国总工会在1928~1929年间曾直接或间接领导工运，最著名的有：1928年上海法电工人、邮务工人的罢工，

---

　　① 王志坚：《第十九届国际劳工大会报告》，《实业季报》第2卷第3期，1935年9月30日，第31页。
　　② 实业部劳工年鉴编纂委员会：《二十一年中国劳动年鉴》，第2编，第139页。
　　③ 722(4)—228,耿安吉呈中央执行委员会民众训练部(1936年11月19日)，中国第二历史档案馆藏；朱邦兴等：《上海产业与上海职工》，第122页。
　　④ 中华全国总工会：《中华全国总工会七十年》，北京，中国工人出版社，1995年，第120、121页。

1929年煤炭、码头、丝厂、估衣业等工人的斗争,尤其是法电与邮务罢工,全国总工会可谓是全力投入。① 在法电罢工中,中共与华志勇等领导的"黄色罢工委员会"坚决斗争,并出版《工人宝鉴》,向上海工人陈述罢工内幕,揭露市党部为保住自己乌纱而牺牲工人利益的勾当。全总亦曾特派专员参加指导唐山五矿工人罢工,公开与黄色工会较量。

处于秘密状态的上海工联会,未因革命受到血洗而消沉,仍继续保持上海总工会的革命精神,利用国民党停止民运的时机,积极争取工人。在1929年7~10月间的86次劳资争议中,工联会领导44次,国民党仅领导6次。以领导方式而言,工联会、国民党以及工人的自发斗争,均侧重在罢工。见表3—1:

表3—1 1929年7~10月份斗争统计表——领导者与方式

领导者\方式	罢工	和平交涉	厂方自动加资	直接行动	不明	统计
工联	23	9	2			44
工联影响	4	3		3		10
国民党	4	2				6
自发	11	5	1			17
不明	5					9
总计	47	23	3	3		86

资料来源:《上海工联会代表团报告》("从五月以来上海工人运动的形势"),《第五次劳动大会会刊》,1929年11月28日,第320~321页。

从劳动争议结果来看,工联会4个月中,领导争议44次,其中胜利20次,失败12次,妥协8次,未解决4次。国民党领导的6次争议,4次失败,1次妥协,1次未解决。见表3—2:

表3—2 1929年7~10月份斗争统计表——领导者与结果

领导者\结果	胜利	失败	妥协无结果	未解决	不明	统计
工联	20	12	8	4		44
工联影响		5	5			10
国民党		4	1	1		6
自发	8	1	2	1	5	17
不明					9	9
总计	28	22	16	6	14	86

资料来源:《上海工联会代表团报告》("从五月以来上海工人运动的形势"),《第五次劳动大会会刊》,1929年11月28日,第320~321页。

---

① 参见项英:《中华全国总工会工作报告》,《第五次劳动大会特刊》,1929年11月,第299、300页。

工联会虽然在组织上非常脆弱,但在上海工人中的政治影响力较大,远超过国民党。后来凡是上海著名的罢工斗争,如法电英电罢工、电气电话罢工、纱厂的反日大罢工、1934年美亚绸厂罢工、1936年纱厂反日大罢工,"无不由工联会直接或间接影响与领导,有他们活动的痕迹"[①]。其中,尤以1936年上海全市日本纱厂4万多工人举行的反日同盟罢工,突出显示赤色工会的社会活动能力。罢工是中共党员张维桢、韩念龙、周林、陈之一、郭光洲等组织发动,得到上海各界救国联合会和各社团、学校的各种形式的支援。张维桢等人向厂方提出的罢工条件切实符合工人的心愿,该条件包括5点:(1)增加工资10%;(2)吃饭要停车1小时;(3)不许开除工人;(4)不许拷打工人;(5)反对礼拜日加班。日厂资本家调动大批陆战队、侦探、巡捕遍布各厂,逮捕工人。由于罢工得到包括整个上海各界的支持,日商纺织业公会会长船津辰一郎请杜月笙出面调解。11月25日,日方与朱学范、罢工工人代表20多人,以及国民党上海市党部、社会局、警察局的代表,共同商定解决办法7项:(1)工资增加5%;(2)每月赏工制改为奖励制,成绩优良者酌量升级加工资;(3)不准无故开除工人;(4)不得打骂工人;(5)每日工作12小时,礼拜日工作14小时,多做的2小时另给工资;(6)吃饭时停车30分钟;(7)各厂工人一律于26日晨复工。[②] 该条件基本满足了工人的要求。

工联会在工运中还要与托派争夺工人。1934年美亚大罢工之初,托派通过沪东后援会的关系羼入总罢委会,唆使美亚九厂总罢委会的代表在九厂分裂罢工运动。工人因包围社会局要求其出面调解工潮而遭军警暴力袭击后,上海绸厂工人同情美亚工人,正在沪东南市酝酿同盟总罢工,托派却在沪东一带大喊"第二次大革命周期到了"、"工人快暴动起来啊"这样"左"的口号,过早暴露罢工计划,给巡捕房镇压同盟罢工制造了借口。同时这些口号使工人群众感到恐惧,于是沪东方面的同情罢工很快受到打击而失败。其后,托派又要将美亚总罢工委员会从六厂迁出,以达到控制总罢委的目的。但工联会最终还是挫败了托派的图谋。[③]

自从国民党"清党"后,中共中央内部围绕白区工作方针策略曾有过带有原则性的激烈争论。黄色工会对国民党强制解散和改组工会,制定过分限制工人组织的劳动法规极为不满,它本身也不是"铁板一块",国民党劳工运动在很长一个时期"没有一致的目标,也没有统一的步骤和政策,都是各

---

① 朱邦兴等:《上海产业与上海职工》,第5页。
② 同上书,第185页。
③ 同上书,第165页。

自为政。有时甚至站在各方面利益的观点上,以致在同一的营垒中,发生部分的冲突。有时因为政治的立场和观点不同,而彼此互相攻击"。① 刘少奇对黄色工会的状况有着正确的认识,他于 1931 年时指出:"黄色工会并不是一样的东西,有内部各种派别",它们"在群众中还大部分保存其固有地位,在工人斗争中表现的作用还有些增加"②。上海工联会十分重视黄色工会中的群众基础,称:"国民党军阀的各个政治派别反映到群众当中的冲突日益加紧,而促成其内部的分化亦特别快。所以最近如商务、南洋、英美等工人斗争,一起来即包含着反对国民党的成见,大多数的工人,都一天天的倾向工联会的组织路线上来。"③ 在 1935 年 1 月遵义会议提出彻底转变白区群众斗争的领导方式之前,置身工运的中共地下党员早已开始打入黄色工会内部。赤色工会虽然不能公开活动,但它的潜力仍然很大,暗中非常活跃,尤以上海、汉口、天津等处为甚。如 1930 年中共策动有会员 8000 余名的武汉棉业工会向各栈主提出增加工资 5 成的要求。④ 中共还曾渗透到上海七大"黄色工会"之一的商务印书馆职工会。1931 年夏,国民党上海党部民训会以工会领袖"容共"的理由将该工会改组。是年冬,商务印书馆职工会即合并于上海印刷业工会,成为印刷业工会的一个分会。商务印书馆职工会原有独立精神完全丧失。⑤ 1932 年无锡丝织业要求改善待遇的同盟罢工之所以能发动,正是共产党人运动的结果。⑥ 1936 年 7 月,无锡全县 34 个丝厂 3 万余人的罢工中也有共产党人的身影。⑦

1933 年的天津电车工潮也是中共党员张广兴、陶子明、阎兴华等人发动起来的。他们对外身份分别为电车工会理事长、工会秘书、扶轮社教员,在工人中享有很高的声望。

比商天津电车公司年可盈利 500 多万元,却不愿改善工人待遇,因罢工而承诺的条件也延不履行。1932 年下半年公司工人曾举行罢工,经国民党党政机关调解后,签订若干协议,可是该公司不仅未履行协议,而且还开除 5 名工人领袖。1933 年 1 月中旬,工会又向公司提出 5 项条件:(1)1 月 22

---

① 骆传华、洪达能:《今日中国劳工问题》,上海,上海青年协会书局,1933 年,第 64~65 页。
② 《刘少奇论工人运动》,北京,中央文献出版社,1988 年,第 77 页。
③ 《上海工联会代表团报告》("从五月以来上海工人运动的形势"),《第五次劳动大会会刊》,1929 年 11 月 28 日,第 325 页。
④ 《武汉工会又见活动》,《纺织时报》第 686 号,1930 年 4 月 10 日,第 375 页。
⑤ 骆传华、洪达能:《今日中国劳工问题》,第 70~71 页。
⑥ 高景岳、严学熙:《近代无锡蚕丝业资料选辑》,第 529 页。
⑦ 《无锡全县三十四丝厂三万余工人全体罢工》,《生活日报》第 43 号,1936 年 7 月 19 日,第 4 页。

日恢复被开除的5人原来职务。(2)年终双薪仍照去年办法办理;(3)年终双薪即日照数发给;(4)上年罢工期间工资即日照数发给。公司方面置若罔闻,并且暗中收买流氓工贼篡夺工会领导权,复于2月底开除工会理事张广兴等10余人。工会乃于3月1日向公司交涉,要求恢复张广兴职务,实行普遍加薪。时党政当局以热河方面形势严重,劝工人暂时容忍。然而,公司得寸进尺,在3月中旬开除工会负责人单鸿年等4人,6月又无故开除工会电灯部干事赵子彬、李恩荣2人。工会只有请求党政机关主持公道,同时又向公司提出:(1)撤换收买工贼挑衅工潮的林子香。(2)补发被开除人员的工资。(3)照上年办法增薪。(4)恢复卖票工友花红。(5)照发两季制服。(6)在工会指定地点设立阅报栏,并表示如果公司不予接受,即于本星期内采取必要行动。资方从工会内部消解工人力量,授意工会常务理事王桂芳否认在上述条件上签字,不承认上述条件曾由工会议决。工会于26日召集组长会议,推定罢工委员15人,准备罢工。公司闻讯,略表让步,只是不同意张广兴进厂工作。工人以张广兴为工人奋斗,不辞劳怨,竟致失业,殊为不平。正当社会局召集劳资双方协商之时,公司收买流氓殴打张广兴,南开车务、机务两厂千余工人于7月1日下午2时一致罢工,抗议厂方恶行,要求铲除工贼。华新、邮务、恒源、北洋、面粉、火柴、津浦7团体各派1名代表,会同电车工会代表,赴党政机关交涉,要求惩办凶手,并通电全国请求奥援。经当局劝导,工人第2天晨正式复工,但仍保留对6项条件的追诉权利。7月3日,工联会以张广兴同时为该会理事,派代表向当局请愿,要求严惩凶犯,保障工会负责人的安全。市党部则拟订《最公平之解决方案》,主要内容为:(1)公司同意恢复被开除的工会负责人工职;(2)劳资和解后,由民运会依法主持工会改选,至于公司所谓张广兴不能独霸工会、工会秘书陶子明非公司员工应予停职的要求,在劳资和解后,由民运会依法主持工会改选。工人提出三项"必须办到"的条件:(1)张广兴及被开除之工会负责人须全体复工。(2)此次行凶者应依法严惩。(3)迅速令公司履行公司早已允诺之义务。

资方认定此次工潮是工人间争斗,不接受调解。13日,南开车厂发生工人聚众持械凶殴。8月2日,工人再度向当局请愿,延至9月初,市党部、社会局始各派代表同赴公司,就下面4点加以协商:(1)张广兴、单鸿年、宋文耀、王文藻、张伊轩等43人复职问题。(2)普遍增薪问题。(3)工人学校经费。(4)劳资双方及反工会派之合作问题等。公司应允先行考虑。9月15日,工人派代表300余人向当局历陈公司压迫工人情形,请党政当局做最后调解。当局初则嘱工人静候,继则声言另谋解决途径,并劝阻工人的罢工。12月3日,公安局以共党罪名将张广兴等人逮捕,此次劳资纠纷即无形消解。①

正是因为中共具有如此强大的渗透力与群众基础,以至于我们在未能详尽占有资料的情况下,根本无从判断每一次劳资争议背后的真实情况。

与国民党争夺工人的另一劲敌是改组派。改组派全称为"中国国民党改组同志会",1928年冬正式成立,次年3月,发表《中国国民党改组同志会第一次全国代表大会宣言》。其成员广泛分布在国民党各级组织中。身居国民党中央委员要职的有:汪精卫、陈公博、顾孟余、陈璧君、褚民谊、陈树人、甘乃光、王法勤、王励斋、朱霁青、柳亚子、潘云超、唐生智、张发奎、彭学沛、曾仲鸣、郭春涛等。各省市党、政、军中也有其成员。改组派一时间势力炽涨。钟竟成、阴耀武等人甚至于1929年在北平组织河北省各县市党部联合办事处,前去接收河北省党部,公开反对省党务整理委员会,高呼"欢迎汪精卫同志"的口号。②改组派攻击国民党右派的个人军事独裁,要求国民党恢复并保持孙中山领导革命时的政策和精神。他们坚持主张应该由党而不是军队控制国家的政体。"这些左翼分子与共产党人不同,他们反对阶级斗争的理论和实践,但是他们认为党必须通过工人、农民和其它民众组织,来保持和加强它与民众的关系。他们坚持认为,只有具备了这样的民众基础,他们才能防止革命蜕化为官僚和军阀的手中玩物。"③改组派注重在知识分子、青年学生与工人中发展组织,扩充实力。

为便于开展学运,改组派在上海创办大陆大学,培养干部,并控制全国学联。与公开在学生中活动不同,改组派在工人中多是秘密开展工作。上海工人运动委员会于1929年成立,该委员会是改组派领导工运的核心机构。姜豪担任主任委员,改组派上海市委张铁君为指导员。工人运动委员会委员基本都有实际工作经验与广泛的人际关系。比如,旷运文是上海兵工厂总务科长;程德源原是中共杨浦区委负责人,参加过码头和纱厂工运;葛鹤才、冯积芳同是商务印书馆工会负责人;刘劲草、柏坚原为店员;陈香泉是广东帮某工会负责人;汤文泉在渡船工会工作;陈光炎原在北伐军政治部工作;孙琢斋是法政学院学生。④改组派所开展的工人运动主要集中在上海码头与纱厂两方面。改组派通过程德源的关系打入码头工会;同时,依靠

---

① 《关于天津电车工潮》,《劳动季报》第1期,1934年4月10日,第145~153页。
② 《党的纠纷开始》,天津《大公报》1929年12月11日,第1张第2页。
③ 费正清主编:《剑桥中华民国史》,章建刚等译,上海,上海人民出版社,1992年,第134页。
④ 姜豪:《国民党改组派在上海的活动》,上海市文史馆、上海市人民政府参事室文史资料工作委员会:《上海地方史资料》第1辑,上海,上海社会科学院出版社,1982年,第201页。

程德源、魏曙东等安徽同乡及杨福林、陈寒剑等本地帮的关系在纱厂中发展组织。王铁樵是改组派开展工运初期的关键人物之一。他原是无政府主义者,在上海从事过工团活动。1927年曾由国民党中央工人部分派指导京汉铁路、京绥铁路、京奉铁路、广州、南京、福建、湖南、唐山、津浦路等处的工会组织。① 他有自己的人际网络,程德源、魏曙东等人都是王铁樵手下的骨干,王铁樵后将他们介绍给改组派的姜豪。② 但王铁樵参加改组派后却没有直接参加工运,主要指挥政治暗杀活动。

为了配合改组派的军事反蒋,工人运动委员会以"革命大同盟"的名义,不定期出版《革命工人》小报,向工人中散发,并且在"五一"等纪念日印刷大量传单,向群众灌输自己的主张。改组派在开动宣布机器反蒋的同时,曾以要求增加工资为名,发动工潮,制造社会混乱。姜豪主持工人运动委员会期间,曾在码头、纱厂中发动过几次罢工,并取得一定胜利。③

1932初,蒋汪合流后,汪精卫出任国民党副总裁兼行政院长等党政要职,蒋为军事委员会委员长兼军事参谋部参谋长,形成汪主政、蒋主军、汪蒋共管党的平分权力的格局。改组派中的上层人员纷纷进入南京政府。陈公博任国民党中央民运指委会主任委员兼实业部长,顾孟余为铁道部长,唐生智为军事参议院院长,褚民谊为行政院秘书长,陈铭枢为交通部长,郭春涛为实业部次长,顾孟余、曾仲鸣分任铁道部部长、次长,谷正纲为中央组织部副部长,彭学沛为内政部次长,罗贡华为内政部次长,萧忠贞为中央民运会副主任委员。与民众运动紧密相关的实业部劳工司长由李平衡担任。其后,陈公博兼任社会部长,在内部也安置不少改组派人员。自此,有组织、有纲领的改组派无形解体,但汪精卫派系却依旧存在。此后,学生运动因时局变化而终止,但争夺工运权的工人运动却仍持续开展。

CC系难以忍受改组派的分权,便以自己控制的上海邮务工会发动工潮,逼迫陈铭枢下台,以此作打击改组派的突破口。陈铭枢属粤系,与汪精卫关系较紧密,但在汪蒋合流的过程中,他却作为宁方代表在蒋、汪之间穿线搭桥,为蒋介石效力。宁粤合流后,陈铭枢统领的十九路军奉调驻宁沪线外。CC系上海工运骨干、邮务工会的陆京士秉承陈果夫、陈立夫之意,以要求增加工资为名,发动上海邮务工人罢工,继而调动全国邮务工人罢工,策划上海各业工会的支持,试图给陈铭枢一个下马威。姜豪以中央民运会

---

① 《中央工人部最近之工作》,《申报》1927年7月10日,第7版。
② 姜豪:《"和谈密使"回想录》,第38页。
③ 姜豪:《国民党改组派在上海的活动》,上海市文史馆、上海市人民政府参事室文史资料工作委员会:《上海地方史资料》第1辑,第202页。

驻沪代表的身份,召集此前改组派工运人员,决定联络上海各业工会发动邮务工人复工运动。改组派得到大多数工会负责人的帮助,他们联名签署《呼吁邮工复工信》,并将此公布于众。邮务工会声势因此受到打击,工潮不久得到解决。

吴淞永安纱二厂是改组派在上海工运的一个据点,资方视之为眼中钉。该厂工会负责人王云程、蔡洪妹等都先后加入改组派,改组派也曾安插杨福林、陈寒剑到永安厂工会工作,直接帮助王云程指挥罢工。① 王云程等人虽一度被排挤出永安工会,但仍坚持与工会中的亲资方势力较量,且取得过胜利。1931年2月,永安二厂工人援该厂职员成例,向厂方要求6个月之花红,并要求补发革命纪念日工资,但为厂方拒绝,以致引起19日晚的怠工。翌日厂方藉口机件为工人捣毁而关厂,其时正是工人上班时间,工人挤开厂门,遭到厂警枪击,工人伤6人,毙命1人。厂方还逮捕沈永明等12人,开除工人66人。6月,该厂复工,拒绝大部分原有工人上工,另招大批新工补充,纠纷愈形扩大。12月,工人暴动,捣毁厂房。② 嗣经社会局调解,卒以厂方无诚意而悬搁,直到1933年8月,劳资才达成调解协议。岂知上海第八区棉纺织业产业工会理事潘三媛、陈宝香等人,称与资方签订协议的沈永明等人身份不合手续,且出卖劳方利益,拒不接受调解协议,劳资纠纷演为劳劳纠纷。潘三媛等人认为王云程才有资格作为工会的代表。事实上,不论沈永明有无代表资格,仅就他同意资方付给失业达1年半之久的工人每人仅10元救济费这一点来看,沈永明等人确实出卖了工方利益。何况,在调解协议签订前,他早就与吴淞市政委员兼保卫团团长唐承宗及吴淞第八区党部委员吴人骐一道为资方数万金活动费所收买。姜豪作为中央民运会调查员,在他给中央民训会的调查报告中为王云程等人辩驳,指出沈永明所操控的工会自1933年6月后,即因理监事被厂停职"徒具虚名",并强调王云程确实曾代表工会与资方谈判。③ 后来,改组派人士向法院状告主管官员受贿,不承认调解协议的有效性。法院在事实面前,判决工会胜诉,工人实现了增加工资的愿望,市党部只好将参与受贿的官员撤职。但在其后的另一次工潮中,资方开除了永安厂工会负责人王云程、蔡洪妹等人,④改组派

---

① 姜豪:《"和谈密使"回想录》,第85~86、38页。
② 《纱厂工潮》,《国际劳工》第1卷第6期,1934年6月,第70页。
③ 722(4)—224,上海市商务印书馆、大中国福利橡胶厂、永安二厂、亚美织绸厂劳资纠纷和外商大东、大北、太平洋三电局工潮案,中国第二历史档案馆藏。
④ 姜豪:《国民党改组派在上海的活动》,上海市文史馆、上海市人民政府参事室文史资料工作委员会:《上海地方史资料》第1辑,第202~203页。

在上海的工运之路，可能由此就走到尽头。

改组派退出工运除与它作为一个实质性的派别已经解体有关外，另一原因可能与陈公博的指导思想有关。他认为改组派的活动脱离实际，偏于国民党的内部斗争，缺乏下层行动，甚至说"左倾的人们所最自负的是为农工谋利益，但自始我就没有见着什么行动，左倾的同志理论是下向的，行动是上动的。……没有在群众中间，唤起民众"。① 也许入阁后，陈公博出言顾忌全局，但改组派工运成绩较小也是实情。

工团主义（syndicalism）始于法国，简单地说，工团主义即是以工业行动替代政治行动，以工业的方法而实行阶级斗争，主张采用罢工、抵制、怠工、毁坏机件、同盟罢工等直接行动，而不用法律与议会形式，去增进劳动阶级的利益，谋求社会组织的根本改变，形成劳动者支配的经济组织。② 它带有典型的无政府主义的色彩。尽管改组派内部对是否存在"阶级斗争"大有分歧，但姜豪作为陈公博开展工运的代言人，他完全赞同陈公博的阶级斗争的观点，③主张以激进的方式解决各种问题。因此，总体看来改组派在上海的工运中深染工团主义的色彩。

另有一些改组派余党不甘心消亡，潜入工会，寻找时机，以图东山再起。此外，国家主义派、安福系人员都曾渗透到注册工会中。国家主义派宋传纲，曾为国民党四处通缉，后谋得芜湖裕中纱厂监督一职，在工人中拉帮结派，试图操纵工会。此人以监督处为掩护，与驻芜日本领事往还密切，且生活腐化，终日与土劣花天酒地，不理正务。其毫不掩饰自己的动机与行为，终为当地人士视为汉奸。1935年3月，裕中纱厂工会常务理事、水炉业、人力车夫、棉织业、靴业外作等工会，向实业部揭发宋某真实面目，要求将宋某查办。④

安福系曾勾结日本帝国主义协助奉系军阀制造内乱，怂恿国民革命的敌人张宗昌盘踞胶东。其成员朱深于1929年年初摇身一变成为官商合办北平电车公司常驻董事，利用便利的身份，发展营业处处长石子青、事务主任林访、票务主任许继光与少数电车工人加入其组织，并用金钱诱买工人串通稽查员彭晓山等人，于2月9日秘密集会成立工友维持会，以分化电车工会。电车工会侦悉朱深图谋后，先以"共党谋反"罪名向北平总工会和最高当局控告，后来电车公司才发现朱深真实身份，但此时朱某已逃离电车公司。⑤

---

① 陈公博：《民众运动与党的根本问题》，《民众运动》创刊号，1932年8月1日，第7页。
② 雨琴：《法国工团主义之现况》，天津《大公报》1930年8月29日，第3张第11版。
③ 姜豪：《"和谈密使"回想录》，第64页。
④ 422(1)—3282，芜湖裕中纱厂工会等呈请将裕繁监督宋传纲撤办案(1935年)。
⑤ J11—94(J11为全宗号，94为案卷号，无目录号)，北平电车股份有限公司；J2—4—13，社会局关于制止店员集会、调解工会间纠纷的函及北平特别市政府的训令(1929年)，北京市档案馆藏。

正是由于中共、改组派、国家主义派"在工人中占有势力","工人们受他们的影响,往往态度强硬,不易调和"。上海特别市党部和社会局为了将异己分子排挤出工会,特制定《工会书记检定条例》与《规定工会要求条件的步骤》等规则,以汰除所谓"不良"分子,限制少数人操纵工会。①

即使是国民党指导或领导的工会,其内部也有派别纷争,以至影响劳资关系。

一是由新旧工会之争到劳资之争。1933年,华新纺织公司旧工会为给即将上任的新工会制造麻烦,指使工人向厂方提出事实上难以办到的要求,如给花红40天等,打算当新工会不能认可这些苛刻条件时,便可乘机推翻新工会,以取而代之。时党务人员也各执一方,分别支持新、旧工会。劳方要求自然为厂方所拒,劳资纠纷不可避免。在社会局会同市党部、公安局强力干预下,纠纷从3月10日起至14日便结束。调解结果,资方应允发饭费2角,开除工人17人。②

二是由劳资相争到总工会与政府之争。1930年3月间,广东晒莨总工会要求晒莨行永艳堂增加餸钱不遂,又于8月间要求补给旧历闰月工资,不经与资方磋商及呈准政府备案,擅自通告更改工作时间。其新工作时间安排为:每日生产9小时;如加夜班,每4小时计为1工;星期日一律休息。正经广东省执行委员会会同民政厅召集双方调处时,晒莨总工会宣布罢工,并于8月强制工人怠工。省政府严令该工会克日复工,并命南海县派警切实保护复工,但是工人纠察队仍勒迫工人离厂,拒不复工。政府调查发现,此次罢工的幕后指挥者是国民党广东省监察委员、总工会主席陈森。广东省执行委员会出于无奈,12月27日呈请中央执行委员会,查处敢于违犯党纪与法律的陈森。③

三是由劳资矛盾到工会与市党部之争。1928年2月间,厦门鼓浪屿大同和陶化两酱菜厂,藉口缩小营业,辞退工人40余名,因生交涉。市总工会据市党部颁布的劳资条例,要求厂主津贴两个月薪水的生活费。厂方声称,被辞退的工人,如支持取消工会,便可复职。市总工会诸筹备委员呈请市党部,依照所颁布的劳资条例实施仲裁。因党部不执行劳资条例,市总工会筹

---

① 顾炳元:《上海市劳资纠纷问题的研究》,《女青年月刊》第10卷第4期,1931年4月,第18页。
② 722(4)—265,云南、贵州、四川、河南、湖南、湖北、广东、广西、浙江、安徽、河北、山西、察哈尔、宁夏、甘肃省政府,南京、天津、北平、青岛市政府劳资纠纷调查表,中国第二历史档案馆藏。
③ 722(4)—399:广东省汕头市工人罢工案和该省机器业等总工会纠纷案,中国第二历史档案馆藏。

备员以对工友不利为由,于 18 日全体总辞职。①

四是由党务纠纷到工会及工会内部纠纷。其典型例子反映在调查员张翰猷等人 1932 年 5 月呈报中央民训会的《赴青(岛)指导民众运动部报告》中。"年来党部负责人,常有更动,党务遂生纠纷,党部负责人因培植私人势力,遂向工会多方拉拢,以攻异己,从此工会团体转入纠纷漩涡,团体不若前此之一致,理干监事亦不似前此之纯洁矣,即如去岁,党部未被日人焚毁以前,某工会拥甲党委而反乙党委,某工会又拥乙党委反甲党委,甚至某一工会内之理事中,某理事拥某党委,某理事拥乙党委,相互倾轧,不遗余力,此亦工会因党务纠纷而转入歧途也。"②

五是从党政纠纷到工潮。开滦煤矿工会原为一个总组织,1931 年 3 月一度组织各矿工会分立。1931 年年底复依法合并改为"滦县唐山矿业产业工会"。五矿各设分事务所。唐山市党部、河北省党部为指导机关,派有工运指导员专司其事。1933 年后,中央党部民众运动指导委员驻唐指导工作,公安局兼矿区保安队负责维持矿工秩序。实业厅所派的唐山工厂监察员主持处理劳资事件。"党政双方每苦意见不能一致,而以省党部与实业厅尤甚。"1934 年年初,中央民运指委会特派指导员许闻天及河北省党部唐山工运指导员史泰安,支持矿工所提出的复工条件,为战区保安队拘捕。国民党中央党部应河北省政府之电请,电令河北省党部调回开滦矿区党务工作人员。党务人员离矿后,保安队大肆镇压工人,以致酿成长达 3 个半月的开滦煤矿工潮。③

六是从党部内部矛盾到罢工。1935 年六河沟煤矿公司历年亏累,已积欠银行团债额达 700 万元。当年 10 月银行团组织的同和公司经理李祖菜布告减资,但因工人反对作罢。12 月间,该矿经理李光启返矿,减资之议再起,劳资几番折冲。后经实业部派员于 1936 年 1 月到矿调查,并裁决减资办法 14 条,减低工人工资 15%,并函前中央民运会驻矿工运指导员戴日暄,将工人程万寿等 18 人开除会籍,又将工会全体理监事及第一分会干事等一律撤职,工会暂时停止活动。此前,已有工人向中央民执会状告戴日暄,称戴某酒色征逐,垄断工会会务,专事勾结公司,收受公司贿赂,为裁工减资计划奔走效力。中央民运部对裁工减资颇有异议,1936 年 3 月撤销戴某工会指导员一职,改派李光月为特派员,并成立办事处代行工会职权。但

---

① 《厦门工运的风波》,《中央日报》1928 年 2 月 26 日,第 2 张第 2 版。
② 722(4)—490,青岛市日工休假日给资办法工会运动劳资纠纷调查报告表,1932 年 5 月 20 日,中国第二历史档案馆藏。
③ 《开滦煤矿工潮详记》,《劳动季报》第 2 期,1934 年 7 月 10 日,第 141、144 页。

是戴日暄仍到矿活动,煽惑工人,说李光月系陈立夫的私人代表,河南省第三区行政督察专员饬在安阳县政府暨六河沟矿务警察所于4月23日将戴驱出矿区。李、戴矛盾分散了工人力量,导致资方反扑。根据减资办法,外工部分由包工与工人分摊,但5月30日发薪时,包工间将减资全额转嫁劳方,和顺、复兴两矿采煤工人于翌日晨停工。直到7月5日才复工。①

工帮常为企业管理平添滞障,也是影响工会成员互相团结的隔阻。工帮是以地缘、血缘、业缘甚至帮会等为媒介结成的团体。比如北平机械工人中向有宁波帮和天津帮;上海木器工人分温州帮、江西帮与本地帮,且各帮术有专攻。温州帮生产红木西式家具;江西帮以打制旧式桌椅为主;本帮专制白木器具。工帮之间常常冲突。以地缘论,1932年8月,山东帮与江阴帮为争南市猪行码头在上海孽家浜械斗。同年10月,山东帮与江北帮宰猪工因争购生猪结仇互殴。1933年5月,浦东洋泾太古蓝烟囱码头的山东帮与湖北帮,因工资争执起衅而利刃相加。以职业论,华商电气公司车务部与机务部为争工会领导权时有倾轧。在市党部与社会局的支持下,两部摩擦愈演愈烈,难以调和。"有了地方色彩的工帮,工会就很难发展,即就工会得能成立,为了调和排解各帮间的隔膜,及防止可能的冲突,至少要消磨不少的精力,间接就是限制工会的活动和进步。"②工帮间的隔阂更会模糊其中工人的社会属性。有论者指出,"在来自江南的相对富裕的、有文化的纱厂女工,与来自江北、相对贫困粗鄙的女工间,总有一种敌意。后者总是从事最脏的工作,并极少有提升的机会,结果这种敌意使她们对厂主的怨恨变得模糊。甚至像1929年北京电车工人罢工之类的事件,也与传统上的骚乱更为相似,而不像出现在欧洲资本主义工业化后期的那种以阶级为基础的经济斗争。"③

工帮与帮会结缘,其影响力则更大。上海的广东帮、宁波帮、山东帮、湖北帮、江北帮中加入青帮者大有人在。上海邮务工人的帮会气息最浓,几乎人人入会。朱学范的毅社所聚集的各业"学生"在1936年时达1000余人。朱学范通过这些"学生",与各业工会及基层组织建立联系,扩大了市总工会的社会基础,巩固了自己在市总工会的地位。④ 姜豪凭借在青

---

① 《中国国民党第五届中央执行委员会第二次全体会议中央民众训练部工作概况报告》,1936年7月编印,第4、69~70页;722(4)—337,河南省安阳县六河沟煤矿工会工人罢工纠纷案,中国第二历史档案馆藏。
② 吴泽霖:《劳工研究中被忽略的问题》,《东方杂志》第32卷第1号,1935年1月1日,第23页。
③ 费正清主编:《剑桥中华民国史》,章建刚等译,第53页。
④ 朱学范:《上海工人运动与帮会二三事》,陆坚心等:《20世纪上海文史资料文库》第10卷,第181、182页。

帮中的"通"字辈分,结交了帮中同辈、法租界巡捕房探长金九龄,国民党上海市执委兼书记长姜怀素,市商会秘书曹志功,淞沪警备司令及中华海员工会主任委员杨虎等人,所以他才能运用个人影响击败 CC 系的阴谋。① 陆京士也是依靠杜月笙的保荐,才能列名国民党上海市党部委员,出任淞沪警备司令部军法处处长。② 甚至可以说,"国民党控制的职业组织完全被置于帮会手中"。帮会操纵工运,"'劳动喧闹'成为极为有利可图之道"。他们通过向资方与工人勒索,绑架工人领袖,既得到国民党的保护,也得到经济收益。③

除青帮在运动工会外,红枪会也曾于 1928 年策应鼓动过上海闸北 10 余家纱厂工人罢工,并自备武器,准备攻打制造局。④

当时,在剖析中国劳工运动的现状时,有人将工帮视为一大"病态",进而指出劳工运动"很少自有主张,结果极易受人利用"的根本原因,在于工运"至今脱不了'帮'的观念"⑤。此论断可谓切中时弊,但无损工帮的强大渗透力。

国民党人曾将工会的要务高悬为两点:"一,对本身方面,是要从外我的环境而改善到内我的理想生活;二,对国家方面,是要帮助政治革命而进到社会革命的完成。"⑥对人格与社会的双重改造,是工会不可推卸的使命。以此两点标准衡量国民党控制的工会,我们同意社会学家陶孟和在《第二次中国劳动年鉴》序言中的论断:"国民党的当政,似乎对于中国劳工未发生什么积极的影响。因为劳工的一切活动都要受党的干涉与指导,所以劳工的自动精神很受摧残。凡不得党部承认的工会,不是被解散,便是被改组";而国民党对工会的"指导只有利己的企图","忘却"劳动者的福利;加以"国民党内部的裂痕,更不时引起党治工会的纠纷",于是国民党"这个官办的工会,便成了社会的祸害了"⑦。其恶果诚如中央民运指委会 1933 年刊行的《各地工会调查总报告》一书的"审查意见"所言:各地工会不是"工运低落",即是"工作松懈";不是"团体事业无成",则是"充满帮会习气",更有甚者则"工会负责人藉名剥削"。"长沙工会则曰'工会采诸资方,党部与政府不能领导与扶植,致遭会员漠视';其于天津则曰'工人与市党部感情颇不融洽';

---

① 姜豪:《"和谈密使"回想录》,第 86 页。
② 周育民、邵雍:《中国帮会史》,上海,上海人民出版社,1993 年,第 552 页。
③ Nym Wales, *The Chinese Labor Movement*, pp. 75,73.
④ 《上海罢工运动活跃》,天津《大公报》1928 年 8 月 18 日,第 2 版。
⑤ 吴至信:《中国劳工运动的病态》,《华年》第 5 卷第 39 期,1936 年 10 月 10 日,第 39 页。
⑥ 《劳动行政》,《南京社会特刊》第 3 册,南京文心印刷社,1932 年 4 月 8 日,第 69 页。
⑦ 邢必信等:《第二次中国劳动年鉴》,北平,社会调查所,1932 年,序 iv。

其于开封则曰'党部工作人员腐化,工人已失信仰';其于无锡则曰'不地流氓,潜入工会',及'一般冗员,依赖工运为生',而工人本身则'由过去所受刺激太深,不愿再作工具';其于杭州则曰'领导人员,门户太深,派别分离,支离破碎','时而改组,并无成绩可言';其于湖南有谓'少数野心家利用工人以达其政治活动之目的,以工人为牺牲品'。凡此种种实为我国工运之极大弊害。"[①]

[①] 《〈国际劳工〉第1卷第1期卷首语》,陈宗城:《劳工论文拾零》,出版地点、时间均不详,第100～101页。

第四章 纱厂减工风潮中的劳资争议

　　企业主因产品滞销而自行减少生产时间,甚至停业,以限制产量,此举时常会引发劳资冲突。即便是某一地区某一企业的减工,都难免会引起社会动荡。倘若全国范围内的同一类型的企业同时减工,其后果则更有甚于此。1933年,华商纱厂联合实行减工,几乎同时激化了各纱厂的劳资矛盾。资方违反《工厂法》,停工、裁员、拒付工人生活维持费,甚至武力镇压工方。如此遍及所有棉纺织基地的劳资对抗,是南京国民政府时期的第一次,也是最为激烈的一次。作为劳资调解与仲裁的各级党政机关,一方面多"软性"疏导厂方,尽快结束减工之举;另一方面则多"硬性"命令工方听命于厂方安排,以图尽快结束劳资纷争。

　　全国主要纱厂不避大规模的劳资冲突,采取全行业的联合减工之策,固然有应对"产量过剩"之目的,但又不惜以违法手段不断放大劳资双方冲突,其背后是否还有更为深层次的原因?其意图实现与否?这一原因是否与国民党各级党政机关区别对待劳、资的态度相关呢?工人群体又以什么"武器"与资方对抗?劳资双方由生产环节、契约所结成的责、权、利关系,有赖于双方的维护,更需要职能部门的监管。各级党政机关在应对劳资冲突中,能履行职权、保障社会的正义吗?减工风潮中的劳资冲突所具有的广泛的区域性及复杂性,隐藏着更加多元的信息,无疑是洞察劳、资、党、政四方关系,获取"普遍性知识"的较佳视角。

一、华商纱厂减工

　　鉴于日棉倾销、纱价狂跌、存纱堆积如山、资金短缺、华商纱厂亏累,华商纱厂联合会于1933年4月10日在上海举行各厂全体会议,商讨应对生产过剩的措施。上海、天津、汉口、无锡、南通及各会员厂代表30人,代表45个会员厂,一致通过执委会提出的减工案,并议决减工办法:(1)自4月

22日起,至5月21日止,各厂实行减工。每星期六、日一律停工;或由各厂先行决定采用相关办法减工23%,并向监察委员报告。(2)凡遇停工之日,各厂职员薪水减半支付,未到厂者停付。(3)公举监察委员3人,监视各厂减工状况。凡违背议决案者,每锭每日罚大洋1角。此项罚款,交本会捐作公益之用。(4)推黄首民、李升伯、薛春生为监察委员。外埠监察委员,由外埠执行委员兼任。(5)无论到会及未到会会员厂,应一律无条件服从本议决案。其不遵行者,应照章处罚,并应开革其会籍。① 华商纱厂联合会通过减工决议案后,即向中央党部与实业部呈请备案。

4月22日,沪厂鸿章、永安一二三、申新一二六七八九、溥益一二、恒丰、振华、统益、振泰、恒大、宝兴、纬通等19家厂,均停星期六、日昼夜工;大丰停星期日工,且每日减工2小时,停车7部;民生减工23%;申新五厂停星期五夜工、星期六工、星期日日工;协丰停800锭。② 天津恒源与裕元、无锡申三、振新、广勤、庆丰与豫康、武汉震寰与裕华、南通大生副厂,亦按计划纷纷或于星期六、日减工,或减工23%。大生一厂4月30日起全部停工。武昌民生每班减为8小时,计减工达33%。③ 不过,并非所有纱厂一致减工。无锡即有丽新、业勤两厂未实行减工。④ 宁波和丰则自4月28日始减工。⑤ 天津纱厂则"因逼近滦东,形势骤紧,为顾虑地方治安",同样未行减工。此次减工远未达到提高纱价、平抑棉价的预期效果。"一部分厂家因成本关系,损失更甚。"华商纱厂联合会于5月10日再次举行全体会议,通报各地减工概况,决定各厂今后经营方针。据该会调查,纱厂日趋委靡,"断非现有减工百分之二十三所能奏效","各埠纱厂目前状况或须完全停工,或须增加减率,或尚能维持现状"。到会30余厂代表,均以"情形颇有不同,势难再勉其一致",议决减工1个月期满后,自5月21日起,各厂停工或减工,悉由各厂根据自身经营状况自主决定。⑥ 7月7日,该会又有各厂大会讨论停止夜工之举。同样因各厂情形不一,不能一致减工,大会仍决定停工或减工由各厂"参照本身情形酌订"。此类决议似乎取消一致减工计划,实则助长了全国纱厂减工与停工的风潮。据华商纱厂联合会统计,截至6月底,华商纱厂中完全停工者计12厂,有纺锭426688枚,停全夜工者4厂,计锭

---

① 《本会举行各厂全体会议一致议决减工》,《纺织时报》第977号,1933年4月13日,第2268页。
② 《本会会员各厂一致实行减工》,《纺织时报》第980号,1933年4月24日,第2292页。
③ 《本会各厂减工后之消息》,《纺织时报》第983号,1933年5月4日,第2315页。
④ 《本会各厂减工后之消息》,《纺织时报》第982号,1933年5月1日,第2308页。
⑤ 《本会各厂减工后之消息》,《纺织时报》第985号,1933年5月11日,第2332页。
⑥ 《纱厂减工与其救济问题》,《纺织周刊》第3卷第20期,1933年5月12日,第643,642页。

97288枚。总计全国减率"仍与百分之二十三相近"①。至7月底8月初,上海永豫、隆茂、恒大、振华、同昌,无锡广勤、豫康,宁波和丰,武昌汉口、震寰、民生,芜湖裕中,郑州豫丰,天津裕元,长沙湖南第一,均已全部停工。"全国停锭数已达五十万枚以上"。此外仅减工者尚不计在内。②

另据官方统计表明:1933年全年18省市共发生纠纷849件,属于纺织业者171件,占总数32.45%。其中有关解雇、雇用者176件,有关工资者127件,分别占纠纷总额的31.69%与24.10%。若以劳资纠纷发生月份比例而论,则以2至6月为最多。就罢工而言,江苏、浙江、上海、青岛、天津等14个省市中,罢工、停业计168起。其中尤以纺织业为最多,共61起,占总数的36.31%。罢工原因中有关工资为54件,雇用与解雇者61件,关于待遇者14件,分别占总数的32.14%、35.71%与8.33%。当年罢工停业职工多达187463人,以上海为最多,有82098人,次为湖北,计49815人。湖北"以其武汉有数个大纱厂之故",成为失业大省。③ 以上数据可以从一个侧面反映棉纺织厂减工、停产的大致状况。

按惯例,旧历正月、二月原本便是各厂号藉故停业或减薪之时,"亦即工人向资方最易发生纠纷之时会"④。从4月开始的减工势必加剧全国工潮。实业部接到华商纱厂联合会减工呈案后,即派工业司长刘荫弟于20日到沪。中央党部亦特派民运会伍仲衡科长同行。21日、22日,刘荫弟、伍仲衡于沪市府召开两次联席会,商谋救济之道。第一次出席者为市府秘书长俞鸿钧,市社会局吴桓如、王刚、秦宏济,上海市党部秘书长姜怀素,纱厂联合会荣宗敬、聂潞生、郭顺、张则民诸人。当局建议展缓减工,以从长计议。厂方代表则以减工业经议决,实难更动为由加以拒绝。⑤ 第二次出席者为市长吴铁城,银钱业林康侯、陈健庵、徐新六,纱界聂潞生、郭顺、张则民。当局希望银钱业能为纱厂注入资金以渡过难关。讨论结果,均认为"非金融一方面所能解决"当前困局。吴市长当即决定电告行政院,建议召集实业、财政、铁道各有关方面部长联席会议,并由纱业推派代表赴京参与协商。⑥ 24日,铁道部特派业务司长俞棪赴沪邀集纱厂业代表荣宗敬、聂潞生、张则民及纱

---

① 《纺纱业危机》,天津《大公报》1934年5月23日,第1张第4版。
② 《最近纱厂停工情形》,《纺织周刊》第3卷第32期,1933年8月4日,第1008页。
③ 实业部劳动年鉴编纂委员会:《二十二年中国劳动年鉴》,第2编,第77、78、84页。原文有关解雇、雇用与工资相关的纠纷占当年纠纷总数比例误为31.69%与24.10%。
④ 同上书,第2编,第78页。
⑤ 《纱厂减工与其救济问题》,《纺织周刊》第3卷第20期,1933年5月12日,第641页。
⑥ 《本会会员各厂一致实行减工》,《纺织时报》第980号,1933年4月24日,第2292页。

界代表,商讨救济办法。25日,荣宗敬、聂潞生、郭顺等人与社会局第二科科长吴桓如,向行政院长汪精卫、代财长汪琳、实业部部次长郭春涛、铁道部长顾孟余报告华商纱厂实际困难,呈请中央予以减低原棉、纱运费。① 28日,行政院政务处长彭学沛召集实业、外交、铁道、财政四部及民运委员会代表,召开首次会议。5月2日,行政院召集第二次会议,四部拟定"治标"办法四项:(1)设法推销存货。(2)商请各国家银行低息放款。(3)给予运输上种种便利。(4)缩短减工期间,不得再行减低工资。② 5月5日,汪精卫、陈公博召集上海各复兴会委员开会,讨论救济棉纱及丝业问题。会议决定"由政府商由国家银行,用低息放款二千万元",用于棉织业流动资金。③ 同时,中央一再要求各纱厂早日复工。

减工导致各地工潮此伏彼起。上海市政府秘书长俞鸿钧为维持地方治安,5月3日函纱厂联合会:"本市工潮,向以五月份为多,工商各业,往往于此时期,发生纠纷,本府为预防计,迭经严禁罢工、罢课、停业,及一切游行示威各在案。现在前方军事倥偬,后方治安,极关重要。况本市华洋杂处,反动潜滋,万一工人受其煽惑,发生意外,尤堪顾虑。本府职责所在,为维持地方治安起见,务祈贵会共体时艰,切实劝导各厂,照常开工,以维现状。所有救济事宜,静候中央通盘筹划,尽量设法。"④ 市政府希望藉此劳资双方相安无事。

上海市党部秘书长姜怀素通过记者,一方面劝告厂商将原议减工办法设法变通,另一方面希望工人以国家实业前途为重,严禁有任何越轨举动。⑤ 可是,事与愿违。华商纱厂联合会委婉拒绝了政府的要求。⑥ 申新一厂为紧缩开支,违反《工会法》,取消星期赏工。5月25日,申新一厂工人9000余人以此为由罢工,提出5点要求:(1)照发赏工。(2)履行劳资契约。(3)分派历年盈余。(4)解决一切悬案。(5)停工期内照发工资。27日,在公安局长文鸿恩及党政代表王先青、陆荫初等到厂调解后,劳资双方互相妥协。总经理荣宗敬应允照发5月份赏工。溥益一厂同样因为取消赏工引起工人怠工,然其结果则劳资双方互不相让,以致工厂停工。⑦ 除此而外,上海地区纱厂6万余工人,虽曾反对减工,但在政府的高压政策下,基本未起

---

① 《本会各厂实行减工后之救济》,《纺织时报》第981号,1933年4月29日,第2300页。
② 《纱厂减工与其救济问题》,《纺织周刊》第3卷第20期,1933年5月12日,第642页。
③ 《本会各厂减工后之消息》,《纺织时报》第985号,1933年5月11日,第2332页。
④ 《本会各厂减工后之消息》,《纺织时报》第983号,1933年5月4日,第2316页。
⑤ 《纱厂减工与其救济问题》,《纺织周刊》第3卷第20期,1933年5月12日,第642页。
⑥ 《本会各厂减工后之消息》,《纺织时报》第985号,1933年5月11日,第2332页。
⑦ 《纺厂工潮》,《纺织时报》第990号,1933年5月29日,第2376页。

新的工潮。①

"天津纱厂营业最感困难,故主张减工亦最力",且嫌减工率过小。② 天津纱厂工会得到纱厂联合会关于一致停工的非正式通知后,宣称"近年来纺纱工人一切待遇,已不能再紧缩",减工将置工人生命于不顾,"届时难免不发生重大风潮"③。该市纱厂工会"希望劳资合作到底,不使风潮扩大"④。4月14日,恒源、北洋、华新、宝成工人代表会同工联会代表赴市党部、社会局,呈请救济工人生计。呈文说:"纱厂业资本雄厚,其大股东等,皆系财阀及在野要人,即亏欠十数万元,亦不过九牛一毛而已。"减工"显系只顾本身利益,不念群众困苦,摧残工人"。"纱厂工人工资最低,每日所得四角上下,仅能维持生活,岂容再为减薪。"⑤17日,市府召集各纱厂经理谈话,劝导劳资合作共渡难关。社会局约请工会代表开会,望其体谅厂方困难,"对减工减薪均退让"。工方同意减工八天。因津市纱厂工人工资低于上海,工人要求在减工期内,酌给饭资;如厂方不愿减工,也可减薪,但最高不超过5%。厂方则强调照上海各厂办法,不给饭费,且减薪须减至30%,纪念日不计工。⑥ 经市党部与社会局迭次主持调解,议定自5月上旬起,各厂工资照8折发放,以3个月为期,惟裕大暂不变动。工人被迫接受这一办法,但厂方却置调解案于不顾,依旧照原工资标准发放。⑦

5月5日为"革命政府成立纪念日",各厂停工休息。恒源纱厂骤然宣布停工,天津形势为之一变。市党部、社会局分别与劳资双方谈话。社会局第二股主任李铭对工联会代表表示,"现在市场情况论,亏累实系事实,工人须明了此点,当局之意,绝不愿劳资争执,认为厂方惟有忍痛开工,工人方面,暂时无论厂方所提要求任何条件,均可答复,俟厂方开工后,再磋商其他。"工人于6日组成请愿团赴市党部、市政府请愿。市党部整委邵汉元认为恒源"未经合法手续"停工,处置失当,答应会同社会局令厂切实奉行前项决定。中经几度党政机关调解,6月10日,资方以工人同意下列协定而于20日开工:(1)工人工资按75%发给,俟营业有转机时即行恢复原薪标

---

① 松节:《应如何处理劳资纠纷》,《劳动季报》第1卷第2期,1934年7月10日,第46页。
② 《纱厂减工与其救济问题》,《纺织周刊》第3卷第20期,1933年5月12日,第643页。
③ 《各纱厂酝酿停工》,天津《大公报》1933年4月10日,第3张第9版。
④ 《纱厂停工问题严重》,天津《大公报》1933年4月12日,第2张第9版。
⑤ 《各纱厂工会代表昨向党政当局请愿》,天津《大公报》1933年4月14日,第3张第9版。
⑥ 《纱厂停工问题工人表示让步》,天津《大公报》1933年4月18日,第3张第9版。
⑦ 《纱厂减工与其救济问题》,《纺织周刊》第3卷第20期,1933年5月12日,第643页。

准。(2)暂行停发工人每月全勤赏工 3 个月。(3)酌减工人学校经费及工会会费。工人被迫屈服。工潮始告平息。此时,厂方已停工 46 日之久。① 裕元、宝成纱厂藉停工为手段,分别开除工人 1043 名、634 名。工人无奈屈服于厂方决定。② 4 月下旬,中央民运会主任陈公博曾告诫津中各纱厂赴京代表:"应忍痛维持业务,不使大多数工人生活,发生恐慌。"③政府的口惠而实不至,不足以取信资方,资方自然不会听从政府意旨。7 月初,市党部不再容忍"擅自罢工及其它轨外行动",对工人实行压制政策,通告各厂,"嗣后设或发生纠纷,须呈明党部,听候处理,倘敢故违,当即依法严惩"。并重申《工会法》第 23 条有关禁止罢工的规定。④ 此后,津市虽然也有裕元纱厂 5000 工人反对资方取消夜工的罢工,但从总体而言,纱厂工人则处于被动地位,任由资方挟制。7 月下旬,裕元停夜班。至当年年底,天津纱厂因停工而失业工人多达 4100 人。⑤

  武汉地区工潮一样激烈。4 月 30 日,武昌民生劳资冲突。工人遭军警鸣枪弹压,死伤 4 人。警方一方面"望各厂在本月内暂不减工,以后再商酌情办理",另一方面则对工人施压,"工人如有意见,须向厂方谈判,警部当从事调停;如涉及威吓即拿解,甚至酿成严重事态者,即开枪射击,亦所不惜"⑥。嗣因厂方宣布恢复原状,纠纷随之而寝。⑦ 5 月 21 日,汉口震寰纱厂宣布翌日歇业,清理账目,并向军政当局呈报。劳方声明在未得到工人同意歇业前,请厂方继续开工,"以符劳资协调之旨"。22 日,厂方果然停工,并请军警到场弹压。工人代表 50 余人与武昌纺织工会,分别向省党部、省政府、警备司令部请愿,要求饬令厂方复工。⑧建设厅"亦觉厂方此次停工,与工厂法规定不合。无论其有无不得已之苦衷,应先呈报主管官署核定,该厂事先既无呈报,显有未合"。严令厂方克日复工。资方则决意停工。工人因此失业 2724 人。⑨

―――――――――――

① 实业部劳动年鉴编纂委员会:《二十二年中国劳动年鉴》,第 2 编,第 117~123 页。
② 松节:《应如何处理劳资纠纷》,《劳动季报》第 1 卷第 2 期,1934 年 7 月 10 日,第 46 页。
③ 《本会各厂实行减工后之救济》,《纺织时报》第 981 号,1933 年 4 月 29 日,第 2300 页。
④ 《工人不得擅自罢工》,天津《大公报》1931 年 7 月 8 日,第 2 张第 7 版。
⑤ 中国国民党中央民众运动指导委员会编印:《二十二年工人运动概观》,第 24 页;实业部劳动年鉴编纂委员会:《二十二年中国劳动年鉴》,第 2 编,第 124~125 页。
⑥ 《本会各厂减工后之消息》,《纺织时报》第 983 号,1933 年 5 月 4 日,第 2315 页。
⑦ 《纱厂减工与其救济问题》,《纺织周刊》第 3 卷第 20 期,1933 年 5 月 12 日,第 643 页。
⑧ 《纺厂工潮》,《纺织时报》第 990 号,1933 年 5 月 29 日,第 2376 页;《汉纱厂业不景气》,《中央日报》1933 年 5 月 30 日,第 2 张第 2 版。
⑨ 中国国民党中央民众运动指导委员会:《二十二年工人运动概观》,第 25 页。

第四章　纱厂减工风潮中的劳资争议

南通大生纱厂是地方慈善、教育之所系。该厂为降低成本,于4月30日裁去1000名工人,激起工人愤怒,遂于当日罢工。5月13日,军警捕去工人17名。工人一度冲进纱厂,与保安团发生冲突。保安团武力阻击,伤工人7名,死女工1人。经党政数度磋商,订立条件:(1)成年工人每人发给解雇费两个月工资,童工(15岁以下者)1个月零7天。每月以28天计算。(2)成年工、童工一律按在厂工作年限,"每年津贴辛苦洋六角"。(3)"倘有不愿领得解雇费及津贴,而愿等候复工者,俟厂方举行新登记时,得同等登记,如经厂方登记合格者,尽先任用。"全体工人接受此协议,电告大生董事会请促经理李升伯回厂开车。29日,大生纱厂再度开工。①

无锡申新三厂因削减女工工资,计每日每匹布工银3分5厘,全体女工于7月4日放工后,至工会请求代为向厂方交涉,维持原有工资额。工会理事陈阿荣允与厂方商量妥善办法,约定5日上午10时答复。但到5日11时许,尚无具体办法。布机厂全体女工遂全体罢工。陈阿荣深恐事件扩大,立即向协理唐熊源、总管薛明剑、布机总管高振青报告。旋由薛总管至工会,向女工宣布厂方减缩工资之苦衷,并请各工友谅解,共维大局。最后,双方议定每匹减少工资8厘。女工认为满意,于6日复工。

与其他各厂相比,该厂减工纠纷之所以能快速"圆满"解决,有其特殊缘由。申新三厂平日出货顺畅,获利颇丰。1932年,该厂利用抵制日货之机,广开销路,一年间总计获利70余万元,并增开1万锭至6.5万锭。1933年,又向英国订购2万纱锭及附属的布机。该厂有布机1478台、女工约700余人。每一女工管理布机2台,平均每日每人可织布二匹有余。女工工资为二级制,细平布每匹工资2.6角,斜纹布每匹2.2角。② 当时津市其他纱厂日平均工资额仅4角左右。女工每日工作15小时,虽辛苦异常,其收入却可维持家庭生活。因此,劳资均有较强的抵抗风险的能力,资方减资幅度较小,其减资额也不足以根本影响女工家庭生活。

由于减工,各地工人劳动时间大为缩短,与之相应工资收入大幅下调,生活水平均普遍下降,甚至濒临绝境。仅以上海为例,原来各厂工作分为日夜两班,于星期日换班。上午6时、下午6时上工。每工12小时,日工六工,夜工七工。以两星期工作计算,计13工156小时。实行减工后,每星期六、日两昼夜均停工。工人每两星期仅有10工120小时。两相比较,每两星期减工时间计36小时,合计1个月减少工作72小时,计减少6工及4工

---

① 实业部劳动年鉴编纂委员会:《二十二年中国劳动年鉴》,第2编,第133页。
② 《无锡申新纱厂缩减工资布机厂一度罢工》,天津《大公报》1933年7月9日,第2张第6版。

141

赏工,每月一共减少10工。减工前工人工资平均以0.50元计,每两星期13工,如不请假另有赏工两工,共有15工,计工资7.5元。工人月薪有15元。减工后,除减工3工外,并减赏工2工,每两星期工作10工,计工资仅5元。工人月薪只有10元。前后比较,工人工资减少1/3。工人生活消费一般月平均需洋10元,加洗澡等费用,原15元月薪仅够个人生活。减工后的10元月薪,难以维持工人个人生活,遑论工人家庭生活。①

二、豫丰纱厂停工

在此次减工风潮中,郑州豫丰纱厂工潮时间最长、纠纷最繁复、牵涉面最大。②

豫丰纱厂占地270余亩,是河南规模最大、设施完善的一家纺织厂,地处京汉、京浦与陇海铁路交汇枢纽,由曾在沪开办德大、厚生纱厂的穆藕初于1919年联合薛宝润、贝润生、刘星耀、刘象义等上海商人筹资200万元创办。1920年5月该厂开车生产。1923年,完成全部机器与辅助设备的安装。1923年穆藕初出任董事长兼总经理。其所用机器基本系委托上海的美商慎昌洋行向美国萨克洛佛尔公司订购的。厂内安装纱锭56000枚,布机200台,国产捻线机5600锭,并配备4台装机功率达3500千瓦的美产发电机、锅炉及供水系统。除厂房8座外,翻砂间、修械厂及附设职员住宅,可供2000余人居住的工人家属宿舍也一应俱全。厂内自备轻便火车与陇海线接轨。到减工前,该厂计有钢丝车180部、棉条车80部、粗纱车145部、细纱200部,总锭为57600枚,摇纱车360部。"全厂布置尚不失为近代工业之规模"。建厂之初,全厂职工3870人,1920年增至4170人,其中男工2700人,女工900人,童工400人,职员170人。纱厂董事会不惜重金从各地招募机电、纺织、土木、建筑、财务、管理等方面的专家来厂任职。吴文卿、

---

① 722(4)—222,上海市各纱厂扣发工人工资和该部派员察看各纱厂与报告等文件,中国第二历史档案馆藏。
② 未注明出处者为:第二历史档案馆藏44—2625,童侣青:《调查豫丰纱厂纠纷经过及解决办法报告》;722(4)—343,河南郑县豫丰纱厂劳资纠纷一;722(4)—344,河南省郑州豫丰纱厂劳资纠纷二,以上均为第二历史档案馆藏。唐健飞:《郑州豫丰纱厂劳资纠纷调查记》,《劳工月刊》第3卷第2期,1934年2月1日,第73~91页。《豫丰纱厂工人抬纱纠纷已解决》,《纺织时报》第1049号,1933年12月25日。《豫丰纱厂工潮尚未解决》,《中央日报》1933年8月12日,第2张第2版。《郑豫丰纱厂劳资纠纷仍僵持中》,《中央日报》1933年11月19日,第2张第2版。《豫丰纱厂纠纷平息后》,《中央日报》1933年9月17日,第2版。《郑州豫丰工潮解决》,天津《大公报》1933年12月24日,第3张第9版。

龚扬生为经理,赵桂芬为襄理,顾维精与苑谷泉、陆富塘分别任总工程师与副总工程师。豫丰设5个纺纱场、1个织布场,并分设机电、机械、购料、营业、土木、运输、会计、庶务等科,在生产、工艺、管理诸方面较为规范与科学。其生产管理方法,为每部车设管理员1人(领班),下设工头、宕管、帮接头等。每1工头管理50余工人。纺纱原料为美棉、陕西棉、彰德棉。该厂年需用棉5万余担。每年产纱5万包左右,产品以16支为大宗,其余则为6支、10支、20支、32支纱不等。其纱销于郑州15000包、许昌15000～20000包、徐州8000～10000包。纱价往往较申、汉为高。其所产"宝塔"、"飞艇"牌粗斜纹与平纹细布,行销本地与许昌、开封、徐州等处。①

豫丰"较之津、沪、粤、汉各地纱厂所用机器,尚为最新式之生产工具"。其厂房、设备及地价等不变资本高达800万元,流动资本至少有100万元。但该厂实际上外强中干。该厂董事并未缴足所应筹集的500万元股金,而仅缴420万元。该厂成立之初即已欠慎昌洋行400余万元的设备款,另有申债团、汉债团、典业、郑州当地银号、棉业筹备处等多笔欠款。据该厂工会调查,截至1932年年底,豫丰所欠慎昌的债务,除历年在纯利项下扣还者外,仍有220万元。厂方所公布的负债数额则高达380万元。其负债经营主要原因除个人中饱外,尚有:(1)受慎昌合同限制,纱厂所有配件须向慎昌购买。慎昌价格一般高于其他店3倍、5倍乃至10倍以上。豫丰每年所购配件需多耗20至30万元不等。1924年,慎昌洋行派驻厂代表史汀培监管豫丰账目,保障该厂不论亏赢均按月偿付息金8万余元。史汀培费用由厂方支付,其一人年消费达20万元,足可抵全厂工人半年的工资。②(2)职员过多,职薪过高。该厂大小职员计150余人,高级职员月薪高达500元、300元以上。全体职员除每年年底照例发给双薪外,尚有分红与津贴。每个职员平均每年至少可拿半年双薪。1932年该厂停工半年,全厂职员却仍发双薪。

豫丰原本具备的劳动力低廉、当地棉煤产丰富、交通便利诸多优势,均为其种种"内耗"与战乱所蒸发。豫丰在1927年前,因每年受内战影响,不能全年开工,兼之债、息过重,年有亏损。1928年与1929年,以时局较为稳定及花贱纱贵,营业颇有盈余。但自1930年至停工前,复因政局波动、开支过巨与花贵纱贱,基本多为亏耗。据该厂负责人报告,历年损失已达4642100元。仅1933年上半年,即亏折50余万元。③

---

① 参见张平:《豫丰纱厂始末》,《中州今古》2002年第5期,第26～27页。
② 实业部劳动年鉴编纂委员会:《二十二年中国劳动年鉴》,第2编,第131页。
③ 《各厂消息》,《纺织周刊》第3卷第32期,1933年8月4日,第1008页。

1933年7月29日,厂方藉口棉花缺乏、销路不畅、营业亏累,布告终止契约,遣散全体工人4500余名,全厂停工。翌日晨,豫丰向工人通报董事会对于停工的具体办法,废止以前与工会所订一切条件,停止给付工人的特别用费、教育经费、澡堂经费及停工期内工人生活维持费。几千工人顿告失业。工会方面拒绝接受资方公布的办法,向资方提出3点要求:(1)"在未依法呈准主管官署,歇业以前,对于工人生活,仍须继续维持,不得遣散。"(2)"一切协约与一切条件,在厂未消灭,及工会未同意取消以前,当继续履行。"(3)"厂方如欲整顿厂务,须与工会推诚相与,在维持双方利益原则下,工会协助进行。"资方对工人提议不予采纳。工会派员向该厂协理郝通伯商洽,其结果亦遭搪拒。全体工人对厂方态度义愤有加,决定破釜沉舟与之抗争,电请当局转饬厂方履行团体协约,照发工人生活维持费;并通电全国,吁请各方为工人伸张正义,谴责厂方的非法行径。

30日,该厂工会致电中央民运会,称在"华北严重匪炽,反动叛逆乘机思逞势在难免"之时,"厂方此种残苦至辣办法,匪特影响郑埠社会治安,何异宣告工人死刑。本会代表工友,万难接受"。要求中央民运会迅饬河南省党部转饬厂方"收回原议","履行协约,照发维持费,以安工人而免事变"。

8月1日,河南省建设厅委派科长韩庆文莅郑,同党、政、军、警各界代表会商解决劳资纠纷办法,并于8月2日上午分别召集劳资双方代表询问停工详情与双方意见。当天河南省党部也派员到郑,协同处理。后经各界代表奔走调停,劝导双方,劳资双方似各有让步。建设厅与当地党政军各机关遂遵照《劳资争议处理法》,组织调解委员会,并于12日召开劳资调解会。劳资双方对调解委员会所提方案互有争执,在各委员竭力劝导下,双方于16日达成协议8条。县政府会同地方法院,将上述协议制成决定书,送达双方作为劳资契约。22日,厂方发放维持费。争议至此告一段落,全厂工人静候复工。此为第一次风潮。

9月9日厂方布告裁减工人1200名,延长工作时间至12小时,并减低工资1/3,取消夜工、赏工。工方以8月16日调解决定书所订厂方可增减工资或工人的前提是复工后,现厂方尚未复工,竟行减去工人与延长工作时间,依《工厂法》第8、第10、第23条规定,厂方应加工资至少亦在1.3元左右。工人以厂方违背协定、蔑视法令,提出抗议,并呈报当局,希望予以制止资方无理举动。第二次风潮渐起。经省政府、省党部派员,协同当地党政军警研究解决办法。10月5日,调解委员会另拟办法5条。厂方代表声称大致同意该调解办法,但必须征得董事会同意再行签字。工人生活维持费,逾期多日,迄未发放,工方请求党政代表饬令厂方照发。厂方却一拖再拖,抵赖不发已应允发放的 9 月下半月工人维持费。经理赵桂芬与协理郝通伯、襄理、厂长分别于 12 日与 14 日逃避上海，穆藕初也宣布辞职。董事会声明，因慎昌与豫丰有抵押债权关系，自 13 日起，厂中全部资产概由慎昌洋行接管。史汀培对于调解概不承认。工会据情电请省政府，迅予设法维持工人生活。阮专员奉省政府令，召集当地银行界及商会主席张波岑数度会商，于 10 月 22 日准在郑州棉业银行筹备处借洋 26000 元，垫发 1 个月维持费，以维工人生计。全体工人否认慎昌接收该厂，10 月 31 日，采取不合作主义，围困慎昌代表史汀培。该厂专为史汀培配备的厨、役也以罢工配合工人行动。

11 月 11 日，经理赵桂芬经慎昌代表史汀培电召回郑，并带回解决争议办法 9 条送达工会。工会在此基础上另提 9 条办法。因资方坚持原议案，毫不退让，双方交涉未果。工人生活维持费已逾期多日未发，大多工人生活陷于绝境，断炊之家十居八九。时天气日趋严寒，工人家属衣不蔽体，食不果腹，每日以树叶作燃料，以树皮为生，饥寒交迫至为惨烈。11 月 15 日，河南省府主席刘峙赴豫北视察过郑时，工会推派代表到站请愿。刘峙答应将协同中央与地方各机关设法早日解决此次纠纷。对于工人所要求的维持费问题，称其为 8 月 16 日调解决定书所明定，厂方如不即日筹款放发，为顾全工人生命与地方秩序，应拍卖厂内存纱，迅予发给工人维持费，并将此意面谕专员阮藩侪。国民党河南省党务指委会将该意见电函中央民运会，并征得中央民运会的同意。阮专员当日召集该市各机关与劳资双方谈话会，讨论拍卖棉纱办法，规定发放维持费的日期，决议限令厂方于 11 月 22 日以前，发放工人应得之维持费，如逾期不发，即遵照刘主席面谕办理。为促使该厂早日开工，调委会一再迁就厂方意见，劝导工人退让，根据厂方提案于 22 日提出调解办法七条，资方却无意采纳。该厂债权代表史汀培，乃根据该厂沪董事会的意旨，也于当日提出苛刻工友的新办法六条。经理赵桂芬郑重声明，不得增删该办法只字。工会鉴于厂方毫无调解诚意，于 11 月 29 日呈请当局恳请停止调解，迅饬照发维持费，以济燃眉之急，否则将采取直接行动。30 日，3000 工人向专员公署大举请愿，望转饬资方筹款发放维持费。当时厂方已欠工人维持费 2 月有余，工人生活实难维持。虽经调委会反复劝导，经理坚称无力筹发，愿将厂中存纱拨抵，工人亦无疑义。为防止厂方引诱藉图嫁祸，调委会事先分函各机关派员莅厂督视。12 月 5 日，中央民运会科长刘仰山、公安局长许非由、一区长阮藩侪（张启堂代）、县党部干事鲁彦、警备司令蒋锄欧（杨友兰代）、省党部委员段醒豫、党部宣传科主任王隐三、建设厅科长韩庆文、商会主席张波岑（吴少田代）、地方法院院长邱祖藩（李淡如代）等到场监证。经理点交工会棉纱 369 件，立字据为凭。

145

工会则分呈省县当局及各机关备案,以免纠葛。调委会还告诫厂方,7天后必须对其11月16日所作的7项调解办法予以答复;如果资方不承认此7点,调委会将宣告调解结束,根据《劳资争议处理法》第5条规定,组织仲裁委员会,交付仲裁。

董事会恐再坚执原议将交付仲裁,乃表示让步。经理于12月9日转呈调委会两点意见:(1)调解决定书在文字上仍须本该厂所提条件为限。(2)留用者维持费发至11月底止;被裁工人发6个月维持费与遣散费,但须在调委会所定标准基础上酌量减少。董事会另派慎昌洋行副总经理弗兰西、济南经理董楚生于17日由沪抵郑,加强与调委会的联系。河南建设厅长张静愚,以该厂纠纷迭经调解且延宕数月,仍无适当之解决途径,特于18日上午到郑,对于处理该厂纠纷作最后之调解。当日接见弗兰西、史汀培、董楚生等人,征询其意见。弗兰西根据前次史汀培所提之6项条件增为10项办法,表示此乃最后之让步。资方还提出"维持工人解决办法":本年7月29日以前,所有在厂工作之工人,照下列给付:(甲)留用工人维持费,自去年7月29日起,1934年2月止;(乙)被裁555人的维持费,自本年7月29日起,1934年1月28日止。厂方对于应发给工人的维持费,将于此合约签订后7日内发给。

工会难以接受资方所提出的条件,参照前次双方签订的协定及调解委员会11月16日所拟7项办法的原则,再拟应对办法7条,送呈张静愚,恳请转达厂方。

张厅长将上项办法转达厂方后,复于19日又与厂方商洽。劳资双方意见因此似有接近。厂方允诺工人关于资方于停工期应发放维持费的提议,决定倘再停工,第1个月前15天不发维持费,第16天至30天,每人发给2元,以后各月每人发给3元。对工人提议于此次裁减555人后,不得再裁减工人一点,厂方争执甚烈。对于被裁工人555名,仅给付遣散费1000元,双方表示让步。

张静愚热心斡旋,于20日召开调解委员会。出席者有一区专员阮藩侪、工方代表王自平与朱宋兴、厂方代表董楚生、警备司令部李季烈、县党部鲁彦、商会张波岑、公安局长许非由、地方法院校云程、建设厅科长韩庆文等。张静愚参照劳资双方意见,修正厂方所提之10项办法,提交会议讨论。调委会决议调解办法10条,经劳资双方同意后正式签字。资方决定1934年1月5日开工。各方同时承认12月18日资方所提出的"维持工人解决办法"。该厅长还借得2.6万元,作为工人维持费。① 近5个月的劳资纠纷随之结束。

---

① 《各厂消息》,《纺织周刊》第3卷第52期,1933年12月25日,第1564页。

表4—1　豫丰纱厂工潮各方调解方案比较

时间	提议者	内　　容	结果	备注
1933年8月16日	调解委员会	1. 自调解成立之日起,所有以前劳资双方订立各契约,及违背劳工法令之一切习惯,概行废止。 2. 嗣后劳资双方,除有特别订定条件外,应遵照现行《工厂法》暨同法施行条例、《工会法》暨同法施行法,及其它关系法令,处理双方一切事宜。 3. 资方对于现在劳工学校、医院、澡堂,须照旧办理。 4. 资方在一部或全部停工期间,所有停工工人须按日发给生活费。每人暂照旧例发给,以6个月为限,但满3个月后,资方如仍不能复工,依法宣告破产时,维持费停止。 5. 工厂全部复工后,得依法增减工资或工人,工方不得发生枝节。 6. 机工待遇照旧。 7. 厂方雇用工人,得由工会介绍,但不得限制厂方自由去取。 8. 嗣后劳资双方,应切实合作,促进工厂之发展,与工人之福利。	劳资双方同意。	维持费发放到9月9日前。
10月5日	调解委员会	1. 本年8月16日,调解决定书,仍属有效。 2. 工作时间原定为10小时,现依工厂法第10条之规定延长,工资暂照原工资额加给3分,俟工厂营业发达,再行依法办理。 3. 此次裁去工人555人,每名发给遣散费50元,其籍属外省者,一律加给川资10元,如系童工少发10元。 4. 赏工夜饭资,休假日,纪念日,特别休假,死亡抚恤,女工分娩期,均得照本年7月29日未停工前旧例。 5. 8月16日调解决定书,第四条之规定,此次复工后失其效用。	资方反对。	
11月11日	资方	1. 厂方与工友两方所有以前订立之任何契约合同,有关于雇用酬赏津贴赏工花红之件,以及关于假期或其它待遇者,兹均一律取消,以下列各条件代之。 2. 此后工友方面,于法律规定所应享之利益待遇以外,概不得另向厂方有所要求。	工会反对。	较前所提之条件更为苛刻。

147

		3.每日纱厂之全日工作,分为两班,每班12小时。
4.全日工作每日之工资总数,暂定为银洋1720元,此数系连赏工夜饭在内。惟在恢复全日工作以后,厂方有随时增减工友数目及增减工资之权。工会或工友方面,不得稍有异议。
5.一俟恢复全日工作后,即由厂方将维持费一律发至1933年10月15日为止,倘将来再有停工或减工或开除工友时,亦不得再向厂方要求维持费。
6.除发维持费外,对于应裁工友555人,每人发给特别遣散费银洋15元。
7.将来倘有裁减工友时,厂方只发给左列之津贴,即包括任何性质之要求在内:甲、凡工友在厂连续服务至3个月以上,而不满1年者,加给10天之工资;乙、凡工友在厂连续服务至1年以上,而不满3年者,加给20天工资。丙、凡工友在厂连续服务至3年以上者,加给30天工资。
8.下列之各项特许利益及津贴,在复工后,仍继续照发。惟其中如有为法律规定所无者,厂方将来有增加减少或停止发给之权。甲、每月补助纱厂学校银洋;乙、补助纱厂浴室每月银洋;丙、工友应享之医院给药利益,女工生产时之待遇办法,纪念日之规定,以及死亡及工友之家属抚恤金,均仍照旧例继续实行。
9.凡厂方所颁布一切合法之章程规则,一律遵守,而于在职时,忠实服务,以期共谋本厂之发展。		
11月11日	工会	1.厂方嗣后对于工人福利事项,须依照《工厂法》及其他各法办理。
2.厂方对于所有职工待遇,应一律平等。
3.延长工作时间,每月不得超过30小时,应依照《工厂法》第10、23条及《团体协约法》第11条之规定,加给工资。
4.裁减工人,以200名为限,至于善后办法,除由厂方补发《工厂法》施行后,应得之休假日工资外,并应按照按裁职员之善后办法,同样发给工人。	资方不予承认。	

续表

		5.裁判工人后,厂方应按照打包间、减工加薪成例办理。 6.嗣后女工分娩、工人疾病死亡、抚恤等项,须遵照工厂法第37、45、46条办理。 7.每7日调班1次,日夜班工人均须休息,照发工资,并遵照《工厂法》第14、17、18条,给予休息及休假。 8.夜工饭钱,须增至1角。 9.劳资双方对于8月16日之调解决定书,应切实遵守履行。		
11月22日	调解委员会	1.本年8月16日,豫丰纱厂劳资双方,签订之调解决定,兹经双方之同意,归纳于本决定内,自本决定签订之日起,所有劳资双方,从前成立之任何契约,一概无效。 2.以后劳资双方一切权利义务,除本决定特别规定外,悉依照《工厂法》、《工会法》,及同法施行细则办理,此外不得别生枝节,永绝纠纷。 3.工作时间原定为10小时,现因外纱倾销,情事特殊,全国纱厂,一致延长。应依照《工厂法》第10条规定,延长至12小时,但总时间每月不得超过46小时,所有延长时间之加资规定,每日为1733元,包括赏工夜饭资在内,由工厂会议支配之。 4.此次裁工按照现有额数,预定为555人,被裁者一律发足6个月维持费,并发给遣散费洋20元,留用者维持费发至开工前一日止,将来再减工人时,依照左列各条,发给预告期间工资,工人不得发生异议:甲、在厂继续工作3个月以上,未满一年者,于10日前预告之;乙、在厂工作1年以上未满3年者,于20日前预告之;丙、在厂工作3年以上者,于30日前预告之。 5.此次复工后,倘再停工或减工,或开除工人时,不得再有维持费名目。 6.赏工夜饭资、学校经费、澡堂经费、医院给药费办法、女工分娩待遇、死亡抚恤费、纪念日,均照章给付。例假、特别休假等,均照旧章不给资。此种办法,概系依照7月29日,未停工以前旧例办理。《工厂法》第40条所订之年终奖金或盈余,由厂方于章内订定,择用其一。	资方拒绝接受。	虽属专员、公署拟定,但完全根据厂方提案,对于劳方提案,殊少采纳。

149

续表

			7.厂方雇用工人时,得由工会介绍但不得限制厂方自由去取。	
11月22日	资方		1.本年8月16日劳资双方签订之调解决定,兹经双方同意,修正删补,归纳于本决定以内,自本决定签订之日起,所有劳资双方从前成立之任何契约,一概无效。 2.以后劳资双方均须依照《工厂法》、《工会法》及同法施行细则办理,此外不得别生枝节,永绝纠纷。 3.兹为复工起见,工作时间依照《工厂法》第10条规定,每日两班,每班延长至12小时,所有两班工资及延长时间之加资,总数暂定为洋1733元,包括赏工夜饭资在内。全部工作恢复后,厂方有随时增减工友数目及增减工资之权,工方不得稍有异议。 4.裁减工人555名。被裁者一律由7月29日起,发足维持费6个月。留用者维持费,发至10月28日为止。将来再裁工人时依照下列各条,发给预告期间工资,工人不得额外要求:甲、在厂继续工作3个月以上,未满1年者,于10日前预告之;乙、在厂继续工作1年以上未满3年者,于20日前预告之。丙、在厂继续工作3年以上未满5年者,于30日前预告之。 5.此次复工后,倘再有停工或减工,或开除工人时,不再发给维持费。 6.赏工夜饭资、学校经费、澡堂经费、医院给药办法、女工分娩待遇、死亡抚恤费、纪念日均照给付。例假日、特别休假,均照旧章不给付。至《工厂法》第40条所规定之年终奖金或盈余,由厂方于章程内订定,择用其一,无论多寡,工方不得争议。	劳方反对。	停付维持费。被裁工人之遣散费20元,亦不予承认。
12月18日	资方		1.兹经劳资双方同意,本年8月16日,劳资所订之调解决定,经此次修正归纳于本决定以内,自本决定签订之日起,所有劳资双方从前订立之任何契约,一概无效。 2.此后劳资双方,均须依照《工厂法》、《工会法》,及同法施行细则办理,此外不得别生枝节,永绝纠纷。	工人反对。	工人认为条件苛刻,不予认可。

续表

		3.按照《工厂法》第 10 条规定,工作时间,每日延长至 12 小时,每一工人,按照其实在工作时间给资,其不满每班所规定之工作时间者,按照比例结算。	
		4.厂方于 1934 年 1 月 5 日,恢复全部工作,雇用工人 3582 人,照此工人数目,日夜两班工资总数,定为洋 1733 元,包括赏工夜饭资,及延长时间之加资在内。全部复工后,厂方得增减工人数目,而以上所规定之工资总数,亦得随之增减,惟以上工人数目在 1934 年 4 月 1 日前,概不减少。此后得自由裁减,每月裁减百人,直减至 3060 人为度。	
		5.将来厂方裁减工人时,发给下列所规定预告期间之工资,此外并不给付其他任何费用。甲、在厂继续工作 3 个月以上未满 1 年者,于 10 日前预告之。乙、在厂继续工作 1 年以上,未满 3 年者,于 20 日前预告之。丙、在厂继续工作 3 年以上者,于 30 日前预告之。	
		6.从前要求发给维持费之习惯,或特别津贴等,一律取消。将来厂方再有一部分,或全部停工,或裁减或开除工人时,不再发给维持费,及任何津贴。	
		7.加资及夜饭资、学校经费、澡堂经费、医院给药办法、死亡抚恤及纪念日等,均照旧例给付。惟在工作时间不到者,一律照旧扣除,此种办法系按照本年 7 月 29 日未停工以前,旧例办理,女工分娩得享《工厂法》第 30 条所载之利益。	
		8.按照《工厂法》第 40 条之规定,并受《公司法》第 171 条之限制,厂方于每年年终,由净利项下提出 2/15,发给工人,作为福利。	
		9.当厂方雇用工人时,对于工会所介绍之工人,与以相当考虑,但厂方得自由去取,并得雇用非工会所介绍之工人。	
		10.此决定自签订之日起,1936 年 12 月 31 日实行有效,双方均应遵守。	
12 月中旬	工会	1.被裁工人维持费发至 1934 年 1 月 28 日,并给遣散费 20 元。 2.1934 年 1 月 5 日复工,如不复工维持费须发至开工之日止,并于半年内,不得藉故停工。	

续表

		3.此次裁去555人,以后不得再裁,遇有空额必须抵补。 4.厂方因不可抗力发生停工事故,厂方须发给工人维持费。 5.延长工作时间,须依照《工厂法》第10条办理。 6.延长工作时间之加资,及原工资总额,每日为1733元,由工厂会议支配之。 7.本协定有效期间,至多不得超过一年。		
12月20日	调解委员会	1.兹经劳资双方同意,本年8月16日劳资所订之调解决定,经此次修正,归纳于本决定内,自本决定签字之日起,所有劳资双方,从前成立之任何契约,一概无效。 2.除本决定条文所规定外,以后劳资双方,均须依照《工厂法》《工会法》,及同法施行细则办理,此外不得别生枝节,永绝纠纷。 3.按照《工厂法》第10条之规定,工作时间每班延长至12小时,每一工人,按照其实在工作时间给资,其不满每班所规定之工作时间者,按照比例结算。 4.厂于1934年1月5日,恢复全部工作,雇用工人3582人,照此工人数目,日夜两班工资总数,定为洋1733元,包括赏工夜饭资及延长时间之加资在内,工资细表由厂编制。按照下列条文规定,厂方得裁减上述工人数目,及减少每日工资总额。甲、工人死亡及告退之遗额,在厂方斟酌之下,得不抵补即不抵补,而每日工资总额洋1733元,自然照减。乙、兹为决定在厂工作剩余之工人数目起见,成立一委员会,以7人组织之,内由河南建设厅长派3人,中国全国棉业统制会主席委派3人,并豫丰纱厂经理1人,共同考察,于1934年6月15日前,缮具报告三份,一份呈河南建设厅长,一份交经理,一份交工会,该委员会多数通过后,载明于报告上,双方均应接受,在本决定有效期间,绝无更改,厂方于1934年6月30日,得将决定项下余剩工人,一概裁撤,并于同年7月1日,将留厂工人,每日工资表修正,以被裁剩余工人每日工资,所节省下的1/3,加给留厂工	劳资双方均同意。	

续表

人,剩余被裁之工人,各发给本决定第五条所规定,预告期间之工资。

5.将来厂方裁减工人时,发给下列所规定预告期间之工资,此外不给付其他任何费用:甲、在厂继续工作3个月以上,未满1年者,于10日前预告之。乙、在厂继续工作1年以上,未满3年者,于20日前预告之。丙、在厂继续工作3年者,于30日前预告之。

6.自1934年1月5日起,以后实行将所有在厂方停工时间发给维持费,或别项津贴等习惯,一概取消,以下列规定替代之。将来厂方如再停工时,在厂工作之工人,在继续停工期间,付给下列之维持费。甲、由停工之日起,至第15天内,不发维持费。乙、第16天起,至第30天内,每名发给维持费总数洋2元。丙、第30天起,每名每天发给维持费1角。

7.赏工、夜饭资、学校经费、澡堂经费、医院给药、死亡抚恤及纪念日等,均照旧例给付。唯在工作时间不到者,一律照旧扣资,此种办法,系按照本年7月29日,未停工以前,旧例办理,女工分娩得享受《工厂法》第37条所载之利益。

8.按照《工厂法》第40条之规定,厂方于每年年终,由净利项下,提2/15,发给工人作为奖金。

9.当厂方雇用工人时,对于工会所介绍之工人,与以相当考虑,但厂方得自由去取,并得雇用非工会所介绍之工人。

10.此决定自签订之日起,至民国1936年12月31日,实行有效,双方均应遵守。

资料来源:722(4)—343,河南郑县豫丰纱厂劳资纠纷(1);44—2625,童侣青:《调查豫丰纱厂纠纷经过及解决办法报告》,以上均为第二历史档案馆藏。唐健飞:《郑州豫丰纱厂劳资纠纷调查记》《劳工月刊》第3卷第2期,1934年2月1日,第73～91页;《豫丰纱厂工人抬纱纠纷已解决》,《纺织时报》第1049号,1933年12月25日,第2856～2857页。

此次工潮之前厂方对待工人待遇大致包括:

(1)工资分论件、论月给资二种。论件给资者:打包工人每日可得0.6元;摇纱工、拣花工每日0.25元。论月给资者:每月从7元起至70元不等。

(2)工作为昼夜二班制,每班时间为10小时。

(3)偿工:每月3工。但一月之中不得休假,否则取消。星期日照常上工,不另给资。

(4) 夜工饭费每人 4 分。

(5) 工人死亡费每人 10 元。

(6) 女工生产例假 40 天,工资照发。

(7) 革命纪念日发双薪。

(8) 从 1928 年起,每年多发给 1 个月工资。

(9) "九·一八"后,该厂为鼓励工人增加生产,公布奖励办法:每锭 20 小时平均出货 0.92 磅以上者,奖励金为 1 星期;0.94 磅以上奖 2 星期;0.96 磅以上奖 3 星期;0.98 磅以上奖 1 个月;1.01 磅以上奖 40 天;1.04 磅以上奖 50 天。每半年结算一次。

(10) 每年遇有缺乏原料而停工时,期间发给维持费。童工、废花间、棉条间等工人,每月 4 元;其他工人 5 元;工头、宕管等照工资 8 成发给。

(11) 劳工教育费每月 950 元。

(12) 设有医院 1 所。内中医生 1 人,看护 2 人,设备不全。

(13) 澡堂经费每月 180 元。

与原有待遇相比,新的劳资争议调解协议,迫使工人每日延长 2 小时工作时间,而打包工人每日至多增加 0.12 元工资。至于停工期维持费,资方不仅可以少支付前 15 天的维持费,且将每月四五元的标准最低减至 1 元。所谓"按照其实在工作时间给资,其不满每班所规定之工作时间者,按照比例结算",即将论日给资改为按时计资。工人每年双资惯例亦被取消。从总体来看,诚如工人所称:《工厂法》所载明的各种工人福利事项,"今于调解决定条文内,竟又予以特别规定,嗣后不准依法享受"。劳资调解协议规定,开工后厂方所需人数由豫省建设厅 3 人、棉统会 3 人、豫丰经理 1 人所组成的委员会酌定。因穆藕初为棉统会成员,棉统会代表完全有可能支持豫丰资方,由此而论,所谓 7 人委员会不过是豫丰资方故作姿态,厂方所需人数任由资方定夺。

工人此次最大的损失,是资方以年终分红代替每半年结算一次的奖金。上年年底,资方不按"九·一八"后所订劳资契约,发放工人年终奖金。全体工人于 12 月 6 日向工会请愿,要求党政当局督饬厂方,厉行前劳资仲裁会裁决书。经河南省政府依法仲裁,按照原约折半发给。厂方仍不予接受,并向地方法院正式起诉。工人遂向地方党政当局请愿,望政府设法强制裁决。社会人士均以为奖金为劳资双方协约中所订,是工人剩余劳动所得,按情论理,厂方应早日发给工人。省政府当即电饬第一区孟专员,强制执行裁决,以息纠纷。同时,高等法院命令郑县地方法院不得受理厂方起诉。厂方因无所凭藉,乃又央请法院院长邱祖藩、商会主席、县党部委员从中和解。经各方协商,按应给工人奖金 9 成结算,即发给工友 6.8 万元。资方不仅反对该调解决议,且提出更为苛刻的奖金标准。其标准"纵令工人筋抽力尽,亦难望到奖金"。工会理、监事谒见孟专员,请其设法督饬厂方履行仲裁。孟专员提议厂方按全年计算,支付工友 6 万元。劳资双方于 12 月 16 日签字认可。① 奖金虽然大打折扣,但在劳资角力中,工方毕竟获胜。然而,1933 年 12 月 20 日的劳资调解协议,则剥夺了工人应有的经济利益。如此而言,此次减工是资方对 1932 年与工方结怨的反扑。

"该厂工人工资,向属低微,每人每日平均不过三角四五,实为全国各厂所罕见",不及其他纱厂平均工资的 2/3。工人待遇的降低,必定使工人家庭生活更为困窘。

当然,此次调解协议也有满足工方要求之处。如:该厂此前劳资协约中并无妇女生产津贴一项。新协议则明文规定,女工分娩得享受《工厂法》第 37 条所载之利益。厂方将裁减人数由 1200 人减至 555 人。

三、各方对工潮的态度

豫丰劳资争议发生后,从郑县到中央各级党政机关与相关团体对此均极为关注。

第一次风潮中,工人即向党政当局请愿,要求照例发给停工期间维持费。河南省政府主席刘峙顾念工人及家属 2 万余人的生计,答应工方要求,面谕保安副司令张启堂与郑县军政当局令饬厂方发给工人每日维持费 0.20 元。因此,纱厂每名工人才可能领取 5.5 元或 4.5 元的维持费。

中央民运会接到豫丰纱厂工会陷(30 日)代电,8 月 3 日即分电河南党政当局,要求妥为处理。后鉴于"该厂纠纷,一波未平,一波又起,事态既渐扩大,原因必甚复杂",中央民运会拟订调查要点,函派六河沟矿区工运指导员程中一前往调查。其调查要点包括:(1)该厂之经济状况及外资之数目;(2)该厂之设备及管理;(3)该厂平时对于工人之待遇;(4)该厂第一次遣散工人之主因及内幕;(5)该厂第二次引起纠纷之主因及向工人所提条件之内

---

① 实业部劳动年鉴编纂委员会:《二十一年中国劳动年鉴》,第 2 编,第 188～189 页;《河南郑县豫丰纱厂与工会纠纷》,《民国二十一年各地劳资纠纷参考资料》,中央民众运动指导委员会编印,出版时间不详。

容;(6)该厂现时之状况及工人生活之情形;(7)党政双方处理该厂纠纷之经过及现时之态度;(8)此后解决该厂纠纷必须注意之要点。① 当河南省党部会同省府要员于10月5日所拟定的调解办法5项为资方否决后,中央民运会"为顾念劳资双方利益",11月9日,又特派商人科科长刘仰山前往郑县,处理该厂劳资纠纷;同月23日另派王伯庸协助刘仰山开展工作。②

程中一于10月2日到郑后,约请熟悉该厂情况的徐伯泉协助密查,兼顾工方、厂方、各机关态度、该厂与银行界经济往来、社会舆论,于10月10日呈报中央民运会主任陈公博、副主任王陆一。据程中一调查:关于该厂经济状况与债务,无论是资方宣称的380万元,还是劳方计算的220万元,均非确实数据,不过,根据销售与原料缺乏情形观察,该厂"稍有亏累似为可信"。关于工厂待遇,工人认为"尚仅及法之规定之一部",而资方则"以办理慈善事业之态度,而改良工人待遇。该厂工人待遇之改进,更感困难矣"。程中一特别提出解决该厂劳资争议的"注意要点":(1)应令厂方呈报历年贸易状况、资本额及债额。(2)应令厂方按照现有机器配备、生产能力,呈报所需工人数量。(3)按照厂方经济能力及工人生活状况,重新确定最低工资标准与分红办法。(4)豫丰每月开支共约24万元左右,其中工资仅为5万元。"应令注意其它消耗之节制","似不必专在工资方面,加以减削"。(5)调解契约所规定的工作时间为12小时,与法律不符。(6)因穆藕初为全国经济委员会棉业统制会委员,该会是否有权处理劳资纠纷亦应注意,以免与本会发生职权冲突。其结论为,资方应为此次纠纷"负完全责任,此后若纠纷重起,对资方应采取较为严厉之态度"。中央民运会颇为赞同程中一的建议。③ 当河南省党务指导委员会陈泮岭、萧洒、张善兴电告中央民运会,该厂藉口外商接办,不允调解时,中央民运会即将程中一所提诸要点转饬河南省党务指导委员会。河南省政府也按此批示,令河南建设厅及第一区行政督察专员公署查照办理。

河南省建设厅长张静愚于12月18日履郑,对争议的最后解决有特殊之功。他在其调查报告中,明显站在劳方一边,谴责资方挑起劳资争议的违法行为:"厂方布告棉花缺乏,资本赔累,终止契约,遣散工人,其遣散办法系依照《工厂法》第27条及第29两条发给预告期间之工资,但该厂与工会历年订有不定期团体协约数种,有停工期间发给工人维持费之订定。现该厂

---

① 722(4)—344,河南省郑县豫丰纱厂劳资纠纷(2),中国第二历史档案馆藏。
② 《中国国民党第五次全国代表大会中央民众运动指导委员会工作总报告》,1935年11月编印,第167~168页。
③ 722(4)—344,河南省郑县豫丰纱厂劳资纠纷(2),中国第二历史档案馆藏。

藉口终止协约遣散工人,但《团体协约法》第 24 条规定,凡不定期团体协约,厂方如欲终止时,须于 3 个月前通知对方,该厂不遵协约,违背法令,工会提出抗议,并要求依法赔偿损失(即 3 个月工资),且该厂未经呈准主管官署,擅自停工,亦应处罚。"①

抬纱变卖以支付工人维持费,原本得到豫丰的同意,然而,该厂却谎称工人毁坏厂栈房门擅自提取价值 74500 元的棉纱。华商纱厂联合会机关刊物《纺织时报》,也以《豫丰纱厂工人嚣张毁厂门劫棉纱》为题,大肆渲染工会野蛮提纱。② 华商联合会完全站在豫丰纱厂一方,诬称"豫丰纱厂设于产棉之区域而营业迄难发展,实缘工人嚣张无法管理之故。证以此次毁门取纱可见一斑"。1933 年 12 月 7 日,该会电函中央党部、国民政府、实业部、豫省刘峙,特别电函棉统会主任陈光甫,恳请转咨主管官署严加制裁豫丰工方,令其"将取去棉纱完全送还,以维法纪而保厂业",否则"不特纺业发展无望,即已有之抑且失其保障","且对于银行界投资内地纱厂,失其保障"。陈光甫将该电转咨行政院。③

豫丰存纱为其向中国、上海商业、浙江兴业 3 银行借贷的抵押品,工方提纱触犯了银行的债权。三银行的郑州分行将此电告上海市银行业同业公会,请其制止工方与调解委员会强提押品,以保障债权,并电告国民党中央党部、行政院、豫当局,请主持公道,取缔"因工人及厂方关系,损及第三者抵押权"的违法行为。④ 1933 年 12 月 6 日,上海市银行业同业公会电函棉业统制会主席陈光甫,建议应从发展工商业着眼,不可小视此事:"豫丰劳资纠纷自有解决途径,该工会等强提银行押品,地方当局未予制止,不但该地银行以后无法营业,且当此政府与各省当局正在努力提倡建设及发展实业之余,将何以策励各银行尽力协助。此种违法举动,我政府若不迅予制止,在银行既失保障,惟有停止一切实业放款,其影响于国家实业前途何堪设想。"吁请转饬郑州地方当局令工会将所提棉纱如数送还。

南京国民政府全国经济委员会曾在豫丰风潮炽烈的 10 月初,发表《为统制棉业告国人书》,压制工人的经济要求。"国民政府保护劳工,原列政策,然劳工不争自身知识技能之增进而惟提高待遇是骛,不齐其本,而齐其

---

① 722(4)—344,河南省郑县豫丰纱厂劳资纠纷(2),中国第二历史档案馆藏。
② 《豫丰纱厂工人嚣张毁厂门劫棉纱》,《纺织时报》第 1044 号,1933 年 12 月 7 日,第 2816 页。
③ 44—2625,本会(全国经济委员会)棉业统制会关于处理豫丰纱厂劳资纠纷卷,中国第二历史档案馆藏。《豫丰纱厂工人嚣张毁厂门劫棉纱》,《纺织时报》第 1044 号,1933 年 12 月 7 日,第 2816 页。
④ 其 173—2—109,上海市银行商业同业公会,上海市档案馆藏。

末,实足为发展之障碍。处此经济恐慌潮流之中,同舟患难,更应互相保持,此当为多数劳工尽其忠告。"①

棉统会作为经委会的下属机构,对待工潮态度上,自然与其上级一样,维护资方利益,遂于12月7日将此函电送达实业部部长、全国经济委员会秘书长秦汾。全国经济委员会支持上海市银行业同业公会吁请制止豫丰纱厂工会强提中国等银行押存纱的要求,谕令"予以制止,送还提纱",并"恳通令全国嗣后不得再有此项违法举动,棉业前途实利赖之"。该会还于当日、翌日,分别电函河南省政府、上海市银行业同业公会,表明立场。11日,又电函中央党部,"设法电饬河南省党部立予制止并即送还提纱"。

实业部佳(9日)电回复中国、上海商业、浙江兴业银行,则陈述工会等提纱的合理性,而不支持银行的主张:"郑州豫丰纱厂劳资纠纷久延未决。迭据河南建设厅呈以厂方既违背决定书于前,复拒绝调解于后,负责人员避不见面,该厂董事长穆电称已将纱厂抵押于慎昌洋行,并由该行驻厂员史汀培接管等语,调解无法进行。惟数千工人生机绝望,……虽素日受有极良好训练,恐亦难免有反动者挑拨其间,前途至为可虑,……当经令饬该厅秉公处理免酿事端。"上海市银行业同业公会只好于12月13日再致函棉统会,谓"就实部来电而论,其内幕甚觉复杂,殊非片言所可调解。是该中国等三行被夺押品将有损失之虞,为此函请贵会可否选派能员,径赴该地调查真相,并设法补救,以期该项押品不致擅被出售"。前一天,即12日,棉统会已派童侣青赴郑调查。

事隔十余日,全国经济委员会秘书长秦汾于1933年12月20日致电棉统会,一反其原案,称据郑州阮督察专员与豫丰纱厂工会电函,工会提纱系经厂方经理赵桂芬签字点交,并经中央及各机关代表莅场见证。经查证,阮专员与工会所说确属事实,中国、上海商业、浙江兴业银行所谓"工会协同调解委员会强提存纱等语,殊与事实不符"。因劳资双方"协议履行契约,政府自未便加以制止",三银行"因厂方将已抵押之棉纱发给工人,致受损失,应向豫丰纱厂诉追,似与本案无涉"。郑县县长、豫省政府也分别电函陈光甫,重申提纱实情,否认厂方诬词。陈光甫就此作罢,对提纱之事不再过问。②

地方民众不明提纱内情,对政府不免有非议。郑州全市乡129保民众代表11人,于1933年12月11日电呈中央党部、行政院、蒋介石、实业部:

---

① 《经委会为统制棉业告国人书》,《纺织时报》第1027号,1933年10月9日,第2675页。
② 44—2625,本会(全国经济委员会)棉业统制会关于处理豫丰纱厂劳资纠纷卷,中国第二历史档案馆藏。

"豫丰是郑县工商所仰赖者,直接待此而食者数万余口,间接交易者不可胜数,关系郑地民生经济至大且巨。工方与厂方背道而驰,……两走极端,势迫处此已成僵局,当地官宪、中央专员调停失败,任令工人抬纱变价,补助工方停工津贴,尤复引起抵押债权之纠纷,枝节横生,僵而再僵,长此迁延势必崩溃。民等……公同议决特电恳请迅派洞悉民隐、熟谙豫丰纱厂内情之贤员,克日来郑从事解决。万一双方留难不循轨道,请即授权来员彻底清理收归国营,以利实业而安民生。"[①]

因债权关系,美国公使为保护美商利益,面晤南京政府外交部,称"郑县豫丰纱厂因停工纠纷,地方当局强提厂纱,发生纷扰,加以地方当局偏护工人,致该厂债权人慎昌洋行受有损失,而该行所派洋员,亦被无形监视,请予维持,俾该厂继续开工"。而后又照会外交部,申明慎昌拥有该厂抵押契约与管理权,掌有对该厂不动产及设备的抵押权,请电河南省政府制止"地方政府受工人之要求,将扣押该厂动产、不动产,取消美商管理权"的行为。1933年12月16日,外交部据此致函中央执行委员会,提议各方应与慎昌代表协商解决维持费问题;如"扣押该厂财产一节,如果属实,希饬缓办"。

实业部劳工司司长唐健飞未直接参与调解豫丰劳资纠纷,但通过多方调查,掌握有关详情,极力维护工方的权益。他曾指出,厂方的营业亏累缘自其庞大的各方面开支,以此估算,该厂每年至少需赢利150万元,才可能不亏累。豫丰纱厂"不从根本加以整顿,而仅着眼于裁工人,减工资,加工时,实为一舍本求末之下策"。该司长尤为抨击资方的违法行为:"厂方此次停工,引用《工厂法》规定预告期内,遣散工人,于法与理,皆属非是。查《工厂法》于民二十年八月一日,政府公布施行后,工会屡次督促厂方实行,而厂方总以环境艰难推诿支吾,对于工人福利事项,如疾病津贴,医药补助,死亡费、遗族抚恤费,女工分娩给资,工人休息,特别休假,劳动保险,工厂安全与卫生等设备,凡有利工人及应与兴革改善者,迄无一条承认实行或举办。此次停工偶然引用《工厂法》,殊令人百思莫解。所有过去一切协约,乃依法签订,今厂方既提出废止,自应依据《团体协约法》第廿四条之规定,应于三个月前,以书面通知他方当事人。今厂方于七月二十九日,通知工会,则该约当然至十月二十九日,始失效用,岂容即日废止。在此法定期限内,双方对于协约上,一切权利与义务,仍当继续履行。本厂工人,向本劳资合作精神,努力工作,增加生产,冀求工厂之发展。讵料此次停工,仅系原料缺乏,暂时停止,并非宣告破产,呈准歇业。今突然违法遣散工人,殊出人意料之外,用

---

① 722(4)—344,河南省郑县豫丰纱厂劳资纠纷(2),中国第二历史档案馆藏。

心叵测,惨酷已极。即以纱厂停工之成例言,如安阳豫新,汲县华新,武汉第一棉纱厂,均曾停止工作,而在停工期内,对于维持工人生活,有发半资者,有日发两角者,迄无遣散之举。本厂工人,当初多为厂方邀请到此,千里迢遥,背井离乡。兹依《工厂法》第二十七条遣散,每人所得预告期内工资,多不过十二元,少者仅三元,……何以为生,何以返籍,饥饿迫切,难免铤而走险,……停工期内,工人生活维持费,经《团体协约法》第五条规定:厂方如因不能避免之事故发生,一部或全部停工时,停工各工友,给予维持费。大工月给五元,童工,棉条,拣废花月给四元(后因生活程度增高,每月加发五角)。中折月工照工资八成计算。此项办法,与《团体协约法》,并无抵触,岂能停止给付,致令全体工人坐以待毙。"

总之,唐健飞认为:(1)豫丰纱厂此次纠纷的起因与迁延,系由厂方停工与违背协定所造成。厂方应为纠纷负完全责任。(2)工会抬取存纱,抵作维持费,确是一种合理行动,"毫无违法背理,及有任何暴行之意义。假令当时党政军警各界主管,不同意于工会之抬取存纱,则该厂迁延半年不决之劳资纠纷,恐难急转直下,迅速解决也"①。实业部对待此次风潮的态度,似应与其主张相关。

从某些行为与内部意见来看,参与处理豫丰工潮的中央与地方各级党政机关,均对工方抱持同情态度,甚至站在工方立场。不容否认的是,维持社会安定是党政部门一切行为的准则。郑县为豫、鄂、皖三省"剿共"区域,尽快结束此次纠纷当不容迟。中央民运会程中一在其调查报告中曾特别提醒其上级,"本会若处理此案,应注意总司令部之牵制"②。这其实也是其他党政机关处理纠纷的一个基点。同样这般原因,党政机关未采纳工方意见,按照国民政府1932年9月颁布的《修正劳资争议处理法》,对豫丰劳资争议实行强制仲裁,恐激起资方更加强烈的抗拒。加以豫丰产权转为美方所有,工会抬纱引起地方民众、上海银行同业公会、棉统会的反感,党政机关在调解中不能不兼顾多方意见。从屡次调解过程与最终结果来看,各级党政代表都在尽量平衡劳资双方要求的基础上,偏于顾及资方利益。正是在军事委员会委员长蒋介石的干预下,中央党部电令豫省党部转饬工会方面迅予发还厂方所提棉纱。③ 工会随将拟变卖的存纱退还厂方,并呈报军事委员会。④

---

① 唐健飞:《郑州豫丰纱厂劳资纠纷调查记》,《劳工月刊》第3卷第2期,1934年2月1日,第75、91页。
② 722(4)—344,河南省郑县豫丰纱厂劳资纠纷(2),中国第二历史档案馆藏。
③ 《中央党部饬令豫丰工人送还棉纱》,《纺织时报》第1046号,1933年12月14日,第2833页。
④ 《豫丰为工人取纱呈军委长文》,《纺织时报》第1049号,1933年12月25日,第2857~2858页。

尽管地方党政机关有支持工方之意,却无全力支持劳方之实,工人自然认为此次调解,"带有压迫意味",对于曾派驻军于11月30日劝阻工人抬纱,并驱散工人为史汀培解困的警备司令蒋锄欧、参谋李季业"尤感不满"[①]。或许因为党政机关有支持劳方之意,豫丰减工风潮才未像其他地区那样发生流血事件。

四、统税与劳资争议

纱厂主自由减工本身无可厚非,但华商纱厂联合减工则有了别样的意蕴。从某种意义而言,华商纱厂减工风潮是对统税与税制的反抗、对《工厂法》与工会组织的反感。华商纱厂联合会于1933年4月呈给中央党部、行政院、实业部、财政部的《救济棉纺织业书》,集中传递出这些情绪:

考我国纱厂不能与舶来品竞争之原因有三:一、日本输入原棉无税,而我国输入原棉每百斤须纳税四元二角,即每包棉纱须纳税十五元一角二分;二、日本棉货输入我国无出口税,而我国纱厂所制棉布粗纱每百斤须纳税二元七角五分,细纱每百斤三元七角五分;三、我国受中日互惠协订之束缚,不能重加进口税。至于不能与在华日厂竞争之原因,下有六端,兹列于下:一、日厂恃领判权之保护,不受党部之干涉,与工潮之影响,故训练管理,日臻于合理化。二、日厂资本雄厚,贷款息率极微,较之华厂每包成本,相差六七元之多;三、日厂以东棉、日信、江商等行,为其采购原料推销熟货之机关,在世界遍设分行,原料每担可省一元以外,熟货销行,畅旺无阻,无形利益,不可数计,华商无此便利;四、日本设立纺织专门学校,计达二十四所,人才辈出,技术日精。我国则除南通一校,别无所闻。人才缺乏,遑言竞争;五、华厂须摊派公债,负担印花营业等税,地方军警教育慈善公益等捐。种种额外开支,不可胜计。为日厂所绝无;六、日厂分设我国者以近五年为最多,其机械之新颖,产量之宏多,欧美人闻之,皆为咋舌。我国号称有二百五十万锭,其中十分之四,机械皆在二十年以上。至于最新之厂,足与日人比拟者不及十分之一,……综此数因,华厂虽欲振奋自拔,努力改良,实属戛戛

---

① 《郑州豫丰工潮扩大》,天津《大公报》1933年12月4日,第3张第9版;722(4)—344,河南省郑县豫丰纱厂劳资纠纷(2),中国第二历史档案馆藏。

其难,故华厂制纱成本,每包较日厂高二十元至二十五元,华布每疋较高一元以上,以言竞争宁有立足之余地。……货品愈积而愈多,即负累日增而日重。实业已濒危境,工人生计,固将灭绝,国家税收,亦必停止,其结果盖有不忍言者。年来抵货之声,甚嚣尘上,而日厂不独进行如故,且加扩充。诚以成本低廉,故能尽力倾销以与华厂竞,非使之摧毁罄尽不止,其用心之险狠,有如此者。

往者厘金未废,内地厂商,犹赖税轻调剂,挹彼注兹,稍留竞争余地。自改办统税以来,中外工厂,同等待遇,而地方捐税,又为外厂之所无,遂至陷于重困之中。政府注重民生,对于棉业,想不漠视。从前立法院制定保奖条例,三中全会又经通过保护纺织事业提案,属会翘首企望,未见实施。今日火热水深,濒于破产。今拟救济方案六则于后:一、统税加级。查海关棉纱入口税,共分四级,本国纱厂统税,亦请改为四级,其支数略与海关稍有差别。三十三支以上为第一级,每担征税六元;二十三支至三十二支为第二级,每担征税五元;十二支至二十二支为第三级,每担征税四元;一支至十二支为第四级,每担征税三元。棉布税亦应照棉纱等级重量征收。从前十一、十二、十三、十四、十五、十六磅共一税率,有失公允,应即停止。二、退还统税。上条修正统税中外厂应一律征收,对于华厂所收之数,每月月底由实业部以奖励名义,以一半退还该厂,于缴税时划抵以资补助。三、增加关税。查中日协定本年五月十六日满期,应请从四日起,所有日本进口棉布、丝光布照现关税增加两倍,又人造丝织品增加三倍,再加增征本国现行棉纱统税。四、退还原棉进口税。查原棉进口税,民国十五年尚系每担一元二角,现已加至四元二角,拟请对于华厂所收税款,由实业部以奖励植棉经费名义,退还半数,交属会承领。此项退税,属会以一半发还纳税之厂,其余一半由属会津贴各省植棉场为改良棉种之用,政府得随时派员指导,监视其进行。五、低利贷款。华商纱厂受重利之盘剥,为不能与日厂竞争之最大原因,应请由中央银行、中国银行、交通银行,各划巨款别组实业贷款银行,以低利长期贷与各华厂俾资营运。六、取缔工会。查日厂每万锭雇用工人约一百七十八十人,华商在上海者约三四百人,汉口、天津等处工会势盛者,须用七百余人。工资相差倍蓰,何能竞争,应请明令各省市党部,以后各华厂开除工人,不得横加干涉,俾资整顿。①

---

① 722(4)—222,上海市各纱厂扣发工人工资和该部派员察看各纱厂与报告等文件,中国第二历史档案馆藏。

1931年2月,国民政府开始"就厂征收"卷烟、麦棉、火柴、水泥、棉纱"统税",裁撤厘金。国民政府1930年10月将七级税制改为三级税制,1932年3月再将税制改为两级。统税仅为两级,以23支为分级标准,而两税率之差仅为1元。华厂纺纱平均支数不过23支,而日厂纱支多为32支。两相比较,纱支越细则统税税率越低。华厂出品的销路,无形中不敌日厂产品。因此,溥益纱厂、振华纱厂代表曾函请棉统会,仿行海关棉税四级税率。统税额过高是豫丰纱厂亏折的一个重要原因。厘金未废前,该厂全年仅6万元税厘;实施统税后全年缴税达40万元。① 不合理的统税不仅抑制纱业,而且也使华商火柴业破产。"全国火柴业之破产,一方固由于瑞典,日本两国火柴来华倾销,以及日本在山东设厂制造,而其切身原因乃在政府增加统税的影响。"其结果则迫使厂方减工,致起劳资纠纷。时人不禁慨叹万端:"这是工人的责任呢? 还是厂的责任呢? 或者竟是政府自身的责任呢?!"②

不合理的统税分级标准,使华商纱厂成本增加;某些杂税同样使华厂成本居高。华商纱厂原棉40%购自美、印,60%采自鲁、陕、湘等地。因水脚所累,购自国内的原棉费用却高于购自国外的30%。如沪厂由陕州购棉,每担运价3元,而由美、印运沪尚不到2元。荣宗敬为此建议政府,实行退回水脚30%的政策。③ 天津纱厂原多用山西、陕西、灵宝及吐鲁番花。因捐税繁重、成本居高,纱厂不再购进陕西、灵宝、吐鲁番花。山西花运津数量也逐年低减。④

纱界对待政府政策缺失的最简单的办法,就是将损失转嫁到工人头上。因此,减工以来,"劳资纠纷之造成,其责任多不在劳方之故意要挟","皆由厂方营业不振","不顾政府法令及工人生计,任意停工与开除工友","责任全在资方"⑤。资方清楚地知道藉减工以保生存,不过为治标之法。但1934年3月13日,华商纱厂联合会复有减工之议。⑥ 减工的确不可能抵御洋纱,改变纱贱棉贵的状况,反而"徒为外纱造机会,益使倾销"⑦。其原因在于华资纱厂成本高于外资纱厂。以上海为例,据1932年春纱厂联合会报告,华商纱厂纱锭1157200枚,用工65000人,日商纱厂纱锭1458060枚,仅用工51103人。加之,日商纱厂早于1932年冬即开始实行紧缩政策,裁减

---

① 722(4)—344,河南省郑县豫丰纱厂劳资纠纷(2),中国第二历史档案馆藏。
② 松节:《应如何处理劳资纠纷》,《劳动季报》第1卷第2期,1934年7月10日,第46、47页。
③ 《本会各厂实行减工后之救济》,《纺织时报》第981号,1933年4月29日,第2300页。
④ 《棉花市场近观》,天津《大公报》1933年5月8日,第2张第7版。
⑤ 松节:《应如何处理劳资纠纷》,《劳动季报》第1卷第2期,1934年7月10日,第46、47页。
⑥ 《纺纱业危机》,天津《大公报》1934年5月23日,第1张第4版。
⑦ 《纱厂停工减少生产对纱价毫无裨益》,天津《大公报》1933年4月28日,第3张第6版。

工人,因之日厂成本愈低。① 华商纱厂减工后,外商纱厂也开始减工。日商裕丰停星期六、日工;日华、华丰减工3小时,停星期日工;上海停星期日工;东华、第一停产;第二减工5小时;内外棉打纱间停工,其余车间停星期六、日工;丰田减工2小时;公大打纱间减工3小时,停星期日工;大康星期日停开;同兴减工2小时。英商怡和三厂停星期六、日工。② 日厂减工普遍达29%或四成,内外棉最多缩减六成。③ 资方对政府展缓减工、减工期间不得减低工资的建议或命令置若罔闻,不惜挑战政府权威,违背《工厂法》规定的停工需三个月预告期的原则,其目的无非拟胁迫政府制定合乎其利益的税制。

政府并非不明纱界痛苦,亦曾承受来自厂商与舆论界的巨大压力。例如,孔祥熙任实业部长时,曾以中英庚款为担保向英国购进各项粗网纱锭100万枚,扶植华商纱厂。后因日货倾销,华商纱厂因存货日多,竟不领取原向实业部订购的英国纱锭。④ 停工本身也即是政府无能的表现。⑤ 政府行政开支与"剿共"军费,除来自于工商界的税收外,别无其他选择,因此,政府只能空喊扶持工商界,而相应政策迟迟不能出台。"政府对此实业重大危机,竟毫无办法,一至于此,岂胜愤懑。"⑥

政府为安抚纱界巨头,1933年10月,改组全国经济委员会,下设棉业统制委员会。棉统会有委员22人、常委5人。陈光甫为主委,李升伯、谢作楷、唐星海、邹秉文为常委。陈光甫代表金融界,李升伯代表纺织界,邹秉文代表农业界。另外17位委员为:陈立夫、荣宗敬、张公权、杜月笙、贝崧荪、张啸林、郭顺、何炳贤、吴醒亚、聂路生、穆藕初、胡筠庵、刘荫弟、孙恩麐、陈伯庄、李浩驹、徐莱丞等。棉统会的工作包括三个方面:棉产的改良与推广、纺织业的研究与协助、棉业金融的策划。政府同样想借助棉统会改善工人的待遇。棉统会具体工作计有12项,其中第7项即为棉纺织业的劳工福利设施。⑦ 因华商纱厂联合会巨头进入棉统会委员,棉统会在某种程度上是华商纱厂联合会的代言人。经委会为统制棉业,曾正告国人:"国民政府保护劳工,原列政策,然劳工不争自身智识技能之增进而惟提高待遇之是骛,不齐其本,而齐其末,实足为发展事业之障碍。处此经济恐慌潮流之中,同

---

① 陈达:《民国二十二年的国内劳资争议(续)》,《国际劳工》第1卷第5期,1934年5月,第4页。
② 《纱厂减工与其救济问题》,《纺织周刊》第3卷第20期,1933年5月12日,第263页。
③ 《本会各厂减工后之消息》,《纺织时报》第983号,1933年5月4日,第2316页。
④ 《纱业前途之危机》,《中央日报》1932年8月22日,第2张第2版。
⑤ 《最近纱厂停工情形》,《纺织周刊》第3卷第32期,1933年8月4日,第1008页。
⑥ 《纱厂减工与其救济问题》,《纺织周刊》第3卷第20期,1933年5月12日,第643页。
⑦ 胡竟良:《中国棉产改进史》,上海,商务印书馆,1946年,第20页。

舟患难,更应互相保持,此当为多数劳工尽其忠告。"①可以说正是减工风潮,才使政府组织结构发生变化。但是,政府组织结构的变化,并未带来利商政策的实施,不可能消除华商纱厂再次减工与破产的根源。1934年4月27日,时任豫丰负责人的董楚生"因营业不振,无法维持"而潜逃,该厂宣布歇业。②

遗憾的是,在调整税制的呼声中,政府于1934年6月推行《海关进口新税则》,增加棉花及机器的进口税,削减棉织物与棉纱的进口税。华厂成本随即更高,标准花纱市价愈为倾跌。纱业领袖非正式会议又决定自6月1日起减工。已改换厂主的豫丰再次裁工、减薪及降低待遇。天津裕元、恒源、北洋纱厂停工,致使7600余人失业。彰德豫新纱厂停业,也使2000余工人遭解雇。③

提高劳工福利是国际劳工组织的奋斗目标,各工业国家政府或多或少地努力改善劳工生产环境、提高劳工待遇。南京国民政府的《工厂法》赋予工人享有合法的生存与适当的发展权,体现了对劳工的关注与保护。华商纱界人士鉴于因之所导致的生产成本的大幅增高,对此颇有烦言。以天津为例,工人工资较沪、汉为优,从1927年起到1933年,工资迭增至30%以上。此外,各纱厂每年支付工人的年终奖金、不停工资金、纪念日给资、工人子弟学校、补习学校、医院给药、浴室设备等费用,与纱厂增薪额"相颉颃"。津市各纱厂称工费的增加,是其发展的一大障碍。津门纱厂公会曾要求当局取消工人的各种福利。④

由于纱厂工会组织的健全与发展,工人有可能团结一致向资方争取经济利益。资方视之若敌,当然主张取缔工会。穆藕初认为,华商"棉业弱点"除原棉不足、积弊太深、技术幼稚、工作效率过低等因素外,便是"工人难于管理","甚至有不事工作专以鼓动风潮为能事者"干扰生产。⑤1933年4月21日,沪市政府召集各厂代表谈话时,厂方代表强调:近年工潮迭起,是妨害营业的重要原因。华商纱厂视工人福利与工会为滞碍纱业发展的一个重要因素。

诚如官方组织在豫丰减工风潮后所作的评论,资方减工实则借此"营业

---

① 《经委会为统制棉业告国人书》,《纺织时报》第1027号,1933年10月9日,第2675页。
② 《国内劳工消息(停业)》,《国际劳工》第1卷第5期,1934年5月,第87页。
③ 程海峰:《一年来的中国劳工》,《劳工月刊》第4卷第1期,1935年1月1日,第5页。
④ 《纱厂公会请求当局设法维持》,天津《大公报》1933年4月15日,第2张第9版。
⑤ 穆藕初:《政府急宜救济棉业》,《纺织时报》第951号,1932年12月26日,第2019～2020页。

不佳之机会,给工会一个倾覆,给工友一个摧残,取消协约及一切劳动条件,以达其榨取剥削工友之目的而已"。① 河南省党部某委员也曾谈到豫丰纱厂停工的主要动机,"即为该厂意图分得一部分之中美借款之美棉,故先行停工,以眩惑社会之视听,而要求政府之救济;并藉此取消劳资双方所订之一切契约,而为重新有利于厂方之规定,以达到其强度压榨劳工之目的"②。

既然政府的庞大开支唯有取自工商界,而对工商界又不能给予实质性的扶植与保护,因此,当局对华商纱厂资方减工或停工多采取妥协的"软"的一手;相反,对工方多采用压制的"硬"的一手。据中央民运会调查员程中一观察,当局在调解豫丰劳资争议过程中,曾"似有用政治力量"使工方接受裁工555人、增加工作2小时、增加工资0.03元的协议。③ 政府此种策略之结果一般均是工人迫于生活陷于绝境,无奈地接受资方苛刻的条件;而资方从不肯轻易就范,总要借此时机讨价还价,且常将各级党政机关置于极为被动的局面。最后,政府的妥协不仅得不到资方的谅解,反而进一步强化了资方对政府的敌视态度。资方抱憾"生产过剩而不能自由减产,实纱厂所特有之痛苦"。④

中央民运会官员对华商纱厂嗣机取缔工会极为反感,指出:取缔工会,"似嫌过于笼统。生产应合理化,固为重要。然中国纱业之失败,其要点在国家缺乏保护能力及资本薄弱,机器设备腐旧等原因。而劳资间之纠葛关系,实不能成为主要问题"⑤。程中一对豫丰纱厂工会亦称赞有加,称其组织"极为健全",向中央建议"嗣后应请力加保护"⑥。在唐健飞看来,该组织完全符合国民党的政治要求:"豫丰纱厂工会为比较健全之工人自己组织,除由郑县县党部派有指导员及秘书二人外,所有工会理事监事,概系该厂真正做工多年之进步工人,绝非一般靠吃工会之工棍。彼等头脑清楚,能力亦甚相当,绝非徒供利用之所谓傀儡。至于全厂工人,均能明礼守法。该厂停工半年,五千工人,饥寒交迫,生活极苦,然除依法请求正当解决外,绝无轨外行为,及暴力举动,较之其他各地,殊属艰能可贵。"⑦出于维护其政治利

---

① 实业部劳动年鉴编纂委员会:《二十二年中国劳动年鉴》,第2编,第131页。
② 唐健飞:《郑州豫丰纱厂劳资纠纷调查记》,《劳工月刊》第3卷第2期,1934年2月1日,第75页。
③ 722(4)—343,河南郑县豫丰纱厂劳资纠纷(1),中国第二历史档案馆藏。
④ 《纺纱业危机》,天津《大公报》1934年5月23日,第1张第4版。
⑤ 722(4)—222,上海市各纱厂扣发工人工资和该部派员察看各纱厂与报告等文件,中国第二历史档案馆藏。
⑥ 722(4)—344,河南省郑县豫丰纱厂劳资纠纷(2),中国第二历史档案馆藏。
⑦ 唐健飞:《郑州豫丰纱厂劳资纠纷调查记》,《劳工月刊》第3卷第2期,1934年2月1日,第91页。

益的目的,国民党各级机关在处理减工风潮时,必然有维护劳方之处。正因为党政处理劳资争议的着眼点并不完全相同,双方不可避免在某些问题上互有分歧,调解劳资争议也显得更为复杂。

减工风潮突起,中共立即以此为契机,加紧发动工人运动。4月22日,中共中央指示各级党组织,认清形势,明确任务。"资本家开始了残酷的进攻,要将经济恐慌与战争的重担放到工人群众的肩上,再一次降低工人牛马般的生活水平,和增加失业的痛苦……我们党必须清切地认识这一客观的环境的严重:工人战斗情绪的勃发,和大规模的普遍全国的斗争的酝酿与爆发,而总汇为全国纱厂工人的反抗运动;另方面,帝国主义,国民党,黄色工会和资本家正在准备一切力量来防止、破坏和镇压无产阶级的反攻。提高全党的积极性,勇敢的深入企业与工人群众中,组织群众的反抗运动,建立我们党在这一反抗运动中的领导,乃是保证反攻胜利,冲破资本进攻与反动压迫的主要条件。"为此,组织"反对减工的斗争委员会",并吸收"最积极的工人领袖"入会,准备成立全上海或全天津,乃至全国斗争委员会;将"各厂产业支部"中"最有威望和工作能力"的同志,充实到"斗委会"中;首先在天津、上海等地于"红五月"组建工人武装自卫队;在日资纱厂中成立反日会、国民自救会分会;党、团、工会应团结各工业部门的工人,壮大工人群众斗争。由此,造成全国总同盟罢工的可能,反对日本与国民党的斗争,揭破国民党黄色工会的欺骗本质。中共中央责成全总和上海工联党团发表反对减工宣言,要求河北的党组织和工会到工人中散发传单,"切实动员他们的战斗情绪"。5月9日,中共中央驻北方局代表在给各级党组织信中,进一步要求天津党组织以恒源纱厂为突破口,实现党对减工运动的领导;"动员最好的干部去加强"天津、唐山、石家庄、青岛、郑州、太原的"党的领导",保障执行中央的决议。① 正是为严防中共向各纱厂渗透,国民党及政府各方面最终一致全力压制工人利益,强力结束劳资对抗局面。

由于"在处理劳资纠纷时,竟乏一公正之裁判机关介乎其间"②,劳资双方对这种调解方式并不能真正认同,国民党党政机关则因此失去信任。这

---

① 《中央紧急通知——关于纱厂减工的问题》,《斗争》第41、42期合刊,1933年5月20日;《中央驻北方代表给北方各级党部的信——论纱厂减工关厂与北方党的任务》,《斗争》第43期,1933年5月31日,转引中央档案馆编:《中共中央文件选集》第9册,北京,中共中央党校出版社,1991年,第194~198,508,510页。

② 松节:《应如何处理劳资纠纷》,《劳动季报》第1卷第2期,1934年7月10日,第50页。

种调解是否能真正平息劳资争议更是值得怀疑。豫丰纱厂劳资双方对 12 月 20 日的所谓最后调解,"表示均不认为彻底解决办法"。"一般舆论亦以为此种卖价还价式之调解方法,仅能苟安于一时而已","一遇机会,此项纠纷仍然可以爆发"①。已为债团承租的豫丰等厂此后仍出现减工风潮即是佐证。特别是减工风潮因华商不满政府政策而起,由此出现的劳资争议"性质殊异乎劳资之争,则官家救济宜非调停了事"②。当时有人认为,政府应尽早制定出合理的税制标准与奖励纱业发展政策,资方则应加快技术改造与科学管理步伐,因减工而生的劳资纠纷始可能有所缓解。反之,"不为纱销设法,而责厂家不许减工,是率农工以食纱厂,转瞬同归于尽,终于无工,岂仅减工而已"③。

减工风潮中工人的抗争,在客观上不利于纱厂的发展。据中国银行 1933 年度经济报告所载:1933 年棉纱价格跌落之巨为 10 年来所未有。1932 年标纱最低价为 193 元,1933 年为 166 元。1933 年上海客帮销路仅为 1932 年的 7 成,不到 1931 年的半数,若与 1930 年相比,南方及长江流域销量均减其半,北方则减 1/50。棉纱因此囤积。上海一地,年终尚存 138925 包棉纱。与此相反,全国纱锭却呈上升趋势:1933 年 3 月,纱锭计 5019917 枚,较之 1932 年增加 322637 枚,较之 1931 年增加 575617 枚。竞争愈烈,销路愈小。④ 不过,纱锭增长并非华商纱厂的增长,而是外商特别是日商纱厂的增长。华资纱厂与外商纱厂竞争以求生存,也是资金的竞争。华商纱厂流动资本严重匮乏,亟须金融界注入资金。然而,以逐利为本的金融界无意投资纱业,都采取紧缩贷款政策。⑤ 沪银行界甚至要求纱厂以"减少生产以维市价,为放款之条件"⑥。豫丰纱厂抬纱变卖的行为,无疑带来严重的负面影响,不仅侵犯银行界债权,而且增加了银行界对于投资纱业的顾虑。

在此次减工风潮中,我们同样发现,劳动立法的影响无处不在,劳资双方均以此为护符。资方无论在减工布告中,还是在与工人所订调解协议中,处处宣称以《工厂法》为原则,工会则依据《工厂法》、《团体协约法》与资方斗

---

① 722(4)—344,河南省郑县豫丰纱厂劳资纠纷(2),中国第二历史档案馆藏。
② 《纱厂减工》,《纺织时报》第 980 号,1933 年 4 月 24 日,第 2291 页。
③ 同上。
④ 中国国民党中央民众运动指导委员会编印:《二十二年工人运动概观》,第 4、5 页。
⑤ 《纱厂公会请求当局设法维持》,天津《大公报》1933 年 4 月 15 日,第 2 张第 9 版。
⑥ 722(4)—222,上海市各纱厂扣发工人工资和该部派员察看各纱厂与报告等文件,中国第二历史档案馆藏。

法,用法律维护自己的正当权益。豫丰纱厂工会在给调解委员会与中央民运的呈请中,抨击资方剥夺工人的福利,任意延长工作时间:

> 查《工厂法》自二十年八月一日施行,内规定凡工友工作七日,应有一日休息。凡工友在厂工作满一年至十年者,有七日、十日、十四日之特别休假,工资均须照给。该厂每月只有休息日两个,尚无工资,亦无特别休假。妇女生产,只有五星期。合两年来计欠休息日工资一百零四天,特别休假日工资平均二十二日,两共一百二十六日。是《工厂法》利于工人则不行,利于厂方则行之。奉行法令亦由片面任意取舍,宁有是理。至取消协约,及一切条件,自应依《团体协约法》第二十四条规定,于三个月前以局面通知它方当事人办理。何得违法,自行宣告即日取消。又《工厂法施行条例》第十二条规定,工厂为全部或一部之歇业,或停工至一月以上时,应先事呈报主管官署。乃该厂于七月二十九日上午六时,宣告停工,至十时始行呈报。
>
> 查《工厂法》第八条之规定"成年工人每日实在工作时间以八小时为原则,如因地方情形或工作性质有必须延长工作时间者,得定至十小时",最多不得超过十小时。今不计女工、老工一律延长至十二小时,且荒谬绝伦。告内云"根据全国各厂通例规定每日工作两班每班十二小时"……自谓守法,实属滑稽[①]。

在减工时期的劳资争议中,各地工人基本能以法律为武器,向资方讨回公道,向政府寻求保护。

工人法律意识的增强,并不等于其对抗资方的力量也在增强。在此次减工风潮中,各纱厂工人之间缺乏必要的联系与声援。这一事实足以说明,工人遭受资方任意拿捏,无力自保,为顾及饭碗,不敢轻易与资方较量。在彼伏此起的全国范围的减工风潮中,工方一般处于绝对弱势。较之前期工运,此时工运则无可避免地走入低谷。

[①] 实业部劳动年鉴编纂委员会:《二十二年中国劳动年鉴》,第2编,第131页;722(4)—344,河南省郑县豫丰纱厂劳资纠纷(2),中国第二历史档案馆藏。

第五章 三八制与劳资争议

所谓三八制,即每日工作分三班,每班工作八小时,以合于工人每日工作八小时、教育八小时、休息与娱乐八小时之理想。三八制也称八小时工作制。在理论上,三八制于资方于劳方均不无益处;但在实际操作过程中,资方与劳方均能尽得其利而和谐共处吗?据现有资料来看,天津宝成纱厂是纺织业中最先按照《工厂法》所规定的八小时工作制原则,实行三八制的企业,实开劳动界之新风气。本章以宝成为个案,剖析资方实行三八制的动机、结果及各方的反响;考察三八制对调整劳资关系的实际效用,以及劳资双方对三八制的真实态度;进而揭示制约三八制的若干因素;在此基础上,兼论《工厂法》滞碍难行的原因及其无奈之结局。

一、三八制的实施

宝成纱厂规模不及北洋等纱厂,人数不过1500余人,纱锭27000枚。1930年2月16日上午,宝成纱厂召开改制大会,厂主刘仲融、经理吴镜仪宣布从即日起开始实行八小时工作制。北洋纱厂经理陶兰泉、恒源纱厂董事章瑞廷、市党部民训会代表崔宸英、总工会代表刘东江与王竹波、第八区党部代表梁绳波、宝成工会代表,应邀出席改制大会。市党部、总工会、宝成工会代表相继致辞,表示极力支持该厂改制。陶兰泉、章瑞廷亦发表演说,对宝成纱厂的改革精神深致赞许,并称将来宝成三八制试验成功,"各厂定当仿效"。工人们欢腾雀跃,在会上不断高呼"增加工作能率"、"缩短工作时间"、"保护工人精神"、"革命万岁"、"工友万岁"、"实行劳资合作"、"实行八小时工作"等口号,喜庆改行八小时工作制。当天,厂中遍贴红绿标语,欢声笑语,一派和美气氛。

18日,宝成纱厂发布通告,以期藉三八制实现劳资合作,共挽纱业危机:"现在纱厂工人每日在厂工作十二小时,以致本身及家中之事,无暇顾及,一遇有事,势必停工。停工之损失犹小,而终朝终夜,埋头工作,不得休养,实为人生最大之痛苦。本厂有鉴于斯,爰拟设法解除我工友此种苦痛,实行劳资合作,自本月16日起试行八小时工作。此不但我国工厂,尚无实行者,即世界各先进国宣传已久,而完全实行八小时制者,尚属寥寥。我厂工人与厂方向来合作,故能举世界强国尚难实行者而毅然行之,以为全国倡。深望各位改制之后,切实努力工作,在厂工作时间,不使空闲,务须保持原来出数有增无减,方符劳资合作之本旨。"①宝成工会颇为赞成厂方通告精神,积极回应,亦发通告,勉励工友努力工作:"我国实业破产衰落,濒于危亡之境,人人皆知。际此帝国主义经济政策压迫之下,工人最大之痛苦,莫如十二小时之工作制度,精神之痛苦,肉体之损失,一切皆抹煞切论,何堪言喻。在实业落后之中国,本厂首倡全国之先例,毅然决然,实行三八制度,改善待遇,提高生活,其殷切之意义,斯诚不啻为他厂所不及。而我工友务以抱定'劳资合作增加生产'八字,尽力工作,出数特殊,佳良方法,表现合作之精神,为他厂之模范。劳资协调,共谋纱业前途之发展。工友尤应忍痛须臾,助长生产能力,发达营业,以济待救孔殷之中国,方不负工人应有之责任。"②

宝成原为两班制,每班工作12小时。改为八小时工作制,系将工人分为三班,每班8小时,并将三个班次分别命名为:庶绩咸照、劳资合作、允厘为工。三个班次的工作时间依次为:庶绩咸照——16日下午2时到10时;劳资合作——16日晚10时到翌晨6时;允厘为工——17日上午6时到下午2时。该厂特别保证,工作时间缩短,但"各工人仍可得原来之工资","并不减少"。

宝成之所以能够打破僵局,实施八小时工作制,其动机与益处可以从该厂经理吴镜仪对记者的谈话中略见一斑:"《劳资争议处理法》,国府前令于十二月九日起再展期三个月。查此种法规,乃过渡时代之办法,取消后便须照正式法令办理。《工厂法》早经公布,已无转圜余地。上海纱厂联合会来电,虽谓与政府磋商,在施行细则中设法,但能否办到,究属毫无把握。加以近来金贵银贱潮流澎湃,为抵制外人所开纱厂计,不如各厂自动求一根本解决之方。故就本厂原有工人一千五百余人,化二班为三班,不加工资一律改为八小时工作,各工人仍可得原来之工资。其利益有六:(一)向例星期日停十二小时,全月计四十八小时,调成三班后,只须三十二小时,计可少停十六

---

① 《津市宝成纱厂实行三八制》,《中央日报》1930年2月20日,第2张第1版。
② 《宝成纱厂实施三八制纪》,《纺织时报》第673号,1930年2月24日,第295页。

小时,以此中所获,抵补绰有余裕。(二)中国纱厂,弊在用人太多,车间不洁,出数短少,欲谋减少,又难着手。如此一转移间,可与外商厂家用人相等。(三)内地外人纱厂,用人素紧,此制一行,势必多添一班,决不能如中国厂之化二班为三班,成本骤增,易于抵制。(四)《工厂法》以八小时工作为原则,至多十小时,即使能争到十一小时,出数亦减,何能支持,何如及早改成三班制,使机械不停,而出数可增。(五)细译《工厂法》,便知显著的含三班制在内,待资方藉出数锐减之说,争到极焦点时,政府不过答复,势必增添三分之一工资,则何如及早更改,可以布置裕如。(六)《工厂法》童工、女工,不准做夜工。改制后,童工、女工即可排在中午一班,不生问题。且外人在津所设之纱厂,机器多而工人少。我国纱厂则工人多而机器少。分三班后,可以日夜不停车,届时外商纱厂必感困难也。"①不过,因包件关系,摇纱部未改制。

宝成改制后,产量大为增长。仅每月少停工16小时,宝成产量便可增加4%~5%。② 其实,资方从三八制中获利尚多:(1)各纱厂每日均有吃饭时间,日夜平均停车1小时,每月损失30小时。改制则免除吃饭时间及由此带来的损失,合计多产纱1/15。③ (2)工人原来无故停工者甚多,几致罚不胜罚,影响生产进度;改制以来工人则停工者甚少,产量自然增加。(3)宝成有工人1500人,两班制每班分别为750人,三班制每班减至500人。该厂工人原工作时间为12小时,日班早6时到晚6时,夜班晚6时到晨6时。每到夜里12时后,工人多困乏欲睡偷闲,"精神衰颓,工作废弛,原料浪费",夜间出品"较日间潦草"。改制后,工人"于夜十时换班,已得上半夜之睡眠,至翌晨6时,即可下班,故毫不感睡眠不足之苦",精力充沛,无偷闲怠惰之弊。因工作认真,损失减少,效率加增。④ 每日约少出油花1担。筒管等物料皆因工人无暇玩弄而完好无损。各部工人产量约比改制前平均提高1/3。清花、钢车、粗纱三部产量平均提高10%以上。细纱增加5%以上。⑤

如此而论,宝成实施三八制,可以通过先期调整企业管理,未雨绸缪,以便从容应对《工厂法》的颁布与实施。该厂工务长陆绍云向中国纺织学会报告改制经过及成绩时,曾说过唯有改制才是一劳永逸的办法:自《工厂法》颁布后,同业往往要求政府给予预备期。至于政府能否给予通融,则尚难推

---

① 《宝成纱厂实施三八制纪》,《纺织时报》第673号,1930年2月24日,第295页。
② 吴培德:《八小时工作制问题(续)》,天津《大公报》1930年6月10日,第1张第4版。
③ 陆绍云:《纱厂三八制之研究》,《纺织时报》第691号,1930年4月28日,第420页。
④ 《宝成纱厂改制事续纪》,《纺织时报》第675号,1930年3月3日,第306页;《三八制的纠纷》,《纺织时报》第681号,1930年3月24日,第350页。
⑤ 《三八制之理论与实验》,《纺织时报》第684号,1930年4月3日,第367页。

断。"一旦施行日期骤然公布,迫以法令缩短至十小时。依敝厂状况平时每日应出货四十件,届时只能出到三十三件左右。粗细均匀计每件要多担负各种开支十两左右。如谓且到彼时再改不迟,试问于法令施行后,工人能否允化二为三提高能力不加工资,……其势必至先要求增加五分之一的工资然后再议办法。敝厂再三思量,惟有三八制可以免除一切困难,资方无损而有百利于劳方。"①更为重要的是,宝成利用工人支持八小时工作制的时机,提高工人劳动强度,却又能最大限度地降低工人对提高劳动强度的阻力,以达到挖掘企业潜力的目的。据河北省工商厅调查,该厂自改制后,每日出纱"较前反增三包有余"②。改制后,宝成仅增加数十工人,对产量上扬影响不大。该厂产量增长的根本原因,更多来自于工人生产效率的提高。"平日每一工人管钢丝车十部,今则改为二十部,纺纱车每三人管理二部,今则改为一人管理一部。"③粗纱工人论工给资,并以完成亨司的多寡为赏罚。头2号粗纱车原为3人管2台;改制后,每人管1台。3号粗纱车原由每人管1台,但配有摆筒管工人;改制后,虽仍为1人管1台,但须自己收管揩车,不再配置摆管工人。④棉条部由每人司2车,加到司3车。清花部由每2人管1车,改为3人管2车。⑤ 与改制前相比,工人效率提高1/3。⑥

在资方看来,改行三八制后,劳方所获利益匪浅:(1)工人增加4小时的休息时间,有空闲忙于家务或补读。(2)工人衣服日见清洁。(3)女工有时间照顾子女,便于带小孩到厂种痘,工人子女死亡率降低。(4)改制后,工人每月轮值夜班由原来15次减为10次,休息较为充分,"工人面容及体格,均有增进,且呈活泼之象",勿需预借工资治病而负债。⑦(5)工人精神愉快,往日倦容不再。⑧ 实际上,改制后,工人星期日休息时间缩短的缘故,每月合计可多得1天的工资。

劳资双方均能从改制中获益,绝不仅体现在纺织业中。天津久大精盐厂1927年3月即已改行八小时工作制。久大在保持原有工人数量上,通过提高劳动强度,产量未减少,工人休息与学习时间则大为增加。⑨

---

① 陆绍云:《纱厂三八制之研究》,《纺织时报》第691号,1930年4月28日,第420页。
② 《行政院解释八小时制》,《纺织时报》第692号,1930年5月1日,第427页。
③ 《宝成纱厂改制事续纪》,《纺织时报》第675号,1930年3月3日,第306页。
④ 陆绍云:《纱厂三八制之研究》,《纺织时报》第691号,1930年4月28日,第420页。
⑤ 《宝成纱厂昨又停工》,天津《大公报》1933年9月13日,第3张第9版。
⑥ 《三八制的纠纷》,《纺织时报》第681号,1930年3月24日,第351页。
⑦ 陆绍云:《纱厂三八制之研究》,《纺织时报》第691号,1930年4月28日,第420页。
⑧ 《三八制之理论与实验》,《纺织时报》第684号,1930年4月3日,第367页。
⑨ 林颂河:《塘沽工人调查》,北平,北平社会调查所,1930年,第50~51页。

宝成当局曾对筹划改制一直秘而不宣,深怕改制因工人反对而流产,未曾料到,三八制颇得工人拥护。三八制甫行月许,有宝成工友投书报纸,宣讲改制使自己身心愉快、收入提高。也有许多工人因有闲暇而入读补习学校,接受文明熏染。工人多有赌博积习,补习学校教员在教授国语、算术、常识的同时,常劝导工人戒赌。在其感召下,许多工人一改往昔嗜赌之弊,集资 832 元捐献西北灾区。① 宝成在实施三八制过程中,也曾出现改回旧制的波折。1931 年年初,美商慎昌洋行出让宝成债权,日商纱厂闻讯,拟筹款接办宝成。天津实业界认为,在此日商收买华商纱厂的高潮中,若宝成一旦转为日厂承办,"利权外溢","影响本国实业,至深至巨"。纱界周叔弢等富商合组大同公司,借款偿还慎昌,获得宝成债权,继续承办宝成。时原厂长吴镜仪已任津市招商局局长。该厂工会恐政随人亡,就继续实行三八制问题,派代表与大同公司主要负责人接洽。该公司表示,今后对于宝成已实行的八小时工作制绝不变更。② 嗣后,有宝成仍将恢复 12 小时工作制的传言,该厂工会执委林贵等人得悉此事,于 6 月中旬呈请市党部,要求吴镜仪继续出任该厂厂长,并表示"如厂方改为十二小时工作制,将群起反对"。厂方迫于工方要求,继行三八制。③

二、各方态度

自宝成改行三八制以来,社会各界对其毁誉参半。宝成厂长吴镜仪改制前已经预料到来自于同行的阻力与责难,因此,筹划过程中一直未与之沟通,同行对此毫无所闻。直到 15 日深夜,同业始知宝成将于次日宣布三八制,以事关全国各地工厂,推派代表向宝成经理商请缓行。北洋、裕元、华新各纱厂经理,深恐本厂工人要求改行三八制而引起劳资冲突,先后赴公安局谒见局长,请求防止工潮发生。④ 纱界甚至诬陷宝成经理吴镜仪、陆绍云为共产党员,密告官厅逮捕。阻止宝成改制未果后,同业最初保持观望态度,"决定先任宝成试办两星期,如试验结果良好,各厂当亦改成三八制"。此时,天津北洋、华新、恒源、裕元、裕大五大纱厂根本不知何为三八制,更不了解宝成改制的具体方案,想当然以为,改为三班制,即需在原有两班基础上

---

① 吴培德:《八小时工作制问题》,天津《大公报》1930 年 6 月 9 日,第 1 张第 4 版。
② 《宝成纱厂问题》,天津《大公报》1931 年 3 月 23 日,第 2 张第 6 版。
③ 《宝成工会》,天津《大公报》1931 年 6 月 18 日,第 2 张第 7 版。
④ 《宝成改行三八制后》,天津《大公报》1930 年 2 月 18 日,第 3 张第 11 版。

再增加一班工人。① 嗣因宝成改制波及到五大纱厂,各厂工人纷向厂方提出仿效宝成改行三八制。五大纱厂资方"均感恐慌",于3月中旬,即宝成改制近一个月时,联名呈请市党政当局,抨击宝成"不顾他厂利害"贸然改制,将其他厂置于极为被动局面。② 正是在同业的嫉视下,吴镜仪只好调任招商局局长。宝成资方为能博得政府的支持,消除其顾虑,曾面晤公安局长、社会局长,详细解释本厂改制的目的、具体方案与试行效果。③

当沪埠纱厂获悉宝成实行三八制后,"深以为异",颇有异言,指责宝成改制对其他厂商构成压力,甚至激化劳资关系:"盖以八小时工作制为新颁《工厂法》所规定,原无反对余地。惟《工厂法》实施时期尚未公布,厂方曾向政府请愿予以犹豫期间,以为实施之准备。设因一厂之单独行动,致引起全国工厂无限纠纷,似不无违反公意予人口实之处。且津埠各厂近年方苦负担过重,营业损色,骤然改制,维持必更感困难。其平时毫无准备之厂,设竟因此发生劳资纠纷,则厂方殆非立即歇业不可。故此种良好原则,非可语于今日实业幼稚之中国。"④

纱界对宝成三八制普遍持否定态度,其观点主要集中在以下几个方面:

(1)减少工作时间,产量却与未减少时间时相等,世间焉有此理。

(2)减少工人工作时间,便减少了工人的收入。工人势必另谋兼职,其生活愈加悲苦。

(3)工人余暇过多,易习于游荡,甚至"与共党接近之机会更多,将来危险不堪言状"。

(4)提高工人劳动强度,不利于工人健康。⑤

天津《大公报》发表评论文章,称实行三八制是中国工业界生产科学化、合理化的新试验⑥。另有文章指出上述批评多"皆不得要领,或且逾越范围"。对三八制评判,应以是否有利于"社会公益"为标准。既然工人少工作4小时而工资未减,那么改制无疑利于工人,仅此一点,"局外便无权反对"。针对提高劳动强度一点,文章强调指出:"各国工业界所以能允许工人减少工时,足以增长工人工作之效率,故减时加工,本为因果。不然,徒减工时,而厂方不得交换之利益,是厂必亏累。世有亏累之营业而能持久者乎? 是

---

① 《宝成纱厂改制事续纪》,《纺织时报》第675号,1930年3月3日,第306页。
② 《三八制的纠纷》,《纺织时报》第681号,1930年3月24日,第350页。
③ 《三八制成绩大著》,《纺织时报》第674号,1930年2月27日,第302页。
④ 《宝成纱厂实施三八制纪》,《纺织时报》第673号,1930年2月24日,第295页。
⑤ 《三八制的纠纷》,《纺织时报》第681号,1930年3月24日,第350页。
⑥ 社评《天津工厂八小时工作制之发轫》,天津《大公报》1930年2月19日,第13张第2版。

以问题只在工人能胜任与否,及其自愿与否,如既胜任而复自愿,是加工为成功。……减少工人而工厂能同样运转,是为进步之征。"呼吁同业各厂毋庸妄加挑剔,而应仿效宝成,尝试改制。① 另有评论文章也持相同观点:"盖减少工作时间,必须与提高劳动能率,双管齐下","方为有效";"否则非节约生产费,直是增高生产费耳"。"劳资合作,必须悬生产费低下为目标,否则企业本身不得成功,劳资将同时归于尽。"②

反对宝成改制的声音,并没有压住同行对宝成改制的同情与赞誉之声。上海华商纱厂联合会职员给宝成工务长陆绍云发来信函,极力支持宝成改制,对于该厂"勇于改革"深表钦佩:"贵厂实施三八制,远识毅力,钦佩实深,且悉实行后成绩良好,想见调度妥善。敬盼将最近工作状况,详示一切,俾资宣传,亦以执反对者之口。向者弟游湘豫各厂,以现行十小时制,厂方吃亏殊甚,颇有改行三八之意,然卒以恐遭各厂反对,未敢实施。兹得贵厂但始于前,当必有踵起者,此实我国业史上所当大书特书之事。幸兄勉力为之,勿为浮议所动。"③也有评论盛赞宝成改制顺应了国际生产合理化的潮流。④ 河南中山大学法学教授吴培德,不忍坐视天津同业群起围攻宝成,亦著文声援宝成改制。

面对褒贬,宝成希望社会各界能以公正心态对待改制,"俟本厂试验得有结果后,则请给予一种正真之评价"⑤。

宝成改制的成绩,逐渐吸引业内人士学步宝成。华新卫厂即由反对改制到尝试改制,于1931年8月16日实行三八制。其改制方案,系仅将全厂主干粗纺、精纺2部改为3班,每班工作8小时,其他各部工作时间仍为10小时。摇纱部因属包货性质,工作时间可自由延长,厂方不加限制。所有细纱部女工,一律编入下午2时至10时一班。改制后,粗纱部三班中,有两班有女工,一班无女工。细纱部只有一班有女工。每逢星期日,日班与深夜班对调。下午2时到晚10时一班者,永不调班,星期日也不休息。

减缩工作时间的同时,华新提高了工人劳动强度。钢丝车工由原来每人看10部车,改为看15部。棉条车工由每人看一节,改为2人看3节。粗纱头道纱车工由原来3人2部车,改为1人1车;二三道粗纱由1人1车,

---

① 《三八制的纠纷》,《纺织时报》第681号,1930年3月24日,第351页。
② 《大公报之评论》,《纺织时报》第672号,1930年2月20日,第295页。
③ 《沪上纱厂业重视宝成改行三八制》,天津《大公报》1930年2月25日,第3张第11版。
④ 《大公报之评论》,《纺织时报》第672号,1930年2月20日,第295页;白美丽:《工厂法在上海的实施问题》,《女青年》第12卷第5期,1933年5月,第33页。
⑤ 《三八制成绩大著》,《纺织时报》第674号,1930年2月27日,第302页。

改为3人4车。细纱车工由2人1车,改为3人2车,或5人3车;细纱摇车工由每人摇12部,改为每人摇15部,且取消帮接头与其他杂工。粗纺部只加车工20余人,杂工3~4人。细纱部加车工60名。

与宝成不同,华新还提高了部分工人工资。以16支纱为例,粗纺车工头道每亨克工资由0.047元增至0.064元;二道由每亨克0.052元分增至0.067元。三道每亨克由0.057元增至0.07元。粗纺部每日夜增资约20元。精纺部由原来每木棍工资0.025元,减至每木棍0.02元。精纺部每日夜新增工资约30元。粗纱部精纺杂工工资未变。粗纺、精纺、杂工总计每日夜共约增加工资80元左右。因提高劳动强度与加薪同步进行,华新将此称为"新三八制"。与华新改制模式相同的还有卫辉纱厂。①

改制使华新出品大增。按《工厂法》全厂两班20小时工作时间,每日夜可出产16支纱50件;改制后,每日夜可出纱57~58件甚至60件。华新资方自此相信,通过工人紧张工作,"改制之损失,足可抵补而有余";也承认三八制有利于工人休息与学习,"于道德上、身体上均大有裨益"②。

宝成三八制对业内震动至深。一些企业虽仍在观望,未实行三八制,但厂方却也在权衡着改制的利弊。在他们看来,实行八小时工作制势所难免,却又不愿维持工人现有的工资水准,希望随减少工人生产时间的同时相应降低工人工资。开明人士则强调,随着生活水准的提高,工资也将增长,迟改不如早改,越迟改,厂方损失越大。"现在改制的困难,就是将来的困难;现在的损失,却不是将来所能补偿了的。"至于具体运作,便要"看政府方面的动态何如,看劳工方面有无反响,再决定其进行的步骤和技巧,能维持其理论上进步性为最妥"③。

三、改制后的劳资关系

改制前,宝成厂较为注意工人利益,一直与工人保持较好的关系。据宝成经理称,劳资之间尚能和平相处,厂方"极端主张平民化,时与工人接近"④。

---

① 陈本元:《卫辉华新纱厂之新三八制》,《纺织周刊》第1卷第22期,1931年9月11日,第561页。
② 陈本元:《华新卫厂施行三八制报告》,《纺织时报》第830号,1931年9月10日,第1046~1047页。
③ 朱新吾:《关于实行三八制及其工资》,《常州纺织史料》第4辑,常州,常州市纺织工业公司编史修志办公室,1984年6月编印(油印稿),第235~236页。
④ 吴培德:《八小时工作制问题(续)》,天津《大公报》1930年6月10日,第1张第4版。

据调查,该厂工人待遇,"向为津市各厂中之最优裕者"①。譬如:纺纱部设置特别赏银,凡每日纺纱在5亨司以上者,酌量加给特别赏银;帮车者亦可得2/5的赏银。厂方还规定,凡两星期不请假者加给1日工银。无故停工2日,不赏不罚。凡遇厂方停工,工人仍可得半数工银。过节放假,工资照付。摇纱部工人无论能否轮到工作,一概给0.20元工银。厂方每月津贴工会30元,凡工人罚款,亦充作工会经费。女工生产,准假1月,给资半月。工厂设有医务所,医治小伤。工人因工伤病即送厂外大医院救治,费用均由厂方支付,厂方照付工伤者工资。工厂还建有子弟小学、浴室、简易工房等公共设施。② 实行三八制后,该厂产量提高,工人生产时间缩短,劳资关系似乎应该更为融洽。不过,现实却与之相反。

1932年1月,宝成工人要求应按15日工资标准发给年终劳金,厂方则允给5日。31日,工人不满资方条件,全体罢工。厂方因此立即表示接受劳方条件。但劳方却提出旧历年放假3日,并给10日工资。厂方再次接受劳方要求。参与调停的市党部,却"认为与调解手续不合,倘各工厂工人均援例要求,则津市工潮将相继而起,故将劳资双方直接交涉之条件作废",重新进行调解。市党部提出解决办法为:准予放假3日,发放工资3日,并于2月4日训令工会及天津纱业公会知照。时天津社会局裁并于教育局,教育局亦同样训令劳资双方接受这一办法。③

2月8日为放假复工期,纺纱部工人于晨6时开车,7时突然全体息工,要求厂方发给10日工资,每日增加0.05元工资。厂方以工人推翻党政先前所决定的办法,再次报告党政调处。经调解,厂方答应发给8日工资的补助金,并从16日起每日增加工资0.03元。工人于下午1时半复工。④ 先前党政调解方案失败。

既然党政调解缺乏权威性,类似事件不可避免地再度发生。12月,工人要求厂方发放年终花红,厂方以本年营业不佳,迄无销路,存货过多,金融周转困难,请工人答应缓至旧历年终发放。工人甚为愤懑,称"每年发放花红,均在阳历年底,在此废用旧历声中,不能再存旧习。且现在气候饥寒,工人需款甚急,如不发放,于工人生活,颇多困难"。厂方与工会呈请当局处理双方纠纷。27日,市党部主任杨立坦、社会局主任李铭同赴该厂调停,劝工

---

① 《天津纱业调查》,《中华邮工》第1卷第8期,1935年10月5日,第41页。
② 蒋逸霄:《宝成纱厂女工生活概况》,天津《大公报》1929年8月8日,第4张第13版。
③ 《宝成工潮尚未解决》,天津《大公报》1932年2月2日,第2张第7版;《宝成工潮大体解决》,天津《大公报》1932年2月5日,第2张第7版。
④ 《宝成昨又发生怠工风潮》,天津《大公报》1932年2月9日,第2张第7版。

人少安毋躁,并向工方保证厂方到期必发花红。①

1933年1月12日,工人要求资方发放年终花红,且以罢工相威胁。15日,市府代表穆道厚、社会局代表李季新赴厂调解,奉劝双方:"在此国难严重之时,劳资双方宜互相让步,以维地方治安。"资方表示:发给工人花红7.5天,除夕则照双薪计算,旧历年停工5天,工资照付,合计发银13.5天。较之1932年,厂方减资4.5天。工人应允其办法,于当晚复工。②

更大的劳资冲突还在其后。1933年4月,华商纱厂联合减工后,津市党部与社会局拟定各厂按工资8折支付。有舆论称在此营业不振情况下,宝成"势非停工不可"③。宝成经理刘树森以"营业感觉困难"为由,提出改定工资标准,更改三八制。劳方不予接受。④ 不过,8月初以前,各厂均按原工资标准发放工资。但恒源却于8月5日突然停工。同日,宝成以亏累至巨、不能维持为由,宝成经理分呈市党部、市政府、社会局,要求实行减工减资,藉以节省开支,声称长此勉强支付工人全薪,工厂难免有停业之虞。⑤ 其后,资方呈请党政当局要求裁工,并改回两班制。8月11日,市党部主任蒋慎良、社会局主任李铭主席,再约请资方代表屠振初、劳方代表万宝起等数人开会讨论。工人提出5点意见:(1)以不改三八制为原则;(2)工资可减至八折;(3)减薪同时,厂方须裁汰冗员;(4)折减工资须有时间限制;(5)扣减工资须经党政劳资各方同意,方能实行。屠振初则称须回厂与经理刘树森商洽后,方能答复。资方宣称,"非改制裁工,于营业方面,决不能维持。如工方不就范,将来惟有停业一途。"工人则坚持认为,"资方提出改制案,每月不过节省九千余元。如工资让至八折,则每月可减少七千余元。再裁汰冗员,亦合有九千余元。何必裁工?"党政当局在此纠葛状态下,希望劳资双方各自让步。⑥

8月13日,资方突然请保安队保护工厂,不准工人上工,随后宣告停工,该厂全体工人失业。14日,工人代表万宝起、刘庆祥等6人先后赴市党部、社会局请愿,表示接受厂方改回旧制的要求,并声讨厂方违背调解期间不得停工的法令,压迫工人,弁髦调解。党部整委邵华、主任蒋慎良,同意工人所谓宝成违法之说,决定会同政府,依法办理。社会局主任李铭答应竭力调解,"使厂方早日复工,以免工人失业之苦"。市党部与社会局于当日下午

---

① 《宝成纱厂之劳资纠纷》,天津《大公报》1932年12月28日,第2张第7版。
② 《宝成昨晚复工》,天津《大公报》1933年1月16日,第2张第7版。
③ 《纱厂停工问题工人表示让步》,天津《大公报》1933年4月18日,第3张第9版。
④ 《纱潮调解有进展》,天津《大公报》1933年5月10日,第3张第9版。
⑤ 《宝成又请减工减资》,天津《大公报》1933年8月6日,第3张第9版。
⑥ 《宝成纱厂改制案》,天津《大公报》1933年8月12日,第3张第9版。

召集劳资双方调解会。党政当局劝厂方即行复工,并照发调班与停工期内的工资。厂方代表屠振初仍称需回厂协商始可决定。其后,厂方以银行团不肯借款,资金周转不灵,称"非俟内部整顿就竣,目前尚不能开工"。党政代表蒋慎良、李铭再赴宝成,劝经理刘树森复工。①

经劳方一再抗争,至9月10日,宝成裁减600名工人后,于9月10日下午开工,恢复两班制,每日工作12小时。工人以能恢复工作极欣幸。厂方12日上午9时突然宣布增工减薪。其具体办法为:(1)棉条部由每人管3车增为每人管4车,并附带扫地,工资反减为0.35元;(2)粗纱部由每人司1车改为每人司2车,工资与饭资在内0.51元。仍保持原标准;(3)细纱增工,工资则由0.70元减至0.50元左右;(4)摇纱由每摇10车0.17元减至0.13元;(5)开除拣花部女工,其工作由细纱工义务完成;(6)打包部原由每打100包0.60元减为0.40元;(7)清花部由3人司2车,改为1人1车。棉条部女工不堪其苦,向宝成工务处恳请勿再变更工人待遇。工会也应各部工人要求与厂方交涉。厂方以"不能受者请出"、"不干了尽可以不干"相威吓,而后令驻厂保安队及乡五警察分部百余人,将全体早班600余工人驱逐出厂,工人被迫返家。工会当时致电当局,报告工人受辱情况,并派万宝起、刘德海、金武廷等人赴市党部请愿,要求:(1)即日开工;(2)必须恢复施行三八制以前两班制时的待遇与工作范围;(3)员司对待工人不得盛气凌人。民运科主任束煜光对此极为重视,率工人代表同赴社会局,与第二股主任李铭会商量应对办法。时被裁工人林贵等三四百人不满厂方解雇办法,也赴省政府请愿。② 经党政机关调解,宝成遂于21日开工。23日,劳资双方正式签订契约。其要点:(1)解雇费按照《工厂法》发放,不足10元者,补足之;(2)被裁工人每人川资4元;(3)厂方发给被裁工人特予赠金6元;(4)以后厂方添用工人时,被裁工人有优先雇用权,在旧工人全数召用后,始得另雇新工人。(5)留厂工人工作略予减轻。如:钢丝部由每人管20车减至14车。经此协定,工潮乃得解决。③

宝成再度开工后,细纱部工人任宝成、刘砚如等10人,向厂方要求援以被裁工人之例发给停工期间之工资,且于25日鼓动摇纱、细纱两部工人罢工。翌日晨,厂方请乡区五所官警将任等10人拘捕,工潮未能爆发。厂方宣布开革任等人,禁其入厂,免再起纠纷。市党部束煜光、社会局李铭28日赴厂召集组长训话,令各安心工作,免生它故。但任等人否认有鼓动罢工之

---

① 《宝成工人昨日请愿》,天津《大公报》1933年8月15日,第3张第9版。
② 《宝成纱厂昨又停工》,天津《大公报》1933年9月13日,第3张第9版。
③ 实业部劳动年鉴编纂委员会:《二十二年中国劳动年鉴》,第2编,第127页。

事,指称厂方别有用心,故意诬陷,于27日分向工联会、市党部请愿,要求厂方准予复工,以维生活。日班工人也称厂方纯属诬陷。中午时分,有童工将厂中总电闸关闭,致使各部机车一致停顿。乡区五所官警闻讯驰往该厂,要求工人复工,听候党政机关核办。有工人要求厂方恢复任等人工作。1时许,工人全体复工。当时,党政机关正与厂方协商留任工人停工期内工资问题,因此,社会局李铭批评工人"以罢工为儿戏,任意发动,于民运、实业、治安均有妨碍",决定调查罢工内幕后,再核议是否恢复任等人的工作。①

由上可知,劳方对实行三年多的三八制深表认同,不惜承受减资八折损失,也要保留三八制。然而,三八制终为资方所废止,未能成为密切劳资关系的媒介。

劳资关系是劳资双方寻求利益平衡的关系。劳方所要求的待遇不仅包括工资,更有休假给资、年终分红等劳动法所规定的种种权益。华新纱厂曾由工会内部纷争而迁怒于厂方,演变为工人与厂方的经济斗争。工人因与资方在加薪、年假内给工、年终花红、特别奖金等问题上的分歧,实行大罢工。② 三八制虽然缩减工人劳动时间,取消部分女工夜间工作,但毕竟仅满足了工人某方面的需求。三八制归根到底是资方的自主行为,而非应工方要求所采取的举措。资方通过两种途径获取工人超额剩余价值:一是延长工作时间,二是提高劳动强度。既然不能延长生产时间,只能提高劳动强度。从这个意义来说,三八制就是工人以牺牲劳动强度与随之应得的工资,换取资方降低劳动时间,维持原有或略高的工资标准。资方无所失。

尤为重要的是,三八制未能大幅提高工人薪资,从而改善工人生活水平。改为三八制前,宝成女工生活水平普遍低下。宝成虽地处北方,半数工友却为南方人。因生活习惯不同,其饮食略较北方讲究,开支略多,因工资过低,生活多捉襟见肘。时人调查可见一斑:"有一女工为苏州人,到天津工作有七八年。一家五口。她与丈夫、15岁的女儿都在厂里工作。丈夫每天可得工资银五角,女儿每日可得三四角,女工可得八角三分。像我这样的工资,全厂只有三人。每日进款合计有一元六七角。但是南方人不比北方人,北方人十几个铜子的大饼窝窝头便可充饥,而南方人吃惯米饭,并且总须有一两样可口的馔菜。而且我们不比你们读书人,吃起饭来至少要三四碗才可饱腹。十分地节省,每日除了开支,始可稍有余蓄。但在工友之中,象我们家

---

① 《一时多少工潮》,天津《大公报》1933年9月27日,第3张第10版;《宝成纱厂工人昨午又一度罢工》,天津《大公报》1933年9月29日,第3张第10版。
② 《天津华新纱厂陷入复杂工潮中》,《纺织周刊》第2卷第10期,1932年3月18日。

的收入,很少很少。工作人少,吃饭人多的家里,差不多都是入不敷出。"

周姓女工说:"本来是江苏清江人,以前在上海纱厂做工,五年前来津,初在北洋纱厂,后来改入宝成。丈夫在三年前去世,遗下子女四人,最大的女儿只有10岁,还不能入厂工作,每天在家里烧饭及携领弟妹。我每日在厂里工作,可得工资四五角,赡养一家五口,有了吃没有穿,有了穿没有吃,现在物价又贵,就是吃一顿粗米饭,做一件青布衣,也实属不易,至于吃好穿好,更是谈不到。将来女儿稍长,入厂工作,每月收入稍多,生活上的压迫,或可稍稍轻减。"①

改制前的女工工资状况为:棉条部日工资约为 0.48 元;粗纱部工资以重量计算,普通每人每日能纺 5 亨司,即可得工资 0.48 元。所纺超过 5 亨司,可得 0.10~0.20 元的赏银;细纱部日工资银最低 0.26 元,最高 0.60 元,平均则为 0.48 元;摇纱部日工资银最低者为 0.34 元,最高 0.51 元,平均则为 0.425 元;拣棉部日工资最低可得银 0.24 元,最高 0.48 元,平均为 0.36 元。② 三八制后,宝成工人工资在原有基础上略有增长,其日薪平均 0.57 元③,月入基本多在 15 元左右。但宝成女工生活基本一仍其旧,继续挣扎在贫困线上。据天津市社会局调查,1934 年,全市工人为 36703 人,工资月入 6~10 元者计 9542 人,约占总人数的 25%;11~15 元者 9063 人;5 元以下、16 元以上及 16~20 元者 8000 余人;月入在 20~25 元者 1534 人。大多数工人工薪在 5~25 元之间,"实有不足果腹者"④。

冯玉祥在开封、巩县兵工厂实行三八制,日产子弹由改制前的 8 万发增至改制后的 11 万发,工人不以提高劳动强度为非,反而互相鼓励"要好好的做工"。工人生产积极性固然与厂方诸多措施有关,例如:建住房、浴室、子弟小学,在生产时间内安排洗浴、工间操时间;但更主要的原因是厂方出资开办合作社,采购粮食、油等日常生活用品,以较低价格转售工人,提高工人实际购买力,保障工人生活稳定。⑤

一般而论,企业经营状况是决定劳资关系的关键因素。尽管宝成股东早有取缔三八制之议,但终归顺应工人之意,不因经理撤换而改回旧制。恰是经营每况愈下,销路艰涩,厂方才重新实行两班制,藉延长工时降低成本,并裁员、加工减薪。停工、开除工人是劳资关系紧张的极致表现。在厂方以

---

① 蒋逸霄:《宝成纱厂女工生活概况》,天津《大公报》1929 年 8 月 8 日,第 4 张第 13 版。
② 蒋逸霄:《宝成纱厂女工生活概况》,天津《大公报》1929 年 8 月 1 日,第 5 张第 13 版。
③ 《天津纱业调查》,《中华邮工》第 1 卷第 8 期,1935 年 10 月 5 日,第 41 页。
④ 《天津工厂之调查》,《中华邮工》第 1 卷第 4 期,1935 年 6 月 5 日,第 42 页。
⑤ 《冯玉祥与河南工人》,《工业改造》第 18 期,1929 年 2 月,第 19~20 页。

停工相要挟之下,工人只得忍耐减薪加工之痛。实施两班制后,宝成产额平均每日仍有53包。① 工方则以更高的劳动强度兑换比原工资更低的收入。

宝成亏累不堪确属实情,不过是华商纱厂悲惨命运的缩影。因受日纱倾销冲击,除宝成外,天津市裕元、裕大、华新、北洋、恒源均蒙难。华新纱厂也因此将三班制改为两班制。② 1934年秋,宝成、恒源以亏空不支,先后停工,解雇工人。1935年7月15日,宝成积欠中国、上海商业、浙江兴业银行债务高达90万元,宣告停工,并勉强按《工厂法》遣散工人。社会局长邓庆澜表示,"此次宝成停工,实为整个纱业问题","目前实无妥善救济办法,对于该厂全体员工,惟有依法解雇"。③ 同年,裕大被日商以债权资格代为经营。仅裕元、华新、北洋三厂仍勉强维持。④ 1936年,日商大福公司(即裕大纱厂办事处)以130万元收并宝成。⑤ 由华商经营14年之久的宝成,当时已发展成为能产10支、32支、40支、20支3股、32支3股、42支3股纱的企业,但最终还是未能维持下去。⑥

纺织界技术人员在宝成实行三八制之初便曾谈道:实行三八制的可行性与"有利于劳资双方"的前提条件,是"基本稳固以减轻成本"与"工作程序顺利以增加生产"。"基本稳固"就是纱厂无债权掌控,企业无高额利息所累。"工作程序顺利"是指通过工作条件的改善、机器的保全、纱机运行速度的调整,"使机器能力充分发挥",减少落纱次数,减轻工人劳动强度,提高产量。重要的是,通过改善潮湿、闷热、恶臭的生产条件,使工人能够身心愉快地劳作,从而激发工人生产潜能。⑦ 这一观点有其科学性。宝成虽然实行三八制,但并不具备这两个条件。它从三班制到两班制的过程,恰好为上述观点提供佐证。在某种意义上来说,宝成的三八制不免"超前"。

宝成实施三八制的第二日即有天津《大公报》发表社评曰:"今宝成纱厂实施八小时工作制,仅为运用新式企业方法之一端,同时劳资双方,更应根据科学,从种种方面合同努力,始可不负此缩短时间之壮举,……否则最后之成败利钝,未敢言也。"⑧谁料想竟一语成谶。宝成之失即在于未能解决

---

① 《天津纱业调查》,《中华邮工》第1卷第8期,1935年10月5日,第41页。
② 程海峰:《一年来的中国劳工》,《劳工月刊》第4卷第1期,1935年1月1日,第10页。
③ 《宝成纱厂停工后》,天津《大公报》1935年7月16日,第2张第6版。
④ 《津市纱业破产》,《劳动季报》第5期,1935年5月10日,第131页。
⑤ 《日商接办后之宝成纱厂》,天津《大公报》1936年9月23日,第1张第4版。
⑥ 《天津纱业调查》,《中华邮工》第1卷第8期,1935年10月5日,第41页。
⑦ 唐人杰:《读陆绍云君纱厂三八制之研究以后》,《纺织时报》第705号,1930年6月16日,第35页。
⑧ 《天津工厂八小时工作制之发轫》,天津《大公报》1930年2月17日,第1张第2版。

或规避上述种种问题。

四、三八制与《工厂法》

三八制未能成为维系宝成纱厂原有较为融洽的劳资关系的纽带,《工厂法》能否密切劳资关系?

1929年12月30日,国民政府颁布《工厂法》。此后,来自政府、企业、个人、各团体对《工厂法》的批评从未停止过。各方面疵议最多的问题,包括实行八小时工作制、禁止女工夜班、年终分红、休假给资、工厂会议、劳资契约、盈余分配制度、工人津贴与抚恤等条款;其中,尤以八小时工作制、禁止女工夜班为甚。这两条款分别为《工厂法》第3章的第8条与第13条。第8条规定:"成年工人每日实在工作时间以八小时为原则。如因地方情形或工作性质有必须延长工作时间者得定至十小时。"第13条规定:"女工不得在午后十七时至翌晨六时之时间内工作。"前工商部劳工司长、工厂法起草委员朱懋澄曾在工厂事务研究会讲演中,特别强调《工厂法》有两个重要原则:一是"要尽量改善劳工生活,倘使不能改善劳工生活,工厂法就根本不能成立"。二是"工厂法应使中国工厂得到一个机会增加生产效率"。① 《工厂法》的宗旨就是消除劳资对立,实现劳资合作。八小时工作制与禁止女工夜班即是这一原则的体现。

工商部编订《工厂法》草案后,交由行政院送立法院审查。立法院法制委员会会长焦易堂为慎重起见,特派劳工法起草委员王葆真赴沪及各主要工业城市调查工厂情况,征求各方意见。② 上海纱厂联合委员会中、日、英委员以为,此法系照苏俄法规原文翻译,"采用严格八小时劳动制,夜工亦在废止之列,此英美各先进国犹不能实施之制度,欲在中国实施,事实上自不可能"。请中国政府重新议定。③ 湖北纱厂联合会对这两点也持否定态度。上海华商纱厂联合会呈请工商部,要求缓行《工厂法》。上海制造业推举代表入京请愿将《工厂法》展缓5年实施。华商纱厂联合会对"八小时工作"、"女工不能做夜工"尤为反感,推选钱承绪、张则民、王荫乔晋京向主管当局请愿。④

---

① 朱懋澄:《工厂法与工业生产之关系》,《纺织周报》第1卷第3期,1931年5月1日,第73、74页。
② 《立法委员调查沪工厂》,《纺织时报》第575号,1929年1月31日,第297页。
③ 《上海纱厂联合委员会对于工厂法交换意见》,《纺织时报》第560号,1928年12月6日,第239页。
④ 《本会推代表晋京请愿工厂法展缓施行》,《纺织时报》第765号,1931年1月19日,第527页。

中华工业总联合会选派虞洽卿、王晓籁、刘鸿生、荣宗敬晋京,请求中央将《工厂法》第 13 条推迟一年实施。① 应各方要求,国民政府将《工厂法》实施时间由 1931 年 2 月 1 日延缓到 8 月 1 日。到《工厂法》正式实施的前夕,中央已准备派员到各地监督实施。上海厂商则数度开会,呈请政府再将《工厂法》展缓 6 个月。② 中华工业联合会要求将第 13 条于 2 至 3 年内,"由实业部派员,督促厂家为实施之预备"。行政院对此予以否决。③ 实业部对于厂商诸如此类的请求,发表"不便准行"的严正声明。社会学教授陈达 1931 年通过对上海纺织、化工、食品、公用事业、机器工业、造纸及印刷业 6 大类 228 家中外企业的调查,除认为工伤赔偿、节假日给资可以按《工厂法》即刻实施外,其他均应修改或缓行(见表 5—1),以减轻企业经济负担。其中,建议工作时间定为 10 小时,主张将第 13 条于 3 年后实行。其调查方法为问卷式或对工会领袖、中外企业家、工人的直接谈话。调查工人人数计男工 51960 人、女工 10418 人、童工 11895 人、艺徒 3173 人。其调查是在一些机关与学术团体的帮助下完成的。这些机关、团体包括:基督教协进会主办的民生改进研究会、工商管理协会、雇主协会及南京统计局、工商访问局、中央研究院、上海市社会局。陈达的主张在某种程度上也代表了这些机关、团体的立场。1931 年 7 月,国民政府鉴于不绝于耳的暂缓之声,决定第 13 条于两年后实施。④

表 5—1　《工厂法》与现实情形比较及陈达的建议

项　目	现实情形	《工厂法》的规定	陈达的建议
工厂记录	149 厂有记录,79 厂无。	记录须有 15 项目,每年呈报官厅两次。	记录须有 13 项目,年终作一结束报官厅。立即施行。
工作时间	工业的工作时间自每日 8 时至每日 11.3 小时。	每日以 8 小时为原则,但因某种情形可延长 10 小时。	每日 10 小时(适用于女工及幼年工)。立即实施。
深夜工禁止时间	女工、童工晚 6 时后晨 6 时前(不禁止)。	女工禁止晚 10 时后晨 6 时前做工;童工禁止晚 7 时后晨 6 时前做工。	女工、童工 3 年之内夜间 10 小时工作(与日间同)。3 年后施行。
额外工作	无限制。	每日 2 小时或每月 36 小时。	依《工厂法》。

---

① 《工厂法大请愿》,《纺织时报》第 768 号,1931 年 1 月 29 日,第 551 页。
② 《工厂法实施将再展缓乎》,《纺织周刊》第 1 卷第 12 期,1931 年 7 月 3 日,第 295 页。
③ 《行政院解释八小时制》,《纺织时报》第 692 号,1930 年 5 月 1 日,第 427 页。
④ 《工厂法实施问题》,《纺织周刊》第 1 卷第 17 期,1931 年 8 月 7 日,第 422 页。

续表

休息日	平均每月2.6日,55厂是给资的,121厂不给资。	每月4日给资。	每月2日不给资。立即实施。5年后按《工厂法》办理。
国定例假日节假年假	每年平均14.4日,有给资也有不给资的。	国定例假8日给资。	依《工厂法》。立即实施。
特别休息日	大概是没有的。	每年自7至15日给资。	缓行。
幼年工人入厂的年龄	自9岁10岁以至14岁(后者在少数棉纱厂内)。	14岁。	12岁,但身体须若干高,由医生试验合格。立即实施。5年后按《工厂法》办理。
幼年工作时间	与成年工人无别。	每日8小时。	两年之内日间工作(夜间同)10小时;两年之后日间工作8小时,教育2小时,夜间工作10小时至深夜工废除时为止。
赔偿与津贴 A.因工受伤	大致有赔偿,数目不一。	受伤6个月内等于工资2/3,以后等于工资1/2,以一年为限。	依《工厂法》。
B.永久残废	大致有赔偿,数目不一。	津贴等于自1年至3年的工资。	依《工厂法》。
C.死亡	大致有赔偿,数目不一。	2年的工资加抚恤费300元。	依《工厂法》。
D.丧葬费	大概有津贴。	30元。	依《工厂法》。
E.因工致病	有时酌量津贴。	与因工受伤同。	须付津贴但以工业疾病为限。
F.医药费	有时酌量津贴。	须付津贴。	依《工厂法》。立法实施。
教育	55厂有教育的设备。	每星期10小时至16岁为限。	依《工厂法》,限于自12岁至15岁的幼年工及艺徒。2年后施行。
产母恤金	每母产约得16.02元。	放假8星期给资。	放假4星期给资,限于在厂服务1年或1年以上的女工。1年后施行。
奖金	177厂给资金,35厂不给。	奖金或盈余的分配。	奖金等于工资的4%。立即实施。
安全与卫生	有许多工厂无完善的设备。	规定欠切实。	须有切实的规定并须立时实行。

续表

工资的付给	每月一次或两次,有时预扣工资作罚款。	每月两次,不得预扣工资,额外工资比平常工资加1/3。	依《工厂法》。
工资的原则	依照劳力的供给与需要。	最低工资率以所在地工人生活状况为标准。	由政府委派最低工资委员会调查各地生活费再决定工资原则。
工作契约	81厂有成文契约,130厂无。	解雇时不预告者给资及预告期间的工资的全数。	15日前预告或给资等于15日的工资。暂缓办理。
工厂会议	无实行者。	给予讨论及他种职权。	限于讨论以劳资间互通声气为主要目的。暂缓实施。
艺徒	普遍的通行艺徒待遇不佳。	艺徒契约。	依《工厂法》。立即实施。

资料来源:陈达:《我国工厂法的施行问题》,《纺织周刊》第1卷第17期,1931年8月7日,第425~426页。

《工厂法》正式生效后,各地延玩法律、不予实施。至1931年9月,天津各纱厂表示除工作时间及休假日各条负担过重不予采纳外,其余条款皆可以容纳。武汉、济南、九江、南通官厅未明令当地纱厂实行《工厂法》,厂方也无任何反响。[1] 上海市社会局也曾将当地实施情形呈报实业部。实业部为此训令沪社会局转饬厂家实行《工厂法》。[2] 棉纺织业中,有据可查实行《工厂法》的仅有湖南第一纺纱厂。1932年《工厂法》实施一年时,政府训令各厂家:如果厂家觉得《工厂法》窒碍难行,可以呈请修改。舆论对此评论道:"《工厂法》始终未曾实施,哪里会有窒碍。我们听了自然只有好笑。官家的糊涂,商家的不睬,却是两绝,也自然只有中华民国的《工厂法》,才有这种情况。我们从这一点,可以看出政府的官样文章,和人民的不思长进。"[3]1932年11月,立法院通过《工厂法》修正案。其具体内容与第8条、第13条无关,仅在"每月延长工作时间"、"女工分娩"、"工厂会议"等方面有所修订。但时人对《工厂法》能否切实实行仍无信心。[4] 与《工厂法》第8条相比,第13条的实施更难。1935年,第13条实行预备期早过,纱厂仍沿袭惯例。该

---

[1] 《工厂法实施一个月后之观察》,《纺织周刊》第1卷第22号,1931年9月11日,第558~559页。
[2] 《部令申斥纱厂延玩工厂法》,《纺织周刊》第1卷第34期,1931年12月4日,第916页。
[3] 《关于工厂法之官样文章》,《纺织周刊》第2卷第29期,1932年7月29日,第792页。
[4] 《修改工厂法》,《纺织周刊》第2卷第46期,1932年11月25日,第1292页。

条在实际上仍是具文。国民党中央政治会议再次决议将《工厂法》第 13 条延缓至 1936 年 8 月 1 日实施。①

主张缓行第 8 条、第 13 条的理由主要集中在下述方面：

关于第 8 条：(1) 不合中国生产惯例，扼杀企业生机。华商工厂技术落后，之所以能维持，即因劳动时间长及工价、原料低廉。"如采用八小时原则，即无从维持原状。"②必致生产减少，成本增长，工人收入减少。③ 全国经济委员会制造组专员张文潜，主张可延长工作时间到 11 小时。④

(2) 规定有欠科学。"工作时间以八小时为原则，有必须延长者得定为十小时。棉纺织业之工作性质，究应定为八小时，抑十小时，或九小时，均须择定。"⑤因无具体实施细则与说明解释，也未考虑各地、各行业差异，难以操作。

(3) 华厂产品更加缺乏市场竞争力。"一旦八时间制行，而工资仍旧，乡人闻之，当莫不争相艳羡，势必至农辍于野，争入工厂。至少农忙之际，短工工资大增，否则人工不足，收获不丰，受损尤大。循此以往米价必胜，物价随昂，于是工资又有增高倾向。"⑥农民在工时缩短的诱惑下争相入厂，将导致土地撂荒、农产品减产、价格上扬，最终引致工业产品成本增高。

(4) 不明八小时工作制的立法主旨。各工业国家采取该制，在于遏止生产过剩。中国则不患过剩，而尤患不足。仿行该制在中国行不通。⑦

(5) 不利于国计民生。"吾国产业落后，技术又甚顽钝，如再以缩短时间致其死命，结果必至破产。即以纱厂言之，全国纱锭连英日在内建设者不过三百余万枚，每年所产棉纱，供给各省并无盈，假定劳工法成立将工作改为八小时，则较平日工作减少三分之一，即不啻将纱锭减少百余万枚，此百余万枚纱锭每年应出之纱亦约百余万包，锐减巨额出产，必将求过于供或因此提价外货进口，办在意计之中，纱布因缺而涨，农工所穿之衣尤非认贵不可，利害之大动关系民生国计，岂止纱厂而已。"⑧华商企业产能减少，将使国人

---

① 《工厂法第十三条取缔女工深夜工作》，《中央日报》1935 年 4 月 6 日，第 3 张 9 版。
② 《行政院解释八小时制》，《纺织时报》第 692 号，1930 年 5 月 1 日，第 427 页。
③ 朱懋澄：《工厂法与工业生产之关系》，《纺织周报》第 1 卷第 3 期，1931 年 5 月 1 日，第 76 页。
④ 44—2646，全国经济委员会棉业统制会关于修改工厂法之意见，中国第二历史档案馆藏。
⑤ 任尚武：《与纺织同业讨论实行工厂法》，《纺织周刊》第 3 卷第 51 期，1933 年 12 月 18 日，第 1529 页。
⑥ 陆辅舟：《敬告华商纱厂联合会》，《纺织时报》第 568 号，1929 年 1 月 7 日，第 269 页。
⑦ 陈问路：《最低工资与中国劳工的生活水准》，《劳动季报》第 3 期，1934 年 11 月 10 日，第 96 页。
⑧ 《湖北纱厂联合会对于劳工法条举妇见》，《纺织时报》第 566 号，1928 年 12 月 27 日，第 262 页。

基本生活保障品供不应求,随之物价攀升,进口洋货充斥市场。

关于第13条:(1)女性适宜于纺织业,生产效率高于男性。纺织业雇用女工几占大半,"一旦禁其夜间工作,势须另行训练男工接替,原雇熟练女工顿告失业,影响生产数量、工人生计"①。"仅上海一埠有从事纺织之女工七八万人,欲一时尽易男工为不可能。纵或能之,纺织工作合于女性操作,男子效率反低。"②男子接替女工,产量必然锐减。

(2)禁止女工夜工,势必强使原受雇女工失业,其生计无从保障。上海一地纺织女工因此失业者将达到其总数的1/3。③ 曾襄助彭鼎芬在湖南第一纺织厂实行《工厂法》的任尚武,以为这点是《工厂法》中"最窒碍难行者"④。方显廷则强调"取消女工夜工为《工厂法》不能实施于纱厂之主因"⑤。

(3)女工多出自农家,习惯早起做工。"农家妇女操作恒在清晨五时以前,又夜半工作比较黄昏不见加重疲乏,惟深夜工作或与女子生理有妨"。有人建议"女工不得在午前二时至五时之时间内工作"即可。⑥

(4)影响生产流程。纺纱流程为由棉条到粗纱再到细纱。粗纱多为男工,细纱、绕纱多为女工。取缔女子夜工,会造成粗纱成品堆积,而无人将其纺为细纱;反过来影响粗纱生产。⑦

(5)观念超前。周星堂、刘秉义在1931年全国工商会议上说过:"日本之有工厂法,远在明治四十四年,而至大正五年始见实施,对于童女工之限制规定在十五年内可免适用,至大正十五年改正工厂法亦明定以三年为犹豫期间,故各厂至去年七月始行废止午后十一时至午前五时之深夜工作。距一千九百十九年签订华盛顿劳动公约之日已越十年,……其对于童女工之限制尚不及我国新颁《工厂法》之严。"其提案由审查会、大会通过。⑧

---

① 《工厂法实施问题》,《纺织周刊》第1卷第17期,1931年8月7日,第422页;陈达:《我国工厂法的施行问题》,《纺织周刊》第1卷第17期,1931年8月7日,第427页;《工厂法第十三条取缔女工深夜工作》,《中央日报》1935年4月6日,第3张第9版。
② 《上海市社会局征询对于工厂法意见》,《纺织时报》第667号,1930年1月23日,第269页。
③ 《工厂法第十三条实施延二年》,《纺织时报》第826号,1931年8月27日,第392页。
④ 任尚武:《与纺织同业讨论实行工厂法》,《纺织周刊》第3卷第51期,1933年12月18日,第1526~1527页。
⑤ 方显廷:《我国工厂法与纱厂业之关系》,天津《大公报》1933年11月15日,第3张第11版。
⑥ 44—2646,全国经济委员会棉业统制会关于修改工厂法之意见,中国第二历史档案馆藏。
⑦ 《湖北纱厂联合会对于劳工法条举妇见》,《纺织时报》第566号,1928年12月27日,第262页;周星堂、刘秉义:《请将工厂法内滞碍各条酌予修改以资救济实业案》,实业部总务司商业司:《全国工商会议汇编(1931年)》,第197页。
⑧ 实业部总务司商业司:《全国工商会议汇编(1931年)》,第2编,南京,京华印书馆,1931年,第198页。

毛织、染色等厂例无女工,缫丝厂虽多为女工,但向无夜工;舆论因此有言:"其受法律之制限无可逃避者,惟棉纺织厂而已",《工厂法》专为纱厂而设"①。实际上,适合实施《工厂法》之工人中 5/8 为纱厂工人。② 由是之故,反对第 13 条的声音基本来自于纱厂界。

《工厂法》的制定、实施,除秉持公平与各种法规配套原则外,必须要适应时代需要与切合实际情形。《工厂法》既要有前瞻性,又要兼顾事实。其不能真正实行,必然有不合于实际从而不利于劳资双方的因素。还是以第 8 条与第 13 条为例:

自 1919 年第一次国际劳工大会缔结八小时工作草约后,国际劳工界均以八小时工作、八小时教育、八小时休息,为理想的劳工生活。1927 年,国民党即宣言厉行"三八"主义。③ 中国各类企业性质不一,发育不健全,生产力低下,同类企业因地而异,加以劳动力供过于求,资本家肆意压榨,仅工作时间即难统一。棉纺织业中,工作时间最长者 12 小时,最短者 9 小时,而尤以 11.5 小时最为普遍。煤矿工人工作时间,在开滦、中兴等新式矿场,皆实行三班制,每班工作 8 小时。小规模的手工业矿场,尚多沿用两班制,每日工作 12 小时。小规模之手工业作坊中,因工作并不紧张,工作时间较长,每日工作多为 13 或 14 小时。④ 上海各业中每日 8 小时工厂也不在少数。制革等业且每日工作 7.5 小时。罐头、煤球等业每日工作 7 小时制。水电等业则为 6 小时。⑤ 以"一刀切"的方式减缩劳动时间,难免宥于理想。尤为重要的是,缩短工作时间会降低工人工资,引起工人对生计的忧虑与恐慌。⑥ 青岛大英烟公司与其他英商曾打算将每天工作时间从 11 小时减为 10 小时,同时减少工资,均遭到工人反对,工人宁愿长时间工作也不愿降低工资。⑦《工厂法》因此尤为不能应合工资标准原本很低的棉纺织业工人的心理。倘若宝成、华新以减薪为前提,其能否顺利采纳三八制就要大打折扣了。

取缔女子夜工,旨在益于"女子身体、社会风化及家庭管理"⑧。许多

---

① 《工厂法实施一个月后之观察》,《纺织周刊》第 1 卷第 22 号,1931 年 9 月 11 日,第 558 页。
② 方显廷:《我国工厂法与纱厂业之关系》,天津《大公报》1933 年 11 月 15 日,第 3 张第 11 版。
③ 上海银行业联合会:《劳工问题之面面观》,1927 年 6 月印行,第 6 页。
④ 程海峰:《一九三七年之中国劳工界》,出版单位、时间不详,第 25 页。
⑤ 吴培德:《八小时工作制问题》,天津《大公报》1930 年 6 月 9 日,第 1 张第 4 版。
⑥ 刘星晨:《劳工问题》,上海,大东书局,1933 年,第 16 页。
⑦ 上海社会科学院经济研究所:《英美烟公司在华企业资料汇编》第 3 册,北京,中华书局,1983 年,第 1104~1105 页。
⑧ 《工厂法第十三条实施延二年》,《纺织时报》第 826 号,1931 年 8 月 27 日,第 392 页。

上海纺纱女工与丈夫同在厂工作,仅能勉强维持自己与膝下三子的生活,"其所食者为少许恶食,绝无可使其为健全人民之充分滋养料"①。倘若妇女一旦失业,其生活必陷于绝境。宝成能免除女工做深夜工,是因为女工 300 人左右,仅占全厂工人的 1/5。改制前,只有粗纱部、细纱部、摇纱部男女兼用,且摇纱部以男工占多数,钢丝、棉条部皆为男工。② 华新卫厂曾称"吾厂女工全体尚不满二百人,故改用此新三八制尚属可行。在他厂女工众多者,殊不适行"。③《工厂法》原本应该受到劳工的支持,然而,多数工人惧怕《工厂法》实施后"立时有失业之危,利未见而害先形",对该法反应较为冷淡。④ 这可以说是工人对《工厂法》的普遍心态。有评论认为《工厂法》难以实施,是因为"中国人守法观念薄而玩法思想盛"⑤。揆度事实,此论断未免失之偏颇。制定法律不能仅应和潮流与理想,必须兼顾与切合实际。

　　《工厂法》中不许雇用未满 14 岁之童工的规定,同样得不到工人的响应,工人无不希望孩子早入工厂,分担家庭生活的压力。宝成有厂方出资开办的一所小学,学生只有 30 余人。据毕业于湖南周南女子师范的教员李遂良女士介绍,"按工人的数目而言,以一家有子女二人计算,在入学年龄儿童至少有三四百人。但因经济关系,工人家里子女一到七八岁,便须在家煮饭及抚育幼年弟妹,代母分劳,使母亲可在厂安心工作。到了十二三岁,便要入厂充当学徒,每日赚一二角工资,以补家庭经济不足。"厂方虽有不收 15 岁以下童工的规定,但工人往往虚报子女的年龄。⑥ 厂方除因成本较低下外,还碍于家庭、亲朋或同乡情面而雇用童工。⑦ 太平洋学会美方委员对中国实施《工厂法》曾提出异议,其中一条为:"其(指工人)家庭状况,尤有困难。若父母同入工厂作工,而拒绝其子女入内,则为害或较雇用之者更大。"⑧实业部劳工司司长严庄,曾与沪厂商协议,"童工年龄须 14 岁以上方可雇用,每日工作时间以 10 小时为限"⑨。入厂年龄有所提高,但工作时间却与成人无异。此类有悖于人道主义的现象却又有其人道主义的意味。无

---

① 《英经济团棉业组报告书》,《纺织时报》第 859 号,1931 年 12 月 24 日,第 1277 页。
② 蒋逸霄:《宝成纱厂女工生活概况》,天津《大公报》1929 年 8 月 1 日,第 5 张第 13 版。
③ 陈本元:《华新卫厂施行三八制报告》,《纺织时报》第 830 号,1931 年 9 月 10 日,第 1047 页。
④ 《工厂法可如期施行乎》,《纺织周刊》第 1 卷第 15 号,1931 年 7 月 24 日,第 375 页。
⑤ 《工厂法实施问题》,《纺织周刊》第 1 卷 23 期,1931 年 9 月 18 日,第 584 页。
⑥ 蒋逸霄:《宝成纱厂女工生活概况》,天津《大公报》1929 年 8 月 8 日,第 4 张第 13 版。
⑦ 陆辅舟:《敬告华商纱厂联合会》,《纺织时报》第 569 号,1929 年 1 月 7 日,第 273 页。
⑧ 《工厂法实施已遭打击》,《纺织周刊》第 1 卷第 29 期,1931 年 10 月 30 日,第 772 页。
⑨ 《劳工司与厂商协商》,《纺织时报》第 819 号,1931 年 8 月 3 日,第 961 页。

数工人为生存甘愿劳役,何尝混沌未鉴不明白劳工享有法律保护的权利,但"他们也许对于减少工作、禁止童工等事为政府的苛政,因为这种条文事实上可以使他们失业,或者减少他们的收入。这大概是普遍现象罢"。①

在整个南京国民政府时期,企业中对于《工厂法》赞成者有之,反对者有之,折中与观望者皆有之。取缔女工夜工未曾实行,但缩减劳动时间毕竟成为不可遏制的趋势。据程海峰调查,"迨二十六年上半年产业复兴,工人就雇机会增加,延长工作时间之事始渐宽弛,而要求减少工作时间者,反继之而起。例如,上海古玩商店之职工,平日工作时间恒达十二或十三小时,劳方要求缩短为八小时,资方已允减为十一小时。上海中国制版厂工人,要求雇主订立增加工资及减少工时之协约,资方已允加以考虑。昆山之蜡烛业工人,反对每日工作十四小时,雇主亦允略为减少。惟此数种工商业,多属小规模者,所雇工人无多,缩短工时之影响不大。在大工业中,如棉纺织业,于二十六年八月以前,因销路畅旺,各厂日夜开工,一部机器须两班使用,延长工作时间之举,已属势所难能。在煤矿方面,资方因在管理、技术及机器等方面之改进,亦正求工作时间之缩短。半新式之各矿,如山西之保晋、晋北各矿,已在推行每班八小时,虽其实际工作时间不止八小时,然较诸以前之每日工作十二小时,已有显著改善"。② 不容否认,华新卫厂实施三八制即是迫于《工厂法》的推行。华新厂方曾声明:"自《工厂法》于八月一日实行后,国内纱厂,几无一不感受极大困难,尤以对于童工女工无法解决,工作时间与产额,有联带关系,更不肯轻于牺牲,以华厂资本之薄弱,劳工生产力幼稚,技术管理之不考究,固无怪乎惶惶终日,若大祸之将临也。于是吾厂当局于无法可想中,想出一条生路,以打破《工厂法》实行困难诸问题。于劳方资方固皆有利,而对于国家法令,亦不违背焉,即现在已于八月十六日实行之新三八制是也。"③

贯彻三八制,实施《工厂法》,与改善劳资关系并无对应关系。宝成劳资双方虽胥从三八制中受益,但资方以更少生产成本谋得产量增长,工人则以更高劳动强度置换工时缩短,却未能得到生活状况有所改善的回报。正如此,一旦厂方有所降低年终给资、花红、薪资标准,劳资势必骤起冲突。由立法层面看,三八制表面看来似乎仅仅是关乎劳动时间问题,其实质则是包括生产效率、工资、盈余分配、生产管理、女工、童工等各方面的综合性问题。

---

① 《工厂法实施问题》,《纺织周刊》第 1 卷第 17 期,1931 年 8 月 7 日,第 422 页。
② 程海峰:《一九三七年之中国劳工界》,出版单位、时间不详,第 25 页。
③ 陈本元:《华新卫厂施行三八制报告》,《纺织时报》第 830 号,1931 年 9 月 10 日,第 1046 页。

倘若不将这方方面面的问题彻底解决,劳资关系的紧张状态只能长期存在。宝成等厂的情形已经充分说明了这一点。在某种意义上,《工厂法》是包括八小时工作制在内的关系工方各种福利的一揽子原则总汇,其总体实施难度远在三八制之上,一些条款未能得到资方甚至工方的支持,更不可能真正实行。《工厂法》对工人的保护更多地停留在法权与道义上,根本不可能发挥改善劳资关系的效用。

第六章　法律、党权与店东纠纷

所谓店东纠纷,即是店员与东家之间利益冲突的产物,又称东伴纠纷。国民政府成立不久曾制定《工商同业公会法》、《工会法》等配套法规,明确店员与店主的属性,规范其行为,调整店东关系。然而,事实并未如其所愿,全国范围的店东纠纷在国民政府时期持续不断。其根源何在?与此相关联,国民党与政府在处理店东纠纷中的立场、态度与店东之间的关系,以及纠纷中各派力量消长、纠纷结局又如何?店东纠纷考验着党政机关的社会动员与执政能力。我们在这一章主要利用有关苏州铁路饭店店东纠纷档案,从一个侧面具体展现店东之间的真实状态,揭示他们之间的矛盾与矛盾激化的根源,同时从国民党各级党组织如何应对此次纠纷的角度,探讨国民党的社会动员能力与执政能力。个案分析虽有其特殊性,但在某种程度上仍然具有普遍意义。

一、从铁路饭店纠纷到全城风潮

苏州阊门外铁路饭店的店东纠纷原本是店员与东家间的经济纠纷,却最终演变为震动中央政府中枢而又波及苏州一地众多行业的主雇纠纷。[①]

铁路饭店由陈兰庭、陈玉庭兄弟于1919年创办,在30年代的苏州较有经济实力。全店计有男女茶房、工役30余人。陈玉庭经理饭店业务,陈氏亲戚刁炳生为总管。店员与东家感情素为融洽,但1933年的一次"小小账"的分配与新店规的颁布却导致双方发生冲突。

所谓小账,即是客人赏金。铁路饭店小账向来拆分为62份,茶房工人

[①] 722(4)—92,江苏省苏州铁路饭店劳资纠纷案(1);722(4)—93,江苏省苏州铁路饭店劳资纠纷案(2),中国第二历史档案馆藏;《苏州全市商店罢市》,《申报》1933年6月18日,第3张第11版;《欢迎陈玉庭恢复自由》,苏州《明报》1933年6月18日,第3版;张公任、祁治平的调查报告。下文引文未注明出处者均见此。

得16份7厘5,其余35份2厘5则为店主、经理与职员等摊分。旅客另外所给的酒资,则名小小账。小小账为每周分配1次。职员、茶房等均各摊一定份额,店主不参与拆分。1933年3月1日,店主公布店规10条,声称整顿饭店经营,加强人员管理。该店规特别附带开革规定,更为饭店所无。同中国传统旅店业一样,铁路饭店原无条文性的规章制度,只有耳传口授的行规。习惯脉脉温情的店员难以适应硬性条规。茶房、差役深感不安,难免私下抱怨。4日,陈兰庭发布公告,"不许招待闲人接谈",口头则宣称不准茶房等互相集议,违者开除。23日,陈兰庭再发布告两种,严令店员恪守店规。与此同时,刁炳生更改原来拆分小小账的定规,将自身1份增至1份2厘半,并将经理列入拆分1份2厘半。小小账是茶房辛苦赚来,作为茶房的一个收入来源,向为茶房所关注。茶房对总管与经理陡增1份5厘的拆分心有不平,公推朱海棠、夏锦泉两人为代表,向陈兰庭要求三点:(1)将店规酌量修改,再行公布;(2)取消经理拆账;(3)总管仍照1份拆账。饭店工会还以新公布店规未经其同意,推派朱、夏两人揭掉店规,送旅业工会摄影存档。陈兰庭以令出不行,茶房挑衅店规,竟敢将店规送工会摄影,"显系别怀作用",遂将朱、夏两人开除。全店茶房以朱、夏两人系全体代表,恳请店主收回成命,然为店主断然拒绝。此为案件之肇端。

朱、夏被解雇后,全店茶房即向旅业工会诉愿。旅业工会便派沈长庆前往说和,店主仍不允朱、夏复工,并向公安三分局二分所报案,称有人妨害营业。二分所巡官李成斌当即率警前往调查,得知情况并不属实。后由县党部顾白羽、公安三分局局长及第三区区长会同调解。正相持间,适有律师马玉书出面将饭店纠纷暂为化解。马玉书之父马衡也为律师,系铁路饭店法律顾问,与店主有通家之好。据悉马玉书出任调停系店主所请。马玉书劝令朱、夏两人请假1个月,俾店主挽回面子,待假期满后,再由其送店复工。店、东双方对此胥无异议。朱、夏写请假书,交与马律师保管。马律师则给朱、夏假满复职的亲笔收据为凭证,并领朱、夏与陈氏兄弟及第三分局局长闵仲谦晤面。店东双方达成谅解。次日,旅业工会登报感谢马律师与第三分局局长。店东纠纷原本结束,岂料旅业同业公会见此启事大为不快,指斥旅业工会为非法组织,登报否认旅业工会之合法性。于是,公会与工会之纷争又起。

到4月29日朱、夏假期结束之日,店、东双方相安1个月。28日,马律师致函铁路饭店店主陈兰庭履行前约,着令朱、夏两人复工。29日朱、夏由马律师函送回饭店复工。店主此时正在上海,此事为旅业同业公会得悉,公会委员、老苏台旅馆店主朱润,认为自愿离职店员,又随意复工,实为同业之奇耻大辱,从中责难煽动。5月4日,店主返苏,不容朱、夏复工,勒令两人离店,并以朱、夏盘踞店内妨害营业,电请公安局第三分局拘留朱、夏,同时向地方法院提出刑事诉讼。全店员工激于义愤,以休戚相关,在尤、韩、徐姓茶房带领下离店赴公安第三分局,要求省释朱、夏,其要求为第三分局所搪拒。当茶房返店时,店方已由上海巴黎饭店调来20余人,禁止旧有店员入店,原有店员全告失业。风潮因之渐趋激烈。旅业工会乃率失业的众店员向吴县党部请愿。

县党部保管员李骏良将朱、夏保释,并于5月6日与县党部顾白羽、张亚华,会同公安分局区分所金言,旅业工会沈长庆、周文斌,铁路饭店的陈玉庭、曹子衡,铁路饭店工友代表韩云生、朱海棠、马玉书,几经磋商,于5月7日达成调解笔录。各方订明:朱、夏暂不复工,听候依法解决;店方将撤销对尤、韩、徐三人的法院刑事诉讼;其他茶房立志愿书①回店复工;店主陈玉庭向县党部口头承诺,先将朱、夏调往上海巴黎饭店工作一二月再行调回。将朱、夏调往上海的动议,因店员否决而作罢。风潮始暂告结束。

5月中旬,适值县党务整理委员会成立伊始,法院受理资方诉状,票传朱、夏到庭受审。旅业工会两次请县党部将传票退回。县党整会理由为,依照《劳资争议处理法》,"劳资纠纷除由主管官署通知参加仲裁外,法院无顾问之必要"。被解雇店员与旅业工会,也以调解中所谓"暂不复工",即是言明中经较短时间便可复工之意,且称朱、夏难以维持生计,请求县党部依据《劳资争议处理法》"在调解期间不得解雇工人"之规定,迅予恢复朱、夏工作。县党整会便积极斡旋,多次通知店主到会协商,店主终未回应。县党部乃依《工会法》第33条"雇主或其代理人在劳资纠纷之调解仲裁期间内不得解雇工人"的规定,命令旅业同业公会转知铁路饭店,限6月9日上午12时前允许朱、夏复工。旅业同业公会反以"茶房非工人业经司法院解释,当不适用《工会法》"为由相诘驳;并称笔录中"暂不复工,听候依法解决",系等待法院裁决。旅业工会召开理事会,决议由全体会员遵照县党部谕令,护送朱、夏依法复工。9日,朱、夏由旅业工会伴送回店被店主所拒,复由党整会派干事刘允亮、工运指导员陈文彬前往铁路饭店,劝令店主依约将朱、夏复工。陈玉庭固执己见,谈判终无结果。辗转因循,苏州全城各业工会气愤填膺,纷纷援助旅业店员,形势渐趋严重,全城性的大冲突确有一触即发之势。倘全城混乱,党整会难辞其咎。党整会认为,非迅谋解决店东纠纷,不足以

---

① 其内容为:"立志愿书,某某某令受苏州铁路饭店雇用,应恪守店规,服从经理及账房指挥,勤奋工作。如有违背情事者,依法革除。立志愿书某某某。"该志愿书明显有利于东家。

遏制工潮，非将两工人复工不足以平公愤。党整会开会决议，函请县府转饬公安局将铁路饭店店主暂行传案，以消弭更大的纠纷。上项决议尚未下达公安局，6月12日晨，米业、木机业、火柴、香业、报夫、女帽、金银、戏衣、邮务等9业工会再到县党部请愿，要求"迅予处分"店主，"以最高权力，消隐患于无形，则党纪工运，两有裨益"，声明各工会"誓以全力一致奋斗到底"，且分发宣言，张贴标语。苏州城情势益形紧张。当日苏州《明报》呼请负责机关，"速筹消弭方法"，以防风潮发生。傍晚，县党整会委员陈质君将已定决议函县政府转饬公安局办理。县整会全体工作人员则分头巡视各处，防止工人煽惑。此时，铁路饭店亦函公安三分局，称"有旅业工会沈长庆，率领工人数十名，来店包围账房间，全账房间人员，恐有生命之虞，请速派警保护"。公安三分局局长闵仲谦派巡官金言前往彻查，并传唤店主。陈兰庭当时外出，陈玉庭拒不合作，直至午夜12时许，始由县整委会委员陈质君、颜益生入店将陈玉庭交由巡官带回分局。

铁路饭店店主被传拘三分局后，饭店司账、职员刘步海、刘荣圃、王炳荣等拥至三分局要求放人。三分局闵局长出面劝令众人归店。县党部与公安三分局以该店司账人员均已离店，恐工人发生轨外行动，商定共同派员赴该店保护店产。县党部干事许紫绶、工运指导员陈文彬与公安三分局金言，共同召集饭店全体店员谈话，望其严守秩序，共负责任；还会同饭店职员焦某查点房间、清理旅客账目，令工友将所收房租存入银行，以便转交店主。饭店店务由工友公举茶房韩云生总揽。县党部干事许子寿、陈文彬，每晚前往饭店验对当日账目、负责保管。吴县各业公会得知陈玉庭被拘押，集会声援，各业工会亦成立后援会与之相抗衡。

苏州东伴纠纷传到上海后，驻沪苏州同乡心系桑梓。苏州旅沪工业协会接到苏州工会函电后，派协会委员李永祥、许晓初于16日到苏实地调查。上海市总工会代表许也夫，苏州旅沪同乡会代表沙千里、李浩然，旅沪学生会代表李诗讃、冯运佑，旅沪各业职工会代表蒋肇云，亦于17日到苏，欲会同苏地各团体，调解纠纷。

自县党部将陈玉庭交由警所拘押后，苏州局势陡然紧张。6月17日，苏州各业公会认为县党部对此事处置失当，在商会召开临时紧急会议，决议全体罢市，一致援助铁路饭店资方。旅业同业公会派东吴旅馆职员、中央饭店职员暨旅业公会委员薛云龙、黄云裳、萧见山等多人分赴阊门、观前街一带劝令商店停业。各业公会重要职员戎法琴、周思椿、杨念椿等也参与鼓动。下午13时半，阊外大马路各旅社及观前街、阊门各银行首先停业。14时许，新太和、大鸿楼、太白园、添新楼、新振和馆、宴庆楼、义昌福等菜馆首先响应,其后紫阳观、一品香、野荸荠、永禄等糖果店,广东、九华、汇罗、锦昌、怡源祥等广货店,金瑞兴东西两号、全美、大有恒等酒店,中山、华昌、金祥昌、恒通等西服公司,大来堂、协和、苏州等大药房,余威钟表店,华美、合兴两洗染公司,东亚、大同两理发店,大发电料行,庆和祥茶叶店等,相继罢市。后上塘街至城内东西中市、景德路、观前街、胥门等处同时效法。观前罢市者多达192家,仅有水果店、烟店未曾闭市。东西中市中国、上海等银行及各钱庄关门,绸缎、洋货等处大商店相续闭门歇业。昔日闹市一片萧条。苏地报纸称此"开我苏未有之纪录"。各店门首均张贴彩色标语:"旅业经理,横遭拘捕,开此恶例,后患何堪,一致援助,严守秩序。"各旅社也贴标语:"同业经理,横遭拘捕,保障已失,势难营业。"

驻军、税警团司令部接报后,立派军队分乘汽车开往城内北局及北寺前暨城外驻守,维持治安,以防罢市后奸徒乘机扰乱。公安局长茅迺功急令城区一、二、三分局派员分向各商店劝导开市,同时派警队在工厂附近加紧巡逻。

县长邹竞得到公安局、县商会电话报告后,令公安局、商会劝导各业复业,并将罢市情形向省府、苏常守备司令部等各上级机关通报,相应召集各工会代表陆菊坡等谈话,希望工人方面,力持镇静,切勿卷入旋涡,俾免事态扩大,应静候中央解决,还"以现状严迫"劝止旅业工会原定17日召开的援助铁路饭店茶房大会。

县党部得知有人四处张贴传单,鼓动罢市,派干事顾白羽、刘允亮、许紫绶疾驰商业街调查。顾白羽、刘允亮在观前街恰遇中央饭店经理、旅业同业公会委员黄云裳在利利公司门前散发传单,便将黄扭送公安二分局,当场收缴传单15张。县党部致电县政府,谓旅业派人到各店煽动罢市,"显有重大作用,请迅令查拏为首分子,并阻止越轨行动"。黄云裳嗣经县政府电令交保释放,免生波折。

罢市开始后,下车伊始的苏省党委委员张公任速奔商会,责成该会主席施筠清等速即制止此种行动。商会马上召集各业同业公会临时紧急会议,出席代表46人。张公任、邹县长、公安局长均被邀请列席。邹县长等人劝各业先行开市,以安人心。商人程干卿在会上就"占据店"、"拘押人"两点质问张公任等人,引起会议代表共鸣,全场一时喧嚣混乱,人群中"有高问党部何以不取消者"。主席施筠清与县长发言,请各人归纳要点,再行讨论。张公任等人随后退席。吴县等45个同业公会代表经过商讨,提议三点:(1)立即撤职严办县党部委员陈质君、颜益生;(2)切实保障以后党部不再拘捕商人;(3)保障党员占据商店之事不再发生。同业公会派出代表刘孚卿、庞天笙、宋友裴、季小松等 7 人,要求张公任按此三点意见采取相应措施。张公任强调自己是为调查而来,无权决断。经双方磋商,张公任应允将三点意见提交省委会议讨论,并知照县党部不得擅自行动。45 个同业公会又电请国府及蒋介石委员长,请将陈、颜撤职。

与此同时,各业工会后援会,亦在县党部开会,声援工人,并致电县府责令商会从速制止罢市,分电中央民运会、省党部、省政府出面干预。

二、省府干预

陈玉庭被押后,各方呈电交驰,风雨满城。吴县旅业同业公会难以容忍陈玉庭被捕事实,主席薛云龙等 13 日函电行政院转实业部、中央党部,称县党部整委陈质君拘捕陈玉庭,致使其他各旅社也将一律停业。同日,薛云龙再分呈行政院、中央党部、实业部、省党部、省政府、建设厅、吴县县政府,简述事发经过,特别言明:店东纠纷缘于"已经解散之旅业职工会"煽动罢工;饭店整顿店规,解雇朱、夏两茶房,理属正当;县党部整委陈质君"不待法院审判解决"而拘捕店主,导致"铁路饭店已经被迫停业,类同侵占,其余各旅社鉴于店方无权用人,党委一意孤行,法律失其保障,营业不能自由,惟有相继停业,听候查办。为此,紧急呈请钧府迅赐严令纠正,并予派员查办,依前解散原令,制止该工会违法越轨行动,以肃法纪而杜纠纷"。

13 日,店主陈兰庭也电呈中央党部,谓"商人在苏开设铁路饭店,前因解雇不守店规茶房朱海棠、夏锦泉盘踞滋扰煽惑全体罢工,报由公安分局劝退不遵,带局交保,一面由商人向吴地法院起诉。后由县党部会同各方调解,议决朱夏二人暂不复工,听候依法解决,余均复工。讵法院正事传讯,县党部两次将传票退回,强词夺理,认为劳资纠纷应照《劳资争议处理法》办理,并引《工会法》第三十三条以为藉口。且先期发现旅业职业工会于闾门外丁家巷贴妨害本店营业各标语,实欲推翻调解原案。追两次以压迫手段强令朱、夏二人到店复工,见商人婉辞谢绝未予接受,乃竟于本月十二日深夜,由党委陈质君率领多人到店将经理陈玉庭责付警局勒令拘押,账人等同时均被驱逐出店,负责无人,只得暂行停业。似以违法滥权,不惟摧残商业,抑且扩大风潮,情迫事严,惟有电请钧部迅赐派员彻查秉公办理,束以解纠纷而维商业"。商会声援同业公会,电函中央党部、行政院、实业部、镇江省党部、省政府建设厅,指责县党委举措乖张。

吴县邹县长当天两次致电省府等机关,将事发经过简要陈述,尤为侧重吴县党务整理委员会在整个事件中的表现,强调因公安分局拘押人犯至多不得超过 24 小时,指示如何处理拘传在案之陈玉庭。

中央秘书处 14 日收到各方电报后,即刻转送中央执行委员会民众运动委员会。15 日,该会派中央民运会委员祁治平赶赴苏州调查取证,并知照苏州县党部、县政府。

16 日,吴县银行、钱业、典业、木业、南北货业等 45 业同业公会,电告蒋介石、国民政府、中央党部、行政院、实业部、江苏省党部、省政府、省民政厅、省建设厅(铣电);吴县党整会委员陈质君、颜益生"不依正当途径解决","拘捕经理,驱散职员",派干事接管饭店,"形同劫夺,开吴县未有之恶例,似此横行,群情惶惑,法律失其保障,商店势难营业",望"迅令查办","以彰公道"。

江苏省政府主席顾祝同接到陈兰庭、吴县县商会、薛云龙元(13 日)电,及吴县银行业、钱业、典业等 45 业铣(16 日)电后,于 16 日密电邹县长:将陈玉庭克日保释,分别给予县长邹竞、县公安局长茅酒功申诫与记过处分,"以示薄惩",并派省府科长盛开伟前往吴县彻查事件真相。电文如下:"查铁路饭店茶房,按照实业部劳字第一零五一号训令,应认为店员不应组织工会。据该县呈报,该县旅业工会迭经奉令撤销有案,是此次该饭店与该茶房朱、夏二人纠纷,根本不能适用《工会法》及《劳资争议处理法》,事实显然。纵认为劳资纠纷,亦须依照《劳资争议处理法》第三条进行调解,调解无结果者,须依同法第五条,经过仲裁,其有不履行第三条第二项、第七条第二项决定裁决者,得由争议当事人另依民事法规,径向法庭请求强制执行,均有法定程序。至违反《工会法》第三十三条之规定者,按《工会法》第四十九条规定,其处罚亦止于罚锾。况该茶房等既系店员身份,根本已不能认为劳资纠纷,其解雇问题当然不应再引用《工会法》办理。且据该饭店商人陈兰庭来电内称,业经向法院提起诉讼自应听候法院依法办理。该县党务整理委员会,强有《工会法》,并以违反《工会法》第三十三条规定为藉口,要求县府拘押该饭店店主陈兰庭、陈玉庭等已属于无据,至党委陈质君亲赴该饭店将该经理怒拏交分局巡官,又驱散该饭店职员,派干事许紫绶等接管营业,尤属非法。该县长明知旅业工会早撤销,该会要求于法无据,乃迁就接受转令公安局遵照,殊属颠顶。该公安局长任令分局巡官擅自接受党委陈质君怒交之该饭店经理陈玉庭带局,拘押至二十四小时以上,尚未释放,尤为荒谬。"

国民党中央、江苏省政府据各方吁请,先后派出中央民运会委员祁治平、省府秘书处第一科长盛开伟到苏调查时,江苏省党部正全力办理第五次全国代表大会复选之事,公文无形搁置,以致无人注意。6 月 16 日下午 7 时,中国国民党江苏省执行委员张公任接到县党部报告,内称该县势态严重,中央与江苏省府均早已派员到苏调查,并要求省党部立即派员前往探明个中究竟。张公任鉴于省党部各委员离散各地无法集议,以时机急迫,星夜驰往该县,冀尽一己之力平息纷争。抵苏后即致电省党部,声言将以快邮向省党部报告调查详情,并希望省党部在其返省正式呈报调查报告后再行集议处理风潮意见。

17日,旅业同业公会再次电达国府、省当局(篠电),控告陈质君、颜益生"滥权拘捕经理,霸占店务":"非法拘捕该店经理,连续羁押至六日之久,并派员代管店务,反客为主,形同侵占,迄今尚无解决办法。属会各业,痛用人之无权,叹法律之失效,不得已,除于即日起一律暂行停业外,为特紧急呈请钧府,迅令撤调党委陈、颜两人,重行封闭依法不能成立及已经解散之旅业工会,以维法纪而平众愤。"45个同业公会齐声附和,除将其铣(16日)电交由各报馆刊载外,又分电国民政府、中央党部、实业部、行政院、江苏建设厅、省党部、省政府、县政府,阐明罢业理由:"不论劳资双方是非谁属,而党委如此横行,使营业不能自由,法律失其效用,不得已于篠日(17日)起暂行休业,听候解决",且急切"呈请钧府迅将陈、颜两党委,先行撤惩,以平众愤,而维法纪"。

与此同时,饭店店员的支持者则攻击同业公会策动罢市之举。17日,吴县邮务工会以破坏和解与胁迫全市商家罢市的罪名,电请中央党部、中央民运会、行政院、实业部、省党部、省政府,"迅予电饬吴县政府制止罢市举动,彻查主动人物,从严惩办,以肃法纪,而遏乱萌"。吴县各业工会援助旅业工会后援会委员会,电呈中央民运会、镇江省党部、省政府,要求纠办黄云裳等人。

17日,邹县长指挥各机关维持秩序后,即通报省府罢市情形及自己应对举措。收到邹县长、县旅业同业公会电后,顾祝同又将吴县各方面电函与盛开伟调查加以对照、核实,深感县党部"为一县领导人民机关,处理事务稍涉偏颇,即易失民众信仰。倘再不守法度,逾越范围,内而引起社会不安,影响地方,尤为重大",确信"此案该党委陈质君等,违法越权,侵害商人营业,以至激成罢市,实属逾越范围,有乖党纪",当即电饬县政府遵照铣电(16日)妥为办理,"详细查复,一面开导各业商民迅开业,听候省方秉公法办,同时督饬公安局、警察队、保卫团等,力维秩序"。顾祝同同时函请江苏省党部查照,"秉公办理",随即将省府处理风潮的情况向行政院汇报。鉴于"党委违法,激成罢市",顾于翌日除分别报告中央党部、实业部,还呈请行政院转请中央党部转饬江苏省党部,"迅速秉公查明,依法从严究办,俾免风潮扩大,影响治安,以慰舆情而肃党纪"。

17日下午,省府主席顾祝同16日电令正式到苏,且由省建设厅长联衔。内中特别强调:"此后处理事务,不得依违迁就,罔顾立场,有乖法度";"将本案经过情形,以及工会方面,有无受人鼓惑风潮情事,详细查明具报复夺,毋稍违延"。邹县长奉此令于下午5时,转令公安局长将陈玉庭无保释放。公安局长电令三分局闵局长雇6辆马车接送陈玉庭回家。但陈玉庭则表示"此事无解决办法前",不愿开释,直到晚9时,才乘包车由马车环护回府。沿途爆竹声声。

因同业公会原本议定仅罢市2小时,加以县长、商会等劝解,除银行因星期日照例停工外,钱庄及各商号均已决定18日开市。17日晚10时,派往城内维持治安的军队也撤回城外。18日,县各党政机关照常办公,防范意外事件发生。

6月22日,吴县第一、二、三、四区党部不服省政府裁决,呈请中央秘书处:"此次铁路饭店风潮,豪绅奸商利用机会扩大宣传,蔑视党部,煽动罢市,乘机要挟",要求"对此辈封建势力之棍徒严厉惩处,以维党治而张法纪"。

三、县整委呈控省党部

苏州地区的风潮至此基本平息,省、县党部之争却因之而起。

国民党江苏省执行委员会,以陈质君、颜益生处理工潮"似有操切从事处理失当之处,为应付抑制风潮起见",经江苏省党部第27次委员会议决,将两人停职查处。7月8日,常务委员钮长耀、周绍成、蓝渭滨始将此决议呈报中央民运会。张公任于6月22日呈书苏省执委会,对此决议不以为然:"吴县党整会饬传陈玉庭,事前殊少斟酌,手续又欠完备"。"念当时情势紧张,为维护治安,不得不断然处置之苦心,及风潮发生后日夜工作不遗余力,尚能安定工人之行动及社会秩序",应从宽予以严重警告处分;县党整会处理苏州风潮办法,均由会议决定,"并非党委任何个人任意妄为,应将陈质君、颜益生应免予置议。"他在给中央民运会电函中,称对陈、颜处罚"似嫌偏重",希望能还两人公道。

江苏省党部匆忙处罚陈、颜,除因顾祝同的压力及接到中央执委会转发中执委蒋介石"彻查究办"的皓(19日)电外,其实内有不便明言的隐忧,即翦除不同政见者。6月19日,国民党党员陈季珩、王翰卿、朱梦梅、虞万山、钱文怡,斥责颜益生、陈质君为异己分子,呈请国民党江苏省执行委员会将颜、陈停职,纯洁组织:

呈为吴县整委颜益生组织社会问题研究会及党务改进会等非法团体,屡图不轨。陈质君本一军阀走狗,向以诋毁本党为能事,自投机入党以来,素性难驯,到处鼓动纠纷为擅长。此次颜、陈等奉委为吴县整委,顿将以前隐藏之狰狞面目完全暴露,将全县整个之党务把持操纵,各为其本来之目的布置活动。就职未旬,劣迹已难尽数。为特联名呈请恳予迅即撤惩,以固党基事。

窃查颜益生在十七年间联合跨党分子组织社会问题研究会,其内容性质完全类似共党,当为前江苏省指委会侦悉,密令吴县指导委员会逮捕究办,乃于十八年元旦日由吴县指委会会同公安局分别抵押于驻军第三师司令部。惟颜益生狡猾异常,早经风闻远逸,故在其家中只拘得嫌疑人颜之母舅一名。嗣省指委会将拘获之人犯审讯,结果因颜系研究会中之主要分子,所有搜得之一切计划文件,悉出颜一人之手,故特命令务获归案。后时过境迁,第三师开拔,湖北省党部亦经改选,颜即乘此时机秘密返苏,倖幸漏网,乃假办《大光明》小报为名,仍积极阴谋活动,惟当局对其仍属注意,故屡图未成。至十九年间,乃与改组派分子过从颇密,至二十年冬九一八沈阳事变,各地咸皆混沌,颜益生即乘机鼓动跨党分子顾白羽等组织党务改进会及国民会议促成会等非法团体,当时妄发宣言通电,煽动学潮,致有学生殴打县执委周善夫等事件发生,再指使少数游民流氓组织非法总工会,意图危害地方。幸当局防范严密,未致酿成祸端。颜等见屡图不成,恐祸及己,纷纷逃匿上海匝月始归。

综上颜益生之越轨行动,钧会均有案可稽,且有钧会之明令处分,不难复按。嗣后颜益生见运用向来阴谋,万不易遂其所欲,乃变更其活动方式,用联络在任之县整委张宗民等为其掩护工具,并大吹其为吴县同志中之重心。张宗民等不察究竟,为其所惑,故结果以内外舞弊之手段,倖幸当选出席四次省代表。其一方已可作跳上县党部晋身之机会,其另一方面更可向改组派表示功勋。今自钧会委之为吴县整委,但其私其改组派之工作更形紧张,故颜益生表面虽为吴县党务整委,暗则实任改组派之吴县负责人也。长此以往,不啻将吴县整个之党务轻予付人。党员等洞悉其奸,义不容再缄默,为特呈请撤职者一也。

复查,陈质君本一军阀之走狗。十五年孙传芳任五省联军总司令,奉军张宗昌南下时其部下何海鸣在苏州设一宣传部,专以反对本党之言论煽惑人民。惟因南人不解北语,乃招考苏籍人若干名,充任其事。陈质君即于斯时投入何海鸣部,充当宣传演讲员,到处诋毁总理及本党之主张。十六年三月,本党克定苏垣,军阀狼狈遁逃,陈质君随同北走于军阀队伍中,转辗流至天津。旋本党统一全国,陈质君即于此时眼看军阀大势已去,遂摇身投机入党。惟陈质君生平之能干即为钻营,十九年南还即营得吴县整理委员,但未阅三月,前省整会因其办理失当,即行撤回。陈见江苏无一可立足,乃奔陕西充任某市党部干事,未四月因善于鼓动纠纷,即为陕人驱逐出境,于是重返苏州,急欲再做一次委员。惟是时县执监会颇形健全,无隙可乘,纠纷亦无从闹起,乃见县党部与地方土劣冲突,陈质君不惜卑污,即利用此点联合土劣大闹党务纠纷,以冀达到其夺取党委之目的。惟在纠纷之时,其陈质君本身之生活即由土劣将所办之救济院委一视察员之名义月给俸禄银四十元,其余一切旅费等项,均向土劣领取,总计共领得银二千四百余元,均由土劣走狗毛羽满经手转给陈质君者。结果经历五数月之时间,县执监会奉命撤销,惟中央对陈质君之行为亦深明悉,故特明令,钧会严予拟处。时隔至今,非但未见处分,反将此种不肖无耻之徒委予整理吴县党务,党员等诚恐将吴县大好党务为此败类污辱。且陈质君习染军阀余气颇深,遇事独断,素性横暴,对总理照示之博爱和平,恐为陈质君永远所不能解也。而就职未旬,选举舞弊,包运日货,人言啧啧,置党部威信于不顾,为特呈请撤职者二也。

综上颜益生、陈质君两人其本身已往之劣迹多端,且又各含背景。以是表面为整理吴县党务,而暗中则处处为各自私人利欲所驱使,故遇事具有成见,党务自必趋于混沌。欲求整理,适得相反。谅钧会明察秋毫,定能俯顺下情,迅将颜益生、陈质君即予撤职,吴县党务前途则可再见曙光。临呈急迫,不胜待命之至。

苏省委处罚陈、颜的决议与这一密信不无关联。
陈质君、颜益生对省党部的停职处分,"于法于情,心实不甘",7月1日上诉国民党中央执行委员会,申明立场:(1)自身所为均为防遏工潮,打击土劣、地痞及一切封建势力的对党委会的攻击。(2)江苏省党部为土劣、地痞所捏造的县党委霸占店产、压制商人的谣言所蒙蔽,不察事实,徒据商人片面呈控作出停职决定。(3)"以身许党,死生早置度外,去留本不足惜,惟犹不能已于言者,则质君等既以反革命势力压迫而去职,不但是非不明,即社会观瞻亦恐一变亲者痛仇者为快。革命情绪必以受刺激而益见消沉,从此整个封建力量自将变本加厉,更为嚣张。瞻念本党前途实属不寒。"(4)县整委会对此次纠纷处置"纵有错误不当之处,事经全体会议所议决,其责任自应由整个县党部所共负"。同时急切要求中央执行委员会饬令店主准许朱海棠、夏锦泉复工,转饬江苏省执委会准其复职,"以示体恤而振党声"。

当天,吴县党务整理委员会胡念清、朱家积两人与吴县党员高子彦等60人,分别致函国民党中央执行委员会,强调"陈、颜二同志系为本党忠实信徒",请令饬江苏省执行委员会克日将颜、陈明令复职;申辩"铁路饭店反悔调解致肇纠纷,咎属应得"。吴县党部传押店主,"为欲压抑工潮,弭平大患起见","具有不得已之苦衷,揆诸党纪并不违背";控告江苏省党部对旅业同业公会接受土劣主使公然提出取消党部、煽动罢市的言行,视而不见,更不加彻查,坐使土劣势力伸张为党的劲敌。吴县第四区党部也呈请中央民运会转饬省党部收回成命。

7月5日,陈质君再次呈书中央民运会为自己辩护,声称断然拘捕陈玉庭,是奉军事委员会蒋委员长指令(政字第224号)中"剿匪"期间"随时加以防范为要"之精神行事。

江苏省直属扬中县区执行委员会常务委员刘越石于7月20日上书中央执行委员会,指出此次风潮"系由封建势力反党所致,处理此案稍有不当,即有助长封建势力之虞",对苏省党委处罚决定极含訾意。

各工会对省党部处罚陈、颜的决议亦表示非议,极力为其说解冤情。6月30日、7月6日,吴县邮务工会、米业职业工会、木机丝织业职业工会、金银首饰业职业工会、女帽作业职业、火柴产业工会、香业职业工会、戏衣作业职业工会,及上述各业常务委员、理事,先后请求中央民运会恢复陈、颜党委职务,帮助工人依法复工,严惩煽动罢市的首要分子,改组旅社业同业公会,以维党纪而利工运。7月1日,吴县旅业职业工会常务理事赵湘琴,呈国民党中央执委会,称省党部将陈质君、颜益生停职查处,"适中奸商诡计"。

由于基层组织的抵制,陈质君、颜益生实质上并未解职。7月2日,吴县钱业、银行业、木业、典业、南货业45个同业公会,为此呈报中央党部:陈、颜两委员"迄今在职如故",铁路饭店"亦未交还","是非不明众情惶惑,恳切昭示办法以释群疑"。

中央民运会接到上述呈报材料后,承认"该案系整个(县)党部之处置,似非陈、颜二人之单独行事,事关党部威信",7月15日将这些材料转至国民党中央执行委员会秘书处,请示处理意见。7月26日,国民党中央秘书长回函中央民运会,内称"经陈奉常务委员批:'关于陈质君、颜益生处分事,交由组织委员会办理'"。不过,同民国时期许多无尾案一样,对陈质君、颜益生的处理再无下文。

在与店主及各同业公会的较量中,由于省委与省政府的干预,吴县党整会显然处于劣势,而其对手则正如苏州舆论所言"省方已有明令到苏,对于资方,不啻默示许可,而暂留三分局之陈玉庭,亦由同业欢迎出局,在资方似已可称踌躇满志"①。

四、终无结局与问题实质

正当江苏省党委处罚陈质君、颜益生停职之时,7月5日,吴县地方法院函知吴县旅业工会,内谓"根据十八年十一月七日司法院准中央执行委员会训练部函开通令及司法行政部第九九五四号指令,凡因劳资争议所引起之刑事部分,法院应予受理","至该自诉人陈兰庭所诉各节,是否属实,被告朱海棠、夏锦泉之行为,是否犯罪,非经审理,无从认定","故转令朱、夏两会员按时到庭,受刑事部分之审理"。旅业工会接到法院信函即召朱、夏两人到会,告之"法院来信亦仅限于毁损文书刑事部分,断不至逾越范围",至于与铁路饭店的雇佣关系,"应否维持,事属劳资纠纷,既经呈明中央,自应静候中央核办","汝等可到庭据实答讯"。

6日上午法院开庭审理。原告陈玉庭聘有律师沈兆九、刘祖望,并有好友陪同旁听。朱、夏则未请律师,也无工会代表陪同。经过简单审询,法官宣布休庭,而后传原、被告再次入庭。法官轻诵一遍手中文件后,对朱、夏二人说:"为了你们的事,党委两人停职,县长申戒,公安局长记大过,汝两人已罪大恶极,若不服不签字,则须拘押并罚银一千元。"朱、夏惧怕拘押,又虑无钱交付罚金,加之法警催促再三,不得已在该文件上各画"十"字而回。因朱、夏两人"既未练习国语,又不熟谙方言",对此书面材料是否仅涉及刑事部分而不涉及店、东纠纷并不了解。7日,法院将该文件交由当地报纸刊载。朱、夏与旅业工会始知朱、夏画押之文件为调解笔录。直到7月10日,法院才将和解笔录送达朱、夏本人。其内容为:(1)自愿解雇;(2)向陈玉庭表示悔意;(3)交还店规与号衣等。朱、夏认为该调解笔录"纯系劳资争议,而非因劳资争议而引起毁损文书之刑事部分,不特超过法院权限,且逾越法院来函原则,且出原告所控诉各点以外",不予认可,呈报旅业工会转呈县党部递呈中央,依照《工会法》第33条及《修正劳资争议处理法》第36条第3项之规定,迅予复工。陈质君为此于8日呈报中央民运会,强调指出,法院虽声明受理者为因劳资纠纷引起的刑事部分,而调解内容却属劳资争议,自

---

① 慰庐:《旅业纠纷之轩然大波》,苏州《明报》1933年6月18日,第3版。

1932年9月27日《修正劳资争议处理法》公布后，劳资争议已非法院所能全权处理，并附议旅业工会所提出予以复工的要求。朱、夏不承认在"刑事恫吓"下达成的和解内容，再次抗议法院违法行为，要求法院对此案重新审理，并上告到中央民运会。吴县法院则对外界舆论保持沉默。8月8日，中央民运会将朱、夏呈控函转苏省执委会。其后，又无下文。

旅业同业公会主席薛云龙对此调解极为满意，7月25日呈中央党部，称"该案已解决"，意图占据操纵纠纷的主动权。

铁路饭店的店东纠纷原本并非没有调解的可能，张公任原打算先将陈玉庭释放，再会同县党政、劳资各方正式调解。张公任到苏后，先后前往铁路饭店、旅业工会、旅业同业公会、公安三分局、县党部、县商会、各旅馆商店，与各方人士晤谈。这些人包括：祁治平、县长邹竞、公安局长茅迺功、县党部全体委员及工作人员、公安第三分局长闵仲谦；陈玉庭与铁路饭店多数职员；县商会主席委员施筠清与执监委员程干卿、宋友裴、代表刘孚卿等；旅业工会理事监事何成明、周文斌、赵湘琴、沈长庆等，铁路饭店茶房朱海棠、韩云生，各业工会代表朱凤卿、黄子信、陆菊坡等；东吴旅馆店主刘正康，中山体专校长朱重明。经过走访，张公任发现店主、茶房"双方感情，向称融洽"，"尤愿从速了结"。店主陈玉庭曾亲口告诉张公任：事件发生后，"本人亟求解决，不愿做人工具，并谓工人朱、夏在店已十余年，平时亦勤慎，一时容有过失，本可优予宽容，惟环境上有多少不便之处"。米业工会代表陆菊坡也承认朱、夏二工友与店主"素来情感颇好"，曾代表各业工会表态，愿意接受县长奉劝，希望"县府努力调处，持平办理"，"将铁路饭店一案，化为小事"，"勿再事扩大，致使各业工友，卷入漩涡，并祈早日解决"。然而，张公任未曾料到罢市与苏省政府铣（16日）电打乱了自己的计划。

苏州风潮肇端甚小，不过为拆分小小账，却竟然迁延数月之久，范围也由一饭店而演为一行业，由一行业再扩展为一城的劳资对抗，其中自然与处理不善有关，但根本上却正如张公任、祁治平所谓别有用心之人"怂恿挑拨，小题大做"、"借题发挥"所致。"铁路饭店本与同业不睦"[①]，内部偶生怨嫉而为旅业公会所利用，个中原因无非是"茶房工会久为旅业所嫉视"。

旅业工会与同业公会之间视同水火，矛盾升级，与政府政策失当密切相关。1929年8月，国民政府公布《商会法》及《工商同业公会法》后，各地党部纷纷指导组织各业同业公会。同年10月，国民政府颁布《工会法》，规定只有"从事业务之产业工人"始得组织工会，店员均须加入同业公会，"不得

---

① 《铁路饭店事件》，苏州《明报》1933年6月18日，第3版。

另组工会"。为了确立店员在同业公会中的地位，1930年2月，中央执行委员会训令各省府、党部，将于《工商同业法施行细则》中，增加店员充任同业公会会员的条款。1930年，工商部修正《商会法》及《工商同业公会法》。该两法于7月25日公布实施。工商部责成各主管官厅指导商会、公会在一年内依法改组。《工商同业公会法》特别规定："每一公司行号，得推派一人至二人，以经理人或主体人为限。但其最近一年间平均店员人数在十五人以上者，得增派代表一人，由各该公司行号店员互推之。"其目的在于消除多年来各地店主与店员之争执，"使店员有充任会员代表之机会，从此化除畛域，始可合力以图工商业之发展"；"使工会商会既有联络，复有互助"。① 到1931年6月，全国呈准备案的各业同业公会有2000余所，其中江、浙为最多，皖、赣、闽、湘、粤次之，鲁、冀、豫、辽、吉、黑、热、察、绥又次之。1931年底，在国民党第四次全国代表大会上，国民政府要求未改组的同业公会在"最短期间内"完成任务。②

为了保证店员加入同业公会，政府颁布《工会法》，明文规定店员不是工人，不能组织工会。然而，《工会法》自1929年10月公布后，一些地方政府便对此深有疑虑。1930年年初，苏州市政府呈请江苏省建设厅转奉工商部，征询《工会法》所称工人是否包括店员。工商部明确回复："店员分子业经中央执行委员会决定于《工商同业公会法施行细则》中增加规定，使其有充任会员代表之机会，《工会法》第一条明白规定，组织工会只以工人为限，是则店员当然不能包括在内。"③

《工会法》限制店员自组工会，也引起一些职能部门与工会的反感。1931年，福建省党务指导委员会训练部呈请中央党部，申明店员组织工会的理由。上海、苏州、昆山、闽侯、宁波、永嘉等地职工会，亦纷纷呈请中央党部永久保留职工会，另订关于店员组织的单行法规。对此，中央执行委员会明确表示反对另设店员职工会："查店员系辅佐商业主体人经营商业，在商法上为商业使用人，其性质与店东同属商人，应与店东混合组织工商同业公会。在《工商同业公会法施行细则》第十条有'本法第七条之会员代表，每一公司行号得推派一人至二人，以经理人或主体人为限，但其最近一年间平均店员人数在15人以上者，得增派代表一人，由各该公司行号之店员互推之'

---

① 秦孝仪：《抗战前国家建设史料——实业方面》，《革命文献》第75辑，台北，"中央文物供应社"，1978年，第90页；《工商同业公会法之修正》，《工商半月刊》第2卷第13号，1930年7月1日，第12页。
② 秦孝仪：《抗战前国家建设史料——实业方面》，《革命文献》第75辑，第119页。
③ 上海市政府社会局：《近十五年来上海之罢工停业》，第135页。

之规定,是店员亦有参加工商同业公会之机会。且此项规定足以防止同业公会为店东单独据有,而店员可以会员代表资格保障其利益,当无另设店员职工会之必要。至店员之于店东虽有雇佣关系,然彼此既共同组织工商同业公会,自能祛除隔阂,减少纠纷,即偶有纠纷,亦可援用民法之规定以求解决。要之,同业公会实为员东调协之团体,其目的在增进同业之公共福利,而非为任何个人或一部分人谋一己之利益。虽职工会之组织亦有相当之历史,几纯为店员之集团,此项制度已不适用于训政时期之需要,今后若仍许其存在,则同业公会与职工会难免形成对峙之局,亦即各以其团体为斗争之工具,揆之训政时期民训要旨,显有违背。所呈各节,于法理事实均有未合,应勿庸议。"[①]同时,中央执行委员会通令各级党部遵照办理。保留职工会的申请也呈报到工商部。工商部亦以《商会法施行细则》第9条与《工商同业公会法施行细则》第10条规定"店员有充任工商同业公会会员代表加入商会,及公司行号之代表加入公会之机会"为由拒绝。[②]

不久,中央党部"为切实保障职工利益起见",与实业部会商,将《工商同业公会法施行细则》第10条修改为:"本法第七条之会员代表,每一公司行号,得派一人至二人,以经理人或主体人为限,其最近一年间,平均店员人数每超过十人时,应增派一人,由各该公司行号之店员互推之,但至多不得逾三人。"并由实业部公布实施。[③]

《工商同业公会法》与《工会法》的颁布,并未使店员与店东之间的关系向政府预期的方向发展,反而在两者之间制造出新的矛盾。譬如,上海同康药材行店员拟加入同业公会,为药行职工会所阻。而同康行内部,却因店员加入同业公会后,店员、店东间极力争夺领导权,官司打到上海市民训会、社会局。[④]

上述法规的颁行,客观上也激化了吴县旅业同业公会与旅业职业工会两集团之间矛盾。该两会"向以事积不相能"。吴县旅业职业工会成立于1927年4月1日,1930年11月在吴县地方法院注册。据实业部劳工司统计,到1932年,该工会已成为吴县第三大工会,会员计有900人。[⑤] 因法律规定茶房不得组织工会,1932年8月,吴县政府在实业部、省党部先后令饬

---

① 《国民党中央训练部令各级党部——各地店员职工取得公司行号代表资格后,可分别加入或参加组织同业公会,无须另设职工会》,《中央党务月刊》第30期,1931年1月,第15～16页。
② 《店员不准加入工会》,《工商半月刊》第2卷第23号,1930年12月1日,第23页。
③ 《各地店员职工得参加工商同业公会》,《中央日报》1931年2月19日,第2张第1版。
④ 《电请同业公会改组展限》,《申报》1930年8月19日,第4张第14版。
⑤ 实业部劳动年鉴编纂委员会:《二十一年中国劳动年鉴》,第2编,第31页。

下,宣布解散、封闭吴县旅业工会。是年年底,国民党江苏省委员会秉承中央民众运动委员会之命,特予"先行启封,徐图指导改组"。"封闭"在旅业工会看来是"被背党分子解散及违法封闭"。恢复工会组织,对同业公会而言则为"奇耻大辱",始终不承认旅业工会组织。同业公会鼓动起苏州风潮的目的,即以此要挟党、政机关取消旅业工会。按照《工会法》、《工业同业公会法》等系列法规来看,显为中央民运会违法。引起苏州各界同业公会反对也属必然。另一方面,当时旅业同业公会未曾依法改组,以吸纳店员入会。工会与同业公会在纠纷中,围绕下列问题,各依法律争讼不休:

第一,工会与旅业同业公会的合法性。店主陈兰庭在给省党部状告中,指出饭店工会为"早经命令解散、撤销"的非法组织,茶房竟"图藉工会之名实行多方要挟",指责县党部对其偏袒,而不能"以党义系指导民众于正轨"。薛云龙7月25日投书中央党部,指出各埠旅业均无工会,"旅馆茶房不得组织工会早经司法解释",要求中央明令吴县旅业职工会"停止活动","依法推举代表加入同业公会,以维法律而杜纠纷","而肃党纪"。

吴县党整委会则指出,旅社业同业公会委员"任期已满,法律上已失依据",已"奉令结束,静候改选",却被人暗人把持,违反《修正民众团体组织方案》第3节第3项条款规定,不接受县党部的指导非法集会。其行为只能助长工潮、扰乱地方秩序。依据法律,县党部必须勒令解散或停止该同业公会活动,"以平公愤而维治安"。吴县旅业工会也持这一立场,向各上级机关声讨旅业同业公会。吴县邮务、木机丝织业、米业等8工会致电中央民运会,则指控旅业同业公会摧残工运,藐视党纪,违背劳资合作精神,希望改组旅业同业公会,使朱、夏早日复工,并推举代表张文堂、沈长庆晋京请愿。

第二,饭店使用人身份与双方纠纷的性质。《商会法施行细则》第10条明定,商业使用人包括以经理、伙友及直接在营业所服劳务者。店主与旅业同业公会据此只承认茶房、堂倌属于店员,店主与茶房双方纠纷属店东纠纷。茶房与旅业工会则认定茶房当然为工人,双方纠纷自然是劳资纠纷。张公任、祁治平与各机关对当时劳资的限定也较模糊,在其往来电函中亦均称双方纠纷为劳资纠纷。中央民运会科员刘百骏在民运会内部公文中也承认此次铁路饭店纠纷属"劳资纠纷"。苏省常委蓝渭滨在信函中也如此用词。这无形中助长了店员、工会反击店主与旅业同业公会的决心。旅业同业公会内部对该纠纷性质也有自相矛盾之处。薛云龙在给苏省党务整理委员会函电中,就有诸如"劳资纠纷系属东、伴争执涉讼事件"之类的话。

第三,能否适用《劳资争议处理法》。由于不承认茶房为工人,旅业同业公会与店主只承认该纠纷为东伴争执涉讼事件,反对按《劳资争议处理法》解决店东纠纷,因此,理直气壮反对朱、夏复工与各类调解。相反,旅业职业工会则转请江苏省政府令饬吴县政府依照《工会法》第33条与《修正劳资争议处理法》第36条第3项规定,严惩店东与煽惑罢市分子,保护茶房复工。吴县旅业工会常务理事赵湘琴在呈国民党中央执行委员会的函中,特别指出县整委会饬令公安局拘禁陈玉庭并不违法,符合《修正劳资争议处理法》第38条"凡争议当事者不履行调解决定或仲裁者,处二百元以下之罚金或四十日以下之拘役"的相关规定。

有趣的是,店主与旅业同业公会方面一方面坚决反对茶房为工人,但另一方面却赞同吴县法院以《劳资争议处理法》为名所做的有利于店主的判决。

由于司法解释与社会现状的两歧性,从全国范围来看,店员与店东争斗不息。1934年初,司法院统一解释法令会议曾重新核议"旅馆、茶酒馆、浴池之茶房、工役应否加入工会"问题,并议决依《工会法施行法》第6条规定,应准其加入工会。国民政府将此决议转咨中央民运会。① 而店员等加入同业公会后,店东矛盾更趋激烈。1935年11月,国民党第五次全国代表大会中央民运会工作总报告,曾建议将店东与店员在同业公公中各组分会:"盖从事工商业务之个人,显然以摊贩店员之人数为多,业主及经理人之人数为少。混合组织,秩序既易紊乱,而少数人之意见,亦难免受多数人之挟持,且发展国民经济,必须特别注意业主及经理人之计划,故业主及经理人之利益,更须顾及,是以于工商同业公会之下,使划分分会,商店分会之下,使划分支部,以便调节一切困难。"②颇为滑稽的是,上述两种解决办法竟然相互矛盾。

其实,《劳资争议处理法》适用范围早有限定。1930年,上海特别市府呈请中央政府解释该法所谓"工人"与"工会"之含义。司法院回函强调,工人不包括店员,由店员组成的职工会并非"工会";并咨工商部转上海、北平等地。③ 即使可以《劳资争议处理法》调处此次纠纷,吴县党部对法律的任意侵蚀、肆意践踏,仍然是铁路饭店纠纷持续未决的另一要因。《劳资争议处理法》于1930年3月公布实施。该法第2条规定,劳资争议处理主管行政官署"在市为市政府,在县为县政府"。然而,劳资争议处理仍是政出多门,有法院判决者,有公安、警察署调解者,有党部呈诉者,致使纠纷各方无

---

① 《关于旅馆茶酒馆浴池之茶房工役应否加入工会问题》,《中央党务月刊》第24卷,第67期,1934年2月,第134~135页。中央民运会1934年2月18日指出,《工会法施行法》第5条已经立法院决议删去,司法院所引该法第6条,实际为第5条。

② 《中国国民党第五次全国代表大会中央民众运动指导委员会工作总报告》,1935年11月编印,第11页。

③ J1—2—17,行政院关于公布劳资争议处理法训令及北平市政府令所属工人、债主各团体推选仲裁委员会训令(1930年),北京市档案馆藏。

所适从。1930年11月,汉口市社会局长杨在春在全国工商会议上提出《拟请确定劳工行政系统及范围案》议案,拟解决劳资纠纷受理者越俎代庖的现象。提案具体内容为:(1)关于劳资纠纷:凡劳资双方发生纠纷,须遵照劳资处理法之规定,向社会局呈诉。任何一方不得擅自召集调解会,但双方愿意和解者,须将和解书或契约合同呈报社会局或民政厅备查,否则,双方或一方当事人应受相当之处分。(2)关于工人行为之制止:凡遇劳工或劳资之纠纷,公安局或其他军事机关得饬所属机关制止其轨外行动,但不得接受任何方面之请求而为调处。(3)关于法律者:凡劳工或劳资纠纷案件,非涉刑事及未经调解决定或仲裁裁决者,各级法院不得受理。"因劳资双方向少成文契约,且诉讼律亦无明文规定。法院判决,每易引起恶感。"大会议案审查会将此递交大会,并经大会照审查结果通过。① 实际上,该提案即是对《劳资争议处理法》有关内容的解释与进一步限定。

尽管有相关法规的约束,劳资纠纷的调解与仲裁仍难改积弊。苏州铁路饭店纠纷便是一个典型。5月7日县党部与公安局人员主持调解店东纠纷,县党部、公安局无疑越权。按《劳资争议处理法》第2条规定,吴县整委会没有调解劳资纠纷的权力,也无独立行使劳资争议仲裁之权,只是仲裁委员会成员之一。不能命令店主依照《劳资争议处理法》第33条规定而不解雇茶房。即使店主违背《劳资争议处理法》第33条规定,吴县整委会也无资格按照第35条规定处罚或拘捕店主,其行为当然违法。《争议处理法》第38条明确规定,"遇有本章各条所定应处罚之行为,得由主管行政官署及调解委员会或仲裁委员会声述事由,移送法院审理"②。由此而论,吴县地方党权大于地方政权,处处逾越权限。难怪吴县邮务工会等8个工会也认为县整委等一班人过于重视党的权力。在其7月6日给国民党中央民运会的呈函中即有"不与土豪接近,即不与资方勾通,专从党的立场处理纠纷"的牢骚。陈兰庭向江苏省党部控告朱、夏等人"欲凭借党权干涉司法,抑制商店"也非捏造虚词。

吴县党整会人员,并非不谙劳资争议的相关法律,任意阉割法律,而是为了捍卫国民党的基层组织,坚信"本会负有指导各团体进行之责,对于纠纷发生自有处置特权"。在陈质君等人看来,旅业同业公会是为"进袭本党起见",才以铁路饭店纠纷为工具,蛊惑罢市风潮,"阴谋破坏本党一切设施"③。张公任在其调查报告中也承认"吴县方面反党空气极为嚣张"的事

---

① 实业部总务司商业司:《全国工商会议汇编(1931年)》,南京,京华印书馆,1931年,第2编,第198~199页。
② 《劳资争议处理法》,《商业月报》第10卷第4号,附载,1930年4月25日,第3页。
③ 《铁路饭店事件》,苏州《明报》1933年6月18日,第3版。

实。按《民众团体组织法》规定，县党整会有指导旅业同业公会的权限。为了平息同业公会的"阴谋"，不免将指导权视为调解纠纷的"特权"，以致贻人口实。

吴县党权高于地方政权的反面，即是吴县政府无力掌控地方政务，吴县没有一个完善的劳资调解与仲裁机构即为一佐证。其直接后果使铁路店东纠纷延而不决以至扩大。依照《劳资争议处理法》的规定，各地应设立调解委员会暨仲裁委员会。各省市劳资争议事件动辄积年累月而不能解决，推原其故，与各地此种机关未至完备有关。1932年，实业部向国民党四届三中全会所作报告中，特别强调已将令饬各地设立劳资争议机关列入其工作日程。1933年年初，行政院饬由实业部依据《劳资争议处理法》第16条规定，拟订《推定仲裁委员暂行办法》，于1933年1月9日公布施行。尽管如此，吴县政府仍未推定仲裁委员报部备案。因无仲裁委员会，就不能秉承1932年9月27日公布的《修正劳资争议处理法》精神，对劳资纠纷实行强制仲裁。[1] 吴县政府未能承担法律所赋予的召集仲裁委员会的职责。

吴县不能成立劳资仲裁委员会的一个重要原因是县党政之间的矛盾，这一矛盾也是原本局限某一饭店的纠纷激化成全城纠纷的关键因素。祁治平的调查报告从一个侧面反映了这一事实："因吴县此次国代表选举，党政间含有意见"，旅业同业公会"遂利用机会，相激而成。吴县党部函县拘押饭店经理，致激资方之怒，处施不无过当。而县政府结欢资方，致使纠纷久延未决，亦为招致工人恶感之因"。其中吴县地方党政之间的过节已不易考证。然而，两者对店主与同业公会的态度截然不同。据张公任调查报告所知，当同业公会煽动罢市时，公安局"视若无睹"；在6月17日张公任与吴县县长列席的各同业公会大会上，县长当面承认派公安局拘捕店主是"根据县党部公文，操切从事，现时已奉令处分，实属应得"。将党政矛盾暴露无遗，这必然助长同业公会的嚣张气焰。

与之相应，在调处纠纷的整个过程中，社会局未能行使其职权，有悖调

---

[1] 三友实业社劳资纠纷极难解决，国民党中央政治会议根据上海市长吴铁城提议，修改《劳资争议处理法》，恢复强制仲裁，议决交立法院审议。国民政府于1932年9月27日公布实施《修正劳资争议处理法》。修正要点：(1)劳资争议发生时，如主管行政官署认为有付调解之必要，虽无当事人之声请时亦得交付仲裁。(2)行政官署因争议情势重大，并延长至一月以上尚未解决，而认为有付仲裁之必要时，虽无当事人之声请，亦得交付仲裁。(3)争议当事人对于裁决书不得声明不服。(4)调解委员会的决定，取决于多数委员。(5)凡争议当事者不履行调解决定或仲裁裁决者，处200元以下之罚金，或40日以下之拘役。此次修订将关键条款恢复为1928年所公布的《劳资争议处理法》的原文。参见上海市政府社会局：《近五年来上海之劳资纠纷》，第11~12页；《修正劳资争议处理法》，《纺织周刊》第2卷第36期，1932年9月16日，第88页。

解常规。按《劳资争议处理法》第 39 条规定,各地制定的《劳资争议处理法施行细则》中,均规定由社会局主管调解纠纷。

吴县党整会固然不承认铁路饭店纠纷为店东纠纷,但却利用《工商同业公会法》抨击旅业公会扩大纠纷的企图。吴县旅业同业公会为了扩大纠纷,不履行法律所要求的息讼责任。声称铁路饭店纠纷起因于"整理店规","本属该店内部关系",不过是"一店主两店员之间争执成讼,事属个人利害关系,不涉双方同业全体",拒绝参加有关店东之间任何形式的调解。国民党吴县整委会指出,《工商同业公会法》第 2 条规定,工商同业公会以维持、增进同业之公共利益及矫正营业之弊害为宗旨。纠纷之初已经牵涉旅业全体职工,而同业公会"曲解法律字义","袖手旁观",不以同业利益的前途为重,消弭风潮,违背"该会组织宗旨",固属失责。

在强势党权下,吴县法院难免冒失抗衡。从吴县地方法院受理该案的整个过程来看,法官知法犯法,并且有意以刑事审判代替店东纠纷裁决。按《劳资争议处理法》第 2 章第 1 节"调解机关"与第 2 节"仲裁机关"的规定,法院无权调解店主与茶房的纠纷,也无独立仲裁权,必须通过与党、政及与争议无直接关系的劳资双方共同组成的仲裁委员会来行使自己的权力。朱、夏两人接到传票时,认为依照《修正劳资争议处理法》第 2 条第 11 条、第 18 条规定,劳资纠纷应由主管行政官署召集调解委员会或仲裁委员会依法处理,"实不在法院管辖范围以内","未敢投案报到"。因此,他们还是在旅业工会的劝导下才赴法院。吴县法院 7 月 6 日所作的强制调解毫无法律效力。

吴县法院还漠视有关规定,支持陈兰庭解雇朱、夏。关于店员解雇问题,1930 年 10 月,实业部转奉国民党中央训练部函请,参酌各地商事习惯,订立《店员解雇之标准》[①],通咨各省市转饬遵照办理。依此标准,朱、夏二人撕掉店规,送旅业工会拍摄,虽系"对于营业上应守之秘密向外泄露",但

---

① 店员解雇标准:一、公司行号有下列情事之一时,得解雇其店员。(1)公司行号全部歇业者。(1)公司行号因营业缩减确有实据或部分停业者。前项解雇之店员,于公司行号回复原状时,应尽先雇用。二、店员有下列情事之一时,公司行号得解雇之。(1)店员患重病,经医生证明,由店主给假三个月后,仍不能服务者。(2)店员有神经病,失其常态,经医生证明不能服务者。(3)店员患肺痨病花柳病麻风病及其他传染病经医生证明短时期内不能治愈且有碍公共卫生者。(4)店员受拘役以上刑事处分者。(5)店员吸食鸦片或其他代用品者。(6)店员赌博或押妓放弃职务经店主三次劝告不改者。(7)店员对于营业上应守之秘密向外泄露致店主受重大之损失者。(8)店员不经店主给假擅自离职一月内至三次以上者。(9)店员未经店主许可兼营其他事业有碍店主之营业者。(10)店员无故挪用店款超过薪额两月以上经店主限期不能归还者。《中央日报》1931 年 10 月 31 日,第 2 张第 4 版。

并未给饭店造成"重大损失",店主理应不能以"显系别怀作用"为由,将朱、夏解雇。不过,当朱、夏因"盘踞店内妨害营业"而为公安局拘留后,店主解雇朱、夏却符合"店员受拘役以上刑事处分"的规定。

党政人员间的分歧与国民党内部的对立,更加模糊店员属性,影响各派对相关法律依据的取舍。具体表现已如前所述,恕不赘言。仅对其分歧与对立略为补充说明。除吴县党政分歧外,长期从事工人运动的张公任、祁治平均承认旅业工会,而苏省政府主席顾祝同却否认旅业工会。在关于处理陈质君、颜益生的决定上,张公任与苏省党部某些委员意见相左。张公任返省后,提议第28次委员会讨论其调查报告。未料少数委员声称张公任赴吴是个人行为,不承认其调查报告,"嘱令以私人名义直接向中央陈报"。张公任则坚持认为,自己作为省执行委员在紧急情势下往吴调查并不违纪,况且也将有关情形不断报告省党部,未遭反对,手续堪称完备。

因苏省党委处罚陈质君、颜益生,吴县党整会对省委也生猜疑,并还以颜色。7月10日,省执行委员会常务委员蓝渭滨前往苏州参加童子军教练员暑期训练营开学典礼时,顺便调查铁路饭店风潮,并与店东双方谈话。吴县党整会即刻函告中央民运会,谴责蓝在"应静候钧会核办,俾于吴县工运、党务得有整个之彻底解决"之时,"以私人名义来苏,暗向劳资双方进行接洽,用意所在不得而知,惟消息传来非但调解并无结果,反有制造纠纷之象,设因此引起双方误会,重启事端,责任谁负,应请钧会指示解释"。中央民运会收到该函后,电告苏省执委会在中央常会核示该案期间应静候,并查明此事。8月5日,苏省执委常务委员蓝渭滨、周绍成、钮长耀联名电告中央民运会,抨击吴县党整会诬蔑行为。如此而论,县党整会与省党部必然结怨已久且深,县党整会为巩固在吴县的政治地位,更可能变本加厉地争夺吴县控制权,压制地方行政权限,夺取此次店东纠纷的裁定权。

因此,苏州铁路饭店纠纷虽然有从中央到地方各级党政部门的调处,本案仍终无实质性进展而不了了之,也在情理之中。

尤可指出的是,由于《工会法》限制店员自组工会,店东不愿按《工商同业公会法》吸纳店员入会,而店员与店东合组的公会又罕稳固,无论是国民党,还是政府,均不免引起店员与店东的共同反感。虽然上述法律"都透露着党治的精神"[①],但"党治"的目的却未曾实现。

由此,我们可以推知:有关店东法规的失策,将店主与店员推离政府、国民党的政治阵营,自毁其党与政权的社会基础。同时,与其说店东纠纷是社

---

① 上海市政府社会局:《近五年来上海之劳资纠纷》,第3页。

会矛盾尖锐化的产物,毋宁说是统治集团内部党、政机关"职能错位"的外部表征。党权对法律、政府的干预,导致店东之间由矛盾走向冲突,党政矛盾演化为社会矛盾。党权在一定程度上成为社会矛盾的催化剂,难以完成社会动员的历史任务。

第七章　南京国民政府与国际劳工组织

国际劳工组织①是各会员国之间协商与制定劳工政策的专属机构,也是各会员国内部政府、资方与劳方联络与沟通的纽带。中国作为国际劳工组织的会员国,曾派遣代表出席国际劳工大会,力争加入理事会,并且批准过若干国际劳工公约。详细剖析这一过程的某些重要断面,可以重现作为劳资争议最高仲裁者与相关法律法规制定者的国民政府在国际保工立法运动中的态度,有助于从某一侧面发掘政府处理劳资争议的动机与立场,有助于进一步厘清国民政府、资方、劳方之间的复杂关系。

一、汤玛士来华与国民政府加入国劳组织

汤玛士来华是南京国民政府积极参与国际劳工组织的转折点。

国际劳工组织是国际保工运动的产物。其宗旨是以国际合作促进国际保工立法运动,用和平手段解决世界劳工问题。随着产业革命的兴起、工业化的发展与国际市场的日益形成,劳资纠纷逐渐成为一种不可估量的社会不稳定的因素,且演化为世界范围内的普遍问题,其对社会的震荡力在某种程度上不亚于或有甚于宗教纷争与民族纠葛。劳资纠纷问题的解决有赖于各国之间合作的动议因之而生。1818年,英国的欧文曾向神圣同盟会议上书,吁请欧洲各国政府设立劳工委员会,制定国际公约,以调整劳资关系。1838～1859年间,法国工业家罗格兰数次呈请各国政府通过国家与国际立法,废除童工,保障工人的休息与正常的家庭生活,实现保工与减免国际性企业间的不正当竞争的双重目的。1876年,瑞士的佛累在下议院提出各工业国应订立国际条约保护劳工案。此时,西方工人阶级对于国际劳工立法

---

① 南京国民政府时期的国际劳工组织主要有:国联指导下的国际劳工组织、国际工会联合会、国际运输总工会、基督教工厂及运输工人国际联合会等组织。本文考察的是第一种组织。

也颇为重视。1883年瑞士劳工协会、1884年罗培国际劳工大会、1889年巴黎国际社会主义者大会,均通过制定国际劳工立法的提案,要求实行8小时工作制与最低工资标准。1890年,德皇威廉二世在柏林召集英、法、德、荷、意等15国会议,拟以国际通力合作改善劳工待遇和工业发展缓慢的状况。经各国学者与改革家的努力,1900年在巴黎召开的国际立法大会,终于成立第一个半官方性质的国际劳工立法协会。1906年,国际劳工立法协会第二次伯尔尼会议期间,英、法、比、荷、瑞士、德、奥、匈等十数国,签订了最早的保护劳工的两项国际公约,即禁止雇用妇女从事夜工及禁止使用白磷制造火柴。

欧战爆发后,国际劳工立法协会虽被迫停止工作,但国际和平保工运动却仍然保持良好的发展势头。譬如,1915年美国工人的旧金山会议、1916年协约国工联会利兹大会、1917年的伯尔尼大会,均强调保护工人自身的利益。1918年协约国工人伦敦大会还呼吁战后各国在订立和约的同时,应召集世界劳工大会。

1919年,巴黎和会第一次预备会议即决定组织国际劳动立法委员会。正当该委员会起草和约中有关劳动问题的条款时,国际工联大会在伯尔尼召开,通过《国际劳动宪章》。宪章宣称:"在工资制度下,资本家惟利是求,剥削工人,若非有劳动者国际的行动来限制,必然把劳动者的体、德、智三者日陷于萎败。劳动者的解放,惟有根本废除资本制度,始能完全实现,不过工人有组织的行动,也可以减轻资本主义的罪恶,使工人的健康家庭生活和公民教育的机会,得到保障。"至于目前的救济,"在于成立国际联盟,适用国际的劳动立法"①。工联大会还提出改善劳动状况的15项要求。其内容包括童工、女工、夜工、八小时工作制、工人卫生、工业灾害、工人教育、每周36小时休息、家庭工业劳动者、工人的移殖、失业救济、灾害与失业保险、海员保护法、劳动监察、成立国际劳动立法常设委员会等。国际基督教公团等组织对此极力加以声援。该宪章经巴黎和会略加修改而成为《凡尔赛和约》的第13编(劳工编)。劳工编分为两部:第一部规定了国际常设劳工机关的组织法,作为创建国际劳工组织的根据;第二部制定了9项改善劳动状况的一般原则。②

---

① 转引吴知:《国际劳工大会与中国》,天津《大公报》1935年6月12日,第3张第11版。

② 1.不得将劳工看作商品;2.雇主与雇员享有一切合法结社权;3.雇员所得工资应足够维持各该国及当时所谓合理之生活;4.采用每日八小时工作制或每周48小时工作制,凡未采用之国,应以此为目标;5.每周至少休息24小时制,在实际可能范围内,星期日应定为休息日;6.取消童工制,并规定种种方法使青年工人不致因工作而妨碍学业及生理方面之发育;7.男女同工同酬;8.各国有关劳工法律须保障侨居劳工享受平等之经济待遇;9.各国应设工厂稽查制度,妇女亦必须参与稽查工作,以保障劳工法律、法规的实施。参见国际劳工局:《国际劳工组织的目的及其历年成绩》,《东方杂志》第27卷第23号,1930年12月10日,第76页。

根据《凡尔赛和约》，国际劳工组织1919年成立于日内瓦。它虽然受国际联盟的指导，但并非隶属于国联，而是一个行政完全独立的组织机构。其任务一是制定国际劳工法，二是搜集和发布国际经济与劳工信息。国际联盟的会员国同时即为国际劳工组织的会员国。①

国际劳工组织包括国际劳工大会、理事院、国际劳工局三大机构。国际劳工大会为劳工立法机关，每年至少召开一次，各会员国有权派政府代表2人、劳资代表各1人出席。理事院为国际劳工组织之最高机构。原定理事24人，1934年增到32人。其中，政府代表16人，劳资双方代表各8人。16位政府代表中，有8位属于英、意、日、印、法等主要工业国，另外8人则在出席大会的政府代表中遴选。劳、资理事分别在出席大会的劳方与资方代表中产生。理事院每年开会4次，其任务为管辖国际劳工局，选任劳工局长，编制劳工局预算，规定大会议事日程，执行会员国违背公约等事宜。国际劳工局为国际劳工组织之执行机关，该局长也是国际劳工大会的秘书长。劳工局分设外政、研究、内务、访问交际四部。其主要职责是：(1)为理事院及大会制定议事日程，并执行其决议案；(2)加强与国际上各类公立或私立性质的劳动机关的联系，搜集一切有关劳工问题的资料；(3)研究劳工经济各项重大问题，包括劳工立法、失业、移民、工业卫生、安全、社会保险、农业合作、职业教育、劳工统计等；(4)刊行各种关于社会及劳工问题的定期与不定期期刊，藉以发表劳工消息与各种劳工问题研究的结果。② 劳工局还附设有各种专门委员会。

中国作为《凡尔赛和约》的参与国，同时也加入了国际联盟，因此是当然的国际劳工组织的会员国。当时的北京政府也未置身于世界大势之外，1923年在日内瓦设国际劳工代表处，任命萧继荣为处长，主动与劳工局接触。同年，又根据国际劳工大会的主张，颁布《暂行工厂通则与火柴业禁用黄磷令》。不过，这种看似决心保护劳工利益的举措，却因为仅派政府代表，却从未派劳、资代表出席国际劳工大会而大打折扣。1925年，在第7届国际劳工大会上，日本代表为此曾提请中国政府应加派劳工与雇主代表莅会。

1928年中国实现政治统一后，南京国民政府并未与国际劳工组织积极接洽，当年，仍仅派政府代表出席国际劳工大会。国际劳工局首任局长、社

---

① 参见曾炳钧：《国际劳工组织》，北平，社会调查所，1932年，第27～55页。国际劳工局中国分局：《国际劳工组织与中国》，国际劳工局中国分局，1939年，第1～10页。
② 参见吴知：《国际劳工大会与中国》，天津《大公报》1935年6月12日，第3张第11版。

会学家汤玛士(Allert Thomas)利用出访日本、印度之便来华,改变了国民政府对国际劳工组织的消极态度。从1928年11月15日抵达哈尔滨,中经奉天、北平、汉口、南京,到12月3日离沪赴日,汤玛士先后拜会了阎锡山、白崇禧、李宗仁、工商部长孔祥熙、工商部劳工司长朱懋澄、上海社会局长潘公展等党政军界要人,重点参观了中法大学、汉阳兵工厂、武昌震寰等纱厂、上海市政府、上海市工会、浦东职工新村、上海消费合作社、沪东公社、沪江大学、劳动大学,并且出席南京工整会、上海商务职工、上海各工会、上海劳动问题研究会、全国基督教协进会、全国青年协会职工部、全国女青年协会职工部举办的谈话会。① 在日本短暂停留后,汤玛士又到广东,由广东建设厅长马超俊陪同考察各工厂与工会。所到之处受到热情礼遇。仅从北平抵汉口,即有国民政府工商部科长富纲侯、驻海参崴总领事许熊章、白崇禧夫人陪同。参加南京工整会谈话会的代表多达500余人。经过与汤玛士交换意见,南京政府、劳方出于各自目的,均对出席国际劳工大会抱持乐观心态。工商部很快便向国际劳工局函索该局历届会议记录及有关各国劳工事宜的材料,加以研究分析。② 国民政府自此开始"对于国际劳工组织之宗旨与工作,愈加重视",自1929年第12届国际劳工大会起均派三方代表出席国际劳工大会,"以期与国劳组织尽量合作"③。

1928年时的国民政府踌躇满志,对外谋求国家的独立自由,废除不平等条约,对内注重塑造"扶助农工"的新形象。南京国民政府转而重视国际劳工组织,即归因于汤玛士的宣传与承诺有益于南京政府当下工作的开展。从废约方面来看,政府方面与工方对汤玛士寄予厚望。汤玛士刚至北平,北平社会局即致函汤玛士,希望国际劳工组织在将劳工法推行于租界与关税自主两方面援助中国,以此保护租界工人免遭工头低薪压榨,限制外货倾销,促进民族产业发展,最终改进工人生活。④ 汤玛士4天后接受记者采访时表示:"劳工法实行后,中国各地均有租界,能否实行颁布之劳工法,甚有疑问,余愿尽个人全力,使劳工法制度通行于租界。"⑤在汉口,他再次向记者表明极愿尽力促使租界内实行劳工法。⑥ 他也曾信誓旦旦地保证:"待劳工法颁布以后,倘外人无理阻挠不许在租界内行使,国际劳工局,愿执行权

---

① 《国际劳工局长明晨抵沪》,《申报》1928年11月30日,第4张第14版。
② 秦孝仪:《抗战前国家建设史料——实业方面》,《革命文献》第75辑,第21~22页。
③ 程海峰:《国际劳工组织》,上海,正中书局,1946年,第41页。
④ 屠哲隐:《中国保工事业现状——国际劳工大会之内容》,《中央日报》1929年4月30日,第1张第3面。
⑤ 《国际劳工局长到平》,《申报》1928年11月26日,第3张第9版。
⑥ 《国际劳工局长杜玛抵汉》,《申报》1928年11月28日,第3张第9版。

力,向各国交涉,即在外华工之待遇问题,依国际劳工局规定,不论本国工人或他国工人均须一律平等。倘以后再有不平等事件发生,国际劳工局,亦可执行权力,加以纠正。总之,余能力所及,能为中国助者,必帮助到底。"①汤玛士本意似与废除不平条约无关,更多出于维护劳工利益的动机,但毕竟给国民政府提供一个新的外交策略。彻底废约固然不易,但如果能依靠国际劳工组织在租界内实施《工厂法》,也是废约的重要一步。

中国方面并不满足于此,希望能通过国际劳工组织实现彻底废除不平等条约的愿望。几天后,上海举行包括上海市党部代表沈铁满、工商部劳工司司长朱懋澄、7大工会及各界80个团体200多名代表参加的欢迎汤玛士的集会。大会主席后大椿在致词中明确表示:"除希望汤先生为敝国劳工幸福外,同时希望汤先生,援助敝国,废除一切不平等条约压迫痛苦。"也许并非巧合,南京与上海工会在前几日已投书汤玛士,申明:中国生产落后及工人所受痛苦,"即为不平等条约压迫之当然结果","欲望工人地位之提高,即应设法消灭不平等条约,然后使中国在国际上,取得平等地位"。汤玛士在这次欢迎会上,对两工会主张表示认同,声称:"今国民政府正与各国交涉修约,则不平等条约,在最近期间,当有取消希望。待中国取得国际平等地位后,工人之地位,不提高而遂提高,至于在外华工,亦可享平等待遇。"进而安慰各位代表:"大战以后,各国人士,均知工人之痛苦,当然亦知中国工人之痛苦。余深信各国领袖,必能接受中国正当之要求,而予以同情之协助。"②国际劳工组织俨然是国民政府实现废除不平等约的同盟军。

汤玛士在讲演中,还高度肯定了国民党的劳工政策与民生主义,强调孙中山的大同主义就是国际劳工局的努力目标。他在北平市党部大礼堂对20余工会代表的讲话中,盛赞"孙中山先生民权、民生主义,为工人造福之处不浅",相信国民党"对于工人待遇上,当有详细办法";表明国际劳工局成立的目的,"在谋国际工人之幸福,改善工人之待遇,此与中山先生民生主义目的相合"③。在南京的欢迎会上,他再次强调:"中国的劳工,在国民党指导之下,而有伟大的发展,……孙先生的民生主义,与劳工局主张相同。孙先生的目的,是大同主义,也与本局的目的相同。故孙先生的主张,实与劳工局相同。中国国民党的三民主义的基础,是自由、平等,要使一国人民所享受自由平等之福利,须有训练,譬如幼童入工会则从事于劳苦的

---

① 《国际劳工局长汤麦来华使命》,《申报》1928年12月3日,第4张第13版。
② 同上。
③ 《中国急需劳工法》,天津《大公报》1928年11月22日,第2版。

工作,自无训练机会,至成年后安能参加政治,而运用政权呢?故民生主义实最重要。今中国大家都能注意及此,为工友谋利益,使我们非常愉快。……希望中国工友有良好坚固的团体,而参加国际劳工局的组织,谋中国工友的利益,同时谋世界工友之利益。如减少工作时间,增高工资,及其它的保障,亦即实现孙先生大同主义也。"①此类话语既宣讲了当时的中国政府与国际劳工组织的亲和性,又标榜了国民党政权的正统地位与其保工的正义性。

汤玛士在讲话中,还强调国际劳工局与共产国际势不两立,反对中国共产党,认为"中国工人未曾参加"国际劳工大会的一个"原因",为"共党的摧残"②。这种迎合南京国民政府的政治取向,是国民政府能参加国际劳工组织的重要基础。

加强与国际组织的合作,国民政府也能据此争取工人的支持。汤玛士在各种场合均要求中国工人参加国际劳工大会,其言语代表了劳工的利益,迎合了劳方的心理。

首先,他极为同情中国工人所处的悲苦境遇,告诉工人国际劳工局的职责就是改善工人的生存环境:"国际劳工局的目的,乃在保护国际的工人。现在世界各工友们都受痛苦,虽然一部分国家或工人已有相当的保障,如减少工作时间,增加工资,及工作危险之保障等等,但大多数的工人尚在水深火热之中,国际劳工局之目的,在设法改良他们的生活,使有圆满的解决。"③

其次,告诫工人为自身利益,要与国外与国内的资本主义展开不懈的抗争。"欧美工人之生活,较中国工人之生活为优,……但欧美工人之所以能享受优异待遇,其原因何在?诸君应深切研究。要知欧美工人能有今日,并非政府及厂主之力,乃工人自己努力奋斗之结果,所以诸君应格外努力,加紧努力。……中国工人,所受的痛苦,系外国资本主义之压迫,假使外国资本主义消灭以后,试问工人,即能脱离苦海否?诸君要特别注意,外国资本主义消灭以后,犹须防国内资本主义之产生。中山先生主张,要发达工商业。今日中国现已统一,工商业之发达,不日即可实现。待实现后,诸君即须注意国内资本主义之产生,以免再堕苦海。……但尚望诸君自己努力,组

---

① 《京市工整会欢迎多玛》,《申报》1928年12月1日,第3张第9版。
② 同上。
③ 同上。

织强国之工会。欧美有句俗话说：'工人要谋幸福,要靠自己,不要别人。'望到会各工友三复此言。"①

再次,告诫工人要有组织,要团结,要有工会,要人人都参加工会。②

复次,希望国民政府早日颁行劳工法规。③

第五,为中国工人提出"努力奋斗"的三种方法:(1)向国际劳工组织提出自己的建议,并参加与监督国际劳工组织的工作。(2)利用国际劳工大会,联合世界各国工人,与之共同"打倒""不愿劳工联合"的"害世界工人"的帝国主义与资本主义。④（3)保障国际劳工法在中国推行,勿使中国劳工法背离国际公法的原则。⑤

汤玛士确实博得了工人的信任,工人甚至把他当作解决劳资纠纷的救世主,纷纷表达自己的意愿。诚如汤玛士自己的感受:"余到中国时,有许多工人均向余要求设法改善其待遇,一若余为万能之救星。"⑥法商电水工会代表在欢迎汤玛士来沪的大会上,要求汤玛士主持公道,帮助解决法商电水劳资纠纷。法商电水工会原已取缔有年,因1928年9月法水兵刺杀吴同根一案,而又重新恢复。工会成立后,即向公司提出承认工会、减少工时、增加薪资等条件。资方对此置之不理,并拒绝上海市社会局的调解。虽然汤玛士在会上答应"愿以个人资格,代为调解"⑦,但实际上,在该纠纷的整个解决过程中,难以看出汤玛士的作用。中华海员工业联合会也诚请汤玛士帮助索还省港罢工时资方所欠海员的失业赔款,及争取海员总会香港分会的合法地位。汤玛士对此仍是爱莫能助。⑧

回到日内瓦后,汤玛士惟恐国民政府不派劳资代表列席国际劳工大会,特致电工商部长孔祥熙,不惜极尽赞美之辞,称颂国民党与大同主义,恭维孔祥熙,强调派出完全代表团出席即将召开的第12届国劳大会的现实意义。

> 仆此番东游,目睹贵国之光荣,与中国国民党之卓绩,且佩且慰。所更使仆悦服者,乃执政诸公秉天下为家之旨,亲邻怀远,将中国远大之文明道德,施播全球。若是者诚不愧为世界大同主义者,中山先生之

---

① 《国际劳工局长汤麦来华使命》,《申报》1928年12月3日,第4张第13版。
② 《中国急需劳工法》,天津《大公报》1928年11月22日,第2版。
③ 《国际劳工局长汤麦来华使命》,《申报》1928年12月3日,第4张第13版。
④ 《京市工整会欢迎多玛》,《申报》1928年12月1日,第3张第9版。
⑤ 《国际劳工局长到平》,《申报》1928年11月26日,第3张第9版。
⑥ 《中国急需劳工法》,天津《大公报》1928年11月22日,第2版。
⑦ 《国际劳工局长汤麦来华使命》,《申报》1928年12月3日,第4张第13版。
⑧ 《国际劳工局长复海员总会函》,《申报》1929年10月28日,第4张第14版。

信徒也。兹欲进一言者,窃念中国为国际劳工组织之正式会员国,迄今十载,然每届国际劳工大会,中国只派政府代表一人或二人,但按诸和平条约之规定,则每会员国除派政府代表二人之外,尚须派雇主代表及工人代表各一个赴会。仆以为中国缺派工人及雇主代表,实足减低中国国际上之地位。况今中国统一于青天白日旗帜之下,正努力修约与恢复国权之时,国际上之权利义务,似宜特别认定与注意也。仆在贵部时,曾与足下屡谈此事,幸蒙赞助,深为感激。兹本届大会,准于本年五月三十日,在日内瓦举行,倘此信到时,贵代表团尚未派定,敢希鼎力为最后之玉成,务使政府雇主工人三方面,均有代表。足下位高望重,主持贵国民生大政,凡有裨于中国国权,与世界劳工者,仆知足下必不后于人也。①

如此看来,南京国民政府决定选派劳工代表出席国际劳工大会,可谓满足汤玛士的要求,顺应了工人的意愿,以此增强政府的威望,何乐不为。但更直接的原因则是要把国际劳工大会变为声讨不平等条约的讲坛,让工人成为争取国际力量支持国内废约运动的生力军。应该说,正是汤玛士"尤其希望工人代表,往日内瓦参加,以便陈述中国所处之地位"②的言论打动了国民政府。历届中国劳工代表向国劳大会呈交的提案与发言即是佐证。根本的原因,还在于汤玛士所认定的劳工行为规范,合乎国民政府"劳资合作"的原则。汤玛士宣扬工人结社,对当时"北平工会常有越轨行为"的怨言不以为非,反认为"此为革命时期应有之现象",似在为劳工声援,但他更强调"工会必求秩序"。其所谓"秩序":一是工人目前应关心生产,不应过于关心待遇。"工人诸君亟宜明了实业之兴衰与国家之兴衰有密切之关系,生产力薄弱非资本家受其影响,工人亦受影响。现在各国工人,均有要求管理工厂之事实,中国工人将来自将有此要求,惟凡事均须按部就班,不能急急而达,如因此而造成生产衰落之结果,在中国尤为不幸。中山先生亦明中国当先生产增加,而后能分配均匀。"③二是"劳工应与政府本合作之精神,谋人类的幸福"。④ 三是劳工的待遇要由"劳资会议"磋商解决。鼓励工人"努力奋

---

① 《国际劳工局将在中国设分局》,《申报》1929 年 4 月 25 日,第 3 张第 9 版。
② 《国际劳工局长汤麦来华使命》,《申报》1928 年 12 月 3 日,第 4 张第 13 版。
③ 《中国急需劳工法》,天津《大公报》1928 年 11 月 22 日,第 2 版。
④ 《国际劳工局长到平》,《申报》1928 年 11 月 26 日,第 3 张第 9 版。

斗",却终不能离开和平方式一途。国际劳工大会无非是把国内政府、雇主、劳工三方合作扩大到世界范围而已。① 1929年,孔祥熙在国民党第三次全国代表大会所做的工商部工作报告中说过这样一句话:"去岁国际劳工局长汤玛士来华,其目的在图国际劳工间之亲善,其所发表主张与本党政策每有符合之处,自应予以相当容纳。"②较明确地反映了国民政府对汤玛士本人与国际劳工大会的真实心态。

汤玛士来华真正开启了中国与国际劳工组织交往的大门。汤玛士返回国际劳工局总部后,便将设立国际劳工局中国分局之事提到议事日程上,实现他在中国时的承诺。汤玛士执意在中国设立国际劳工局的通讯机关,是希望国际劳工局协助"中国社会进化","收更美满的效果",使中国劳工运动步入正轨:(1)中国工人"在行动上应多注意方法,在决断上应更加审慎",孙中山"知难行易"学说是"中国工会所应采取的一种最好的训条";祛除劳工组织中的个人主义,应注重工会内部及工会间的联合。(2)中国工人应增进与其他国家的劳工组织和国际劳工组织的友谊,"这种合作的精神也能使他国的代表有援助中国劳工运动的机会"。(3)国民政府"能规定对于工人的适当保障",设立"一种组织完备的劳工监察局",保障社会法的实施。③ 1930年3月,汤玛士的秘书陈宗城领命回国筹备此事,得到一直关心此事的工商部部长孔祥熙的赞助,④7月,国际劳工局中国分局正式在南京成立。鉴于上海为工业中心,乃在上海开设办事处。1934年秋,分局迁至上海,而南京分局则改为办事处。1937年2月,中国分局奉总局令,将南京办事处裁撤。中国分局首任局长为陈宗城,因病于1934年8月卸任,局长一职由程海峰继任。中国分局隶属于国际劳工局,分局长由国际劳工局长任命,分局职员由分局局长呈请总部批准聘用。中国分局主要任务为:与中国政府及雇主等团体联络感情、增进合作,搜集国内劳工经济材料,发布世界各国劳工消息。⑤中国分局在国内刊行《国际劳工通讯》、《国际劳工》及其他不定期刊物。

陈宗城,广东人,巴黎大学政治经济学博士,就任中国分局局长时已在国际劳工局充任秘书近5年,主管中国劳工事务,向为汤玛士所器重,曾陪同汤玛士来华访问。回国任职时,颇得劳资双方信任。有人称其"在

---

① 《京市工整会欢迎多玛》,《申报》1928年12月1日,第3张第9版。
② 秦孝仪:《抗战前国家建设史料——实业方面》,《革命文献》第75辑,第21~22页。
③ 汤玛士:《我对于中国劳工运动的感想和希望》,《青年进步》第133册,1930年5月,第6~7页。
④ 秦孝仪:《抗战前国家建设史料——实业方面》,《革命文献》第75辑,第58页。
⑤ 程海峰:《国际劳工组织》,第41~42、87页。

国际间颇有声望，交游甚广，在欧为国民政府宣传甚为出力。此次回国主持国际劳工分局，对于中国与国际间之各问题，定有相当之贡献"。① 到沪当日受到中华海员工业联合会主任赵植芝、委员及海员数百人的热烈欢迎。② 陈宗城、程海峰与代理局长王人麟，均秉承国际劳工局的原则，即以政府及劳资三方合作之精神，谋劳工之福利的改善；③在此前提下，以劳方代言人姿态，批评国民政府、雇主漠视劳工的态度，提出具体建议，以维持工人基本生活，并鼓励工人调整，自我奋斗。陈宗城在《国际劳工》第1卷第1期卷首语中说：政府未能尽到"保护与指导"、"智识薄弱"、"组织散涣"的工人的责任，《工厂法》《最低工资法》虽已颁布与起草，但"不获施行"，工人在"事实上仍不曾获得丝毫"法律上的保护，"前此由劳资协约而得之保障，亦逐渐减少"，"劳动人口中，今日之尚能勉强支持者，只剩政府雇用之工人"④。王人麟指出，"今吾国工厂出产，往往不能与外国工厂相比较，工人之待遇，亦不及外国工厂之优良，其所以落人之后者，原故甚多，劳工管理之不良或缺乏，可谓为诸多原因之一。""欲求出品精良，产量增多，成本减轻，以及免去劳资间之纠纷等，非对于劳工管理，予以注意不为功。"工厂应添设人事部，下设雇用股、训练股、安全股、卫生股、财务股、外务股，专司管理劳工。厂方必须确定旨在"促进工人幸福"、"增进产品之质量"的劳工政策，由人事部具体实施，藉以减少劳资纠纷。⑤

国际劳工局高层官员也曾出访过中国。1934年3月，国际劳工局助理局长莫勒脱来华，遍访广州、上海、南京、杭州、北平、天津。⑥ 1936年4月，国际劳工局海外部部长伊士曼到上海、杭州、无锡、南京、北平、天津考察劳工状况。在上海与市长吴铁城、陆京士、周学湘、王志圣、林康侯⑦、上海市总工会、中华海员工会、全国邮务工会、全国邮务职工会等政府、劳、资三方个人与团体广泛交换意见，肯定"中国系世界上一工业新兴之国家，工业前

---

① 《国际劳工局决定在华设立分局》，《纺织时报》第686号，1930年4月10日，第374页。
② 《国劳分局长昨日抵沪》，《申报》1930年5月10日，第4张第13版。
③ 《国劳中国分局长程海峰昨视事》，《申报》1934年8月15日，第3张第11版。
④ 陈宗城：《劳工论文拾零》，出版单位、时间不详，第100、98页。
⑤ 《劳工管理》，《纺织周刊》第2卷第15期，1932年4月22日，第363页。
⑥ 程海峰：《国际劳工组织》，第43页。
⑦ 林康侯名祖涪，以号行世。曾任龙门师范教员，主办南洋公学附属小学，转任苏路车务总管。后参与创办北京新华储蓄银行，出任该行上海分行经理。1927年春，上海政治分会改组上海市商会委员会，其被推选为主席。1935年，兼职计有上海银行公会秘书长、中华民国全国商联会主席、中央银行监事、国债基金管理委员会委员兼秘书长、国际商会中国分会秘书长、国民政府建设委员会电气公债基金保管委员会主任、中国红十字会董事。参见刘涛天：《银行家林康侯先生传略》，《教育与职业》第168期，1935年10月1日，第597—605页。

途发展,未可限量"。同时委婉地对中国劳动立法与实施提出批评,"本人意见,中国在目前对工人保障方面,须有法令规定,以免将来工业发展至最高度时,有感措施不及之憾。"①国际劳工局对中国劳工状况日趋重视。

二、国际劳工大会与中国代表

参加国际劳工大会首先牵涉到各方代表选派的问题。

政府代表选派一般均由工商部与其后的实业部提名,由行政院会议复议产生。1929年第12届大会代表选任之时,工商部曾拟具派遣代表办法提付行政院会议,由国民政府通令工商部负责办理。② 代表名单嗣经行政院第19次、第20次会议讨论通过。第17届劳工大会举行前,实业部拟具派遣代表、顾问办法及经费预算书,提交行政院会议决议通过。后由实业部与外交部提议由驻法公使参赞萧继荣、秘书谢东发充政府顾问。③ 第18届劳工大会代表,也由实业部拟定。④ 至于中国政府代表的背景也发生变化。从第1届到第11届大会,中国均仅派外交官出席。自1929年第12届到第18届劳工大会,国民政府虽然也派外交官与会,但更注重调派主管官员为代表出席大会。譬如:朱懋澄⑤以实业部劳工司司长身份,参加过第12、14、15届三次大会。其后任李平衡⑥与实业部劳工司科长包华国⑦,均参加过第19到23届五次大会。担任18至23届劳工大会政府代表顾问的罗世安与包华国等,曾在北京政府驻日内瓦国际劳工处主持劳工事务,经验丰富。⑧ 政府顾问龙詹兴为劳工问题专家。第12届、

---

① 《国劳海外部长伊氏谈海外劳工现状》,《申报》1936年4月30日,第3张第11版。
② 《国际劳工大会政府代表二人已派定》,《纺织时报》第593号,1929年4月22日,第374页。
③ 《国际劳工大会我国代表内定》,《申报》1933年5月14日,第2张第7版。
④ 秦孝仪:《抗战前国家建设史料——实业方面》,《革命文献》第75辑,第232页。
⑤ 朱懋澄曾留学比、德、英各国,研习机械、造船、土木,获海军建筑与机械土木工程学士学位。回国后历任川湘浙各校。1928年任蒋介石英法德文秘书,黄埔同学会励志社管理委员。同年任工商部劳工处处长。后任实业部劳工司司长。《工商部的三司长》,1928年4月15日《中央日报》,第2张第1面;李振华:《国闻周报(名人录)》,台北,文海出版社有限公司影印,1981年,第139页。
⑥ 李平衡,肄业于巴黎索波尼大学。1926年,任中国国民党驻法总支部常委。1932年3月,任国民政府实业部劳工司司长。1934年被选为国际劳工局理事。参见徐友春:《民国人物大辞典》,河北人民出版社1991年版,第263页。
⑦ 包华国,1926年清华学校毕业,1927年赴美留学,入斯坦福大学习政治,获硕士学位,后任四川大学教授。1932年,任国民政府实业部劳工司科长,主管国际劳工事务。1934年,派赴日内瓦国际劳工局任中国常驻代表。徐友春:《民国人物大辞典》,第171页。
⑧ 程海峰:《国际劳工组织》,第85页。

第17届政府代表萧继荣虽为驻法国公使参赞,但他是原北京政府驻日内瓦国际劳工代表处处长,参加过第4届、5届、6届劳工大会,也堪称劳工法专家。仅第12届派驻法公使高鲁、驻瑞士公使吴凯声出席。1932年第16届大会时,因沪战引起政局动荡,政府派驻国联代表办事处处长胡世泽与驻法公使馆一等秘书谢东发为政府代表。① 也正是由于这一原因,政府未派雇主与劳工代表出席该届大会。

  雇主代表的选派开始多为全国商会联合会推选,由行政院委任。第12届资方代表、上海商业储蓄银行总经理陈光甫,由工商部指定上海全国商联会推定,再呈请工商部转呈行政院通过委派。② 这种指向性很强的选举办法,引起中华工业总联合会的不满。中华工业总联合会,系江浙皖丝茧总公所、华商纱厂联合会、华北工业协会电机丝织同业公会、中华水泥厂公会、面粉公会、火柴业公会、油厂公会、造纸厂公会、杭州丝绸业公所、上海丝厂协会、呢绒工厂联合会、无锡丝厂协会等工业团体所组织。中华工业总联合会"鉴于国际劳动原则在工业发达之国家,固为适当,而生产落后工业幼稚时代之我国,或有不能尽为适宜,若一经签字,势必受国际之束缚,于发达前途,至有关碍",对中国资方参加国际劳工大会多有顾虑。但当得知工商部已简任陈光甫为出席代表时,则派人入京拜见行政院秘书长,并电请行政院长谭延闿,极力争取代表资格,以维护自己利益。函电称:"当奉谕院议已决派代表,惟产生手续尚待详细规定等语,伏查属会设立目的是统筹全国生产,自动改良劳工待遇,并创办各种有利事业以利工运,于成立以后即通知国际劳工局备案,在国内国外为正式行职权之完全法人,亦为此项应参加选举资方代表之分子,兹中央工商当局竟不予列名,属会为维护自身法益起见,自不得不有相当之表示,谨请钧长依照国联选举代表先例,令知工商部转令全国工商两业团体推选候补代表若干人,再由候补代表内推出代表一人,呈请中央政府简任,以昭公允而符实际。至资方现在已推定之代表,因不合法定手续,属会殊难承认。伏查获国际劳动组织法及投票法均有明文规定,资方代表必须完全足以代表资方者方属合格;又代表发生问题等,大会得拒绝其出席;又国际劳工局不容纳合法请求时,当事人得诉诸行政院交国际法庭处理。总之属会均根于法律立场上而发言,并非对于任何一商业机关有所攻击,并对于资方已选取定之代表于人选方面有所不满。国际劳动组织法为巴黎和约之一部

---

① 秦孝仪:《抗战前国家建设史料——实业方面》,《革命文献》第75辑,第372页。
② 《国府派定出席国际劳工代表》,《中央日报》1929年4月19日,第1张第4版。

分,已经编入公约第十三条中。我国为签订和约之一国,并为国际联盟会员,该法当然适用,似非任何一机关所得任意出入者。"①中华工业总联合会争取代表资格的举动合乎情理,但直到选举第17届大会资方代表时,该联合会资格才为实业部所认可。当年所选代表严庆祥暨顾问何廷桢,即为中华工联与全国商联会共同推定。② 第18届大会前夕,实业部函知全国商联会等机关推派,并由全国商会联合会会同中华工业总联合会,推定全国商联会王志圣担任。两会主席林康侯、郭顺,呈复实业部,请转呈国民政府加委。③ 两会之间达成某种默契。当王志圣回国时,受到中华工业总联合会与其他团体宴请。④ 第19届大会前夕,王志圣注意征求中华工业总联合会意见。⑤ 资方代表人选也与大会讨论主题相关。第13届劳工大会因讨论海员问题,工商部致函航业公会选举代表,并派科长祝世康前来接洽有关事宜。此次代表自然为海员公会陈干青。⑥

工人代表的遣派,除第15届杨有壬外,一般为国民党中央指派,由中央常务委员核定。第12届劳工代表马超俊与顾问王人麟,由中央党部物色。⑦ 14届大会代表为南京总工会主席方觉慧。⑧ 根据国际劳动组织法规定,劳工代表应由劳工团体产生。1933年3月8日,沪市总工会就此分向中央民运会与实业部呈请核准:"本党自统一以来,我国劳工组织,已日臻健全,劳工中之富有学识经验者,亦不乏其人。故本届(第17届)劳工出席代表自宜由劳工团体,直接推选,庶足以增高国际地位,发扬劳工精神。"⑨这一主张为国民党中央所采纳。自第17届大会起,劳方代表改为由中央指派重要工业区工会负责人轮流参加。是届大会代表为李永祥。⑩ 1934年第18届劳方代表安辅廷为唐山启新洋灰公司工会常务理事。第19届劳方代表为汉口码头总工会常委王锦霞。直到1936年,中央民众训练部始制

---

① 《国际劳工大会工业总联合会力争我国资方代表人选》,《纺织时报》第592号,1929年4月18日,第369页。
② 秦孝仪:《抗战前国家建设史料——实业方面》,《革命文献》第75辑,第372页。
③ 《本届国劳大会我资方代表已选出》,《中央日报》1933年3月2日,第1版。
④ 《王志圣包国华谈考察感想》,《申报》1934年8月6日,第3张第11版。
⑤ 王志圣:《第十九届国际劳工大会报告》,《实业季报》第2卷第3期,1935年9月30日,第26~27页。
⑥ 613—1339,第十三次国际劳工大会报告书,中国第二历史档案馆藏。
⑦ 《国府派定出席国际劳代表》,《中央日报》1929年4月19日,第1张第4版。
⑧ 国际劳工局:《国际劳工组织的目的及其历年成绩》,《东方杂志》第27卷第23号,1930年12月10日,第87页。
⑨ 实业部劳动年鉴编纂委员会:《二十二年中国劳动年鉴》,第2编,第57页。
⑩ 《国际劳工大会劳方代表之指派》,《中央党务月刊》第58期,1933年5月,第1571页。

定正式选派方案,并拟具第 20 届国际劳工大会劳方代表派遣办法,提经国民党中央常会第四次会议决议照办。此办法将劳工代表资格具体化:(1)现役工人,曾任工会理监事满 5 年以上者;(2)加入国民党满 5 年以上者;(3)初级中学毕业或具有同等学力者;(4)身体健全,年龄在 25 岁以上,45 岁以下者。中央民众训练部饬令上海、汉口、广州、青岛等重要工业区的特别市党部各推荐合格人员 1 人。天津及交通工人由该部按上述资格各指定 1 人。① 该届劳工代表候选人共 6 名,经中央民众训练部审查合格后,送请中央常委会最后决定正式人选。全国邮务总工会常委、上海市总工会主席朱学范为该届代表,海员工会赵班斧为助理代表兼秘书。② 由于每届改派,劳工代表多缺乏参加国际会议的经验,中央民训部为此订定《国劳代表派遣办法》,规定自第 22 届起,代表任期可连任三届,"俾收驾轻就熟之效"③。劳工代表的顾问与秘书,同样由中央民运会与其后的中央民训部遴选精通英文或法文并熟悉国际及国内劳工状况者,呈请中央常会议定。

　　所谓劳工代表有时并非工人,而是官员,甚至中委充任,不合乎国际劳工局所规定的选举法。第 12 届劳工代表马超俊时为广东建设厅厅长、候补中央执行委员。④ 当他到日内瓦后,巴黎国民党总支部、旅法华工总会、广东省总工会,致函国际劳工大会,谓马超俊实为官吏,不能代表工人。⑤ 汤玛士召见政府代表朱懋澄,转达此意见。汤玛士与马超俊晤谈时也谈到其资格问题。此次大会资方代表陈光甫,与马超俊尚称熟稔,也不认可其工人代表的身份。⑥ 大会将此问题交付资格审查委员会审核。此次委员会主席

---

①《民众训练》,《中央党务月刊》第 90 期,1936 年 1 月,第 67~68 页。

②《中国国民党第五届中央执行委员会第二次全体会议中央民众训练部工作概况报告》,1936 年 7 月编印,第 51 页。

③《国民党中央民众训练部工作报告(战前部分)》,中国第二历史档案馆编:《中华民国史档案资料汇编》第 5 辑第 1 编政治(3),第 72 页。

④ 马超俊曾为九龙江南马宏记机器厂学徒,后入旧金山庇利鲁鲁机器造船厂工作,在美国加入致公堂,后赴日加入中国同盟会,入明治大学政治经济系。1906 年辍学回国,参加黄花岗之役。武昌起义时,任广东华侨敢死队总队长,坚守汉阳兵工厂,并参加讨袁运动、护法运动。先后任广东石井兵工厂副厂长兼总务处处长、厂长,1924 年任中国国民党广州特别市党部执行委员会委员兼工人部部长。1926 年奉派至美洲考察工人运动。1927 年,任国民政府劳工局局长兼劳工立法起草委员会主任委员。1928 年任国民党广州特别市党部指导委员兼宣传部部长;6 月任广东省政府委员兼农工厅厅长、建设厅厅长。1929 年 3 月,任国民党第三届候补中央执行委员。1930 年任立法院立法委员,国民党中央训练部秘书兼民众训练处主任。1935 年,国民党四大选其为中央民运会副主任委员。参见徐友春:《民国人物大辞典》,第 684~685 页。

⑤ 中国劳工运动史续编编纂委员会:《中国劳工运动史》第 4 编,台北,中国文化大学劳工研究所理事会,1984 年,第 113 页。

⑥ 上海市档案馆:《陈光甫日记》,上海,上海书店出版社,2002 年,第 99、102 页。

恰为中国政府代表朱懋澄,这一风波经他极力疏解而平息。① 第14届代表方觉慧虽为南京总工会主席,但其有双重身份。1928年,其曾任国民党南京特别市党部常务委员,兼国民政府立法院立法委员。1929年,当选国民党第三届中央执行委员。1930年,任湖北省府委员、代理民政厅厅长。参加劳工大会时则是国民党中央党部训练部部长。方觉慧秘书则为工商部法规委员祝世康。② 其实,雇主代表如陈光甫也有双重身份。他既是上海商业储蓄银行总经理,又是蒋介石委任的江苏兼上海财政委员会主任。其后还出任财政委员会委员、上海临时参议员等要职。

南京政府虽然选派包括政府、雇主、劳工在内的完全代表团出席国劳大会,但三方代表缺乏必要的沟通与团结。第12届大会时,劳工代表马超俊在粤,雇主陈光甫在沪,雇主顾问夏奇峰在瑞士,直到日内瓦才会合。马超俊对国际劳工局将朱懋澄列为中国代表团第一代表甚为不满,在各国工人代表谈话会上,"大骂欧洲外交官不知国体,不知党义,不知三民主义"。朱懋澄等人又因马超俊"与胡汉民接近","均甚敷衍焉"③。不过,在有关八小时工作制问题上,大家却意见一致。《陈光甫日记》有云:"中国情形与欧洲各国不同,且小手工业尤多,纱厂十二小时,丝厂亦十二小时,南洋烟草公司九小时,邮政局、商务印书馆八小时,广州机器工会八小时,全国各处各业均不一致。纱厂连年蚀本,损失甚大,若再减少工作时间以致出产缩小,必致破产。马君为人颇为明白,自己本为工人,又为厂主,深知中国经济状况,八小时工作乃做不到之事,嘱雇主代表预备回答大会之责问。朱云,工厂法之原则已经国府通过,已送交立法院审查,第二条规定每日工作不得过十小时,惟查印度十年前已经规定每星期六十小时,中国太形落后,殊与体面有关,故主张电请政府在第二条加一句,每星期不得过六十小时。大家赞成。"④

朱学范曾指出,劳方代表中"专家太少",而国民政府"对于劳方出席大会",事先无"充分批示机宜",导致代表"对于错综复杂之大会议事以及会内外之活动,每感不遑应付之苦,以至不能在大会中及各国代表间,获得较好及较高之地位"。⑤

---

① 育干:《第十二次国际劳工大会的经过》,《东方杂志》第26卷第17号,1929年9月10日,第4页。
② 《国际劳工大会》,《申报》1930年7月28日,第2张第7版。
③ 上海市档案馆:《陈光甫日记》,第102页。
④ 同上书,第99~100页。
⑤ 朱学范:《出席第二十二届国际劳工大会报告书》,《中华邮工》第2卷第9、10期合刊,1936年12月31日,第46页。

中国代表团提交大会议案，一般均有实业部负责征集、审理。比如：为确定第 20 届大会提案，实业部曾分别函令各省市党部，海员、铁路特别党部详加研究，并兼采福建、山东、青海、汉口等省市党部及中华海员特别党部的意见。① 有时因会期较紧，实业部亦缺乏必要的准备。第 13 届劳工大会议题侧重海员，工商部与外交部电达驻法公使高鲁、驻瑞士公使吴凯声，提请大会关注"外国船主尊重中国劳工法"与"中国领海权应归华人办理"两议案，②却将中华海员工业联合会要求香港地方当局发放失业赔偿、改善海员待遇、恢复香港分会的提案置之不顾。该提案原系为第 12 届劳工大会所拟定，因提案到达国际劳工局时，已过提案受理时限而搁置。③

中国代表到日内瓦后，对国际劳工组织与其他各国代表有更直观的了解。陈光甫对国际劳工局与汤玛士本人能力不以为然。他在其日记中有如下记载："劳工局局址沿日内瓦之内门湖，风景绝佳。局屋宏敞，陈设精致，好似英美大公司之房屋。闻云多玛每年薪水十二万瑞士法郎，合华六万元，每月五千元，皆由国际联盟各会员国担任。秘书之薪水亦有二万法郎，合华一万元。考其工作，除调查资料外，对于工人之潮流无方法可以对付也。"④笔下很有几分对汤玛士徒有其表而无其实，只拿干薪而无实绩的嘲讽。王志圣感叹，第 19 届劳工大会，"劳工组织团结最坚固，开会最多，雇主组次之，政府组又次之"⑤。第 19 届劳工大会劳方代表王锦霞指出，"大会出席代表，虽以国家为单位，然其实际组织，则政府、劳、资，划然为三组集团，各国政府代表之言论，常不为其劳资代表所赞同，而劳资两方尤有敌对之势。""综观此次国际劳工大会，全会之权力似完全操诸政府代表之掌握，而政府代表中，又以英美法意日诸国列强为中心。"一些国家劳工代表也多由政府任派，"代表资格发生问题者，有意、奥、古巴、南非联邦及布加利亚等国工人代表"⑥。

朱学范特别注意到英、法、荷、瑞士等国的劳工代表"都是历届经已派任过的"，其益处是"因为他们就任次数的多，于是劳工大会的生命，便操纵在他们的手中了"。他强调，为了便于与各国劳工代表增进感情、加强联系，不

---

① 《中国国民党第五届中央执行委员会第二次全体会议中央民众训练部工作概况报告》，1936 年 7 月编印，第 51 页。
② 《本届国际劳工会之中国提案》，《申报》1929 年 10 月 5 日，第 3 张第 10 版。
③ 《国际劳工局长复海员总会函》，《申报》1929 年 10 月 28 日，第 4 张第 14 版。
④ 上海市档案馆：《陈光甫日记》，第 99 页。
⑤ 王志圣：《第十九届国际劳工大会报告》，《实业季报》第 2 卷第 3 期，1935 年 9 月 30 日。
⑥ 《我国出席国劳大会劳方代表报告书》，《中央日报》1935 年 8 月 31 日，第 1 张第 2 版；9 月 3 日，第 1 张第 3 版。

应更换劳工代表,以免与其他国家劳工代表关系生疏。①

中国劳方代表利用赴日内瓦开会之便,顺道考察一些国家的劳资关系状况,并将自己的观感公之于众。安辅廷对瑞士、意大利有关劳工待遇与保护至为感慨:(1)厉行实业保险与社会保险,"工人年老无力工作后,可坐享社会保险所得,以维生活。"(2)工厂设有工人消费合作社,予以工人便利。(3)各国均规定每周八小时工作制,星期日休假。(4)政府实行工厂检查,工厂安全设施"均权讲究","不特有惠工人,抑且有利于厂主,盖工厂设备安全,则灾害减少,岂非劳资兼利"。(5)规定最高与最低工作年龄。保证15岁以下儿童接受"强迫教育"。(6)限制女工进入工厂,提供店员、旅馆茶役等职位。他就此向国民政府提出三条建议:(1)"希望政府迅予批准本届大会决议各案并逐步实施";(2)"希望劳方努力生产,以助国家生机";(3)"希望资方体谅工人困难,多予便利,实行真正劳资合作"。②

对比国外工运,王锦霞指出,由于工会"以种种之限制,不能统一组织,一般工会,十之八九而名存实亡,至工人缺乏训练教育之机会,更以连年经济衰落,工人不堪活命,自难有进步之可言"。扭转这一局面,关键是提高整个国力。因此,"工人方面应本协调之态度,求智能之进步,与资方通力合作,以谋产业之进步",而资方应"促进劳工福利",政府"应推施不偏不倚之政策,使劳资双主,得以深切合作",发展生产、协调劳资关系与提高国力三者同步实现。③

朱学范认为,英、意、德、法、俄、荷等国的劳工政策最值得称道之处,是劳工"获取国家实施法令的保障,且皆有参政之权;凡关于国家社会之政策,无不以劳工利益为出发点,其权盛之在,和我们中国劳工比较起来,实不可同日而语"。他特别对意大利情有独钟:墨索里尼上台后,组织中央劳资协会,颁布《劳动大宪章》,规定"工人不得自由罢工;厂主不能无故停闭。在劳资合作互助的原则之下,共同努力于生产事业的发展;同时订立劳资契约,规定最低工资及工作时间,各项假期等,劳资双方均须绝对遵守,如有一方触犯《劳动大宪章》时,则政府即加以处罚,因此劳资纠纷,骤形减少,不仅工人生活得有保障,即工厂生产亦得以普遍增加"。④

---

① 朱学范:《国劳大会及意德劳工状况》,《上海邮工》第 2 卷第 8 期,1936 年 10 月 31 日,第 29~30 页。
② 《出席国劳代表安辅廷谈各国劳工状况》,《申报》1934 年 8 月 6 日,第 3 张第 11 版。
③ 《我国出席国劳大会劳方代表报告书》,《中央日报》1935 年 9 月 3 日,第 1 张第 3 版。
④ 朱学范:《国劳大会及意德劳工状况》,《上海邮工》第 2 卷第 8 期,1936 年 10 月 31 日,第 31 页。

表7—1 第12～23届国际劳工大会中国代表名单与提案

时间	大会届次	代表 政府	代表 雇主	代表 劳工	所提议案	备 注
1929	第12届	朱懋澄（劳工司长）萧继荣（驻法公使）富刚侯（工商部科长，顾问兼秘书）	陈光甫 夏奇峰（顾问）	马超俊 王人麟（顾问）	朱懋澄：1.外人在华工厂应遵从中国政府许可案。 2.外人在华招工应先得中国政府许可案。 马超俊：侨外之有色工人应与所在国之工人受平等待遇案。	投票者不足法定人数，未通过。 通过。 通过。
1929年10月	第13届	高鲁（驻法公使）吴凯声（驻瑞士公使）	陈干青	梁德公（海员工会）吴求哲（顾问）	吴凯声：外国船只上之本国海员在航行本国领海内及内河时，应受与该国立法相符之平等待遇案。 梁德公：亚洲海员应受平等待遇问题，请早日列入议事日程，并请国劳局注意调查案。 陈干青：收回中国领海内河航行权案。	通过。 通过。 未付表决自动撤回。
1930年6月	第14届	朱懋澄 吴凯声	吴清泰（全国商联会）孙尊衔（顾问）	方觉慧（中央委员）祝世康（工商部法规委员、顾问）何秀兰（顾问，铁道部专员）	朱懋澄：1.取缔强迫劳动。 2.规定店员、职员工作时间。 3.改善国内矿工待遇案。	未提交。

第七章　南京国民政府与国际劳工组织

续表

时间	届次	政府代表	雇主代表	工人代表	主要提案	结果
1931年5月	第15届	朱懋澄 蒋履福 （驻意大利代办）	张祥麟 （曾任工商访问局局长）	杨有壬 （上海商务职工会会员） 郎醒石 （顾问）	朱懋澄：请理事院实现1923年第四届国劳大会所通过的将国劳局理事院人数由24人增至32人的议案。	通过。
1932年4月	第16届	胡世泽 （驻国联代表办事处处长） 谢东发 （驻法公使馆一秘） 龙詹兴 （顾问） 张樑任 （顾问） 滕固 （顾问）	无	无	无具体提案。	
1933年6月	第17届	萧继荣 （驻法公使） 谢东发 （公使一秘） 颜继金 （顾问） 何静 （秘书）	严庆祥 （全国商联会） 何廷桢 （顾问）	李永祥 程海峰 （顾问）	萧继荣：1.外侨在华工厂无论其在租界或租借地，应与华厂同样遵守中国劳工法案。 2.侨居国外工人应与所在地工人受同等待遇案。	因不足法定人数，未通过。 通过。
1934年6月	第18届	李平衡 （前劳工司长、中央工厂检查处处长） 谢东发 罗世安 （顾问） 包华国 （顾问） 何廷桢 （秘书）	王志圣 钱承绪 （顾问） 阮鸿仪 （秘书）	安辅廷 程海峰 （顾问） 张毅 （秘书）	关于工厂检查。无具体提案。	

235

续表

时间	届次	政府代表	雇主代表	工人代表	主要议题	结果
1935年6月	第19届	李平衡（国际劳工组织理事院理事）包华国（助理理事）罗世安（顾问）杨德翘（秘书）	王志圣 顾炳元（顾问）张华联（秘书）	王锦霞 吴闻天（顾问）张导民（秘书）	王锦霞：租界工厂检查案。	
1936年6月	第20届	李平衡 包华国 罗世安（顾问）谢应时（秘书）	孙方豫 胡天石（政府外交人员，助理代表兼顾问）朱锡骏（顾问）朱宝贤（秘书）	朱学范 赵班斧（助理代表兼顾问）姚定尘（顾问）	朱学范：1. 本国工人与外国工人，应受平等待遇。2. 确立国际劳工职业介绍互助制度。3. 凡在中国设厂，应遵守中国劳工法令，准许中国工人享有集会结社权。4. 协助中国政府禁止鸦片、毒品。	通过。
1936年10月	第21、22届（海事）①	李平衡 包华国 罗世安（顾问）方群奋（秘书）	汪子刚 钟启宇（顾问）	赵班斧 姚定尘（顾问）朱长康（顾问）	赵班斧：1. 关于外国海员与本国海员之平等待遇问题，请大会决定列入最近一届大会之议事日程，早日制成公约草案。2. 大会建议各有关会员国协助中国政府及中国海员工会切实取缔包工制度案。	通过。 通过。

---

① 《中华邮工》及朱学范《我的工运生涯》称其1937年4月所参加的在华盛顿召开的国际纺织工业三方专门预备会议为第22届国际劳工大会有误。参见：国际劳工局中国分局：《国际劳工组织与中国》，中国分局，1939年；程海峰：《国际劳工组织》，重庆，正中书局，1944年；中国劳工运动史续编编纂委员会：《中国劳工运动史》第5编，台北，中国文化大学劳工研究所理事会，第493页。

续表

| 1937年6月 | 第23届 | 李平衡
包华国
杨荫溥
(顾问)
罗世安
(顾问)
田和卿
(顾问) | 聂光垾
谢嘉
(顾问)
汪竹一
(秘书)
郑南渭
(秘书) | 朱学范
姚定尘
(顾问)
朱宝贤
(顾问) | 朱学范:1.划一保护中国劳工案。(此提案与比利时、日本与印度合提) | 通过。 |
| | | | | | 2.请召开亚洲国家政、资、劳三方咨询会及设立亚洲委员会案。(此案与日本、印度两国代表合提) | 通过。 |

资料来源:(1)程海峰:《国际劳工组织》,第68~81页。(2)《第廿届国劳大会我国劳工代表提案》,《申报》1936年5月8日,第11版。(3)《国际劳工大会》,《申报》1930年7月28日,第2张第7版。(4)秦孝仪主编:《抗战前国家建设史料——实业方面》,《革命文献》第75辑,第230~231、372、373页。(5)《国际劳工大会政府代表二人已派定》,《纺织时报》第593号,1929年4月22日,第374页。(6)马超俊主编:《中国劳工运动史》。(7)《国际劳工大会中国方面代表之提案》,《中央日报》1930年3月25日,第1张第3版。(8)实业部劳动年鉴编纂委员会:《二十一年中国劳动年鉴》,第4编。(9)实业部劳动年鉴编纂委员会:《二十二年中国劳动年鉴》,第4编。

三、中国政府批准的国际公约

1928年前,中国政府只采纳过国际劳工大会议决的建议书,但对于大会通过的公约草案却从未批准。自1930年始,才正式批准国际劳工大会的公约。从1928年到1937年,国际劳工大会共通过37款公约、27项建议书。[1] 其中,国民政府批准实施的公约为12项,予以采用的建议书1项。建议书即为1936年7月28日实业部将1935年第19届大会制定的《救济青年失业建议书》,呈请行政院择要实施。

中国政府所批准的国际公约,最初"大多仅由实业部(或工商部)自行审核,拟具意见。至于劳资团体对公约之态度,从未令其有表示之机会。如工人之希望,雇主之困难,仅由政府依据粗疏的论断。于公约批准之前,不能得多方之研究,批准之后因各方无相当认识,更不免发生不必要之困难。此不仅在雇主工人方面为然,即执行监督机关,亦每多不明公约的旨意之所在"。[2] 国民政府批准《最低工资公约》,即曾让自己陷于被动境地。

---

[1] 国际劳工局中国分局:《国际劳工组织与中国》,第94~96、101~102页。
[2] 谢嘉:《中国最近批准几项国际劳动公约之经过》,《劳工月刊》第5卷第10期,1936年10月1日,第1页。

表7—2　1928～1937年国民政府批准的国际劳工大会公约

国际劳工大会制定、修订的公约		南京国民政府批准的国劳大会公约	
年份	内容	时间	措施
1928	《最低工资公约》(第26号)	1930.2.28	1930年2月28日批准。1934年4月22日颁布《国营企业最低工资暂行办法》，私营企业并不适用此规定。1936年12月23日，国府公布《最低工资法》，以期该公约得以普遍实施。
1929	《航运重大包裹上标明重量公约》(第27号)	1931.4.18	行政院1932年11月公布《标明航运包件重量章程》，由实业部咨行各省市实施，并于1936年12月加以修正。
1921	《农业工人集会结社权公约》(第11号)	1934.2.9	1937年5月将1930年所颁行之《农会法》予以修正，规定佃农及一年以上之雇农均得为农会会员。
1925	《外国工人与本国工人关于灾害赔偿应受同等待遇公约》(第19号)	1934.2.9	中国工厂中极少外国人，且中国工厂对于灾害赔偿规定，本我中外工人之别，故未另颁布单行法规。
1921	《工业工人每周应有一日休息公约》(第14号)	1934.2.9	《工厂法》第15条规定凡工人每7日中应有1日休息，作为例假，与该公约所定标准相符，未颁布单行法规。
1932	《船舶起卸工人灾害防护公约》(修订，第32号)	1935.4.15	行政院于1937年4月公布《船舶起卸工人灾害防护规则》。
1935	《禁止雇用妇女于一切矿场地下工作公约》(第45号)	1936.10.10	据1936年6月25日公布之《矿场法》第5条规定，女工与童工不得在坑内工作，与该公约宗旨相合。
1926	《遣送海员回国公约》(第23号)	1936.10.10	这些公约所定之标准，《与中国海商法》、《海员管理暂行章程》、《整理中华海员工会办法》、《中华海员工会组织规则》等法规中所规定者，大致相似。
1921	《规定幼年就雇为船舶上扒炭火夫之最低年龄公约》(第15号)	1936.10.10	:::
1920	《规定儿童就雇于海上工作之最低年龄公约》(第7号)	1936.10.10	:::
1926	《海员雇佣契约条款公约》(第22号)	1936.10.10	:::
1921	《就雇海上之儿童及幼年受强制体格检查公约》(第16号)	1936.10.10	:::

资料来源：程海峰编著：《国际劳工组织》，上海，正中书局，1946年，第38～40页。

国际劳工大会规定，各会员国至迟必须于18个月内将本届大会通过的公约送交本国立法机关审查，以定是否批准，再通知国联。如若批准，即向国联秘书厅备案，同时开展立法工作，以奉行该公约。若会员国未将国际公约交付本国立法机关审查，或批准公约而迁延不实行，或违背约中条款，则要接受理事院或海牙国际法庭的处理，甚至经济制裁。1930年5月，工商部未听取各方意见仓促批准《最低工资公约》，"批准《最低工资公约》后，即依照已定原则，制成表式，分行各省市政府详查报部，以期周知国内工业工资状况及各地生活程度，藉便设计规定何项工业之何部分适用此项办法"①。并拟具《最低工资法草案》，咨送立法院审议。立法院鉴于实际情形，决议"从缓施行"。国民政府因未实行所批准的公约，屡遭国际劳工大会指谪，国劳中国分局也敦促中国政府"早日解决办法，以执行国际上的义务"②。行政院不得已于1934年2月公布《国营企业最低工资暂行办法》九条，"以资搪塞"③。

自1932年年底，南京政府开始谨慎对等国际公约，对国际公约的态度，由先批准后调查，改为一般先行征集各方意见，再行拟具提案，提交行政院会议讨论决定是否批准公约。第16届大会后，国际劳工局将修订的《船舶起卸工人灾害防护公约》送达中国政府。实业部得到该公约条款后，致函中央民众运动指导委员会、交通部、各省市党部、各省实业厅、建设厅，及上海、南京、北平、青岛市社会局，征询意见：(1)船舶起卸工人灾害防护办法。(2)船舶起卸工人灾害防护公约草案，是否适合于本地实际？(3)该公约如有窒碍难行之处，望逐条提出；并咨上述各机关转饬各码头工会及总工会或有关公司、行栈提出建议。同时，实业部劳工司，分函中华海员工业联合会上海维持委员会、中华海员工业联合会上海整理委员会查照，提出详细意见。

从1933年1月至11月，实业部共收到11份内容较为详细、具体的回函，了解到若干地方政府、资方与码头工人对该公约条款无根本冲突，而地方政府对该公约基本也持肯定态度，认为有批准实施的可能，于1935年1月21日草拟提案，呈送行政院审议。经外交、劳工委员会审查，立法院议决后，实业部函请外交部转咨国联代表办事处，通知国联秘书长，中国批准实施该公约。④

---

① 秦孝仪：《抗战前国家建设史料——实业方面》，《革命文献》第75辑，第91～92页。
② 陈宗城：《劳工论文拾零》，出版地点、时间不详，第100页。
③ 吴知：《国际劳工大会与中国》，天津《大公报》1935年6月12日，第3张第11版。
④ 谢嘉：《中国最近批准几项国际劳动公约之经过》，《劳工月刊》第5卷第10期，1936年10月1日，第2、7～8页。

表7—3　各机关团体对《船舶起卸工人灾害防护公约》的反响

时间	机关团体	意见	说明
1933.1.22	青岛市港务局	为充分保护码头工人,本港当在经济与时间可能的范围内,逐次实行,以竟全功。	码头起卸设备均有改良,且备有医药。
1933.2.11	浙江鄞县党部	公约所定标准过高,与本县实况未能切合。如资方同意该办法,实施似无困难。	工人灾害抚恤事宜由工头负责。政府与资方从未过问。
1933.2.18	上海码头业务所	公约内容尚属可行,似宜批准。	本地起卸工人灾害防护办法,向无定例。由各公司视当时情形酌予救济。
1933.3.22	汉口市政府	合于本地实况者固少,若完全实行,尚无困难,即不完全实行,亦应择要规定实行。	本地灾害防护办法,尚无特别规定,惟各轮船公司对于船舶、码头设备均自动改良。
1933.6.6	浙江省建设厅	综按公约规定,似均无窒碍难行之处。	本省江海沿岸繁盛区域新旧码头,均设置灯火。惟内地私有码头,设备简陋。工人灾害保护,尚无具体办法。
1933.6.6	湖南省党部执行委员会	本省轮商资本微薄,非政府主办,本公约所规定各点,难望实现。	湘港工人装卸货物,因舱位小,均有人力,有简单安全设备。
1933.7.10	秦皇岛开滦码头	无明确意见。	关于工人防护尚属周密,设备多适合于公约规定。滨海沿河轻小码头,需逐渐改良。
1933.7.12	交通部	可声明接受公约。	经各航政局调查,该公约与我国码头管理,尚无抵触之处。
1933.9.18	广东省政府设计委员会	公约对工人有利,似可批准。	防护设备均属简陋。
1933.9.30	安徽省建设厅	似可批准。	省会各码头已装设电灯,船舶上下跳板浮闸均有栏杆,以防危险。
1933.11.4	上海市航业公会	施行尚无窒碍难行之处。	公约规定与本地实况,并无不合之处。

资料来源:谢嘉:《中国最近批准几项国际劳动公约之经过》,《劳工月刊》第5卷第10期,1936年10月1日,第2～7页。

国民政府批准第19届国际劳工大会通过的《禁止雇用妇女工作于一切矿场地下公约》,经过近9个月较为广泛而审慎的调查,1936年1月13日,实业部函请中央民众训练部转饬矿工团体,并通知中华民国矿业联合会训令各省建设厅,呈报具体意见。到3月底,矿业联合会、江苏省建设厅、湖北省政府、绥远省政府建设厅、广东建设厅、广西省政府,及浙江、湖南、宁夏、贵州、甘肃、察哈尔、新疆等省,均呈称本地绝未雇用女子采矿。4月中旬,福建、山西、贵州、浙江、湖南、甘肃等10省市党部,通过中央民训会转呈实业部,支持批准该公约。① 既然该公约的实施没有任何阻碍,而批准公约的行为本身可以提高政府在国际劳工组织中的信誉,国民政府何乐而不为。

为竞选理事会理事,1933年下半年,实业部将审查积压的历届国际劳工大会所通过的公约列为议事日程。在原则上,劳工大会为国际劳工组织的最高机关,但因每年仅召开1次,且会议又短,所以劳工组织的核心为理事会。理事会地位如此重要,诸会员国均重视理事的竞选,以致每届竞选甚为激烈。第15届大会时,中国进行多方外交沟通,但未能如愿。第18届大会将改选,实业部鉴于前次竞选失败的教训,一年前便开始着手准备,主要工作为清理与批准公约,以尽会员国的义务,提高国家信誉。到1934年第18届大会召开之前,国民政府除颁布《国营企业最低工资暂行办法》外,另批准《工业工人每周有一日休息》、《农业工人之集会结社》、《外国工人与本国工人关于工人灾害赔偿应受同等待遇》公约。此后是项工作持续开展。1935年10月,实业部分别函咨交通部、中央民训部,并通知中国商船驾驶总会、中国航海驾驶员联合会、上海市轮船业同业公会,针对《遣送海员回国》、《关于船舶遇险或沉没之失业赔偿》、《规定海上雇用儿童之最低工作年龄》、《关于海上雇用儿童及青年之强制体格检查》、《规定雇用火夫及扒炭之最低工作年龄》、《便利海员受雇》、《海员雇用契约条件》7个公约,回复意见。交通部于1935年12月回函,仅对《关于船舶遇险或沉没之失业赔偿公约》表示应缓批准,而认为其他公约与中国法令无所抵触。其反对理由为,该公约第2条规定的失业赔偿,以两个月工资为标准,而《中国海商法》第69条则规定"就其已服务之日数计算薪金",两者不无冲突。目前,服务于外资远洋船舶的中国船员较多,该条款对中国船员较为有利,但当中国航业发达后,服务中资船舶的外国人增多,该种赔偿将使中国资方不无赔累。1936年1月,上海市轮船业同业公会签陈对公约的意见中,对该公约第2条也有微词,称中国航商无力负担两个月工资的赔偿费。同月,中华海员党务特派员通过中央民训部转呈实业部,对所有公约均表赞同批准。商船驾驶总会、航海驾驶员联合会,似乎对实业部征询公约意见毫无兴趣,虽经实

---

① 谢嘉:《中国最近批准几项国际劳动公约之经过》,《劳工月刊》第5卷第10期,1936年10月1日,第9~13页。

业部一再敦促,却始终未予表明态度。实业部还多次咨请外交部,核示公约意见,外交部在原则上予以赞同批准。其后,实业部综合政府部门、资方与劳方团体意见,以检查费困难及中国职业介绍不发达为由,建议对《关于海上雇用儿童及青年之强制体格检查》、《便利海员受雇》公约从缓批准,对其他五个公约则主张予以批准,并将审核意见呈报行政院。实业部提案经行政院会议议决通过后,经中央政府委员会核转立法院审议。10月,外交、劳工法委员会召开联席会议,讨论实业部提案,决定将《关于船舶遇险或沉没之失业赔偿公约》、《便利海员受雇公约》暂缓批准,另外5项公约可予批准。

表7—4 机关、团体对有关海员系列公约草案的意见

公约草案类别	交通部	外交部	资方团体 上海市轮船业同业公会	劳方团体 中华海员党务特派员	实业部审核意见
遣送海员回国	与我国法令无抵触。	赞同批准。惟在特区如租界内实施不无困难,应考虑。	法令事实无抵触。《海商法》第15条已有规定,批准实施无困难。	习惯上船主负担此种费用不多,契约上亦不订明。	我国商船商鲜有从事远洋航运,批准实施有利无弊。
关于船舶遇险或沉没之失业赔偿	《海商法》第69条无失业赔偿规定,而公约第2条规定赔偿额为2个月工资,与法冲突,应缓批准。	同前。	赔偿额太巨,非航商所能负担,应缓批准。普通只赔补行李损失及遣送费用。	船主所给津贴不多。	公约第2条所定赔偿额不多,我国航商可以负担。
规定海上雇用儿童之最低工作年龄	与我国法令无抵触。	同前。	航商不雇用14岁以下儿童及60岁以上者,批准实施无困难。	批准实施与航业及海员均无不良影响。	事实上无困难,为保护儿童健康计,应予批准。
关于海上雇用儿童及青年之强制体格检查	与我国法令无抵触。	同前。	医师检查,航商船员均受麻烦。	检查费及证书费不赀,实施稍有困难,惟与航业无影响。	检查费为一困难问题,应缓批准。
规定雇用火夫及扒炭之最低工作年龄	与我国法令无抵触。	同前。	批准实施无困难,亦无影响。	事实上无困难。	我航商既不雇用18岁以下青年,此等工作本约似可批准。

续表

便利海员受雇	法令无抵触。	同前。	我国各埠无以营利为目的的海员职业介绍所,批准本约与航商无不利。官商合办介绍所尚无必要。	取缔以营利为目的的介绍所,与船员无影响。	我国职业介绍事业尚未发达,批准实施有困难,应缓批准。
海员雇用契约条件	法令无抵触。	同前。	《海商法》已施行,批准实施无困难。	无。	批准实施不甚困难,可予批准。

资料来源:谢嘉:《中国最近批准几项国际劳动公约之经过》,《劳工月刊》第5卷第10期,1936年10月1日,第17~18页。

南京国民政府正式批准12项国际劳工大会公约外,实业部也曾向行政院提请批准若干国际公约而为立法院所否决。1933年,行政院咨立法院批准的国际劳工大会公约中,原有《工业工人每周有一日休息》、《农业工人之集会结社权》、《外国工人与本国工人关于工人灾害赔偿应受同等待遇》、《雇用妇女夜间工作》与《女工生产前后之雇用》5个议案,后两项为立法院议决缓议。1934年,第18届国际劳工大会通过《修正妇女夜间工作》、《修正工人职业病赔偿》、《规定自动玻璃机厂工作时间》及《保证被迫失业工人之赔偿与津贴》4个公约。经实业部详加研究,仅将《保证被迫失业工人之赔偿与津贴公约》呈准行政院咨送立法院审理。该议案同样为立法院所否决。[①] 1935年,实业部将《修正船舶起卸工人灾害防护》、《非工业工作中童工雇用年龄之规定》公约提请审查,立法院只批准《修正船舶起卸工人灾害防护公约》。[②]

四、南京政府加入国劳组织与劳资关系

巴黎和会采纳国际劳工立法委员会的建议而创设国际劳工组织,一个重要原因是,藉国际合作消除劳资纠纷,促进保工立法运动,避免流血的革命。1929年前,中国政府并不重视国际劳工组织,汤玛士来华促进中国密

[①] 秦孝仪:《抗战前国家建设史料——实业方面》,《革命文献》第75辑,第373、374页。
[②] 程海峰:《一九三五年之中国劳工界》,《东方杂志》第33卷第17号,1936年9月1日,第165页。

切与国际劳工组织的联系。南京政府加强与国际劳工组织有两目的：一是争取国际道义上的援助，提高国际声望；二是了解与采纳新的举措，调整劳资关系，实现劳资合作。

中国参加第 12 届国际劳工大会的动机，犹如时人所谓"但求以中国劳工真相，稍宣传于外，俾经济侵略下奴视人类之黑暗现象，得于国际间略留印象"，①以利中国主权独立。讨论国际政治问题，原为国际劳工大会所禁止。但中国代表在历届大会上谈论最多的都是中国的特殊政治状况，将中国工人失业、劳工生活不能改善，归结于领事裁判权与列强。第 14 届大会，祝世康代表劳工代表方觉慧发言，讲述列强压迫中国劳工的情形、"五卅惨案"及日本纱厂虐待华工状况，博得雷鸣般的掌声。英国代表立即发言表示同情，而日本代表则无颜立足会场，相继退场。国劳局职员因此赞许中国劳工代表"富有革命精神，为历届出席代表之最有声色者"。②

第 17 届大会，中国代表提交"外侨在中国所设工厂应服从中国政府劳工法规"与"侨居外国工人应与所在地工人受同等待遇"两议案。几经交涉，前案因投票不足法定人数未通过，第二案则为大会通过③。

第 18 届大会，劳方代表安辅廷指责租界当局凭治外法权，阻挠中国政府的工厂检查，漠视工人安全，"抱十八世纪殖民地之思想，阻挠有利施社会公理之立法"④。第 19 届大会，劳工代表王锦霞提出《租界工厂检查案》。劳工局局长巴特烈得知中国租界中工厂、工人生活状况后，"表示惊异，谓劳工局定将继续协助，谋此案解决"。为此，劳工局长接受中国政府代表建议，在大会期间召集中、英、美、法、意、日等政府代表非正式谈话会，讨论租界内工厂检查问题。⑤ 第 20、22 届大会，中国代表详尽陈述华北走私、治外法权与日本侵华对中国工业与工人福利恶劣影响。⑥ 第 23 届大会通过中国劳工代表提出的《划一保护中国劳工案》。中经国劳局中国分局斡旋，上海市政府与公共租界当局于 1937 年订立协定草案，惜为上海领事团否决。⑦ 1931 年 9 月，国际劳工局局长还应中国之邀，派彭恩与安德生来华设计办理工厂检查事宜。两专员曾赴各地工厂参观，并研究工厂法与工厂检查法，拟具备忘录，作为中国设立工厂检查制度之参考。尤以工厂安全及卫生检

---

① 慎予：《国际劳工大会之巧妙》，《中央日报》1929 年 8 月 14 日，第 1 张第 3 版。
② 《国际劳工大会》，《申报》1930 年 7 月 28 日，第 2 张第 7 版。
③ 秦孝仪：《抗战前国家建设史料——实业方面》，《革命文献》第 75 辑，第 372 页。
④ 《工厂检查与租界》，《劳动季刊》第 2 期，1934 年 7 月 10 日，第 175 页。
⑤ 《我国出席国劳大会劳方代表报告书》，《中央日报》1935 年 9 月 2 日，第 1 张第 3 版。
⑥ 朱学范：《国际劳工组织与援华运动》，中央社会部，1940 年印发，第 9 页。
⑦ 程海峰：《国际劳工组织》，上海，正中书局，1946 年，第 42~43 页。

查细则之拟订,获该局协助者特多。

派遣完全代表出席大会,本身可以消除漠视国际劳工组织的不良影响,重树国际形象,提高国际地位。中国政府第一次派三方代表出席国际劳工大会,政府代表朱懋澄即被选为资格审查委员会委员。1934年6月第18届国劳大会,中国政府第一次被选为政府组理事,劳工代表安辅廷被选为劳工组次副理事。国民政府即令派李平衡为理事院政府组理事,并在日内瓦设立办事处。1937年6月举行第23届国劳大会时,中国政府连任政府组理事,林康侯被选为雇主组副理事,劳工代表朱学范被选为劳工组次副理事。① 第14届大会时,劳工代表团进入公约审查委员会与职工工作时间委员会。② 国际劳工局还先后聘请中国劳工专家担任该局所设各委员会之委员,如陆京士任工余咨询委员会委员,邓裕志、丁樊英、钟韶琴、刘蘅静任妇女工作通讯委员会委员,邹秉文任永久农业委员会委员,赵班斧任联合海事委员会劳工组之副委员。何廷桢、龙詹兴曾分别充任议案审查委员会资方与劳方代表。③ 在历届大会上,中国代表极力宣传中国保工立法的成绩,益于塑造中国的新形象。

随着中国国际地位的提高,1931年8月17日,国际劳工局会同国际联盟宣布仿苏俄五年计划,制订预备发展中国的十年计划,通过借贷资本,扶持中国实业发展。该计划亦曾得到中国政府的批准,然其后却再无结果。④

国际劳工大会各会员国代表名额分配方法,原本是为平衡政府代表与非政府代表的力量,同时平衡劳资双方的力量对比。但因代表只要通知议长,指定顾问为自己的代理人,该代理人即有表决权。大会投票实行1人1票制,而非1国1票制,因此实际上各方力量均衡的状态是不存在的,政府代表人数一般占全部代表的半数,大会议案如无政府代表认可,往往不可能通过。因此,时人有谓"希望在这里造成拥护劳工福利的武器,这不仅是愚昧,而且是滑稽。……这一组织机构无法改变,那么工人们还终于免不了要受传统的压迫"。⑤ 就中国代表内部而言也是如此。12届到23届大会,仅第14届大会的资方、劳方代表与顾问人数超过政府代表。进而言之,无论是从代表的选举与审批,还是从向国际劳工大会提交的议案来看,资方与劳

---

① 程海峰:《国际劳工组织》,上海,正中书局,1946年,第43、44页。
② 《国际劳工大会》,《申报》1930年7月28日,第2张第7版。
③ 秦孝仪:《抗战前国家建设史料——实业方面》,《革命文献》第75辑,第159页。
④ 《国际劳工局宣布的中国十年建设计划》,《东方杂志》第28卷第20号,1931年10月25日,第1页。
⑤ 吴蕉桐:《所谓国际劳工组织》,《中国农工》第1期,1935年10月,第294页。

245

方多处于被动地位,最终决定权操之于国民政府。尽管劳工代表一如参加国际劳工大会的外国工人代表,也是"和平改革派的工团领袖"①。但劳方的选择标准与资方相同,在很大程度上,是由其与国民政府的亲疏向背所决定的。另外,国际劳工大会中"劳资二组意见,往往相左,冲突颇烈"②,"往往劳资代表,每有对于其本国政府发激烈之批评与投反对票者"③。此类情形从未在中国劳资代表中发生。奥古斯坦·瓦格那(Augusta Wagner)在其《中国劳动立法》一书中就尖锐地指出:"中国不像西方工业化国家那样,既有感兴趣于国际劳动会议的雇主协会,又有组织完善的劳工协会;因此,出席国际劳工大会的雇主与工人代表均是名义上而已。"④其评论客观而中肯。

南京国民政府面对国际保工热潮,自然不能置身其外。它于1928～1937年间所批准的公约草案达12项,占同时期国际劳工大会通过议案的32.4%。而1935年4月前,各会员国所批准公约占全部公约的23.5%⑤。两相比较,国民政府的成果值得肯定。不过,检阅具体议案,政府所批准的国际公约草案似乎意并不大,于调整劳资关系似无裨益。《航运重大包裹上标明重量公约》、《船舶起卸工人之灾害防护公约》、《禁止雇用妇女于一切矿场地下工作公约》,丝毫不牵涉劳资利益。《农业工人集会结社权公约》与中国现实俨然相距甚远。有关海员事项的五项公约,与《中国海商法》、《海员管理暂行章程》、《整理中华海员工会办法》、《中华海员工会组织规则》等法规中所规定条款内容基本相同。《海员雇用契约条件》能为受雇于外轮的船员提供保护依据。比如,1930年7月,法国邮船锅炉爆炸,造成中国水手5死1伤,因其雇用合同中并无受伤赔偿规定,在中国驻马赛领事催询之下,法国公司以"慈善性质"仅给死者家属400墨洋了结。此事引起工商部高度重视,通知受雇外轮水手较多的粤浙两省与中华海员工业联合会总会,厘定海员雇用合同。⑥ 如果当时有完好的雇用合同,中国水手可能受到较公正的待遇。但这一契约对中国船主影响不大。《外国工人与本国工人关于灾害赔偿应受同等待遇公约》,与其说是为了保护在国外的侨工,不如说是将在中国的洋职员所享受的特权合法化。与工人利益切实相关的《工业工人

---

① 陈宗城:《国际劳工组织与中国》,《东方杂志》第25卷第19号,1928年10月10日,第34页。
② 朱学范:《国际劳工组织与援华运动》,中央社会部,1940年,第5页。
③ 程海峰:《国际劳工组织》,《女青年》第15卷第4期,1935年,第2页。
④ 转引 Nym Wales, *The Chinese Labor Movement*, p.145.
⑤ 吴知:《国际劳工大会与中国》,天津《大公报》1935年6月12日,第3张第11版。
⑥ 《海员受雇外轮之契约》,《中央日报》1930年12月1日,第1张第3版。

每周应有一日休息公约》(前已写入《工厂法》第15条)与《最低工资公约》不过具文。按《最低工资公约》所订"办法"及《修正工厂法》中条文要求,工人最低工资"应以各厂所在地之工人生活为标准",然而劳工工资不足以维持家庭基本生活在中国极为普遍。如此而言,该标准难以改善工人生活。铁道部曾规定最低工资为0.25元/日,于1934年10月令道清路机务工人试行后,1935年初将最低工资施行办法通饬各国有路段遵照办理。① 然而,每月7.5元难以维持工人生存。劳工实际上得不到正常的休息,难以维持最低生活水平。难怪当时有人提议设立永久工资审议会具体掌控最低工资标准。② 此外,以上有关保护妇女、儿童的公约草案涉及的范围过小,大量的棉纺织厂中的女工与童工未能得到必要的保护。

与上述公约形成对照的是,同一时期,一些与劳工利益更为直接的国际公约却未能为国民政府所批准。这类公约主要有:《限制煤矿业工作时间公约》、《工商业工人自由职业工人及在家工作之工人与家庭佣仆之强制老年保险公约》、《雇用妇女夜间工作公约》、《工人职业疾病赔偿公约》、《非自愿失业工人之赔偿与津贴公约》、《每年假期给资公约》、《纺织业减少工作时间公约》等。其他盟国情况与中国亦基本相当。时人曾如此评论国劳组织的功效:"自从国际劳工组织成立到现在十几年来,……就各国批准公约的情形来看,实在不能使人满意,而况因批准公约而始采相当的立法或措施的,不过占批准书的百分之五十九而已。最值得注意的是成立最早又是公认为最重要的公约,如工业劳动每日工作八小时公约,禁止妇女夜工公约,和规定童工最低年龄公约,至今也还没得到所谓八大工业国的一致批准。"③

国民政府所批准的公约,更是缺乏防范劳资纠纷的功能,不可能真正改善劳工生产与生活处境。这并非全是国民政府之过,在一定程度上,是由国际劳工大会通过的公约本身特点所决定。至1935年上半年止,国际劳工大会通过公约草案共44项,其中以赔偿、保险为最多,计有21件④。1927～1937年间通过的37件公约中,赔偿、保险有11件。而有关男女同工同酬、维持合理的生活工资等为《凡尔赛和约》"劳工编"所规定的原则,均未体现在已制定的公约中。

其实,资方代表中甚有较为开明者。王志圣即主张保障工人权益,认为

---

① 《铁道部二十四年度之劳工行政计划》,《国际劳工通讯》第17号,1936年2月,第44页。
② 侯毓华:《最低工资之研究》,《中国实业》第1卷第5期,1935年5月15日,第892页。
③ 张左企:《国际劳工组织与中国》,《中华邮工》第2卷第(1,2,3)合刊,1936年3月15日,第40页。
④ 吴知:《国际劳工大会与中国》,天津《大公报》1935年6月12日,第3张第11版。

假期给资不容置疑,"已达到国际公论的成熟时期",虽然反对每周 40 小时工作制,①但承认缩减工作时间是大势所趋,"现在应当考虑的问题,及以何种工业应当缩减工作时间和进行缩减的步骤"②。严庆祥在第 17 届大会上,对减少工作时间,在原则上表示赞同,"个人则颇希望此减工之问题,于最近时间内,亦能普遍通行于我国"③。相反,政府碍于种种阻力,对此较为消极。1936 年 11 月到 12 月,国际劳工局先后召开印刷业及其相关各业减少工作时间三方专门预备会议,与化学工业减少工作时间三方专门预备会议,曾邀请国民政府派代表出席大会,实业部研究后决定不参加这两会议。④ 1931 年,朱懋澄出席第 15 届国劳大会前,向舆论界谈此行目的,其一为主张废止妇女夜工。但并未作为正式议案提交国劳大会。⑤

由此可知,国民政府从本质上不愿因加盟国际劳工组织而引起资方的反感,政府政策的制定偏于资方利益。正是在这一点上,国外学者当时就指出,中国参加国际劳工组织 20 年,"在改善劳动状况上是失败的","在调节工业状况方面几乎没有切实的结果,1919 年前的情景,在 20 年后依然如故"⑥。然而,毋庸置疑,从国民政府内在动机与批准的公约来看,国民政府确实拟尝试通过立法,以谋改善劳工生活。至于其效果,则另当别论了。

总之,国民政府加入国际劳工组织有助于其国际声望的提升,却无益于劳资关系的改善。

---

① 《国劳会讨论四十小时工作问题》,《纺织时报》第 1105 号,1934 年 7 月 26 日,第 3334 页。
② 王志圣:《第十九届国际劳工大会报告》,《实业季报》第 2 卷第 3 期,1935 年 9 月 30 日,第 31,32 页。
③ 严庆祥:《出席国际劳动等会及游览感言》,《东吴经济学专刊》第 1 卷第 4 期,1933 年,第 2 页(每篇文章单独编页码)。
④ 程海峰:《国际劳工组织》,上海,正中书局,1946 年,第 77 页。
⑤ 《朱懋澄昨赴日内瓦出席十五次国劳大会》,《中央日报》1931 年 4 月 28 日,第 2 张第 4 版。
⑥ 转引 Nym Wales, *The Chinese Labor Movement*, pp. 145,146。

第八章　从劳资合作到阶级斗争

　　劳资合作是南京国民政府处理劳资关系的一般政策与目标；与之相反，阶级斗争则是无产阶级的意识形态及与剥削者争夺权力的工具。从认知层面看，劳资合作可能会弱化或消解阶级斗争，但从史实上看，则大谬其趣。1927～1937年间，国民政府为应对激烈的劳资冲突，倡导劳资合作，藉此政策调适劳资关系；然而，目的与结果的两歧着实非其所愿。政府未曾达成劳资合作的愿望，反而激化工人群体靠拢中共，认同阶级斗争，挑战现政权与资方。这一时期劳资冲突迁延不绝，劳资矛盾演为社会矛盾中最为激烈的一种形式，均与此相联。这一关涉中国历史面貌改观的重大理论问题值得思考。

　　发展经济与稳定社会是政府与执政党的首要政治任务。无论是生产资料的所有者，还是运用生产资料的劳动者，劳资双方不仅是推进经济发展，而且是承载社会稳定的核心集团。劳资关系一如车之双轮、鸟之两翼。劳资之间的适度张力是平衡双方关系的杠杆，国民政府以"劳资合作"作为维系这种适度张力的"支点"。劳资关系表面牵涉政府、国民党、劳、资四方关系，仅此而论，政治威权也不一定能左右劳资关系，更何况劳资关系还牵涉到合法组织与个人、社会舆论、基督教团体以及包括中共在内的潜在政治集团等诸般因素的交互影响。

　　本章的立意决定立论的方式。宏大整体性叙事，易流于疏括的断语。以小见大的个案推绎失之于以偏概全。从原本存在的诸如"劳资合作"、"阶级斗争"之类的历史名词入手，或可算作在大叙事与案例之间寻求历史解说的一种"中观"尝试。笔者只能采用跨区域、长时段方法，从厘清影响劳资关系的若干种要素入手，解析民国政府提倡劳资合作的目的与结果相悖离的原因，进而在宏观上呈现劳资关系的总体走向。

一、劳资合作的歧义性与理论缺失

　　国民政府以"劳资合作"作为施政的基本法则。国民会议公布的《训政时期约法》第 4 章第 39、40 条,明定劳资双方应本互利原则,发展生活事业。① 原工商部劳工司司长、《工厂法》起草委员朱懋澄,曾说过编制《工厂法》的两个重要原则:一是"要谋劳工的福利",二是"要谋工厂效能的增进"②,即贯穿着劳资合作的精神。1931 年,实业部部长孔祥熙发表实业建议方针 33 条,其中第 7 点为:依据经济正义及劳资合作的原则,实施劳工法规。他还特别强调,33 条方针的目的是"期以劳资互助,求国民生产之增加"③。1935 年 11 月,国民党第四届中执会第六次全体会议通过《努力生产建设以图自救案》,极力强调全面推进劳资合作。1936 年 5 月 5 日,国民政府颁布《中华民国宪法草案》,将"劳资双方应本协调互助原则,发展生产事业"列入第 125 条。④ 毫不夸张地说,当时凡讨论劳动问题者,均以"劳资合作"为护符或臬圭,"劳资合作"的口号一时成为时髦。

"劳资合作"是一个内涵丰富而错杂的语词。何谓劳资合作?不同立场的理解与诠释相差较远。朱懋澄认为,劳资合作就是"劳资都得有利可获,有福可享"⑤。《努力生产建设以图自救案》中明确指出,劳资合作是政府"对于劳资两方之保护,无所偏倚。使资方对于劳方,予以适当之工资,并为相当之设备;劳方对于资方,亦应尽力工作,以求生产效率之增加。双方互相了解,互相协助,各尽其力,各得其所,生产自可增进,成本自可减轻,匪独推广国际贸易销场,亦可使劳资界之纠纷无形消弭"。⑥ 阎锡山组织的劳资合一研究会,曾炮制出长达 16 万言的平等、平均式的劳资合作理论。他所谓"劳资合一",又称"经济大同",即农民与地主合一,工人与资本家合一,其结果是:农民变为小地主,工人变为小资产者,或谓为"劳动者资本家化,资本者劳动化",由此,"中产阶级必能逐渐普遍,则经济的压迫阶级与被压迫阶级,必能逐渐减少以至于无,而贫富无悬殊之象",最后实现一个平均主义的经济大同社会。阎锡山还说:"劳资合一,是民生主义的根本精神",是"民生主义一贯的真精神","能避免阶级斗争的残酷","实施劳资合一,就是促进和平大同社会的实现"⑦。

---

① 孔祥熙:《约法中国民生计章之要义》,《中央周报》第 160 期,1931 年 7 月 29 日,第 11 页。
② 朱懋澄:《工厂法与工业生产之关系》,《纺织周报》第 1 卷第 3 期,1931 年 5 月 1 日,第 74 页。
③ 《实业行政宣言全文》,天津《大公报》1931 年 2 月 10 日,第 1 张第 3 版。
④ 《中华民国宪法草案》,《国民政府公报》第 2039 号,1936 年 5 月 5 日,第 11 页。
⑤ 朱懋澄:《工厂法与工业生产之关系》,《纺织周报》第 1 卷第 3 期,1931 年 5 月 1 日,第 75 页。
⑥ 《努力生产建设以图自救案》,荣孟源:《中国国民党历次代表大会及中央全会资料》下册,北京,光明日报出版社,1985 年,第 266~267 页。
⑦ 阎锡山:《劳资合一的理论与实施稿本》,太原,太原劳资合一研究会,1930 年印行,序 2 页,第 39、322 页。

第八章　从劳资合作到阶级斗争

上海市纱厂业工会联合会筹备委员会在《告华商纱厂工友书》中说:"中国劳资未能合作,资本家与工人,其立场虽不同,然谋营业发展,共求利益之目标则一,故资本家与工人,必须有互助合作之精神,方期营业之有发展,……以资本家喻乘客,以工人喻船员,一用资,一用力,资力之应合作,已明然矣。观今日中国之资本家大多数以金钱势力而自豪,只知向内苛求,不知向外发展,致酿成不幸之事端,……本党领导之下,努力工人运动,本劳资合作精神,改良实业,谋自身之解放,争民族之生存,此乃本会不胜企祷者也。"①申新老板荣宗敬骇于工潮迭起,其所谓"劳资合作"就是工人要"以劳力易金钱","不宜以无谓之要挟,致双方趋于极端之地位"②。建设委员会华北水利委员会下设工人训练委员会,其意图无非是训练直属长兴煤矿、戚墅堰与首都电厂工人改变"打倒资本家"的惯习。其"训词"曰:"中国今日穷困已极,除实现总理实业计划外,无其他方法可以挽救。而实业计划之实行,纯恃资本与劳力两物。今资本既感缺乏,倘担负劳力之工人,不能训练纯熟,增加工作效率,安能完成建设工作?"③

由此看来,劳资双方虽倡"合作",却仍旧针锋相对,将"合作"责任与义务委于对方;政府还是以劳资对垒调停人的角色自居;而阎锡山的论调则恰好代表时下那种置身于外、不负责任而又毫无可操作性的玄想。

如何具体实现"劳资合作"?各方之间更是争讼难息。

1930年11月1～8日,工商部召集中央各部会、各省市代表、工商领袖、经济专家、海外侨胞及工商部各部主管人员220余人,在南京召开全国工商会议,审议提案420余件。④ 会议通过的决议案,应由工商界努力者包括:集中资本联合经营、实行科学管理法、改进技术增加生产、注意劳工福利促进劳资合作、推广对外贸易。⑤ 与会期间,各代表围绕工商部提出的《实现劳资协作方案》展开激烈讨论。

《实现劳资协作方案》出于减少失业、改善待遇的目的,将劳资合作的责任全部推给资方。《方案》在劳资合约、最低工资、工人招募、工人教育、工厂安全、劳工福利、包工制、娱乐、工厂产销情况、工作效率等10余个方面,对厂方加以约定。比如,(1)"劳资合约须经双方代表与地方当局共同签订,内

---

① 《各工消息》,《申报》1930年8月19日,第4张第14版。
② 荣宗敬:《国人及纺织业应有之觉悟》,《纺织周刊》第2卷第3期,1932年1月15日,第100页。
③ J7—1—287,建设委员会收发文件报告表及召集直辖机关工人训练员开会记录(1931年1月1日～3月31日),北京市档案馆藏。
④ 实业部总务司商业司:《全国工商会议汇编(1931年)》,南京,京华印书馆,1931年,第1编,第1页。
⑤ 同上书,第3页。

251

中包括工作时间及延长工作时间给资办法、工资额及其给付、奖惩办法、合约有效期间之起止、合约未满期前可否由任何一方提出修正、订约地点及时间、签订合约人员姓名、关于当地劳资双方习惯情事。"(2)工资最低额须使劳工能维持日常生活。(3)招募工人,其资格宜多收小学校毕业或略识文字者,以便易于训练。(4)厂方应依本部刊行之工人教育计划纲要速即创办工人教育,以增进工人知识与技能。(5)厂方设施包括机器装置及预防水火灾患等安全设备,医院、浴室、体育场、游戏室等场所,保证工作场所空气流通及防卫毒质等设备、工人宿舍照明及厕所。(6)举办劳工保险、储蓄会、合作社。(7)每星期举行1次全体工人集会,宣讲智育、德育。(8)每月举行演剧或其他游艺事项1次。(9)"每届年终应视工人成绩优劣予以奖金或按工资额数配给盈余,并须奖励工人将其应得金额之一部或全部作为股金,俾工人逐渐成为工厂股东,以期利害关系增深藉以减少主雇纠纷。"(10)废除包工制。(11)让工人了解厂中产销情况。(12)每月至少应召开1次由工人代表出席的工厂会议。(13)"在可能范围内测试各部机器每小时的产量,以平均值作为奖罚工人的标准。"(14)要从国民党党义、政府保工意旨、党与工会关系等方面指导工人运动。①

　　工商部的《实现劳资协作方案》曾在会议代表特别是第三组代表中引起强烈反响。资方代表借此机会宣泄对《工厂法》的不满。刘鸿生就说:"现在工商部提的实现劳资协作方案,对于资方的义务说得很清楚,而对劳方却一句话也没有提到。照这样说来,劳资协作好象完全是资方的责任,在劳方已无改良的余地。如果大家认为劳资协作应该如此的,那么本案就可不必在大会讨论,尽可由工商部下命令要资方照办。否则,如果认为劳资协作应以两方面来说的,那么本案内为何并未提到劳方。所以,本席认为本案不能随便通过的。"华商电车老板陆费逵甚至说:该议案"既不象议案,又不象法律,也不象命令",认为"本案根本不能成立"。他强调各地、各工厂情形不同,该案"恐怕反而增加纠纷,劳资反不能协作"。第三组会议主席、工商部次长郑洪年对此解释说,《方案》仅是一种供代表讨论的"意见"而已。工商部劳工司司长严庄起而反击资方,驳责陆费逵言辞"殊为失态",称《方案》内"没有什么偏袒要帮劳方的忙,来压迫资方"。黄首民则以消极态度应对工商部,发言说:"劳资纠纷是现代社会所最严重的问题,不要说本星期六就要闭幕的本会不能讨论出一个结果,就是讨论了二十年五十年一百年,恐怕也不能得到一个根本解决的方法,这是应该要逐步改良的,不是一下子就可以免除

---

① 实业部总务司商业司:《全国工商会议汇编(1931年)》,第2编,第176页。

劳资纠纷。所以本席认为本案可移交工商管理协会去长时间的研究,大会中可以不必讨论。"屠均随声附和:此案"在会场中一时恐不易解决,倘真要使劳资双方互相协作,必须先要把全国大小工厂调查清楚,然后才能着手规定劳资协作的方法,才能够解决劳资纠纷",本次会议不必再讨论这一问题。① 工商部部长孔祥熙为缓解气氛,解释说:"我们今天并不是来讲立法,不过自从《工厂法》、《工会法》等公布以后,社会方面觉得不无疑问,例如在大会中就可看见许多请求,修改法律条文的案件,所以工商部为免除以后的障碍起见,就会同专门家拟出这个《实现劳资协作方案》,乘这次工商会议开会提出来征求大家意见是否适用,……这只是给大家一个发表意见的机会,希望给工商部一个参考","并且本案就是在今天大会中通过,决不是马上就可实行。大会通过以后也不过送到国民政府作为参考,法律是由政府定的,政府认为适宜,然后经过立法手续才能颁布施行"②。

经过若干次争论,特别是大会通过下列一些议案作为补充,《实现劳资协作方案》才得以通过审查会再查修正通过,并由大会议决通过。这些议案包括:徐寄庼提出的《确立资方雇工加资之主权酌定盈余分配制度以期劳资互利救济工商业案》、王若僖的《筹设国立劳动介绍所并厉行强制失业保险制度案》、刘鸿生的《促进生产事业首在消弭劳资纠纷案》、卢绍稷的《施行劳工教育案》、范旭东的《实业救济之急务案》。资方代表们或者提出厂方至少要有"自由进退工人之权"、"按照劳绩酌加工资之权"、"对于工人应实行盈余分配制";或者提出强制保险应由国家分担20%的工人保证金;或者提出劳工法令应对运动工潮者加以制裁,保护资方利益。③ 对于资方所提出的修改意见,政府全盘接纳、修订。同时,郑洪年在闭会发言中,可能是为平衡资方抵触情绪,警告工人说:"哪一个人不是做工的人呢,所以工人并不倒霉。人本来是工人,老祖宗是化工人是造物的东西,这就是工人。工人应该做之不已来发展自己的能力。现在要求八小时工作,需要合理的工资也没有什么不对,然而,不好就弄出罢工怠工事情,因为工做坏了,乃是人类的损失,不是资本家的损失。"④

《实现劳资协作方案》的通过,掩盖而不是消解了政府与资方的诸多矛盾,该方案混淆国家与企业责任,将国家职能不切实际地转嫁到企业,从一开始就注定胎死母腹。更为不解的是,讨论劳资问题竟然将劳方排除之外。工

---

① 实业部总务司商业司:《全国工商会议汇编(1931年)》,第3编,第12~13页。
② 同上书,第3编,第14页。
③ 同上书,第2编,第189页。
④ 同上书,第4编,第15页。

商部虽然以劳方代表姿态与资方讨价还价,但全然未将工人视为与资方对等的法人团体看待,引起劳方的抵制。就在工商会议召开期间,上海工人以全国工商会议是一个资方会议为由,决定召集一个劳方的会议来予以还击。如此看来,这次会议不仅丝毫未解决劳资间任何问题,反而强化劳资矛盾,甚至强化劳资双方对政府的敌意。可以说,直到1937年国民政府一直处于努力平衡劳资关系而又不讨好的尴尬境地,以至有舆论认为国民政府无所作为:

> 今中国为保育资本之国家乎,抑为保护劳工之国家乎。今日中国实业落后如此,非保育资本不可,人人能言之也。然中国为三民主义之国,又固以保护劳工为号召者也。二者岂不可得兼乎,然兔鹿俱逐,乃至二者俱失,此非今日中国政府之政策乎。
>
> 今日中国政府对于生产实业劳资关系,至今无鲜明政策可言,无切实政绩可举,而徒悬保护劳工之言以为驾驭资本之具,其结果劳工未尝得保护利益,而资方已视劳工神圣为不可轻侮,非稍有胆略者,真不敢尝试矣。此种无政策之政策,实不得不谓为国家实业之大障碍物也。政府诚欲保护劳工,则国家法律规定,工人应得如何待遇,厂主应有如何义务,均未尝不可严厉执行。而同时又能为厂主设想,使投资营业者处处受国家保育,得国家维护,虽对于劳工有重大负担,然投资最后结果仍能如愿以偿。能如此则保育资本与保护劳工二者,何尝不可得兼乎,是在国家有政策与否耳。
>
> 国家对于实业者若无一贯政策,则各种设施必无彻底办法。无彻底办法,则言保育资本,而各种企业不得国家维护如故;言保护劳工,而劳动者不得国家保障复如故。于是劳动家固有所藉口,企业家亦未尝无是处,以至党政机关亦莫不可各执一词以相责难,然于事实何益。与国家之无政策,无办法,仍如故也。①

范旭东曾向政府建言,务必选定施政原则,不论是以振兴产业为前提,还是以减少失业为前提,都应雷厉风行实施,而不要游移观望;空言劳资双方兼筹并顾,反酿纠纷。②

国民政府颁布各种劳动法规,极尽所能地改善劳资关系,然而却遭到各

---

① 《每周论坛·保育资本与保护劳工》,《纺织周刊》第2卷第36期,1932年9月,第16页,第988页。
② 实业部总务司商业司:《全国工商会议汇编(1931年)》,第2编,第438页。

方误解,其原因除劳资双方各说各话外,另一个重要因素,即与其劳资合作的理论基础有关。国民政府劳资合作的理论基础,一是中国社会无剥削阶级存在,二是劳资双方同处于西方资本主义的压迫之下。

在党国体制下,国民政府的理论源于国民党。国民党当权派认为,中国劳资阶级尚未形成,所有实际上的区分,不过如孙中山所谓"大贫小贫"而已;同时强调在国际帝国主义的压制下,不论企业家,还是劳工都蒙受同样的痛苦。1928年10月,《国民党中央常会告诫全国工会工人书》中说:"全国工友,须知一切不平等条约之存在,实使帝国主义扼锁我国之咽喉,管理我国之产业,垄断我国之金融,吸收我国之膏血,掠夺我国之治权。夫国家处此危亡之地位,则国民之地位,当然低落,工人之地位乃更低落。……吾人之所最痛心戚首者,唯外国帝国主义之压迫,与外国资本主义之剥削,至于本国,则尚无何种强大之资本家,足以压迫我工人。就两年来之工潮事实言之,反而小实业受工人之压迫,小工厂为工潮所摧毁,而其终极将复转使小实业之工人流离失所,造成工人之压迫人者,转而压迫自己之恶现象。以此可知在生产未发达之国家,施用怠工罢工种种阶级斗争之方法于工人,其弊不独败坏社会之生计,抑且增加工人自身之痛苦。"要求工人在"大贫小贫之社会"努力生产。①此后,国民党历届中央委员会的宣言、各地党政部门告工人书中,均不断强化这一理论。1937年初,国民党五届三中全会宣言再一次重申:"中国目前显著之事实,为一般的贫穷。所谓贫富不均,不过于一般贫穷之中,强为大贫小贫之别。故中国民生问题之解决方法,为思患预防计,则当从事于平均地权,节制资本。……盖中国之所以贫穷,外由于敌之凭陵,内由于生产之落后。若于民族之内,煽动阶级斗争,对外则适足以冲消民族整个之力量,而陷国家于灭亡;对内则适足以引起各生产分子间之混战,阻止生产建设之进展。其结果惟有使人民之小贫化为大贫,而大贫则即于死亡而已。"②

很显然,国民党宣称中国社会无阶级之分,旨在消除令其烦扰不已的阶级斗争,但实际上这一理论导致两个不利后果:第一,无阶级认同,失去阶级基础。任何党派都是特定社会阶层与阶级的代表。不承认阶级的存在,国民党实际上就割断了自己与任何阶级的纽带,自我孤立起来。与此相应,无论劳资双方都怀疑国民党能否代表自己的利益。而资本家鉴于国民党一再强调"节制资本",自然更是与国民党离心离德。第二,国民党在总体上将劳

---

① 邢必信等:《第二次中国劳动年鉴》,第2编,第4、6页。
② 《第五届中央执行委员会第三次全体会议宣言》,荣孟源:《中国国民党历次代表大会及中央全会资料》下册,第431页。

资关系与工运置于民族主义框架之内,将劳资矛盾的最终症结归之于东西方列强。换言之,中国如果不能独立,工业不能发展,劳资对立永无平息之日。因此,国民党虽然出台许多法规调整劳资关系,但最终仍不过被劳资双方视为缺乏诚意与信心。上海工界领袖朱学范所谓"劳工生活不能改善,实与政府有极大关系"①,就是对此有感而发。国民党缺乏能为现实辩护的切合实际的理论家。

马克思在评价小资产阶级的改革社会方案时,指出:小资产阶级"作为'一个代表两个阶级的利益同时削弱的那个过渡阶级',它觉得它自己完全是'站在阶级对抗之上'。因此它就要寻求道路,'不是为了消灭两极——资本和雇佣劳动,而是为了缓和资本和雇佣劳动间的对抗并使之变得协调起来。'因此,它的行动总是不能决定社会的命运,它总是轮换着为阶级斗争的双方而斗争,但却总是没有意识到这一点。这时,只存在它自己的意识之中的它自己的目标必然会变得越来越空洞,越来越脱离社会的行动,变成了纯粹的'意识形态'的形式"。② 国民政府何尝不是如此,它在与劳资双方的讨价还价中,"劳资合作"因未曾实现,异化为"空洞"的口号,最后只是一个观念上的摆设而已。

当然,有些深谋远略的企业家,在一定时期注意营造企业内部劳资合作的小环境。无锡申新三厂纺织公司曾先后派职员荣鄂生、荣尔仁、荣伊仁、唐熊源、汪孚礼、郑翔德、薛明剑诸人,分赴东西各国考察劳工事业,并耗巨资在厂旁购地建设劳工自治区。自治区内设施较为完全,有免费医院、男工宿舍与家属住宅。该公司自称"本劳资合作之意义",兴办各种合作事业,及一切公众设施,将工人训练为"做新生活"的人。区内居民包括男女工及家属1767人。③ 申三的真实目的是为了重建劳资关系,而非曾任工商部劳工司司长朱懋澄所设想的通过改良住房、带动社会改良运动、达到建设健全新社会的目的。④ 因此该区"内部组织严密,就像中国城乡长期存在的保甲制那样,让工人相互监督"⑤。豫丰纱厂在连年亏折情况下,从1928年到1932年仍不断支付工人年终红利。⑥ 上海华成、南洋等几个大烟厂设有医院,工

---

① 朱学范:《国际劳工组织与援华运动》,中央社会部,1940年印发,第8页。
② 《剩余价值理论》,中共中央马、恩、列、斯著作编译局:《马克思恩格斯全集》第26卷2分册,北京,人民出版社,1973年,第124~125页。
③ 28—1609,申新第三纺织厂劳工自治区概况,中国第二历史档案馆藏。
④ 朱懋澄:《劳工新村运动》,《东方杂志》第32卷第1号,1935年1月1日,第(社)11页。
⑤ 〔美〕高家龙:《大公司与关系网:中国境内的西方、日本和华商大企业(1880~1937)》,程麟荪译,第167页。
⑥ 722(4)—344,河南省郑县豫丰纱厂劳资纠纷(2),中国第二历史档案馆。

人生病可以免费诊治。① 沪英美烟与工会合办子弟日校,并每月津贴750元。② 宝成纱厂实行八小时工作制也是劳资合作的表现。但申三、豫丰、华成、英美烟、宝成的善举,未能阻止工人的罢工。政府缺位的劳资合作,不过是长期劳资争斗中的间歇而已。被誉为"办理劳工福利最有贡献"③的吴蕴初所经营的上海天厨味精厂,仍然滋生工潮。华商电车公司在该公司工会成立之初,为联络感情,主动担负工会经费,为工会组织球厂俱乐部。但因为股东为工人讲解三民主义,总工会则以非法讲演为由,令电车工会举行纠纷周,以示抗议。④ 甚至如我们在第一章提到的,政府设立的各类救济失业工人的民生工厂中也工潮起伏。

劳工一无所有,仅靠出卖劳动力维持生计,与资方相比,无论是财力,还是社会地位,都是一个弱势集体。他们绝大多数梦寐以求的是温饱问题。在某种程度上说,只要劳工温饱得以解决,劳资合作便有达成的基础。朱懋澄曾直率地说,劳资合作困难原因复杂,"但是我放大胆说一句,大半是'吃饭问题',也即民生问题。中国的劳工实在是太困苦了"⑤。互助主义者法国路易·勃朗说过:"无论在哪里,如果依靠劳动而获得的生活保障不能从社会制度的本质中获得,那么,那里就存在着不正义。"⑥这一社会制度也就失去存在的理由了。

二、民众运动与工人基础

执政党理应完成维系民众、保障政府政策的推行之责。在国民政府主张劳资合作之时,国民党却未能导引工运,稳定工人群体,为政府推行劳资合作营造可能的稳定环境。国民党自诩为民众谋利益的党,以解除民众痛苦为职志,然而,事实上国民党却难负使命,丧失在民众中的威信。

"清党"后,国民党宣布结束军政时期,开始训政时期,与此相配套,国民党宣布今后的民众运动要由破坏转变为建设性。1928年7月,国民党中央执委第154次常务会议通过《民众训练计划大纲》,制定民运"目前的

---

① 朱邦兴等:《上海产业与上海职工》,第592页。
② 骆传华、洪达能:《今日中国劳工问题》,上海,上海青年协会书局,1933年,第104页。
③ 秦孝仪:《抗战前国家建设史料——实业方面》,《革命文献》第75辑,第375页。
④ 《从工会成立到怠工停止》,天津《大公报》1928年1月25日,第3版。
⑤ 朱懋澄:《振兴实业与劳资合作之关系》,《实业季报》第1卷第1期,1933年9月1日,第27页。
⑥ 〔法〕路易·勃朗:《劳动组织》,何钦译,北京,商务印书馆,1997年,序,第4页。

纲领"。其主要内容为：废除不平等条约；肃清军阀余孽，铲除封建势力；严惩贪官污吏，建设廉洁政府；扶助奖励并保护农工商业之发展；设立农工银行禁止高利贷；保障人民集会、结社、言论、出版之完全自由权；实行关税自主。① 1929年，国民党第三次全国代表大会制定出"建设性"的民运方针：(1)"民众运动，必须以人民在社会生存上之需要为出发点，而造成其为有组织之人民。"(2)"全国农工已得有相当之组织者，今后必须由本党协助之，使增进其智识与技能，提高其社会道德之标准，促进其生产力与生产额，而达到改善人民生计之目的。"(3)"农业经济占中国国民经济之主要部分，今后之民众运动，必须扶植农村教育，农村组织，合作运动，乃灌输农业新生产方法为主要之任务。"(4)"本党对于男女之青年，今后应极力作成学校以内之自治生活，实行男女普遍的体育训练，提倡科学与文艺之集会结社出版，奖励实用科学的研究与发明。"②一句话，发展民运组织，实现民族独立，发展民族经济，提高民众生活水平。

然而，国民党中央无力承担这一任务，一切民运方针仍停留在纸面上。在中央民众运动指导委员会主任陈公博看来，从"清党"到1931年9月，民众运动"单有消极的计划而没有积极的计划"，其根本原因在于"党消沉"了。具体而言：(1)国民党员消极怠堕，"九一八"后，"反党空气差不多弥漫于全国中，国民党的同志们也自常怀疑到本身的存在"。(2)党员的个人目的压倒革命目标，政治贪污、党纪腐落均缘于此。(3)中央缺乏统一意志，缺乏设计机关，党部与政府时时不沟通，军事与政治时时不沟通，缺乏党内与党外的宣传计划，党内党外不了解党的政策。(4)地方上党政冲突，集党政军权于一身的新兴部落的割据。(5)改组派等左派脱离实际，"偏于内部斗争，右倾热心于法西斯道路"，左右两派干扰了组织建设。他对革命前途感到迷惘、彷徨，主张开展民众运动，第一要全党团结，第二，应该努力建设。③

民众运动迟缓的另一重要原因，正如有识之士所言："国民党自从反共，不复敢言农工运动，仿佛一言农工，则畏共党窜入，……无具体的建设大计……最大多数人民所需要之改革，国民党不能与之，而复假革命之名以行，则未有不覆败者矣。"④中央执行委员何香凝也曾指出，国民党如不挽救民运，

---

① 《中国国民党中央执行委员会民众训练计划大纲（修正案）》，中国第二历史档案馆：《中国国民党中央执行委员会常务委员会会议录》第5册，桂林，广西师范大学出版社，2000年，第285~286页。
② 邢必信等：《第二次中国劳动年鉴》，第2编，第6~7页。
③ 陈公博：《民众运动与党的根本问题》，《民众运动》创刊号，1932年8月1日，第2~9页。
④ 《社评·将来之农工问题》，天津《大公报》1928年1月11日，第1版。

切实实行"扶助农工"策略,"则将来非陷于与民众绝缘之地位不可"①。

工运也不例外,同样未有进展。首先由于劳资争议前接后继,工运步入偏轨,犹如当时社会学者所说:"整个劳工运动,几为劳资争议所独占。"②其次在民众运动被国民党内部所否定之时,工人对国民党主持的工运也不认同。《工人训练纲领》中规定,工会是工人的训练机关。工会健全与否直接关系到工运前途,也是工人与国民党关系亲疏的指针。而当时国民党治下的工会面临以下一些问题:

第一,工人入会积极性不高,或称工会对工人缺少亲和力。杭州是国内著名丝织品产地,工人以缫丝、丝织业工人为多,据官方统计,女工入会人数不及男工的1%。③平津地区是华北工运中心,地毯业是天津的支柱产业,1930年前,该业成立分会7处,入会人数1692人,占工人总数的15%。④但自从1935年平津设立"非战区后",工会组织涣散,"失其活动之力量与可能"⑤。1929年,济南工人总数达20万人以上,加入总工会整理委员会的人数近5万人。⑥1933年年底,江西工人较为消极,计南昌各市县有工会73个,会员13970人。北平1931年才完成工会改组,1933年在社会局备案者计10个,会员4203人。⑦

国际劳工局中国分局从1932~1935年跟踪调查发现,上海产业工会有缫丝、棉纺、丝织等40种,职业工会计成衣、制帽、染业等46种,数量居全国之首。上海、南京、怀宁、蚌埠、芜湖、南昌、汉口、长沙、重庆、汕头、广州、南海等地,工会数量一般均在20个以上,华北手工业中心的北平,新式工业中心的天津、青岛,仅偶有一二年的工会数略超过20个。产业工会达5个以上者,有北平、天津、青岛、上海、芜湖、南昌、汉口、长沙、汕头。至于职业工会,上海、南京、怀宁、芜湖、南昌、长沙、重庆、汕头、广州、南海等地,历年均有20个以上的工会。工会人数中,每一个特种会员数至少为数千人,产业工会人数在1000至1300余人之间,职业会员人数平均在600人以下。这

---

① 《中央全会中两个重要提案》,《中央日报》1928年2月6日,第1张第4版。
② 林颂河:《九一八以来之中国劳工运动》,《国际劳工》第1卷第2期,1934年2月,第12页。
③ 建设委员会调查浙江经济所统计课:《杭州市经济调查》第2册,建设委员会调查浙江经济所,1932年12月,第637页。
④ 方显廷:《天津地毯工业》,天津,南开大学社会经济研究委员会,1930年,第81页。
⑤ 程海峰:《一九三五年之中国劳工界》,《东方杂志》第33卷第17号,1936年9月1日,第161页。
⑥ 《济南劳动界组织之调查》,《工商半月刊》第1卷第12号,"工商消息",1929年6月15日,第5页。
⑦ 实业部劳动年鉴编纂委员会:《二十二年中国劳动年鉴》,第2编,第5、15页。

4年中,工会组织的数量在逐年攀升,由1932年的647个升至1935年的823个,但各会人数却在下降。①

国有铁路系统是国民党工人训练的重点,但仍有大量工人未入会。铁道部1934年统计,平汉、北宁、津浦、平绥、湘鄂、陇海、正太、道清、胶济国有铁路工人总数67692人,入会人数58875人,还有12707人尚未入会。② 普通工会入会率更低。1928年,广州仍有194648产业工人未入会。③

到1936年7月,各地工会组织,在团体及会员数量方面,除冀、察、平、津、唐山等省市,以地方环境特殊,无形减少外,豫、鄂、皖、赣、闽各省,前以"剿共"时期,所属各工会停止征收会费,尤以多次遭受经济衰落影响,市场不振,工厂倒闭,致广大工人群众坠入失业之惨境,而工运之发展,亦有每况愈下之趋势。④

与此同时,工人对工会组织者有抱不信任的态度。1931年3月,中央明令恢复各地民众运动后,各地工会纷起声请改组或组织者为数极多。以长沙为例,在省党部、市党部、实业部立案者65个,不过,"大多数工人对于党部外表服从,其实则觉其不能代表民众利益,久有鄙视之心理"⑤。

第二,工会中国民党党员人数极为有限,比例较小。"清党"后,国民党民训纲领中就将工人党化列入条款中,要求党部人员"使工人明了人民团体对党部与政府之关系"⑥,"坚固工人对本党的信任",但党化工人远非字面上那么简单。1928年年初,沪北区区联会代表大会讨论此问题时,碍于工人的抵触情绪,只能决议先行开导工人。⑦ 从目前掌握的材料来看,天津市工界党员与其他各界相比人数较多。据1928年国民党天津特别市执行委员会组织部统计,依职业划分,工界党员419人,占全市772名党员总数的54.27%,而党界、政界党员分别为52人、44人。⑧ 1931年年初,市党部组织科登记党员人数580人,其中,工人计212人,而教育界、学生界、商人分别仅有113人、47人、19人。⑨ 但从全市工会会员人数来看,其比例太小。如1933

---

① 国际劳工局中国分局:《最近四年之中国工会调查》,《劳工月刊》第5卷第11、12期合刊,1936年12月1日,第1、2、3、4、5页。
② 《中华民国廿二年国有铁路劳工统计》,铁道部总务司劳工科,1934年编辑出版,第10页。
③ 《广州近两年劳动的状况》,1928年2月8日《中央日报》,第3张第4版。
④ 《中国国民党第五届中央执行委员会第二次全体会议中央民众训练部工作概况报告》,1936年7月编印,第32页。
⑤ 雪崖:《知识界的总动员》,1928年2月17日《中央日报》,第1张第2版。
⑥ 《工人训练暂行纲领》,《中央党务月刊》第30期,1931年1月,第110页。
⑦ 《上海的民众运动》,1928年2月21日《中央日报》,第2张第2版。
⑧ 《津市党员统计调查一览表》,《天津双周》第1卷第4期,1929年5月29日,第1、2页。
⑨ 《津市党员工人最多》,天津《大公报》1931年2月10日,第2张第7版。

年时,17500余工会成员中仅有党员14人,预备党员200人。① 其中产业工会中尤以裕元、宝成、华新、恒源、北洋五大纱厂工会为工运主力,恒源工会中心分子均属国民党党员。② 唐山五矿16000余会员,仅有党员30余人。③

福建省从1927~1937年,116个工会中仅有党员113人,且业界分布极稀,④完全不利于组织的发展与活动。1931年开封各界工会改组后,党员人数下降近半,天丰面粉公司115人中有党员7人,硝盐业工会会员633人中有党员6名,益丰面粉公司工会51名会员中有党员1人。而理发工会、建筑业工会,均无党员。⑤

与产业工会相比,个别地方职业工会会员加入国民党的比例较大。1936年,汉阳县码头业职业工会会员有1000余人,有党籍者465人,"思想纯正","均能努力党务,以尽党员天职"⑥。

相比较而言,铁道职工入会最多,一是国民党加强组织,二是工资相对较高,一般工人生活尚能维持,因此入党人数较多。1935年6月底,平汉路工党员1917人、预备党员551人,津浦路正式党员有889人、预备党员1150人,京沪沪杭甬路党员1710人,胶济路正式党员283人、预备党员302人,粤汉铁路南段党员1855人,陇海路有党员336人,正太路仅有预备党员260人,南浔路党员110人,道清路正式党员19人,广九路531人。不过,其中工人入党人数并不为多。平汉路工人党员数占该路党员总数的43.65%。胶济路工人党员数(正式党员104人,预备党员166人)占该路党员总数的46.15%。⑦

总体来看,国民党势力在工会中完全不占主导地位。中央民指会曾感

---

① 《津市劳工》,《中央日报》1933年3月9日,第2版。
② 实业部劳动年鉴编纂委员会:《二十一年中国劳动年鉴》,第2编,第19页。
③ 722(4)—464,唐山视察报告,中国第二历史档案馆藏。
④ 党员业界分布与人数具体为:建宁验造船业职业工会3人,东山县雕画业1人,东山县造船业1人,建瓯县梢排业3人,上杭县建筑3人,上杭业搬运5人,上杭缝衣3人,永春自由车2人,罗原县码头4人,漳平县码头1人,顺昌县木匠5人,安溪县起卸3人,金门码头1人,闽清柴火业13人,闽清制粉1人,闽侯厨役1人,闽侯轮船业卸1人,厦门汽车6人,厦门码头4人,厦门总工会9人,古田甲道业1人,古田成衣业1人,厦门客栈业3人,厦门理发2人,古田细木业2人,云霄驳船业1人,龙溪汽车17人,龙溪放排1人,莆田甲道业2从,诏安木匠业1人,诏安泥水业3人,晋江汽车6人,晋江印务2人,晋江瓦窑业1人。参见11—7297,审查福建省山东省湖北省甘肃省各业职工会的报告章程和名册,中国第二历史档案馆藏。
⑤ 11—7296,审查河南省各业职工会的报告章程名册,中国第二历史档案馆藏。
⑥ 11—7297,审查福建省山东省湖北省甘肃省各业职工会的报告章程和名册,中国第二历史档案馆藏。
⑦ 铁道部秘书厅:《铁道年鉴》第3卷,上海,商务印书馆,1936年,第1191、1196、1198、1200、1203、1207、1211、1212、1213页。

叹国民党在工会中势力单薄。中央民指会 1932 年调查表明,上海工会会员总数 202408 人,而党员占 0.51%;天津工会会员总数为 27613 人,党员数仅占 1.56%,长沙工会会员总数 51158 人,党员比例为 0.04%;无锡工会会员总数 44386 人,党员占 0.01%。"以上数地工会中之党员,尚称发达,而情形如此。至于党团之组织各地几为绝无仅有。"①国民党中央对浙江、河北、江西、南京的调查,同样表明党员在工界中人数至稀。四省市党员从事工业者比例分别为 2.63%、1.23%、3.36%、0.63%。② 到 1935 年 6 月,南浔路党员数"减少一半有奇,本部工作人员亦减少五分之四,仅有书记一人而已"。③ 工人党员最多的平汉路工人党员数仅占该路工会人数的 6.43%。④胶济工人党员数占工会会员总数(5800 人)的 4.66%。据回忆,即使是国民党淞沪警备司令杨虎所控制的海员总工会,其参加国民党者也是寥寥无几。⑤

即使一些工会领导层的国民党员人数亦同样极为有限。1931 年,南京 41 个职业工会中有 36 个工会的理、监事与常务委员、职员均非党员。仅有的 10 名党员分属 4 个工会(成衣业 4 人、烟业与东南城水陆码头运送业各 2 人、浦业运输业与东站客车行李货物搬运业各 1 人)。⑥

但就是这些党员的真实身份与素质也值得怀疑。1928 年,广州 180 个工会的 290620 人中,有 77932 人为国民党党员,但《密勒氏评论报》记者称,这些国民党员中不知藏有多少共产党员。经广东省党部 1929 年审查,不合格者以工界为最,计 159 人;其他不合格者为农界 130 人,商界 46 人,党务部门 51 人,政界 57 人,教育界 112 人。⑦

第三,工会组织结构不稳,随失业人数增减而变化。1931 年来,在洋货倾销、内战、匪患、水旱灾荒颇仍之时,工厂常靠停业以渡难关,失业是工人的常态,而一些如纱、丝厂季节性较强的工厂,工人变换更是普遍,这种种因素都影响工会的稳定。1932 年,全国失业人数估计在 180 万到 200 万左右。⑧ 1933

---

① 中国国民党中央民众运动指导委员会:《二十二年工人运动概观》,第 37 页。
② 《中国国民党年鉴(民国二十三年)》第 2 编,沈阳,辽海出版社,2008 年,第(乙)19~20 页。
③ 铁道部秘书厅:《铁道年鉴》第 3 卷,第 1212 页。
④ 依 1932 年 3 月该路工会会员数 16759 人(铁道部秘书厅:《铁道年鉴》第 3 卷,第 1217 页)推算。
⑤ 张德铭:《旧海员工会与国民党的派系之争》,上海市政协文史资料委员会:《上海文史资料存稿汇编》第 11 辑,上海,上海古籍出版社,2001 年,第 172 页。
⑥ 《本市各业职业工会职员及党员人数统计表》,《南京社会特刊》第 3 册,1932 年 4 月 8 日,第 81 页。
⑦ 《广东全省不及格的党员》,《中央日报》1929 年 3 月 22 日,第 2 张第 3 版。
⑧ 中国国民党中央民众运动指导委员会:《二十二年工人运动概观》,第 24 页。

年,失业人数在 500 万以上。① 据国际劳工局估计,1936 年前后失业人数达 5893196 余人,其中尤以纱织业、盐业为多。广东、上海、北平、青岛等地,失业率几占全市人口的 30%。② 工人一旦失业,无法维持日常生计,便对工会活动失去兴趣。大冶产业工会工人在 1936 年前后,因该矿营业衰落,工人收入减少,生活困难,"对于参加团体活动,极少兴趣","绝少任何活动"③。

据当地市政府调查结果显示,江苏省 22 县会员总数 130637 人,失业会员 2444 人,约占会员总数的 1.9%。④ 1928 年,上海曾经入会而失业的工人达 10009 人,占全部会员 1555069 人的 6.44%;1930 年,天津入会而失业人数计 1642 人,占会员总数 26532 人的 10%;1929 年,广州入会失业者 1 万人,占会员总数的 25.8%。⑤ 1934 年初,长沙全市会员 51100 余人,其中,失业者达 16800 余人,占会员总数的 1/4 以上,"各业工会,除例行公事外,实无工作之可言"⑥。

第四,工会领导层内讧,分裂工会。汉口码头工会常务理事胡定山等成立忠义救国会,屡次要挟码头工会理事、汉口市工界领袖王锦霞入伙而遭拒绝,遂于 1936 年 6 月中旬伙同 20 余人图谋加害王氏。幸得巡警等相救,王锦霞身受重伤未亡。⑦

第五,经费困难是绝大多数工会发展的障碍。湖北大冶产业工会包括大冶县内象鼻山与汉冶萍二铁矿、华记水泥厂及富源、富得、华裕、德和、四维等煤矿 9 处 42768 人,但因经费"极难筹措,对于应办事业,多未次第办就"⑧,几近瘫痪。1928 年年初,江苏 42 县工会经费分为四等,从每月 800 元到 500 元不等,不及维持会务日常开支。江苏省总工会成立之初,仅有经费 1300 元。⑨ 1930 年青岛有工会 33 个,会员 25639 人,但每月经费最多者 300 元,最少者甚至仅 8 元。⑩ 天津织布业工会因入不敷出,工会工作无

---

① 《中国劳动失业之现状》,《中华邮工》第 1 卷第 4 期,1935 年 6 月 5 日,第 10 页。
② 起凡:《对于本届国劳大会我国劳方提案之剖析》,《中华邮工》第 2 卷第 5 期,1936 年 5 月 31 日,第 22 页。
③ 11—7297:审查福建省山东省湖北省甘肃省各业职工会的报告章程和名册,中国第二历史档案馆藏。
④ 《苏省工会会员数目调查》,1928 年 3 月 17 日《中央日报》,第 2 张第 2 版。
⑤ 姚坚甫:《救济我国失业劳工方法的检讨》,《劳动季报》第 5 期,1935 年 5 月 10 日,第 104 页。
⑥ 绿藤:《最近两年来各地工会概况》,《劳工月刊》第 3 卷第 4 期,1934 年 4 月 1 日,第 19 页。
⑦ 《汉口工人领袖王锦霞被狙击》,《申报》1936 年 7 月 30 日,第 3 张第 9 版。
⑧ 11—7297:审查福建省山东省湖北省甘肃省各业职工会的报告章程和名册,中国第二历史档案馆藏。
⑨ 《苏省县市总工代表联席会》,《中央日报》1928 年 2 月 15 日,第 2 张第 2 版;《苏省总工会经费困难》,《中央日报》1928 年 2 月 9 日,第 2 张第 3 版。
⑩ 邢必信:《第二次中国劳动年鉴》,第 2 编,第 45 页。

非是宣传提倡劳工福利而已。① 1934年春,蒋介石电令工人团体禁止收取会费后,各地工会益形涣散。1935年10月,汉口市府工商股长徐文光在与国际劳工局中国局长程海峰交谈中,承认汉市仅有码头业工会"能以维持"②。当然,也有极少数像上海邮务工会那样拥有雄厚经济实力的工会,能长袖善舞,各项事业都能办得有声有色。

第六,工会组织常被外力干涉,甚至民运人员无人身安全。政令干预工会,屡见不鲜。1933年3月,两路工会吴淞机厂分事务所全体干事,被两路管理局长黄伯樵诱捕到局,并押送淞沪警备司令部。③ 1933年年初,北平邮务长巴立地侵犯党权,非法封闭工会,逮捕委员11人,越权革除全体执行委员职务,并态度强硬,无视党政部门劝告。④ 同年,湖北邮政管理局不承认经中央核准的汉口邮务工会。⑤ 1934年2月,京沪、沪杭甬铁路总务、材料处长莫衡,以"凡参加党务工运之人,均为危险分子"为由,突将两路工会吴淞机厂分事务所常务理事曹文魁调往宁波。⑥ 1937年4月,京沪、沪杭甬铁路工会南京分会干事苏汉卿、支路干事张合绽、书记万钟等,奉分会推派因公往见南京机车房主任路秉文,该主任始则拒绝接见,继则对工会大加攻击,最后命令驻路警务段,将苏汉卿拘捕。该路工会南京分会所属会员,愤怒至极,立即电请该路工会理事会救济,并以路秉文破坏工运、仇视工会,转呈党政当局严办秉文。⑦ 国营企业对工会任意摧残,其他则可想见一般。甚至中央民运会特派员许闻天与省党部特派员史泰安,在1934年1月也曾被滦榆行政督专员陶尚铭拘押40个小时。⑧ 财政部曾以妨碍税收名义,决定解散河南手工卷烟业工会。⑨

因工人大多不甚识字,工会不得不聘请业外人员充任职员或书记。这些人往往假公济私,藉工潮以渔利。即使工人们愿意和解,他们也多方挟持,使纠纷扩大和延长。有时雇主们被迫向工会的职员行贿,希望他们勿事煽惑。⑩

---

① 方显廷:《天津织布工业》,天津,南开大学经济学院,1931年,第76页。
② 《国际劳工局中国局长来汉考察劳工状况》,《大光报》1935年10月22日,第2张第7版。
③ 《中国国民党全国民众运动工作讨论会报告书》,中国国民党中央民众运动指导委员会,1934年编印,第20页。
④ J10—1—1588,北平邮政管理局,北京市档案馆藏。
⑤ 《一九三三年下季的邮工运动》,《劳动季报》第1期,1934年4月10日,第179页。
⑥ 《国际劳工消息(铁路风潮)》,《国际劳工》第1卷第2期,1934年2月,第61~62页。
⑦ 《两路南京车房主任非法拘捕工会负责人》,《中央日报》1937年4月17日,第2张第3版。
⑧ 722(4)—468,该部指示河北省党部和平东民运指导员指导省市工会运动的来往文件与报告及工人罢工情形案(1),中国第二历史档案馆藏。
⑨ 《国民党中央民众训练部工作报告(战前部分)》,中国第二历史档案馆:《中华民国史档案资料汇编》第5辑第1编政治(3),第74~75页。
⑩ 顾炳元:《上海市劳资纠纷问题的研究》,《女青年月刊》第10卷第4期,1931年4月,第18页。

这种人成了"工人绅士",其命令"超越于政府之法令"。湖南第一纺织厂助理任尚武说:"此种不正当之办法,实足以摧损政府之威信,堕落社会之风气,急宜纠正者也。"①当然,还有些党部人员因意见不一,不顾党员身份,广树声援,利用工人,互相磨擦,极其损害国民党的威信,"党部失却工人之信仰,工人亦离开党部之领导","党部不但等于虚设,且为制造纠纷之根源,为反动造机会"②。

外商更是经常干预工会。1929年7月间,青岛各厂工友组织工整会,为厂方所忌,被解雇200余工人,经市长吴思豫斡旋无效,日商9厂相率停工,时逾数月。为平息1929年青岛工潮,青岛市指委紧急会议决定工整会暂停活动,以免酿成外交冲突。③有时厂方为打击工会势力,往往将工会理、监事开除,1932年6月,美商上海电力公司开除工人121人,引起劳资纠纷,资方宁愿支付40万解雇金,也要停厂。④

综上各点可知全国工会工作的松懈、组织涣散。据中央民运会1932年调查,上海70个工会中,其能办理例行公事及经常事务者不及40%。甚至一些工会负责人大都徒挂虚名,根本不到会工作,甚至有敲诈剥削、侵吞公款、脱离工人阶层而成为享乐者,腐蚀着工会的肌体。⑤

导致上述一系列变化,国民党人有不可推卸的责任。首先,国民党开始训政之后,其组织系统未随政府的确立、革命任务的变化而改变。除中央党部外,基层组织仍然保持军政时期的秘密状态,不利于国民党党组织在工会中发展。《人民团体中党员组织工作通则》明令:"各人民团体中之本党党员","在其隶属之团体中,秘密组织干事会,实行党的运用"。该通则于1932年11月国民党第四届中央执行委员会第四十七次常务会议备案。⑥保持党员秘密状态,一是为减少非党员对国民党的排斥,一是为了严防党政纠纷。但既然"党团的意义,在使党员于各种社会职业中领导其份子,努力于革命工作及其本身之利益"⑦,"透过各级工会之核心以控制其运动"⑧,国

---

① 任尚武:《与纺织同业讨论实行工厂法》,《纺织周刊》第3卷第51期,1933年12月18日,第1526页。
② 中国国民党中央民众运动指导委员会:《二十二年工人运动概观》,第36页。
③ 马福祥编:《青岛工潮纪略》,1930年,第1、3、13页。
④ 722(4)—225,上海市英美烟厂劳资纠纷和华商电车工人大罢工案,中国第二历史档案馆藏。
⑤ 中国国民党中央民众运动指导委员会:《二十二年工人运动概观》,第36页。
⑥ 《中国国民党年鉴(民国二十三年)》第5编,沈阳,辽海出版社,2008年,第(戊)15~16页。
⑦ 《关于整理本党实施方案案》,荣孟源:《中国国民党历次代表大会及中央全会资料》下册,北京,光明日报出版社,1985年,第178页。
⑧ 《海员铁路邮务电务等工会运用方案》,中国第二历史档案馆:《中国国民党中央执行委员会常务委员会会议录》第18册,桂林,广西师范大学出版社,2000年,第65页。

民党保持党员秘密状态,显然不利于其在工会中的发展。反之,应该高举旗帜,重整其党的形象。

其次,国民党党员不愿意从事基层工作,基层党员势单力孤。像济南那样由两名党员指导全市 34 个工会、几万人的情况不在少数,①一般"都想往上去"。陈果夫在 1929 年国民党浙江省代表大会上,曾告诫党员脱离下层"这点实在很危险"②。吴铁城在 1931 年 2 月 5 日南京市第二次全市党员代表大会闭幕式上,代表国民党中央告诫党人"我们应该从各种民众组织中,透出工作的力量"③。但其警语未能改变国民党失去下层民众的命运。

再次,与政府部门相比,党部人员薪资过低。高级党务人员每月所得不过一二百元,下级党部工作人员"且不能谋一饱,甚或典衣质物,以支持生计"。而政府部门人员,高级职务者月薪千元,下级人员月薪也有八九十元。④ 因苦乐不均,大量党员离开党务部门而趋于政界。这与国民党提倡的"党员成革命化,政治成廉洁化"南辕北辙。没有坚定的党性原则,则不可能忍受过低的薪资,而勤于党务工作。

复次,基层党务人员无专业技长,不利于与劳资任何一方沟通。因此,马超俊曾强调党部派赴各工会指导员,应该同时为该业的技术专家。⑤ 1932 年《改善党部组织案》也要求:"应尽量集中有能力有专长之同志,组织各种事业指导委员会,切实指导及分布下级同志于各种社会事业中,在行动中求主义之实现及民权之发展,生产技能之增进,以解决民生为目的。"⑥

第五,正如有研究者所指出的,"对共产党人的清洗,造成一种过滤的效果,留下了自私自利者未受触及,反而把许多在革命胜利过程中、在一定程度上为国民党输入了活力、纪律性以及责任感的人,从革命运动中清除了出去"⑦。

当然,这一切均与蒋介石有关。蒋介石为了剔除异己力量,取消军队中的政治委员制度,进行党员重新登记,由 CC 系中央党部指定代表出席党代会。因是之故,"在 1929~1931 年间,党被剥夺了绝大部分权力。无论在制定政策方面,还是在作为一个监督机构方面,它都不再扮演一个重要角色"⑧。

---

① 《济南劳动界组织之调查》,《工商半月刊》第 1 卷第 12 号,"工商消息",1929 年 6 月 15 日,第 5 页。
② 《党员应努力下层工作》,天津《大公报》1929 年 2 月 28 日,第 3 版。
③ 吴铁城:《党员应深入民众》,《宣传周报》第 16、17 合刊,1931 年 2 月 23 日,第 3 页。
④ 《沪六区主张党政人员同等薪俸》,《中央日报》1928 年 7 月 25 日,第 2 张第 3 面。
⑤ 马超俊:《训政时期的工人运动》,《中央周刊》1930 年增刊,第 35 页。
⑥ 《关于改善党部组织案》,荣孟源:《中国国民党历次代表大会及中央全会资料》下册,第 173 页。
⑦ 费正清主编:《剑桥中华民国史》,章建刚等译,第 133 页。
⑧ 同上书,第 137 页。

蒋介石曾在国民党二届四中全会提出《改善中央党部组织提案》,口口声声宣称"本党为代表全体被压迫民众利益的党","良以党而无民众运动为后盾,即将成为空疏的政治组织","党的工作与民众运动互为表里,不可臾离也"①。但最终断送国民党群众基础的正是蒋介石本人。

另外,不太重视党对工会的领导,这与国民党的惯例有关。1927 年时,国民党曾强调党的组织与工会组织不能混而为一,"党为政治目的相同的组织,工会为经济目的相同的组织",两者相合,"一方面丧失党的活动之特殊意义,一方面使工人群众对党与工会观念模糊不清"②。这种提法当然合乎党与工会的组织特性,是一种理想状态的党与工会的关系,但这一种做法绝不适用于内政纷乱、外敌欺凌之时,它必然削弱、甚至失去国民党对工会的领导。

三、工人群体与意识形态

工人群体没能得到国民政府与国民党的切实重视,并不能阻止工人群体在政治上趋于成熟。

工人运动是工薪劳动者共同向雇主争取利益而形成的一股不可遏制的潮流。工人运动与意识形态并非始终相联,即阶级意识与工人、工人运动并不是与生俱来、形影相随的。英国史学家霍布斯鲍姆说过:"工人运动并不是什么'方案',而是在社会生产发展的某一阶段,一个雇佣劳动者阶级逻辑上必然产生的、实践中无法避免的特征。社会主义才是一种'方案'。也就是说,它是一种要努力推翻资本主义,用一个新的经济制度和一个新的社会来取代资本主义的意图和尝试。虽然这个方案从一开始就和工人运动紧密地结合在一起,但是,这两者毕竟不是完全等同的一回事。我们在所有存在工人阶级的社会里都会发现工人运动,除了由于强制和恐怖镇压使工人运动受到阻碍的地方以外。"③《海关报告十年报告(1922～1931 年)》曾称:"劳工的觉醒,不象许多人所说的那样是由于共产主义的宣传,而是另有错综复杂的政治、经济和思想上的种种原因。现代工厂的迅速增多、旧式手工业中盛行的师徒制度的淘汰、辅币的泛滥以及生活费用的迅猛增高,无一不驱使

---

① 《中国国民党第二届中央执行委员会第四次全体会议记》,《中央日报》1928 年 2 月 12 日,第 3 张第 1 面。
② 《工人运动》,上海,泰东图书局,1927 年,第 36 页。
③ 〔英〕霍布斯鲍姆:《工人运动的世纪》,《当代世界与社会主义》2002 年第 6 期。

工人们联合起来，要求获得经济上的解放。"①甚至国民党当时就曾指出，作为意识形态集中体现者的国民党，是"为政治目的相同的组织，工会为经济目的相同的组织"，"党对于工会，在政治上立于指导地位，但不使工会失其独立性"，"党之政策，可以影响工会之政策，但不能使工会全无政策，失却民众之主张地位"②。其意不过是说，工人与意识形态为"两层皮"。换言之，工人阶级的形成也是一个过程。蒂利与佩格"教导我们把阶级看做是过程而不是固定数量，把阶级行动看作是处于不断变化中的'联合'，并把阶级关系看作是各种生产关系处于不断变化中的种种组合"③。实际上，工人的自主阶级意识、或称意识形态是"被赋予"的，而"被赋予"又是一个不断进行的过程。"被赋予的阶级意识"是卢卡奇提出来的，其意为"变成为意识的对阶级历史地位的感觉"，或"人们在特定生活状况中，如果对这种状况以及从中产生的各种利益能够联系到它们对直接行动以及整个社会结构的影响予以完全把握，就可能具有的那些思想、感情等等"。他揭示了阶级意识与阶级行动之间的联系。④

在南京国民政府时期，工人的意识形态，或称工人的阶级的形成⑤，是由国民党及其他团体来共同完成"被赋予"、或称"灌输"的过程。尽管各方对"阶级"、"阶级斗争"的理解混乱至极，但观念上的"阶级"、"阶级斗争"被赋予到工人脑海之中。也正是在这一过程中，工人阶级的集团不断壮大。

国民党政府机关与个人虽一再否认阶级斗争，但长期以来在其各类言论中，反复使用"阶级斗争"一词。1928 年，上海特别市指委会宣传部制定的《五一劳动节宣传大纲》，明文强调"中国没有大资本家，用不着阶级斗争"⑥。同年，《中国国民党中央执行委员会民众训练计划大纲》中强调，"民众运动不是狭隘的阶级斗争"⑦。北平社会局局长将该市工商联合研究会

---

① 徐雪筠等：《上海近代社会经济发展概况（1882～1931）——〈海关十年报告〉译编》，上海，上海社会科学院出版社，1985 年，第 273 页。
② 邢必信等：《第二次中国劳动年鉴》，第 2 编，第 2，3 页。
③ 黄宗智：《学术理论与中国近现代史研究——四个陷阱和一个问题》，黄宗智主编：《中国研究的范式问题讨论》，北京，社会科学文献出版社，2003 年，第 105 页。
④ 〔匈〕卢卡奇：《历史与阶级意识——关于马克思主义辩证法的研究》，杜章智等译，北京，商务印书馆，1996 年，序，第 8 页。
⑤ 笔者认为：中国工人阶级既是一种观念意识，又是一个独立实体。中国工人阶级的形成是一个历史概念，是一个持续不断的充实、壮大过程。直到 1956 年完成资本主义工商业的社会主义改造后，作为具有政治地位与经济地位的中国工人阶级实体才基本确立。
⑥ 《五一劳动节宣传大纲》，《中央日报》1928 年 5 月 1 日，第 2 张第 4 版。
⑦ 《中国国民党中央执行委员会民众训练计划大纲》，中国第二历史档案馆：《中国国民党中央执行委员会常务委员会会议录》第 5 册，桂林，广西师范大学出版社，2000 年，第 280 页。

有关《工会法》的意见稿,呈请市长审阅。该稿中将罢工、怠工指称为"阶级斗争之方法"①。上海工统会顾问蔡公时在与来访的该会宣传部及秘书处代表的谈话中,提到工人在"各阶级中之地位"②问题。1931年年初,中央执行委员会训练部制定的《工人训练暂行纲领》,在行为规定部分,要求工人遇到发生劳资纠纷时,"不得以阶级斗争相号召"③。同年10月21日,中央广播无线电台播出实业部《工业施政近况》,将劳资冲突与阶级斗争并称为"世界上绝大问题"④。1937年2月,国民党五届三中全会对外宣言,称在"外侮洊至"之时,绝不可"惑于阶级斗争之说"⑤。

"阶级斗争"也是一些走向工人讲坛的专家学者宣讲劳资合作时的惯用语。1932年,青岛社会局邀请各方面专业人士,在各工厂开办各类讲演,宣传三民主义与科学知识。政治讲演内容一般多为反对阶级斗争,主张阶级调和论。⑥马寅初也曾在清华大学、中山大学讲演中,奉劝工人要发展实业,首先要"劳资二者结合,共抗外侮",劳资间不要挑起阶级斗争。⑦舆论界也为政府助阵。1937年,天津《大公报》发表社评,提请工人不要向厂方提出过高的待遇,"以罢工为利器,酿成阶级斗争的局势","来煽动劳资两方以致同归于尽"⑧。

"阶级斗争"同样是资方常用词语。老同盟会员、招商局科长俞寰澄在"清党"后成立的职工会演说中,一方面称"没有革命,就没有职工会",一方面强调"我们可以亲爱精神,代替阶级争斗"。⑨1928年,上海县商会在全国经济会议上,提交《请消弭劳资斗争使人民各勤职业以利国家案》,将凡是伤害资本家利益的行为,均看作为"阶级斗争":"中国实业幼稚,资本家寥若晨星,自经兵事迭兴,商业益复凋敝。加以似共非共之举,时有所闻,几至人人讳言资本。非有彻底安全之保障,桀骜者不夺不餍,安望职业之有起色。国

---

① J2—4—3,北平特别市社会局关于中央政治会议通过之"工会法修正案、工会组织条例"给丹华火柴公司的函及附件(1928.10.16~1928.12.8),北京市档案馆藏。
② 《沪工统会调解劳资案》,《中央日报》1928年2月3日,第2张第3版。
③ 《工人训练暂行纲领》,《中央党务月刊》第30期,1931年1月,第110页。
④ 实业部:《工业施政近况》,《中央党务月刊》第39期,1931年10月,第2402页。
⑤ 《第五届中央执行委员会第三次全体会议宣言》,荣孟源:《中国国民党历次代表大会及中央全会资料》下册,第429页。
⑥ 阎星荧:《中国工人今日应有之觉悟》,《劳工讲演录》,青岛,青岛市社会局劳动丛刊,1932年,第46页。
⑦ 马寅初:《中国今日之劳资问题》,季啸风、沈友益:《中华民国史史料外编——前日本末次研究所情报资料》第23册,桂林,广西师范大学出版社,1997年,第508页。
⑧ 《社评·最近沪各工厂劳资纠纷平议》,天津《大公报》1937年4月7日,第2版。
⑨ 《俞寰澄科长在职工会演说辞》,《招商局文电摘要》,出版单位、时间不详。

家经济由人民荟萃而成,必使人人各劝职业,方有利于国家。若偏重阶级斗争,必致人民有倖取之心,不复以职业为重,恐整理而愈形纠纷,似应设法消弭,以期平定。"①同年,湖南湘潭县商会在全国商会临时代表大会上提交《限制工资案》,内称工人以"要求不遂,立即罢工,致起劳资纠纷,形成阶级战斗,成为今日最为危险之问题"②。资方也曾希望震寰、裕华等厂工人,"本劳资合作之精神,以为维持实业之至计","勿为共产党阶级斗争与非资本主义诸邪说所迷惑"③。

非合作,即是阶级斗争。非此即彼的宣传方式,将工人推向单向思维的境地。正是在这些"被赋予"的言论,助长了阶级斗争意识向工人中间的渗透。在与对方的唇枪舌剑、往还回应中,工人使用"阶级斗争"一词极为寻常。1928年,沪工职工会反对雇主单方修改劳资条例,认为雇主"修订之目的能否实现,其有意对劳工之阶级斗争"④。当年2月,上海特别市工人总会在安慰失业工友宣言中,一面大骂共产党将工人置于水深火热之中,一面将开除工人的雇主斥为"资本主义者"⑤,树起所要攻击的靶子。5月,上海七大注册工会发表纪念"五一"宣言,高呼"我们劳动阶级!全世界都是一样!是创造世界文明的主力军";"五一劳动节,就表现劳动阶级的开始自我的解放","我们要在今天严整自己的队伍,检阅自己的群众,团结自己的势力,向着一切剥削阶级压迫阶级示威,表示我们的力量,解放我们'非人'的地位!"⑥国民党不断重申中国无对立阶级存在,但工人已经冲决所谓无阶级对立的樊篱。1932年8月,上海酱业工会与资方争讨维持既定契约的权利,工会将"阶级斗争"与"劳资合作"作为对立的词语,并称"不遵守劳资协定契约者,一旦演成阶级争斗,使社会秩序永陷不宁,甘为戎首者,其罪可逭乎"。⑦ 阶级斗争成为劳资冲突的同义词。1933年,轰动全国的三友工人大罢工中,上海市五区卷烟工会等30余工会,在对全国各法团的宣言中,呼吁各团体居间调解,消弭纠纷于无形,否则,"资方之集团,而引起劳工之集团,成为阶级斗争,而发生意外之事,其咎谁负"⑧。工人已经明确将劳资双方

---

① 全国经济会议秘书处:《全国经济会议专刊(1928年)》,上海,财政部驻沪办事处,1928年,第213、470页。
② 《全国商会临时代表大会专刊》,议案审议报告,1928年11月,第31页。
③ 《武汉各纺织厂之今昔观》,《纺织时报》第478号,1928年2月13日,第321页。
④ 《沪各职工会反对修改劳资条例》,《中央日报》1928年4月19日,第2张第2版。
⑤ 《上海特市工人总会慰问失业工友》,《中央日报》1928年2月3日,第2张第3版。
⑥ 《上海七大工会五一纪念告工友书》,《中央日报》1928年5月1日,第2张第4版。
⑦ 722(4)—226,《酱业特刊》第1版,1932年8月17日,中国第二历史档案馆藏。
⑧ 722(4)—230,各工会之宣言,中国第二历史档案馆藏。

视为两个不可调和的阶级,将劳资争议视为阶级斗争。1933年,苏州铁路饭店东伴纠纷中,火柴工会、木机工会代表在党部举行的例会上,对旅业工会横遭解散至为愤怒,"谓愿与资本主义者奋斗到底"[①]。由上可知,工人已经将自己与资方的对立,同"阶级"、"阶级斗争"紧密地联系在一起。"劳资合作"的观念已然为工人弃之如履。国民政府实施工厂检查何尝不是要保障工人权益,但据实业部中央工厂检查处李平衡处长曰:合法的劳工运动中"抱有急进思想者,对此均鄙夷不屑一顾","他们认为工厂检查,是一般改良主义者用劳资协调的政策来欺骗劳工,不是彻底改进社会的办法"[②]。

与之相伴的,是工人自觉地意识到自己的社会地位与作用,上海社会局清醒地看到这一点:"劳资冲突,倘可以归咎于操纵工运的分子,或煽惑暴动的共产党徒,那末,我们斤斤于案件的探讨和根究,岂非失其鹄的?……工人们已自觉到他们的地位,已不再是渺小的附庸、辅助的工具了。他们开始向整个资本工业挑战,他们需要一个新的制度,在那里有平等的待遇,平等的享受。"[③]工人们自豪地说:"工人是建设中国国民经济的主力军。"[④]

英国史学家汤普森在《英国工人阶级的形成》中指出:"劳动人民的新的阶级意识可以从两方面来观察。一方面,不同职业和不同文化水平的工人已经意识到他们有着共同的利益。……另一方面是意识到工人阶级或'生产阶级'自身的利益同其他阶级的利益相对立,而且其中还包含着日益成熟的建立新制度的意识。"[⑤]或许中国工人还没有"日前成熟的建立新制度的意识",然而,自主的独立意识,一旦与阶级斗争观念相化合,必将成为引爆社会危机的巨大火药桶。

阶级意识是"被赋予"的,也是自主生长的。萨特说过:"工人集体或系列的工人阶级由大多数分享相同的环境或生活相同条件下的个体组成","都养成了同样的生存方式","在相同的处境中会以同样的方式行动或做出反应","通过这一相似性个体成为同一集体的成员","家庭越是相似,与其他阶层的家庭区别越大,那么工人就越像是一个统一的阶级"[⑥]。夏威夷大学社会学教授具海根在总结韩国工人运动后得出这样的结论,即"社会阶级最终是在工人亲身经历过的体验基础上形成的。但是,这些亲身经历的体

---

① 722(4)—92,江苏省苏州铁路饭店劳资纠纷案(1),中国第二历史档案馆藏。
② 李平衡:《中国工厂检查实施的前提》,《国际劳工》第1卷第1期,1934年1月,第6页。
③ 上海市政府社会局:《近十五年来上海之罢工停业》,第18、19页。
④ 《今日劳动节》,《中央日报》1936年5月1日,第2张第3版。
⑤ 〔英〕E.P.汤普森:《英国工人阶级的形成》下册,钱乘旦等译,南京,译林出版社,2001年,第952页。
⑥ 〔法〕雷蒙·阿隆:《论治史》,冯学俊等译,北京,三联书店,2003年,第399~400页。

验并不仅仅是由生产关系形成的,而且还是由文化和政治权力从外部以及通过内部劳动关系而形成的"①。中国工人在相同的生存状态中,形成独特的"生存共同体",在外界的影响下,工人群众源源不断地进入已经具有"阶级斗争"意识的工人群体中。

中国工人处境悲苦,生存环境极差。除工人居住生活条件恶劣外,生产车间好像"污浊的茅厕"②,严重摧残工人身体。纺织女工几乎均面色"青得没有血色",十之七八因纱絮"患烂眼病"。③ 工厂甚至缺乏必备的安全设施,工人在生产中人身安全常受到威胁,工伤事故不断。1931年,18家矿山伤者22802人,死亡699人。④ 据公共租界自治委员会赫德(Eleanor M. Hinder)不完全统计,1933年,上海工厂事故死亡120人,伤者163人。其中,仅正泰橡胶厂发生爆炸,即死女工76人,男人6人,重伤20人。建筑业死16人,伤26人。1934年,仅1月份灾害有123起,严重者4起。1935年上海公共租界工业灾害大小计2301起。⑤ 仅1936年5月,公共租界共发生172件事故,毙8人。⑥ 8月,公共租界有事故175件。⑦ 另有权威统计表明,1934年全国各类灾害2469次,死亡1888人,伤者3123人,损失约达5737000元。以地域计,上海为多,共1215次,占总数的49.2%。⑧ 1935年全国各类灾害2655次,死亡1506人,受伤4123人,损失估计达10272000元。⑨ 首都南京工厂状况同样深存隐患。1936年,社会局、工务局、卫生事务所举办第2期工厂检查,探知印刷、砖瓦、面粉、机器、化学等19家厂在安全、卫生方面"能与工厂法相符合者,极为少数"⑩。工伤赔偿,并非易事,劳资双方为此常常聚讼不休。赫德深感工界草菅人命,发现当时社会一般人缺少工厂安全意识,"皆认为工人很多,即有伤亡也无关于在业工人的'全体'"⑪。

---

① 〔韩〕具海根:《韩国工人——阶级形成的文化与政治》,梁光严等译,北京,社会科学文献出版社,2004年,第3页。
② 蒋逸霄:《宝成纱厂女工生活概况》,天津《大公报》1929年8月1日,第5张第13版。
③ 黄宇桢:《中国妇女劳动问题》,《工商管理月刊》第4卷第2期,1937年3月1日,第38页。
④ 《民国二十年各矿山灾害之一斑》,《工业安全》第3卷第4期,1935年8月,第477页。
⑤ 《上海公共租界内一年来所发生之工业灾害及研究改善之报告》,《工业安全》第4卷第3期,1936年6月,第267页。
⑥ 《上海市五月份工业灾害统计》,《国际劳工通讯》第21号,1936年6月,第78页。
⑦ 《上海市八月份公共租界工业灾害统计》,《国际劳工通讯》第3卷第9期(24号),1936年9月,第63页。
⑧ 《二十三年全国工业灾害总检讨》,《劳工月刊》第4卷第8期,1935年8月1日,第2,8页。
⑨ 《民国二十四年中国工业灾害统计》,《劳工月刊》第5卷第4期,1936年4月1日,第2页。
⑩ 《劳工行政·南京第二期工厂检查》,《国际劳工通讯》第21号,1936年6月,第43页。
⑪ 邢德:《工业中的灾害问题》,《女青年月刊》第13卷第5期,1934年5月,第32,33,34页。

工资低廉,入不敷出,疲于生计,为工人最大的忧虑。据实业部1933年调查,在68家工厂中,竟有52种行业工人月工薪均在15元或15元以下,30多个行业工人月薪仅10元或10元以下。① 从全国来看,不同行业工人工资相差极大,上海毛织业工人月薪90元;南京军械工人月薪40元;北平印刷工人月薪70元;太原电灯工人月薪69元;重庆自来水工人月薪60元;中原公司煤矿工月薪50元;铁路机务处工人月薪120元以上。然而,上海卷烟工人月资9元;砖瓦业的童工每月不过0.15元;南京绳线工月资2元;南京缎机女工月资1.5元;北平酿酒工每月4元;重庆缫丝工每月3.6元,火柴女工3元;山东铁矿工人每月最多14.5元;铁路工人大多数每日0.24元。一般来说,除铁路工人勉强月薪在20元外,其他职工月资都不超过20元。上海男工一般每月只有19元。据1928年调查,五口之家月消费国币至少21.31元,但如果以1926年为基准,6年来生活指数已增至125.9％以上。② 工人维持基本生活都很困难。

　　同一行业月薪差距同样很大。电务职工月薪多者数百元,最低者5元,大多均在10～50元间,占63.59％,平均月薪50.20元。该业职工普遍反映,以此收入"养活四口至八口的家庭","可以想象大部分职工,不论住在城市或乡下,生活都不是很好过的了"③。

　　从上海来看,月收入较高者,有印刷、造船、机器、丝织、电气、自来水等业,多在25～40元之间;较低者为棉纺、缫丝、烟草等业,月入均在10～15元之间,其余各业大抵在15～25元之间。④ 有统计表明,1934年,上海平均五口之家,一年收入约为416元,支出约454元,收支相抵,不敷约37元。88％与78％的工人分别靠借款、当物维生。⑤ 朱懋澄根据上海工人家庭年收入与市场行情推算,工人租房费用月平均仅3元,而市价一般为8元,劳工住房实属困难。⑥ 同时期无锡瑞昌缫丝厂女工日薪0.40元,大多衣着"褴褛不全,污浊不堪",居"矮小偏狭之草棚"⑦。

　　人力车夫生活尤为悲苦。言心哲等1933年对南京1350名人力车夫问

---

① 程海峰:《一九三五年之中国劳工界》,《东方杂志》第33卷第17号,1936年9月1日,第157页。
② 陈问路:《最低工资与中国劳工的生活水准》,《劳动季报》第3期,1934年11月10日,第89、90、91页。
③ 《生活调查·全国电务职工》,《国际劳工通讯》第13号,1935年10月,第69页。
④ 《上海特别市工资指数之试编》,《工商半月刊》第1卷第3号,1929年2月1日,第4页。
⑤ 《上海工人生活程度之调查》,《劳动季报》第4期,1935年2月10日,第50页。
⑥ 朱懋澄:《劳工新村运动》,《东方杂志》第32卷第1号,1935年1月1日,第(社)9页。
⑦ 李蔚之:《中国女工问题之研究》,《东吴经济学专刊》第1卷第4期,1933年,第2、9～10页。(每篇文章单独编页码)。

卷调查表明,全市车夫月净收入在 5 元以下者有 159 人(11.78%),5～10 元者 183 人(13.56%),10～15 元者 482 人(35.70%),15～20 元者 212 人(15.71%),20～25 元者 107 人(7.93%),20～30 元者 13 人(0.96%),30 元以上者 9 人,不明者 24 人。后由于江南、兴华公共汽车公司开办,人力车夫每日劳动所得一般仅小洋 0.60 元,扣除支付车行捐款 0.40 元外,仅余 0.20 元。① 其他省市车夫境况亦然。1935 年,镇江人力车夫全家生活费每月平均需 13.15 元,服装费 1.2 元,杂费 0.82 元,全月计需支出 15.17 元,而车夫月入仅 13.30 元,只能食粥、菜根,居潮湿草房。②

全国 20 万以上的下级水手月薪仅一二十元不等。③ 1932 年,天津全市 36703 名工人中,月入 6～10 元者 9542 人,约占总数 1/4;11～15 元者 9063 人;5 元以下与 16～20 元者均占 4000 人以上,月入 20～25 元者 1534 人;大多工人收入在 5～25 元之间。④ 南昌 9 万余手工业工人月薪 5 元(织布业)至 40 元(金银、机械业)不等,8 万余店员月资 4～12 元,3700 余码头运输工人日资 0.80 元。⑤ 1933 年据浙江各县工会报告,该省男工平均月工资以米业(19.00 元)、纺织染业(18.60 元)为高,南货业(7.00 元)、烟作(8.00元)、粮食业(8.00 元)为少。女工月平均工资以纺织业 13.50 元为多,少者如缝纫业者仅 4.40 元。⑥ 1934 年,汉口全市 8000 余工人月工资"以十元以上不满十五元"为多,占总人数的 20%;次为"十五元以上不满二十元者",占 15%;最低工资者仅 5 元,占 5.5%。⑦ 重庆织工月收入最低 1.50 元,最高 26.30元;两者家庭相应支出分别为 2.94 元、29.42 元。⑧ 1936 年广东榨油工人日资 0.30 元。⑨ 相关数据表明,上海、天津、北平 1931～1934 年工人生活指数降低,但因铜元贬值,工人实际"生活益形困难"⑩。而 1934 年后上述三地生活指数逐年上涨,1937 年分别高达 106.79、136.96、119.8。⑪ 同时货币购

---

① 言心哲:《南京人力车夫生活的分析》,南京,中央大学 1935 年,第 28、69～70 页。
② 赵宏弼:《镇江人力车夫的生活调查》,《江苏研究》第 1 卷第 2 期,1935 年 6 月 1 日,第 4 页。
③ 刘涛天:《中国航业概况调查》,《教育与职业》第 182 期,1937 年 2 月 1 日,第 161、162 页。
④ 《天津市工业统计》,天津,天津社会局 1933 年编印,第 77 页。
⑤ 《南昌劳工最近状况》,《经济旬刊》第 2 卷第 10 期,1934 年 4 月 1 日,第 4 页。
⑥ 《浙江省各业工资及工作时间一览》,《浙江省建设月刊》第 7 卷第 10 期,1934 年 4 月,第 8～10 页。
⑦ 陈绍博:《汉口市工厂劳工概况》,《汉口商业月刊》第 2 卷第 11 期,1935 年 11 月 10 日,第 20 页。
⑧ 重庆中国银行:《重庆市之棉纺织工业》,重庆,汉文正楷印书局 1935 年初版,第 146 页,"织工每月收支比较表"。
⑨ 《广东省榨油业工人之工资调查》,《国际劳工通讯》第 3 卷第 9 期,第 45 页,1936 年 9 月。
⑩ 《中国劳动失业之现状》,《中华邮工》第 1 卷第 4 期,1935 年 6 月 5 日,第 10 页。
⑪ 《参考资料·生活费指数》,《国际劳工通讯》第 4 卷第 6 期,1937 年 6 月,第 120、121、122 页。

买力持续走低。1937年7月上海国币1元仅为1926年币值的0.9132元。①

据程海峰综合研究显示,随着中国经济的滑坡,1932年以来工资率趋于下降,至1935年达最低点,1936年工资率上扬;然而,中国物价同期上涨,生活费指数上升。工资平均只增长7%,生活费指数却上涨9.44%。况且,工资增加的原因,乃由于劳动时间延长所致。劳工生活无法得到改善。②吴至信同样指出劳工收入逐年降低的倾向。1934年沪丝厂工人月资由1930年的20元降至11.7元;广州缫丝女工由每日0.7~0.8元降为0.3元;顺德丝业工人由每日0.5元减为0.2元。③另据上海市社会局1935年公布的工资指数来看,各业工资之平均指数,如果以1930年为100,1931年为98.31,1934年为94.92。④相反,因水旱灾害,粮价暴涨,如1933年厂机北粳米平均每石8.55元,1934年则升至12.72元,劳工生活水平下降。⑤

一般铁路工人工资虽然较高,但并不等于其实际生活水准,更不代表铁路工人群体的生活水准。各路局常有亏折,除胶济一路外,华北其他三路都常拖欠工资或奖金。平汉路工资则时发时欠。平绥一向赔累,历年收支不敷,每月折耗10数万元,1928年,路局欠4、5月份全薪及6月份半薪。平汉、平绥两路工人难于维持生活。⑥据铁道部1930年对工人家庭随机抽样调查显示,京沪路104户中有67家、沪杭甬路74户中有56家入不敷出,其中尚有部分家庭靠当物生活(详见表8—1、表8—2)。尤需提请注意的是,两表中工人家庭"全年收入平均数"系工人薪金、奖金与妻工薪甚至部分家庭田园、房租收入的总和。如果仅考虑工人自身收入,其家庭生计更为困苦。与1930年相比,1934年京沪、津浦等国有各路84923工人生活境况仍无改善,2.00元/日以下者占82.33%(0.41~0.60元/日32.31%,0.61~0.80元/日20.31%,0.21~0.40元/日16%,0.80~1.00元/日13.71%),2.00~4.20元/日仅为2.27%。⑦

---

① 《民国二十六年上海市工人生活费指数和零售物价》,《国际劳工通讯》第5卷第12期,1938年12月,第7页。
② 程海峰:《一九三六年之中国劳工界》,《国际劳工通讯》第4卷第5期,1937年5月,第9、10、11页。
③ 吴至信:《中国劳工界之目前两大严重问题》,《社会研究》,国立中山大学社会研究所、社会学系1935年10月版,第122页。
④ 程海峰:《一九三五年之中国劳工》,《东方杂志》第33卷第17号,1936年9月1日,第158页。
⑤ 吴至信:《中国劳工界之目前两大严重问题》,国立中山大学社会研究所、社会学系:《社会研究》,1935年10月,第122页。
⑥ 刘心铨:《华北铁路工人工资统计》,《社会科学杂志》第4卷第2期,1933年6月,第339页。
⑦ 《二十三年国有各路工人薪级比较表》,《国际劳工通讯》第17号,1936年2月,第59页。

表8—1　1930年京沪铁路104户工人家庭盈亏借当比较表

收入组（元）	家数	全年收入平均数	全年支出平均数	盈余家数	盈余平均数	亏短家数	亏短平均数	全组平均盈余（+）或亏短（—）数	借债人数	借债款数借债人平均数	借债款数全组人平均数	当物人数	当物价值每人当物平均数	当物价值全组人当物平均数
200及250以下	10	214.10	355.20	1	21.5	9	163.5	—161.1	6	200.0	120.0	1	1.0	0.1
250及300以下	39	281.70	362.05	9	58.7	30	103.7	—71.4	30	74.3	57.5	16	18.0	7.4
300及350以下	27	333.60	383.30	9	24.2	18	72.0	—40.3	20	62.2	49.1	10	21.7	8.0
350及400以下	16	385.95	376.20	11	65.0	5	97.0	14.4	9	65.4	37.0	3	20.8	3.9
400及450以下	9	447.10	398.40	6	128.0	3	118.0	46.4	5	178.0	99.0	4	33.7	15.0
450及500以下	3	485.10	497.90	1	143.0	2	58.0	—6.0	1	200.0	66.7	—	—	—
各组共计	104	320.74	374.20	37	57.6	67	106.5	—47.7	71	89.4	61.5	33	25.4	6.8

资料来源：铁道部业务司劳工科编印：《调查工人家庭生活及教育统计》，出版单位、时间不详，第28页。

表8—2　1930年沪杭甬铁路74户工人家庭盈亏借当比较表

收入组（元）	家数	全年收入平均数	全年支出平均数	盈余家数	盈余平均数	亏短家数	亏短平均数	全组平均盈余（+）或亏短（—）数	借债人数	借债款数借债人平均数	借债款数全组人平均数	当物人数	当物价值每人平均数	当物价值全组人当物平均数
200及250以下	3	220.0	246.90	1	0.1	2	35.4	—23.57	1	80.0	26.7	1	11.0	3.7
250及300以下	21	278.1	337.55	2	7.2	19	65.4	—52.20	13	67.4	41.7	7	9.5	3.15
300及350以下	20	321.4	379.10	2	52.2	18	57.0	—46.00	11	89.4	49.2	4	16.7	3.3
350及400以下	19	391.4	376.60	9	44.1	10	65.1	—13.40	11	127.0	80.2	4	49.0	10.4
400及450以下	7	404.2	469.20	1	132.0	6	94.2	—83.20	6	112.5	93.4	1	70.0	10.0

续表

450及500以下	4	453.6	418.10	3	61.8	1	13.5	+43.30	2	212.4	106.2	1	80.0	20.0
共计	74	332.2	378.00	18	45.8	56	60.1	−34.40	44	101.0	60.1	18	26.2	6.4

资料来源：铁道部业务司劳工科编印：《调查工人家庭生活及教育统计》，第37页。

同样有研究表明，1931年以来，全国各类劳工家庭年收入，依业别而言，以工厂工人为多，约在200～400元之间；次为矿工，约在200～300元间；次为手工业，约为100～300元；次为苦力（人力车夫、码头工人、船夫、挑夫等），约为100～200元。总体而论，劳工家庭年总收入多介于100～300元间。从劳工家庭全年支出来看，工厂工人约为200～400元，矿工为200～300元，手工业工人约为100～200元。总收入与总支出两者相抵，劳工"颇有入不敷出之趋势"。而食物、衣服、房租、燃料、灯火4项生活必需品占年总支出85.6%，劳工家庭"无法谋生活之改善"。①

其实，时人并未借助复杂的理论，仅在观察上海纱厂女工生活后，已经得出这样朴素的结论："她们每天所过的是共同的广大的集体的生活。她们每天同进工厂和同出工厂，同做同样的生活，同受同样苦的压迫，同样地无钱和家产，在种种的共同点上形成了她们工人阶级所特有的反抗意识，与资本家和整个厂方完全站在两个绝对的地位上。"②

工人往往是各种力量争夺的对象，共产党、帮会、宗教团体不一而足。教会人士悲悯劳工，视资方为劳工之仇敌。诸如安徽宿松美以美会牧师孙启智者称："资本家以农、工为生产的机器，操纵农工的生命，垄断利益，一味度他庖有肥肉的生活。哪顾野有饿殍的农工。"③上海中华基督教青年会以德、智、体、群四育为宗旨"领导"与"服务"工人，其中，中华基督教女青年会员尤为关注女工，不忍女工疾苦，发表大量启导女工为自身利益而斗争的言论。或曰："这种生活工人们能够永远忍耐下去吗？能够不想扭断他们的锁链由非人变为人吗？如果不能，那当然应该对于自己的不幸命运加以反抗，必需起来要求改良自己的生活，必需在经济上和政治上要求恢复自己的人权。"④或称："纱厂女工因工作时间过长，生活过重，工资过少，以及厂方种种的无理压迫过于刻毒，我们很明显的看到事实一天将她们逼走到反抗的

---

① 《中国劳工阶级生活费之分析》，《国际劳工通讯》第5卷第11期，1938年11月，第112、115页。
② 白实君：《上海纱厂女工之一般的生活》，《女青年》第12卷第5期，1933年，第59页。
③ 孙启智：《基督教对于今日农工应负的责任》，《工业改造》第18期，1929年2月，第2页。
④ 陈碧云：《女工参加劳工组织的必要》，《女青年》第12卷第5期，1933年，第14页。

道路上去。经过某一个时期和某一种环境,毫无疑地,将由她们本身的经济斗争而转到某一广大的斗争。"①她们通过平民教育班、读书团、女工补习班、劳工问题研究班,向女工传布其主张。

一些初到上海的乡村女孩,工余进入基督教团体举办的夜校学习,粗通文墨,并且受教会的影响很快由满怀希望讨生活的天真少女,转化为倍感世态不公、嫉世愤俗的女工。有人在日记中记曾感叹:"跟着机器的转动,一天又过去了。想着那一班外国阎罗王和压迫我们的男女工头的时候,真是气愤填胸,唉!什么时候才可以脱离这牛马不如的生活呢?"有人为丝厂童工叫冤,打抱不平,心中暗暗思忖:"可是,是不是这样就能够使被压迫的童工们,永远服服帖帖的丝毫不反抗呢?我们看着吧!"有人并未因为自己陷落"包饭作"黑手而黯然神伤,而是逐渐鼓起冲破黑幕的勇气:"我想着以前的希望,都是幻想,现在才知道社会是这样的不平等,我们的出路在那里呢?难道就没有了吗?一定是有的,只要我们大家有觉悟,同心协力地去找,总会找着的吧!"②她们都开始了自我觉醒,努力寻找自己理想的世界。唐山矿区的矿工也唱起了矿工歌:"穿的粗布衣,吃的家常饭。腰里掖着干粮袋儿,头戴牛皮冠,手拿灯斧具,日在矿洞间。受尽辛苦与黑暗,功德高大如天!作工完毕急急把家还,衣食住饱暖,自在且得安然!士农商兵轻视咱!轻视咱!无有矿工谁能够保生产!"③歌声表达了要当家做主的心声。更有女工直白地说:"我是世界上劳动阶级的一份子","感想到我们工人阶级的沉冤,有谁来替我们超脱呢?无期徒刑的苦海,有谁来拯救我们呢?总而言之非唤醒我们如散沙般的工人阶级,团结起来,在一条战线上奋斗不可。否则,我们的奴隶生活,虽至海枯石烂的时代,亦未见得有出头之日哩"④。工人的自觉意味着一个阶级正在形成,当然,这个阶级在生成之时,就开始寻找自己的代理人。

其实,包括国民党党政主办的各类职工学校,都或多或少地强化了工人对自身社会地位的认同。国民党中央民众运动指导委员会编印的《上海工人运动史》,作为工运训练的参考资料,宣传工人阶级是民族革命的主力,称赞上海总工会1925年领导的"五卅运动""有坚固的组织,决不因帝国主义、军阀、工贼和资产阶级的压迫阴谋而涣散"。工人科科长程中一在该书序言

---

① 白实君:《上海纱厂女工之一般的生活》,《女青年》第12卷第5期,第1933年,第58页。
② 宾:《一页女工的日记》;秀:《丝厂里的童工》;林:《我的包饭生活》。均见《女青年》第15卷第4期,1936年,第22、23页。
③ 刘大作:《唐山市各矿区惠工事业促进社工作概况》,唐山,该社,1934年,第77页。
④ 赵碧琳:《工人的出头之日》,《女青年》第12卷第5期,1933年,第61、62页。

中坦承"本书内容,遽观之,似稍嫌偏向于工人"①。

国民党宣传其代表全体民众的利益,鼓吹劳资合作,反对阶级斗争,工人看到的却是声称既代表资本家又代表工人的国民党,根本不可能解决自己的苦痛;相反,不是劳资合作,而正是阶级斗争,才是解救自己的唯一出路。

北伐以后,国民党的阶级属性是什么?国民党内部曾一度惶惑不明。或称代表全民利益,或谓代表资产阶级,或说代表农工和小资产阶级等,或曰"全国被压迫的民众"与"代表全世界被压迫的民族"②,或言代表全民利益。③学术界对于国民党的阶级属性一般有三种观点:一是以中共或法国谢诺为代表的"大地主、大资产阶级"说。中共认为1928年后的以蒋介石为首的南京国民党中央政府,"依然是城市买办阶级和乡村豪绅阶级的统治";谢诺在《从辛亥革命到全国解放》中,指出国民党政府"是建立在农村保守社会集团和城市新兴商业资产阶级联盟之上的"。④二是以劳伦斯·K.罗辛格为代表的官商一体说。他在《中国的战时政治:1937～1944》一书中,认为"北伐成功后,蒋介石在孙后继任国民党领袖,依靠地主和商人阶级的支持,决定终止国民党与共产党的联盟","国民党因而转变成为一个主要由官员、谋取政府公职者和最具势力的经济集团的代表人物组成的政党"⑤。三是以易劳逸、小科布尔为代表的寡头式的利己说。小科布尔认为,南京政府主要是一种依靠武力支撑的"为我"的自主政治力量。"它只给它的组成者服务,按有利于自己的成员而行使统治权力",它的"政策只求有利于政府本身及其官员,不考察政府以外的任何社会阶级"。这个政权"对政府以外的各种政治集团和机构,既不负任何义务,也不回答任何要求",它是"一个决心要控制社会团体的'为我'自主政权"⑥。易劳逸提出,国民党政权"虽然表面上是为大多数社会成员的需要服务,但事实上却直接在扩大官僚们自身的权力、特权和财富"。⑦无论哪一种观点,均表明国民党与工农运动无缘。

---

① 《上海工人运动史》,中国国民党中央民众运动委员会,1935年印行,序。
② 《中国国民党所代表的是什么?》,《中央日报》1928年7月31日,第2张第3版。
③ 《李宗仁的三大提案》,《中央日报》1928年8月7日,第3张第2版。
④ 转引自Park M. Coble, Jr.:《金权与政权——江浙财团与国民政府》,蔡静仪译,台北,风云论坛出版社,1991年,第184页。
⑤ 转引自〔美〕邝治中:《纠纷唐人街,劳工和政治:1930～1950年》,杨万译,上海,上海译文出版社,1982年,第42～43页。
⑥ 转引自Park M. Coble, Jr.:《金权与政权——江浙财团与国民政府》,蔡静仪译,第189～190页。
⑦ 〔美〕易劳逸:《流产的革命1927—1937年国民党统治下的中国》,陈谦平等译,北京,中国青年出版社,1992年,第350～351页。

国民党自以为反对阶级斗争,就能带来政权的稳定,反对阶级斗争是它一切工作的出发点。党政机构开展识字运动,①希望工人提高素质,认清其所谓的形势,改变盲从附和的品情,走劳资合作之路。党、政机关一度支持、主办合作运动,从1926年1月第二次全国代表大会到1936年11月五届二十六次中政会,颁布与合作运动有关的提案与通令共计有41个,②成立中央合作行政最高机关——实业部合作司,设立中央合作指导人员训练所,在中央政治学校附设合作学院。合作运动的理论基础为"互助",否定阶级存在与阶级对立。其不遗余力推动合作运动,希借此调和劳资冲突,建立权威,鼓吹独裁政治。③ 它既不笼络工人,也不笼络资方。在南京政府时期,店员始终没有单独的工会组织,人力车夫、餐车茶点、运输等工人,更是被抛置在《工会法》之外。其孤立政策无疑是将店员等人推离自己,甚至可能将店员等推向共产党一方。褫夺资本家财产,被骂为"蒋之政府成立时间虽尚早,不觉已有七成张作霖之办法"。④ 正税、附税繁多,新税率内外倒颠,有商人公开高呼:"共产党怎样不快来。"⑤资方尊严难免不受践踏,惧怕政府以"反革命"罪名加诸于身。⑥

　　与此同时,中共正在工人中潜移默化地发挥着影响。与国民党掩盖阶级斗争、以全民代表自居相比,中共则以阶级斗争相号召,以工农利益为己任。"清党"后,国民党人不无忧愁地说:"今日共产党,表面上虽已肃清,但其错误之理论早已深入民众。"⑦1925年5月召开的第二次全国劳动大会强调劳资双方利益的冲突,就是阶级斗争。工人阶级只有推翻资本制度,自己掌握政权之后,才能实现自己的自由。从上海来说,1926年上海总工会与军阀的斗争,促进了工人阶级斗争观念的形成,革命的号召力在一个较长的时期内仍持续存在。受大革命时期的政治影响,英电老工会职工"以共产主

---

① 据中国国民党上海特别市执行委员会编的《上海党声》披露:截止到1935年上半年,仅上海市一地由"各级党部进行筹备识字学校,业经呈请市党部编定次序者"多达129所。见《识字学校》,《上海党声》第1卷第21期,1935年6月22日,第414~415页。
② 陈果夫:《十年来的中国合作运动》,中国文化建设协会:《十年来的中国》,上海,商务印书馆,1937年,第451页。
③ 有一种观点认为,有合作组织,才能达到统制经济,有统制经济,才能充实独裁政治;另一方面,有独裁政治,才能实行统制经济,有统制经济,更才需要合作组织。见彭巨觉:《世界之合作运动》,南京,首都国民印刷局,1936年,第88页。
④ 上海市档案馆:《陈光甫日记》,第57页。
⑤ 凡夫:《四川捐税苛细的一个实例》,天津《大公报》1933年12月7日,第3张第9版。
⑥ 《三八制之理论与实验》,《纺织时报》第684号,1930年4月3日,第367页。
⑦ 《沪工整会宣布上海基本工会组织法及其章程草案之特质》,《中央日报》1928年7月5日,第2张第3版。

义抱希望的工人很不少",法电老工会"很多老工人都以自己参加老工会号召的上海三次武装起义为荣。革命思想深入群众"。在各丝织厂的墙上和屋角,常有"号召根据五卅老工会的精神继续活动"的传单与标语①。中共宣传国民党与帝国主义为一丘之貉。1930年年初,祥昌棉纱厂工人反对厂方开除工友,法租界巡捕围阻并毙2名工人。中共领导的中华全国总工会呼吁工人反抗帝国主义、国民党、资本家对工人阶级的屠杀。②中共在1930年"五一"宣言中,声称共产党是"工人阶级自己的唯一政党","只有在共产党的领导之下,工人阶级才能得到彻底的解放!"③中共号召工人明辨敌友,反对阶级调和。"工友们!帝国主义,社会民主党,黄色职工国际的领袖,国际联盟,国际劳工局,中国国民党,改组派,取消派,第三党,黄色工会,是一家人,他们都是用'劳资妥协'的招牌来压迫工人,用'阶级调和'的迷药来欺骗工人,都是反革命的东西!苏联,共产国际,赤色职工国际,太平洋劳动秘书处,中华全国总工会,中国共产党,赤色工会是一家人,我们都是主张'阶级斗争'的手段来消灭帝国主义和中国国民党。"④刘鸿生说过:"由于过去几年布尔什维克的宣传","实际上所有的工人都已组织起来"⑤。此言虽然有些不免夸大,但多少也反映了一些实情。1930年5月13日上午,中共全国总工会、上海总工联组织上海沪东、沪西、沪中、法南、闸北5区89个纠察分队400人,举镰刀斧头旗,在杨树浦松潘路空地举行上海工人纠察队成立大会,宣称"纠察队就是我们无产阶级的军队"、工人自己的武装,誓言:"武装拥护工人一切利益!""武装打倒帝国主义、国民党及改组派!""武装打倒黄色工会、工贼走狗及新工贼取消派!""武装领导全国红军及全国农民革命!"千余民众拍手助威。⑥工人文化水平较高者更倾向中共。1930年9月,建设委员会华北水利委员会"因反动分子到处潜伏,工人训练更不容缓",组建工人训练委员会。同月25日,在建设委员会华北水利委员会召集的各直辖机关工人训练员大会上,工人训练委员会孙昌克委员深感:"机械工则较安分守己,所可虑者易受共党煽惑,如阶级斗争之说易于灌输。"⑦另外,经过大革命的工人,深怀罢工情结,在国民党各级党部对"二七"、"五卅"

---

① 朱邦兴等:《上海产业与上海职工》,第259、290、147页。
② 《反抗帝国主义国民党资本家屠杀工人》,《劳动》第26期,1930年3月8日,第4页。
③ 《中华全国总工会为"五一"纪念宣言》,《劳动》第30期,1930年5月1日,第1页。
④ 石:《国际劳工局与国民党》,《劳动》第31期,1930年5月23日,第3~4页。
⑤ 上海社会科学院经济研究所:《刘鸿生企业史料》,上海,上海人民出版社,1981年,第301页。
⑥ 《上海纠察队第一次大检阅纪实》,《劳动》第31期,1930年5月14日,第3~4页。
⑦ J7—1—287,建设委员会收发文件报告表及召集直辖机关工人训练员开会记录(1931年1月1日~3月31日),北京市档案馆藏。

大罢工的颂扬中,工人革命意志得以不断淬砺。国民党老臣黄攻素1931年深感"近年国内阶级斗争战祸日烈"①。

陈公博是深谋远虑之人,曾向国民党人发出警示:"我们要注意的,倘使我们单纯注意党的利益,使到党的利益与民众利益不切合时,我们应该负倒党毁党的责任";"我们没有一定的设计,这时代之环,无异乎我们甘于放弃,或者这个时代之环会溜到别人手上也不一定"②。路易·勃朗精辟地说过:"无产阶级为了解放自己,所缺少的就是劳动工具。政府的任务就是给他们提供劳动工具。"③国民党既不能代表工人的利益,又不能为工人提供充分的就业机会,停留在口号上的"劳资合作",由此变成为实实在在的"阶级斗争"。在这一过程中,工人群体强化着身份认同、阶级认同与斗争观念、斗争方式的认同。

四、比较中寻求本质

劳资关系既是错综复杂的社会网络的一个侧面,又是特定政治、社会关系的集中表现。劳资合作不仅是经济问题,更主要是政治问题。

国民政府定都南京后,将"劳资合作"列为要政,先后出台《劳资争议处理法》、《工会法》、《工厂法》,特别制订《实现劳资协作方案》,调适紧张的劳资关系。法律、法规固然重要,但更为重要的是政府本身对劳资合作的理解与态度。国民政府以劳资调停人自居,消解阶级差别,否认劳资不同的本质属性,并将劳资矛盾全部转化为中外矛盾,其直接后果:一是政府未能理顺自身与劳资三方在"合作"中的权、责关系;二是互相推诿合作的责任与义务的劳资双方,由此不能不怀疑国民政府能否代表自己的利益,是否有信心与能力解决劳资冲突。工人群体在这个过程中与政府渐行渐远。

国民党政治体制改革落后于国家社会发展的客观要求,党的职能还未完成由在野党向执政党的转化,全国范围内的各级基层党部不可能公开地以生活、情感关怀与共同的价值理念维系工人,以此形成工人群体对党与政府的向心力。国民党主张"以党治国",但不论"党"系指"党义",还是"党

---

① J4—4—43,黄攻素等申请设立公司国家学会、大车夫工会、电车工会附设工人子弟学校并请立案的呈及教育局的批以及教育局为大车夫工公设校给党务整理委员会的公函,1931年6月1日~10月31日,北京市档案馆藏。
② 陈公博:《民众运动与党的根本问题》,《民众运动》创刊号,1932年8月1日,第6、2页。
③ 〔法〕路易·勃朗:《劳动组织》,何钦译,序,第14页。

员",它均不能将此理念贯达工人基层,无力操控整个工人群体。

以往的中共党史研究,将国统区工人群体认同阶级斗争、向中共靠拢完全归结于中共发动群众的自然结果。在既有的民国史研究中,一般有关国统区工人群体的政治归属的探讨,亦似乎默认中共党史的研究路向与结论。

摆脱目的论、唯意识论的"革命史叙事"的范式,通过"恢复"史实,我们得出这样的结论:工人群体有生产、生活需求,同样有政治相属需求。从发生学的角度而言,工人群体的政治选择远非想象的那般简单,实际上包括工人群体从与国民党、国民政府的离异,到对自身社会价值、对中共、对阶级斗争认同的相互交织的过程。工人群体与意识形态并非天生浑然一体,以阶级斗争为特色的工人政治选择,始于工人阶级的形成与自我认同。工人群体不承认国民党与国民政府的威权,是工人阶级形成与壮大的先决条件。这是政府表面倡行劳资合作、实则抛弃工人群体利益,以及国民党丧失工运领导权的咎由自取。劳资关系可以是合作或是对立关系,但不一定是敌对关系。国民党、政府、学者、资方对劳资合作与阶级斗争非此即彼的"异质化"、"妖魔化"宣传,反而强化了工人的阶级斗争观念。同时,在多方因素的诱导下,工人很快形成自主意识,逐渐认同中共及其阶级斗争的理念。

谈到国民党的"劳资合作",我们很自然便会联想到中国共产党建国初期的"劳资两利"政策。无论是从字面看,还是从具体内容看,前后两者似乎没有本质的区别;然而,"劳资两利"政策给掌权初期的中共带来了一个平稳的经济增长期,为此后的社会安定、经济发展提供了强有力的物质基础。"劳资合作"不仅未能成为社会上的普遍现象,疏解劳资间的矛盾,反而激化了劳资间固有的矛盾,造成社会上的混乱。两者的后果为什么有如此之大的反差呢?

劳资两利是新民主主义时期的人民政府处理劳资关系的基本方针。毛泽东提出的"劳资两利",是特殊历史时期的产物。《人民日报》编者按《论保护工商业的政策》对此有详细说明:"北平、天津、唐山、张垣等城市相继解放后,在这些城市中党的中心任务,是迅速恢复与发展生产,把消费的城市变为生产的城市。但要达到这个目的首先必须正确执行职工运动的方针与保护工商业的政策,与执行这些政策中'左'的和右的倾向作坚决的斗争。"一切有关的领导机关,要保证"发展生产,繁荣经济,公私兼顾,劳资两利"政策的正确执行。①

---

① 《论保护工商业的政策(人民日报编者按语)》,中华全国总工会:《工业与工运》(工运丛书之四),出版单位与时间不详,第1~2页。

"劳资两利"包括三个方面内容：

第一，保障资方的经营权与人事管理权。为贯彻"劳资两利"经济政策与劳动政策，中华全国总工会制订了《关于劳资关系暂行处理办法》，用于规范一切私营工商业企业。其主要内容为："资方为了生产或工作上的需要，有雇用与解雇工人及职员之权"；"职工每日劳动时间以八小时至十小时为原则"；"劳方参加工会开会及其他娱乐教育活动，均不得占用生产时间。工厂中的工会组织负责干部如有必要占用生产时间，须取得资方同意，但平均每月不得超过两个工作日，工资照发。"①

第二，在一定程度上牺牲工人的经济利益。新华社社论强调指出："解放区的革命的职工运动与蒋管区的革命的职工运动有同一的总目标，这个总目标，就是争取工人阶级和一切被压迫人民的民主解放，建立新民主主义的中国。但是在同一的总目标之下，革命的职工运动，在两个不同地区的具体方针则是不同的，在许多方面甚至是截然相反的。这是因为在这两个不同的地区里，工人在政治上、社会上的地位和在企业中的地位是不同的，在许多方面是截然相反的。"工人在解放后，"因为又是社会的主人翁国家政权的领导者，工人便应该为了自己的长远的利益，忍受一定限度的剥削，使这些私人企业能够进行生产，并适当的发展生产，以繁荣解放区的经济，支援前线的胜利，并使新民主主义的社会因生产力的大大提高，而逐步地有依据地发展到将来的社会主义方向去……在新民主主义社会里，私人资本的企业在生产中还是不可缺少的成份……应当向工人说明，振兴工业是争取胜利的最首要的任务，也是建设新民主主义社会的最首要的任务。……工人应该以自己对革命的无限忠诚与伟大贡献，来做人民的榜样，领导人民前进。为了争取革命战争的胜利与新民主主义建设的成功，工人应该吃得苦，作得多，应该学习许多模范工人如赵占魁同志等的榜样。在战争的情况下不是做八小时工作，而是做十小时工作。其他劳动条件亦不可定得太高，不可违背经济情况所许可的限度，不可违背发展生产，繁荣经济，公私兼顾，劳资两利的总原则。"②

1948年9月21日的新华社短评，从反思经验教训出发，再次强调反左："过去许多地方，曾经错误地过分强调了工人一方面的暂时利益，忽视了资方利益，致使资方无利可图，甚至错误地搬用农村反封建斗争的方法来对

----

① 《关于劳资关系暂行处理办法》，新华时事丛刊社：《劳资关系与集体合同》，广州，新华书店，1950年，第4、5、6页。
② 《坚持职工运动的正确路线反对"左倾"冒险主义（新华社2月7日社论）》，中华全国总工会：《工业与工运》（工运丛书之四），第8、9、10～11页。

付普通资本家,这些错误行动的间接或直接结果,不但损害了普通资本家,而且更严重地损害了工人本身。"同时重申:"新民主政府所允许和保护的,只是一切有益于国民经济的资本主义工商业,只是其合法的营业。"①

第三,在私营企业中设立劳资协商会议。该会议为劳资双方平等协商的机关,不负企业经营与行政管理的责任。其基本原则为:(1)在业务经营、行政管理和人事任用调动方面的权利仍属资方,资方有最后决定权,工会有建议权及抗议权。在讨论这问题时,工会干部不应有绝对平等的思想,不能干涉资方的行政权与用人权。(2)工会明确抓生产的方针后,就应对工厂进行全盘了解,根据生产中存在的问题,提出解决问题的关键,集中全力首先解决这个问题,决不能先讨论福利问题,而把生产、节约制度等大问题拖延不解决,影响生产,增加资本家的顾虑。(3)工人应主动解决问题,不应把解决生产管理问题的责任完全推给资方,或推给职员。工人必须自觉遵守私营工厂的劳动纪律。(4)私营工厂工会应该鼓励工人参加生产竞赛与生产节约运动的。②

"劳资两利"用一句话概括,就是在一定程度上牺牲工人利益,为资本家松绑。在百废待兴之时,在一定程度上牺牲工人利益是必要的。回顾南京国民政府时期,政府、企业家、学者都考虑过这些做法,但都未能付诸实施。褚民谊在《三民主义与劳资问题》中,就曾以英国实例,讲到过这个问题。③南京政府制定的《工厂法》的主要条款,与中共的《关于劳资关系暂行处理办法》,也无太大差别。至于劳资协商会议,则是工会、企业家、政界、工界人士在谈论科学化管理时谈得最多的议题。朱懋澄、中华工业联合会等,都想以此解决劳资争端。④ 王世杰曾提议仿效欧战后英、德、法、美企业中的"业务协会"(Joint Industrial Councils,Betriebsrates)制度,协调劳资关系与生产,但强调这并不是施行"产业自治","至多这不过给予工人以几分参与产业管理的机会罢了"⑤。工商部工商访问局曾专门编辑《劳资协调》一书,介绍美国劳资协会概况。其实,早在1928年,国民党内有人提出取消旧有工会,另由党部挑选专员指导组织工业协会,联合厂主工人,"从事发展工业的运动"⑥。

---

① 《正确执行劳资两利方针(新华社短评——1948年9月21日)》,中华全国总工会:《工业与工运》(工运丛书之四),出版单位与时间不详,第13、14页。
② 天津市总工会:《劳资协商会议经验初步总结》,工人日报社资料室:《劳资协商会议》,北京:工人出版社,1950年,第7、9、10、14、16页。
③ 褚民谊:《三民主义与劳资问题》,《中央周报》第165期,1931年8月3日,第6、7页。
④ 朱懋澄:《工厂法与工业生产之关系》,《纺织周报》第1卷第3期,1931年5月1日,第76页。
⑤ 王世杰:《国民党的劳工政策》,《现代评论》第7卷第165期,1928年2月4日,第2~5页。
⑥ 《缪斌的提案》,《中央日报》1928年2月12日,第3张第4版。

此议一出,商务印书馆职工分会即刻向国民党二届四中全会发表宣言,力陈改组工业协会,联合厂主、工人,更易引起冲突与斗争。① 此动议因而废止。国民党不能实行这些政策,与其没有自己的阶级基础不无关联。中共能实现"劳资两利",就在于有雄厚的工人基础,得到工人的认可。中共当时通过"劳资两利",既抬高了工人的政治地位,又保障了资方对企业的所有权与管理权。工人愿意以暂时的经济损失,换取从未有过的政治地位。谁抓住城市工人,谁就掌握着城市的命脉。这也是工人群体脱离国民党政治体制、认同中共与阶级斗争的反证。

---

① 《上海的工人运动》,《中央日报》1928年2月26日,第2张第2版。

结 论

南京国民政府启动的近代化进程,同时亦是社会重建的过程。融洽、有序的社会关系是衡量社会重建成效的重要指标与总体特征。社会发展与进步植根于物质生产,在生产过程中形成的劳资关系单元,构筑着社会网络中最基本的社会关系。因此,近代化进程中的社会重建,在很大程度上来说即是调整与理顺劳资关系。中央政府定都南京后,颁布系列相关劳动法规,从宏观上规范劳资双方的权责,以规避"清党"前喧嚣至极的劳资争议,然而1927~1937年间全国范围的劳资矛盾却益加尖锐化,劳资争议此起彼伏。1936年前,资方出于降低生产成本之需,加强生产管理,不断减薪、下调待遇。劳方迫于生计,由主动向资方要求提高薪酬,到被动应对资方减薪降酬,在双方争议中越加处于弱势。劳资之间虽有合作,但无论从单一产业或职业实体,还是从其总体而论,劳资争议是社会常态,而合作则是特定时期的特定产物。当然,劳资争议中有些罢工、怠工、停业,并非劳资间矛盾的产物,而是劳方、资方反抗其他社会群体或政府政策的工具。

劳资争议诱因歧出,工人间矛盾、资方间矛盾、政府政策、工商危机、意识形态都足以引发劳资争议。但降低生产成本与提高待遇,是劳资双方的永恒矛盾、劳资争议的最基本原因。政府机构之外,从中央到县基层的各级党部同样将平息、调解劳资争议列为日常工作,原本存在的党政间矛盾由此渗透到劳资关系的领域,进而影响到劳资争议的结果。党政机关在调处劳资争议中时有违法之举,处处维护党政利益。同时,部分地区党政机关为平息劳资争议,往往向帮会"出让"劳资争议的调解与仲裁权。帮会势力掌控着租界与部分华界劳资争议的主导权。在党政机关无力控制区域,地方强人以劳资争议的调停人自居,常以法律装点门庭,而以非法律手段解决劳资争议,并藉此操纵与盘剥工人。

国民党与政府、甚至军方,出于各自目的,还采取系列举措,竞相操纵工会,全国工会普遍萎化。各地与各级工会、特别是上海以邮务工会为领袖的七大工会,作为工人经济利益的代表,一般均能努力履行其职责,并未向强势党、政机关示弱,甚至以罢工与之相抗衡,力争罢工权与建立地区以至全国性的总工会。虽然不排除某些党政机关在劳资争议中偏袒劳方,但从全国而言,党政机关对各地、各级工会的强硬控制,直接导致1936年前劳方在劳资争议中一直处于下风。工会组织机构稳固者有之,更多则因内部派性、人员更替频繁而松懈。从总体而论,工会无力调解劳资争议,其内部派性纷争甚至还成为劳资争议的诱因。工会组织机构的内部矛盾,又被党政机关间的矛盾、党部间的矛盾与政府部门间的矛盾放大为劳资争议。

全国纱厂减工风潮将党政机关置于极为被动之局面,成为检测党政机关与劳资双方关系的试金石。纯从学理而论,在市场危机压力面前,纱厂主与劳方均为弱势群体。减工、停厂是纱厂主应对、化解市场危机的无奈之举,同时也是其强化企业管理之有利时机。不过,纱厂主借减工、停厂压制工人、取缔工会,以至大幅降低工人待遇及相关福利,抵制《工厂法》加诸其护工的权责。纱厂作为国民经济体系的重要组成部分,是中央政府税收的重要来源,面对减工风潮,中央政府既不能应厂商要求出台必要的统税法规,又不能利用国有金融系统为纱业注入资金;因此,在处理环环相扣的劳资争议中,只能藉打击劳方势力为资方疏压,将资方所失转嫁于劳方。岂料纱厂主往往步步相逼,不断减工、停工,提出愈加苛刻条件,拖延劳资争议时限,以达"一石二鸟"之目的:一为降低生产成本,一为挟制中央政府出台相关保商法规。中央政府为早日结束劳资争议,只能向纱厂主妥协退让,与资方共进退。

至于地方政府处理减工风潮的态度,因动机不同,或支持资方,或支持劳方。

劳方势力衰退、工会解体,在一定程度上即是各级党部工作的夭折,党部当然多站在劳方立场,但碍于纱厂主与政府的强力"结盟",无力与之相抗,更无经济实力、社会资源接济工人,维持其生计。

法律是保护弱者的衡器、国家威权的象征。总体而论,中央政府所制定的劳动法规有益劳方利益的条款不可谓不多,为劳动法规的出台与实施甘冒种种非议,其护工动机强烈,但相关条款甚至不能为劳方所接受。《工厂法》等劳动法规不可能消除劳资争议,也不能够改善劳资关系。

从中央到地方政府机关也非铁板一块,对处理劳资争议的态度并不尽然相同,有些地方机关违背劳动法压制劳方,引起劳方强烈不满。同时,一些地方党组织与政府能够在劳动法划定的权限内合作行使调解劳资争议之权力,而另一些地方党部为巩固地方基层政权,以中央、省级党部为敌手,藐视法律,任意裁割有关条款,逾越法律权限,打压并干涉政府机关调处劳资

结 论

争议,往往火上浇油,致使并非没有调解可能的劳资争议起伏延续,屡屡不能平息。

国际劳工组织是国际联盟会员国通过协作促进制定保工立法以解决劳工困境的团体。其宗旨与国民政府社会重建工作颇多吻合。国民政府顺应国际潮流加入国际劳工组织,虽然此举有化解劳资矛盾之目的,但其动机毕竟从属于废约与提高政府国际威望的目标。国民政府没能利用国际正义主张,制定惠工法律条款,其批准的国际公约、草案,既不触犯资方利益,又不能切实改善工人待遇。

国民政府以"劳资合作"为重建劳资关系的目标,虽然自称居间调停,但实际有佑工之意,拟在《劳资争议处理法》、《工会法》、《工厂法》出台后,再颁行《实现劳资协作方案》,以法规形式向资方施压,强令其大力改善工人生产、生活环境,此举遭到资方集团强烈反对。国民政府只好应资方要求,在方案内增加系列利于资方的补充议案,平衡劳资权责,最终通过的方案大谬国民政府的初衷。国民政府忽视寻求自己的统治基础,其调适劳资关系的努力同样为劳资双方所非议。

党国体制下的国民党组织,虽然有意通过工运引导工人集团入于社会重建的轨道,无奈主要由于自身组织内的弊病,工人运动基本失败,致使工人集团缺乏对国民政府的认同与忠诚。工人群体根本否定国民政府的"劳资合作",反而认同国民党与国民政府极力反对的共产党与阶级斗争。

史学建构在现有文献基础与研究者的认知背景之上。通过劳资争议"普遍历史"与个案性的"地方经验"的实证研究与分析,我们初步推绎出如下结论:

1.无论是在劳动立法、民族资本的工商政策,还是在调解劳资关系的合作理论与实践中,南京国民政府各级组织与各级党部,因各自职能与利益不同,党政之间、党部与政府内部层级之间存在着分歧与争斗。与其说这一时期的劳资争议是社会矛盾与政治矛盾尖锐化的产物,毋宁说是国民党与国民政府集团内部混乱的外部表征。

2.国民政府存在一个最大的问题,就是体制外的矛盾,基本上都转化为体制内的矛盾,本不应该由其担负的责任与过失,亦都归于它的名下,成为政府的负累与障碍,以致威信扫地。

3.劳资争议考验着国民党与南京国民政府的社会动员与执政能力。国民党党权与各级政府在一定程度上异化为社会矛盾的催化剂,自毁其社会动员与统治基础。

4.劳资争议并不是孤立的事件,其与由社会体制所决定的若干因素,如政府的劳动政策、税制、工会自身结构、劳资合作的理论等,密切相关;并由此形成工人、国民党、政府、资本家、军队之间变动不居的对立与结盟;而联盟的形成,往往即是劳资争议的缓解或平息,但实际上引发劳资争议的矛盾从来没有真正解决,反而不断加深。

5. 在政治主体(工人)与经济主体(资方)的取舍中,尽管地方党部与政府抉择不一,但中央政府出于发展国家经济的目的,在劳资争议中较为注重资方利益,更不愿因加盟国际劳工组织而引起资方的反感。

6. 不论国民党与国民政府自认为代表谁的利益,它们两者在处理劳资争议中的表现,反映出其阶级属性的模糊性与暂时性。国民党与国民政府正是在处理劳资争议的过程中,丧失工人与资本家任何一方的支持,最终失去政权存在的权威性与合法性。

7. 工人群体与意识形态并非天生浑然一体,工人政治文化的形成始于工人阶级的产生与自我认同。"劳资合作"的歧义性与理论偏失,在国民党与政府对"劳资合作"与"阶级斗争"非此即彼的宣传中,从反面强化了工人的阶级斗争观念,也使国民党陷入自我孤立的境地。国民党与国民政府也确实无力操控工人。工会组织涣散,工会工作松懈。同时,在中共、基督教团体、学者等外界势力的引导下,工人很快形成有别于其他群体的自主意识,逐渐强化对自身社会地位、语言与生存状态的认同,并将公开宣称代表工人利益的中共视为自己的政治代表,将中共号召的阶级斗争当作自己的政治信仰及与资方、政府抗争的手段。一个新的阶级——工人阶级,在这个自我认同的过程中不断得到充实与巩固。

至此,联系到绪论部分的设问,我们可以坐实一点:尽管国家在向前发展,但从劳动界的情形来看,只要还是国民党与国民政府统领中国,即便是不曾罹陷战乱,中国依然还将深处各种矛盾纠葛的混乱之中。

这似乎是一个悖论,却是我们研究的唯一结果。

其实,国民政府在社会重建过程中,通过开展失业救济、兴办劳工保险、开办平民工厂、建设劳工医院、营造劳工新村、举办职工学校、开设劳工消费合作社等惠工事业,持续扶助劳工。但惠工事业终归与劳资争议是两个范畴,不论惠工事业有何成效(何况惠工成效仍需有待进一步探究),都不可能弥补或抵消国民政府在处理劳资争议中之所失。

从中央到地方政府疲于应对劳资争议,常陷于调处劳资冲突的纠葛与党、政、资、劳四方争讼之中,无暇反思其政策性失误,借鉴国外经验,建立有效的处理劳资争议的相关机制。

各级政府按照劳动法规,建立以政府为主导的省、市、县劳资调解与仲裁委员会,在法律上将自己置于极为被动的局面,一旦争议悬搁不决,遂成为各方攻击对象,威权难保。政府机关,尤其中央政府不应直接介入劳资争议的处理,而应该设立具有绝对权威的从中央到地方的劳动法庭系统。劳动法庭独立于行政机关之外,专门处理劳资争议。劳动法庭由司法专家组成,在该系统内部,下级劳动法庭直接向上级劳动法庭、直至中央最高劳动法庭负责。最高劳动法庭下设巡回法官,指导下属劳动法庭工作,必要时直接干预地方劳动法庭迁延难决的劳资争议案件。党政机关由此可以不受劳资争议牵涉,即使调节或仲裁无效,亦可免为劳、资首要问责与怨责对象。更为重要的是,党政在工运中之权责亦随之分离。由于党、政机关无需参与调处劳资争议,特别是地方政府没有正当理由介入工人集团,地方党部从此一家独揽工运,党政双方再无藉口互相干预对方权限,交锋机会锐减,双方矛盾因权责区割自然有所弱化。

劳资合作必须建立在相关劳动法规之上,劳资关系必须有权威部门加以宏观调控。国民政府派遣政府、劳方、资方三方代表组团出席国际劳工大会,借国际大会平台调适劳资关系,却未能以此为契机,将三方交互协调机制搬回中国,组织三方高层联络、交流常设部门。该常设机构资方、劳方代表可一仍国际劳工大会代表选派方法,中央政府代表则由工商部或实业部部长兼任,三方代表换届与政府换届同时进行。机构下设执行委员会与秘书团。秘书团由法律学家、经济学家、社会学家、劳工问题专家组成。该机构便于政府随时听取劳资双方意见,兼顾双方利益,协调双方分歧,为劳动法规的制定与修订提供可信而又切合实际的资讯;同时本身即是劳资合作的摹本。中央机构以外,应分设省、市、县相关机构,省、市、县机构同样不参与劳资争议调处,仅征集劳资意见,摸清劳资关系动向,形成必要议案,上达中央机关。

劳资争议是所有工薪社会普遍存在的基本矛盾,归根到底是建立在生产力基础上的一种社会关系,有其内在生成场域与准则,并非政府强力干预而能趋于和缓,更不可能根除。劳资争议诱因歧出,但多为因工资、待遇、雇用条件等因素引起的利益冲突,而非不可调和的政治冲突。南京国民政府惯于设防中共,总在寻找劳资利益冲突背后的政治诱因,以致将经济冲突视为政治冲突,硬性干预劳资争议,只能适得其反,引起劳资双方或某一方的敌意,甚至将劳资利益冲突转变为富于意识形态色彩的弱势群体反对政府的政治冲突。劳资争议是劳资关系的"安全阀"。劳资之间互利互惠良性关系的确立与发展,终究取决于劳资双方利用争议之机面对面的协商,政府越俎代庖平衡劳资利益的举措既有悖于市场规律,又架空争议主体,反而会遭到劳资双方的抵触。

　　社会重建在某种程度上即是社会控制，但社会控制必须有"度"。如何处理劳资争议考验着政府的政治智慧。国民政府应该明晰原则，"修渠引水"、"无为而治"：首先在既定劳动立法基础上，从宪法高度确立工会与资方团体对等的合法地位；其次，以法律形式保障与扶持企事业部门建立有劳方参与管理的劳资协商会议，任劳资双方自行、自主择机商订内部的动态性的利益均衡政策。

　　果如是，再辅以劳动法庭与三方高层联络机制，劳资争议自有其涨消管道，南京国民政府即不会因调处劳资争议而引火烧身成为社会矛盾的焦点，其历史命运或许可以改写。

　　本文围绕影响劳资关系的社会、政治生态场域加以粗略论析，提出一个开放性的命题，更加细化的研究有待来日。

参 考 文 献

一、档案

中国第二历史档案馆藏：
2(2)—1060,上海市码头工人要求包工头实施工资二八制及改组工会经过情形。
11(2)—767,上海市劳资纠纷统计。
11—7297,审查福建省山东省湖北省甘肃省各业职工会的报告章程和名册。
28—1609,申新第三纺织厂劳工自治区概况。
44—2625,全国经济委员会棉业统制会关于处理豫丰纱厂劳资纠纷卷(内包括童侣青《调查豫丰纱厂纠纷经过及解决办法报告》)。
44—2646,全国经济委员会棉业统制会关于修改工厂法之意见。
422(1)—3282,芜湖裕中纱厂工会等呈请将裕繁监督宋传纲撤办案。
457—12573,京沪杭甬铁路局工会暨工友纠纷卷。
613—1344,一九二八年度劳资争议情形(1929年3月),工商部劳工司。
711(4)—511,中国国民党中央民众运动指导委员会：《二十一年度劳资纠纷参考资料》。
720—33,上海市码头工人反对包工头压榨事件及"二八"纠纷和其他工运工合纠纷事项。
722(4)—92,江苏省苏州铁路饭店劳资纠纷案(1)。
722(4)—93,江苏省苏州铁路饭店劳资纠纷案(2)。
722(4)—222,上海市各纱厂扣发工人工资和该部派员察看各纱厂与报告等文件。
722(4)—224,上海市商务印书馆、大中国福利橡胶厂、永安二厂、亚美织绸厂劳资纠纷和外商大东、大北、太平洋三电局工潮案。
722(4)—225,上海市英美烟厂劳资纠纷和华商电车工人大罢工案。
722(4)—226,《酱业特刊》,1932年8月17日。
722(4)—228,耿安吉呈中央执行委员会民众训练部(1936年11月19日)。
722(4)—230,各工会之宣言。
722(4)—265,云南、贵州、四川、河南、湖南、湖北、广东、广西、浙江、安徽、河北、山西、察哈尔、宁夏、甘肃省政府、南京、天津、北平、青岛市政府劳资纠纷调查表。
722(4)—337,河南省安阳县六河沟煤矿工会工人罢工纠纷案。
722(4)—343,河南郑县豫丰纱厂劳资纠纷(1)。
722(4)—344,河南郑县豫丰纱厂劳资纠纷(2)。

722(4)—399,广东省汕头市工人罢工案和该省机器业等总工会纠纷案。

722(4)—464,《唐山视察报告》。

722(4)—468,该部指示河北省党部和平东民运指导员指导省市工会运动的来往文件与报告及工人罢工情形案(1)。

722(4)—477,河北省各县工人团体和劳资纠纷及矿区工人生活状况调查表与劳资争议处理办法。

722(4)—490,青岛市日工休假日给资办法工会运动劳资纠纷调查报告表,1932年5月20日。

上海市档案馆藏：

173—2—109,上海市银行商业同业公会。

304—1—142,上海市煤商业同业公会为魏鸣文、陈友锜两委员因处理劳资纠纷遽被拘留,要求有关机关即予释放以及本业工会为资方未履行协议提出交涉等的有关文书。

北京市档案馆藏：

J1—2—2,工商部解释劳资争议处理法第十六条的训令(1928年)。

J1—2—17,行政院关于公布劳资争议处理法训令及北平市政府令所属工人、债主各团体推选仲裁委员会训令(1930～1936年)。

J2—4—3,北平特别市社会局关于中央政治会议通过之"工会法修正案、工会组织条例"给丹华火柴公司的函及附件(1928年10月16日～1928年12月8日)。

J2—4—13,社会局关于制止店员集会、调解工会间纠纷的函及北平特别市政府的训令(1929年)。

J4—4—43,黄攻素等申请设立公司国家学会、大车夫工会、电车工会附设工人子弟学校并请立案的呈及教育局的批以及教育局为大车夫工公设校给党务整理委员会的公函,1931年6月1日～10月31日。

J7—1—287,建设委员会收发文件报告表及召集直辖机关工人训练员开会记录(1931年1月1日～3月31日)。

J11—94,北平电车股份有限公司。

J10—1—1588,北平邮政管理局。

青岛市档案馆藏：

C5369,建国前档案,社会,风起云涌的青岛工人斗争,1930年6月14日。

C5369,建国前档案,社会,青岛七月间三次斗争情形,1930年8月9日。

二、资料汇编、统计资料、调查报告、年鉴、回忆录、日记

全国经济会议秘书处:《全国经济会议专刊(1928年)》,财政部驻沪办事处,1928年初版。

国民会议实录编辑委员会:《国民会议实录》正编,提案(上),该会1931年编印。

实业部总务司商业司:《全国工商会议汇编(1931年)》,南京,京华印书馆,1931年。

《劳工讲演录》,青岛市社会局劳动丛刊,1932年。

曾炳钧:《国际劳工组织》,北平,北平社会调查所,1932年。

《民国二十一年各地劳资纠纷参考资料》,中央民众运动指导委员会编印,印刷单位、时间不详。

中国文化建设协会:《十年来之中国》,中国文化建设协会,1937年。

国际劳工局中国分局:《国际劳工组织与中国》,国际劳工局中国分局,1939年。

朱学范:《国际劳工组织与援华运动》,中央社会部,1940年印发。

程海峰:《国际劳工组织》,重庆,正中书局1944年;上海,1946年。

《招商局文电摘要》,印刷单位、时间不详。

新华时事丛刊社:《劳资关系与集体合同》,新华书店1950年。

中华全国总工会:《工业与工运》,印刷单位、时间不详。

秦孝仪:《抗战前国家建设史料——实业方面》,《革命文献》第75辑,台北,"中央文物供应社",1978年。

上海社会科学院经济研究所:《刘鸿生企业史料》,上海,上海人民出版社,1981年。

上海市文史馆、上海市人民政府参事室文史资料工作委员会:《上海地方史资料》第1辑,上海,上海社会科学院出版社,1982年。

上海市档案馆:《一九二七年的上海商业联合会》,上海,上海人民出版社,1983年。

上海社会科学院经济研究所:《英美烟公司在华企业资料汇编》第3册,中华书局,1983年。

《常州纺织史料》第4辑,常州市纺织工业公司编史修志办公室,1984年6月编印,油印稿。

荣孟源:《中国国民党历次代表大会及中央全会资料》上、下册,北京,光明日报出版社,1985年。

徐雪筠等译:《上海近代社会经济发展概况(1882～1931)——〈海关十年报告〉译编》,上海,上海社会科学院出版社,1985年。

高景嶽、严学熙:《近代无锡蚕丝业资料选辑》,南京,江苏人民、江苏古籍出版社,1987年。

刘明逵:《中国工人阶级历史状况》第1卷第2册,北京,中共中央党校出版社,1993年。

中国第二历史档案馆:《中华民国史档案资料汇编》第5辑第1编政治(3),南京,江苏古籍出版社,1994年。

天津市档案馆等:《天津商会档案汇编》下册,天津,天津人民出版社,1996年。

季啸风、沈友益:《中华民国史史料外编——前日本末次研究所情报资料》第23册,桂林,广西师范大学出版社,1997年。

中国工运史料全书总编辑委员会:《中国工会运动史料全书·轻工业卷》,北京,北京图书馆出版社,1998年。

陆坚心等:《20世纪上海文史资料文库》第10卷,上海,上海书店出版社,1999年。

中国工运史料全书总编辑委员会:《中国工会运动史料全书·浙江卷》上册,北京,中华书局,2000年。

中国第二历史档案馆:《中国国民党中央执行委员会常务委员会会议录》第5、18册,桂林,广西师范大学出版社,2000年。

上海市政协文史资料委员会:《上海文史资料存稿汇编》11辑,上海,上海古籍出版社,2001年。

刘明逵、唐玉良主编:《中国近代工人阶级和工人运动》全14册,北京,中共中央党校出版社,2002年。
全国经济会议秘书处:《全国经济会议专刊(1928年)》,上海财政部驻沪办事处1928年。
上海特别市政府社会局:《上海特别市劳资纠纷统计(1929年)》,上海,商务印书馆,1931年。
《天津市工业统计》,天津社会局,1933年编印。
《中华民国廿二年国有铁路劳工统计》,铁道部总务司劳工科,1934年。
中央民众运动指导委员会:《全国人民团体统计》,1935年6月。
《上海劳工统计(民国二十六年至二十七年)》,国际劳工局中国分局,1939年。
国民政府主计处统计局编:《中华民国统计提要》,上海,商务印书馆,1936年。
林颂河:《塘沽工人调查》,北平社会调查所,1930年。
方显廷:《天津地毯工业》,南开大学社会经济研究委员会,1930年。
马福祥:《青岛工潮纪略》,1930年。
铁道部业务司劳工科编印:《调查工人家庭生活及教育统计》,1930年调查。
方显廷:《天津织布工业》,南开大学经济学院,1931年。
《费唐法官研究上海公共租界情形报告》第2卷,工商局华文处1931年译述。
《上海市社会局工作报告》;上海市社会局,1932年编印。
上海市政府社会局:《近十五年来上海之罢工停业》,北京,中华书局,1933年。
中国国民党中央民众运动指导委员会:《二十二年工人运动概观》,出版时间不详。
《中国国民党全国民众运动工作讨论会报告书》,中国国民党中央民众运动指导委员会,1934年编印。
余启中:《广州劳资争议底分析:民国十二年～民国二十二年》,国立中山大学经济调查处丛刊,1934年。
刘大作:《唐山市各矿区惠工事业促进社工作概况》,该社,1934年。
《中国国民党最近指导全国民众运动工作概要》,中国国民党中央民众运动指导委员会,1934年6月11日编印。
《二十二年劳资纠纷调查报告》,中国国民党中央民众运动指导委员会,1934年9月编印。
《上海工人运动史》,中国国民党中央民众运动指导委员会,1935年印行。
《中国国民党第五次全国代表大会中央民众运动指导委员会工作总报告》,1935年11月编印。
重庆中国银行编辑:《重庆市之棉纺织工业》,汉文正楷印书局,1935年。
言心哲编著:《南京人力车夫生活的分析》,南京国立中央大学,1935年。
《二十三年劳资纠纷调查报告》,中国国民党中央民众运动指导委员会,1935年10月印。
梁思达、黄肇兴、李文伯:《中国合作事业考察报告》,天津南开大学经济研究所,1936年。
《中国国民党第五届中央执行委员会第二次全体会议中央民众训练部工作概况报告》,1936年7月编印。
刘冬轩:《天津市社会局工厂检查第一期第二三次工作报告》,天津市社会局,1936年。
《十年来之机联会》,上海机制国货工厂联合会,1937年。
邢必信等:《第二次中国劳动年鉴》,北平,北平社会调查所,1932年。

实业部劳动年鉴编纂委员会：《二十一年中国劳动年鉴》，上海，神州国光社，1933年。
实业部劳动年鉴编纂委员会：《二十二年中国劳动年鉴》，该委员会，1934年。
上海市政府社会局：《近五年来上海之劳资纠纷》，上海，中华书局，1934年。
铁道部秘书厅编辑：《铁道年鉴》第3卷，上海，商务印书馆，1936年印刷发行。
《中国国民党年鉴（民国二十三年）》第1～5编，"会议"，沈阳，辽海出版社，2008年。
姜豪：《"和谈密使"回想录》，上海，上海书店出版社，1998年。
刘念智：《实业家刘鸿生传略——回忆我的父亲》，北京，文史资料出版社，1982年。
上海市档案馆：《陈光甫日记》，上海，上海书店出版社，2002年。

三、论著

李汉俊：《工会的意义与工会法的目的》，印刷地点不详，1923年。
《工人运动》，上海泰东图书局，1927年。
上海银行业联合会：《劳工问题之面面观》，1927年6月印行。
米寅宾：《工运之回顾与前瞻》，上海南华图书局，1929年。
张廷灏：《中国国民党劳工政策的研究》，上海，上海大东书局，1930年。
阎锡山：《劳资合一的理论与实施稿本》，太原劳资合一研究会，1930年印行。
骆传华、洪达能：《今日中国劳工问题》，上海，上海青年协会书局，1933年。
刘星晨：《劳工问题》，上海，上海大东书局，1933年。
祝世康：《劳工问题》，上海，上海商务印书馆，1934年。
《社会研究》，国立中山大学社会研究所、社会学系，1935年。
彭巨觉：《世界之合作运动》，首都国民印刷局，1936年。
马超俊：《中国劳工运动史》上册，重庆，商务印书馆，1942年。
程海峰：《国际劳工组织》，重庆，正中书局，1944年。
史太璞：《我国工会法研究》，上海，正中书局，1945年。
胡竟良：《中国棉产改进史》，上海，商务印书馆，1947年。
谢扶民：《中华民国立法史》，上海，正中书局，1948年。
《劳资协调》，国民政府工商部工商访问局编辑，时间不详。
陈宗城：《劳工论文拾零》，印刷地点、时间不详。
程海峰：《一九三七年之中国劳工界》，印刷地点、时间不详。
《马克思恩格斯论工会》，北京，工人出版社，1950年。
工人日报社资料室：《劳资协商会议》，北京，工人出版社，1950年。
朱邦兴等：《上海产业与上海职工》，上海，上海人民出版社，1984年。
中国劳工运动史续编编纂委员会：《中国劳工运动史》5卷本，台北，中国文化大学劳工研究所理事会，1984年。
陆象贤：《中国劳动协会简史》，上海，上海人民出版社，1987年。
《刘少奇论工人运动》，北京，中央文献出版社，1988年。
胡训珉、贺建：《上海帮会简史》，上海，上海人民出版社，1991年。
王永玺：《中国工会史》，北京，中共党史出版社，1992年。
周育民、邵雍：《中国帮会史》，上海，上海人民出版社，1993年。
中华全国总工会：《中华全国总工会七十年》，北京，中国工人出版社，1995年。

饶东辉:《南京国民政府劳动立法研究》,华中师范大学1997年博士学位论文,未刊稿。
刘明逵、唐玉良:《中国工人运动史》6卷本,广州,广东人民出版社,1998年。
黄宗智:《中国研究的范式问题讨论》,北京,社会科学文献出版社,2003年。
颜辉、王永玺主编:《中国工会纵横谈》,北京,中共党史出版社,2008年。
〔美〕邝治中著:《纠纷唐人街,劳工和政治:1930~1950年》,杨万译,上海,上海译文出版社,1982年。
〔美〕Park M. Coble, Jr. 著:《金权与政权——江浙财团与国民政府》,蔡静仪译,台北,风云论坛出版社,1991年。
〔美〕易劳逸著:《流产的革命——1929~1939年国民党统治下的中国》,陈谦平等译,北京,中国青年出版社,1992年。
〔美〕费正清主编:《剑桥中华民国史》,章建刚等译,上海人民出版社,1992年。
〔匈〕卢卡奇著:《历史与阶级意识——关于马克思主义辩证法的研究》,杜章智等译,北京,商务印书馆,1996年。
〔法〕路易·勃朗著:《劳动组织》,何钦译,北京,商务印书馆,1997年。
〔英〕E.P.汤普森著:《英国工人阶级的形成》下册,钱乘旦等译,南京,译林出版社,2001年。
〔美〕裴宜理著:《上海罢工——中国工人政治研究》,刘平译,南京,江苏人民出版社,2001年。
〔美〕高家龙著:《大公司与关系网:中国境内的西方、日本和华商大企业(1880~1937)》,程麟苏译,上海社会科学院出版社,2002年。
〔澳〕布赖恩·马丁著:《上海青帮》,周育民等译,上海三联书店,2002年。
〔日〕小浜正子著:《近代上海的公共性与国家》,葛涛译,上海,上海古籍出版社,2003年。
〔法〕雷蒙·阿隆著:《论治史》,冯学俊等译,北京,三联书店,2003年。
〔韩〕具海根著:《韩国工人——阶级形成的文化与政治》,梁光严译,北京,社会科学文献出版社,2004年。
Nym Wales, *The Chinese Labor Movement*, New York, The John Company, 1945.

四、论文

陈明銶:《中国劳工运动史研究》,"中央研究院"近代史所:《六十年来的中国近代史研究》下册,"中央研究院"近代史所,1989年。
杜万启:《国民党政府1929年〈工会法〉评述》,《工运》1992年总第15期。
陈卫民:《解放前的帮会与上海工人运动》,《史林》1993年第2期。
饶景英:《三十年代上海的帮会与工会》,《史林》1993年第3期。
刘晶芳:《九十年代中国近代工运史研究述评》,《世纪桥》1999年第6期。
刘晶芳:《土地革命战争时期刘少奇对白区工运策略的探索》,《江汉论坛》2000年第2期。
王奇生:《工人、资本家与国民党》,《历史研究》2001年第5期。
陶炎武:《南京国民政府的劳工工资改良政策》,《咸宁师专学报》2001年第8期。
顾健娣等:《杜月笙和上海工运》,《安庆师范学院学报》2002年第1期。
高爱娣:《中国近现代各党派工运思想研究综述》,《中国劳动关系学院学报》2005年第1期。

陈竹君:《国民政府南京时期之劳工政策》,《江汉论坛》2006 年第 2 期。
〔美〕裴宜理:《对中国工运史研究的初步认识》,《社会科学》1989 年第 2 期。
〔澳〕Brian G. Martin:《青帮和国民党政权:杜月笙对上海政治的作用(1927～1937)》,《历史研究》1992 年第 5 期。
〔法〕谢诺:《中国工人阶级的政治经历》,《史林》1993 年 3 月。
〔英〕霍布斯鲍姆:《工人运动的世纪》,《当代世界与社会主义》2002 年第 6 期。

五、报刊

　　天津《大公报》、《大光报》、《申报》、《生活日报》、《中央日报》、《第五次劳动大会特刊》、《第五次劳动大会会刊》、《东方杂志》、《东吴经济学专刊》、《纺织时报》、《纺织周刊》、《国际劳工》、《国际劳工通讯》、《国立劳动大学周刊》、《国民政府公报》、《工商半月刊》、《工商管理月刊》、《工人宝鉴》、《工业安全》、《工业改造》、《汉口商业月刊》、《华年》、《经济旬刊》、《江苏研究》、《教育与职业》、《劳动季报》、《劳动》、《劳动学报》、《劳工月刊》、《申报每周增刊》、《民众运动》、《女青年月刊》、《南京社会特刊》、《清华学报》、《上海公共租界内一年来所发生之工业灾害及研究改善之报告》、《上海党声》、《社会科学杂志》、《社会科学季刊》、《实业季报》、《实业统计》、《实业部月刊》、《商业月报》、《天津双周》、《宣传周报》、《中国社会》、《中华邮工》、《中央周报》、《中央党务月刊》、《中央民众训练部公报》、《浙江省建设月刊》。